# 貸ビル・店舗・商業施設等

## 判例ハンドブック

永盛雅子 [編集代表]

吉田可保里
松村武志 [編集委員]
桧座祐貴

青林書院

# はしがき

　「貸ビル・店舗・商業施設等」と，内容のわかりやすさを重視した題名の判例ハンドブックをお届けできることになりました。皆様の実務にお役に立てれば，執筆者一同，大変嬉しく思います。

　貸ビル事業等は不動産事業の一分野です。実務において，その分野の判例を探すときは，不動産取引全般，賃貸借全般といったカテゴリーから，業務用賃貸借の事例を拾っていくことになります。賃貸借は民法上の大きな論点ですから，豊富な解説書と事例集がありますが，住宅の賃貸事例が混在しています。一方で建物の管理運営や，技術的側面に係る事例を扱ったものはなかなかありませんでした。

　そのような経験からこの分野に特化した判例集が欲しいと思い，企画に至りました。実務で利用する際には，判例の具体的な事実との異同が重要となるので，近時の判例（平成20年代以降を目途）を選定し，なるべく事件の具体的な事実を紹介することを心がけました。

　本論に先立ち，企画の趣旨と背景事情をご紹介させていただきます。皆様の貸ビル事業等の理解の助けとなれば幸いです。

## 1　貸ビル・店舗・商業施設等の判例解説の必要性

### ⑴　不動産事業の中での特性

　不動産業という業種には，開発・分譲，仲介，管理など様々な形態があり，対象も戸建，マンションやアパートなどの住宅，貸ビル，店舗，商業施設，ホテル，病院，学校，倉庫等の業務用途建物の他道路，空港等の公共用途まで多岐に渡ります。取引の法的構成としても，民法の典型契約である売買，賃貸借，請負，委任契約に加え，様々な非典型契約があり，所有目的も自己使用と投資があり，これらの要素の組みあわせにより多種多様な取引が行われています。

　一口に不動産取引と言っても，その組み合わせ（分類）によって注意すべき点も異なります。売買と賃貸借では法的性質が異なるのは明らかですが，同じ賃貸借でも住宅と業務用建物では，問題となる事情が異なります。一例として，2年間のアパートの賃貸借契約と，30年のホテルとしての賃貸借契約では，法的構成は同じでも，実務上問題となる論点が異なる場合があります。借地借家

法の立法背景の通り賃借人が弱者であるとは限らず，賃借人のほうがプロフェッショナルであることも珍しくありません。賃料設定を，固定ではなく売上げの変動を加味する歩合型とする場合の借地借家法上の解釈などは，住宅賃貸借にはない論点です。

　他の例として，貸ビル等では，賃貸人に賃料に加えて電気代を支払う契約となっていることがよくあり，大きな店舗では電気代も高額なため，電気代の適正さが争われたりします。これも貸ビル事業等の独特の論点と言えるでしょう。

　このような貸ビル業等独特の論点に係わる判例は，不動産全般の中から探し出すのは面倒なことが多いのです。

## (2) 当該分野に特化した判例集の必要性

　業務用建物の賃貸借の市場規模は大きく，取扱い金額も大きく，消費者保護法制の外にあるプロフェショナル同士の取引であることなどから法的紛争になることも多いです。賃貸人（ビルオーナーやファンドなど）と賃借人（事務所を借りる企業の総務部の方，出店店舗を扱う企業の店舗開発部の方など）双方にとって法律の正確な理解は必須といえます。

　そこで，この分野の具体的事案を把握できる判例集を企画するに至りました。


## 2　不動産ファンド等による投資用市場の拡大

　バブル崩壊後に本格的に導入された不動産証券化と不動産ファンドにより，不動産における所有と利用の分離は大きく進み，投資目的の業務用不動産市場は巨大な投資マネーにより拡大してきました。

　投資目的の不動産は，そもそも賃料を収受することで成り立ち，賃貸借に係る法的論点は重要な要素です。例えばファンドがよく用いるサブリース（またはマスターリース）という転貸借方式に係わる法的に難しい論点は避けて通れません。ファンド運営側の AM（アセットマネージャー），PM（プロパティマネージャー）は，投資家から収益の恒常的な確保に加え法的リスクヘッジとコンプライアンスを厳しく求められます。

　競争激しいファンド市場において，この分野に特化した判例を押さえておくことは必須といえます。


## 3　民法改正への対応

　1896（明治29）年に制定された民法は，債権関係について初の大きな改正がされることとなり，本書発行から約半年後の2020（令和2）年4月1日から，

一部の規定を除き，施行されます。賃貸借に係る部分についても多くの改正があります。

　収録した判例は当然ながら改正前民法のもとでの判断ですので，これが改正後民法ではどうなるのか，を確認することが必要です。該当する部分については，現段階で可能な限りの解説を加えました。


　最後に，本書の趣旨を理解し実現いただいた青林書院の関係各位，細やかにフォローいただいた青林書院編集部の加藤朋子氏に，この場を借りてお礼を申し上げます。


　　2019（令和元）年6月

永盛　雅子

# 編集代表・編集委員・執筆者

## 【編集代表】

永盛　雅子（弁護士　栃木市役所）

## 【編集委員】

吉田可保里（弁護士　T&T パートナーズ法律事務所）

松村　武志（弁護士　虎ノ門法律経済事務所）

桧座　祐貴（弁護士　国内金融機関）

## 【執筆者（執筆順）】

齋藤　北写（弁護士　新宿法律事務所）

村手亜未子（弁護士　諏訪坂法律事務所）

岡崎　行師（弁護士　住友林業株式会社）

川端　啓之（弁護士　中野坂上法律事務所）

桧座　祐貴（上掲）

前原　一輝（弁護士　麹町パートナーズ法律事務所）

森下　寿光（弁護士　日本橋フォーラム綜合法律事務所）

加唐　健介（弁護士　虎ノ門法律経済事務所）

松村　武志（上掲）

笠間　哲史（弁護士　法技研横浜法律事務所）

髙杉　謙一（弁護士　プロコミットパートナーズ法律事務所）

和久田玲子（弁護士　T&T パートナーズ法律事務所）

丸尾はるな（弁護士　丸尾総合法律事務所）

永盛　雅子（上掲）

吉田可保里（上掲）

# 凡　例

## 1　関係法令

　関係法令は，原則として令和元年8月22日現在のものによった。なお，平成29年法律第44号「民法の一部を改正する法律」による改正（一部の規定を除き，令和2年4月1日から施行）について，必要に応じて「改正民法〇条」などとして付記した。本書発行時点において施行されている民法については，適宜「改正前民法」と表した。

## 2　法令の摘記

　法令名は，地の文では原則として正式名称で表記し，かっこ内における法令条項の引用は，以下の要領で行った。

①　法令条項を列記するにあたっては，同一の法令の場合は「・」，異なる法令の場合は「,」を用いた。

②　主な法令名は，後掲の「法令略語」を用いて表記した。

〔例〕　民法第420条第1項

→　民420条1項

## 3　判例の摘記

　判例の引用は，次の〔例〕により，後掲の「判例・文献関係略語」を用いて行った。

〔例〕　東京地判平成28年4月14日（平成26年(ワ)第14015号）判例時法2340号76頁

→　東京地判平28・4・14判時2340号76頁

## 4　文献の摘記

　文献は，原則として次のように表記し，一部の主要文献については，後掲の「判例・文献関係略語」を用いた。

〔例〕　著者名『書名』頁数

執筆者名「論文タイトル」編者名編『書名』頁数

編者名編『書名』頁数〔執筆者名〕

執筆者名「論文タイトル」掲載誌頁数

viii 凡 例

執筆者名・掲載誌頁数

## 【法令略語】

| | | | |
|---|---|---|---|
| 会社 | 会社法 | 地 | 地方自治法 |
| 刑 | 刑法 | 地施令 | 地方自治法施行令 |
| 憲 | 日本国憲法 | 地方税 | 地方税法 |
| 建基 | 建築基準法 | 都計 | 都市計画法 |
| 借地借家 | 借地借家法 | 民 | 民法 |
| 商 | 商法 | 改正民 | 民法（平成29年法律第44 |
| 信託 | 信託法 | | 号による改正後） |
| 信託業 | 信託業法 | 民再 | 民事再生法 |
| 宅建業 | 宅地建物取引業法 | 民訴 | 民事訴訟法 |

## 【判例・文献関係略語】

| | | | |
|---|---|---|---|
| 大 | 大審院 | 裁時 | 裁判所時報 |
| 大4民 | 大審院第四民事部 | 金判 | 金融・商事判例 |
| 最大 | 最高裁判所大法廷 | 金法 | 金融法務事情 |
| 最一小 | 最高裁判所第一小法廷 | 刑ジャ | 刑事法ジャーナル |
| 最二小 | 最高裁判所第二小法廷 | 交民集 | 交通事故民事裁判例集 |
| 最三小 | 最高裁判所第三小法廷 | ジュリ | ジュリスト |
| 高 | 高等裁判所 | 早法 | 早稲田法学 |
| 地 | 地方裁判所 | 判時 | 判例時報 |
| 簡 | 簡易裁判所 | 判自 | 判例地方自治 |
| 支 | 支部 | 判タ | 判例タイムズ |
| 判 | 判決 | 労判 | 労働判例 |
| 決 | 決定 | 裁判所HP | 裁判所ホームページ |
| 民録 | 大審院民事判決録 | D1/DB | D1-Law.com（第一法規 |
| 民集 | 最高裁判所（又は大審 | | 法情報総合データベー |
| | 院）民事判例集 | | ス） |
| 刑集 | 最高裁判所（又は大審 | LEX/DB | LEX/DBインターネッ |
| | 院）刑事判例集 | | ト（TKC法律情報デー |
| 裁判集民 | 最高裁判所裁判集民事 | | タベース） |
| 高民集 | 高等裁判所民事判例集 | LLI/DB | LLI/DB判例秘書インタ |
| 東高民時報 | 東京高等裁判所判決時報 | | ーネット（LIC法律情報 |
| | 民事 | | サービス） |
| 東高刑時報 | 東京高等裁判所判決時報 | RETIO | RETIO判例検索システ |
| | 刑事 | | ム（㈠不動産適正取引推 |
| 下民集 | 下級裁判所民事裁判例集 | | 進機構） |

目　次　*ix*

# 目　　次

はしがき

編集代表・編集委員・執筆者

凡　　例

## 第 1 章　賃　貸　借

### ＊第 1 節　契約の成立までの責任，借地借家法の適用＊

#### 第 1　契約の成立・解除

1　契約締結直前の賃貸借契約申込みの撤回による責任（契約締結上の過失）
　　　　　　　　　　　　　　　　　　　　　　　　　　　　　　（齋藤　北写）… 4

　　　東京地判平成28年 4 月14日（平成26年（ワ）第14015号）判時2340号76頁

2　賃貸借契約成立の有無と損害の範囲（契約締結上の過失）
　　　　　　　　　　　　　　　　　　　　　　　　　　　　　　（齋藤　北写）… 8

　　　東京高判平成20年 1 月31日（平成18年（ネ）第3947号）金判1287号28頁

3　定期建物賃貸借予約契約と解除
　　——ヨドバシカメラ事件……………………………………（齋藤　北写）…11

　　　名古屋地判平成29年 5 月30日（平成27年（ワ）第1974号）金判1521号26頁

#### 第 2　許認可取得・行政法規に係る制限と責任

4　行政法規による制限と契約の効力（契約の実現可能性と錯誤）
　　　　　　　　　　　　　　　　　　　　　　　　　　　　　　（齋藤　北写）…15

　　　東京地判平成25年 4 月17日（平成23年（ワ）第40469号）D1/DB29027500

5　行政法規による制限についての仲介業者の説明義務
　　　　　　　　　　　　　　　　　　　　　　　　　　　　　　（齋藤　北写）…19

　　　東京地判平成20年 3 月27日（平成18年（ワ）第28758号）ウエストロー2008
　　　WLJPCA03278029

6　法令上の制限についての仲介業者の説明義務　…………（村手亜未子）…22

　　　東京地判平成20年 3 月13日（平成18年（ワ）第10495号）ウエストロー2008
　　　WLJPCA03138002

## 第3 信託受託者の義務

7 公有地信託事業における受託者の義務の範囲 …………（齋藤　北写）…26
　　大阪地判平成26年3月27日（平成21年（ワ）第16790号）裁判所HP，D1/DB
　　28221866

8 公益信託契約における受託者の善管注意義務 …………（齋藤　北写）…29
　　大阪地判平成25年5月30日（平成21年（ワ）第4428号）D1/DB28213065

## 第4 借地借家法の適用

9 事務所内の席利用契約における借地借家法適用の有無 …（岡崎　行師）…32
　　東京地判平成27年9月15日（平成26年（ワ）第32593号）LEX/DB25531455

10 駅構内の区画利用契約の借地借家法適用の有無
　　──JR駅構内事件 ………………………………………（岡崎　行師）…35
　　東京地判平成20年6月30日（平成18年（ワ）第28480号）判時2020号86頁

## ＊第2節　賃料・敷金・その他費用＊

11 賃料減額事由の有無の考慮事情と相当賃料額の算定基準
　　…………………………………………………………（川端　啓之）…39
　　東京高判平成24年7月19日（平成24年（ネ）第2022号）ウエストロー2012
　　WLJPCA07196004

12 賃料増減額確認請求訴訟の既判力 ……………………（川端　啓之）…42
　　最一小判平成26年9月25日（平成25年（受）第1649号）民集68巻7号661頁，
　　判時2238号14頁，判タ1407号69頁

13 共益費の法的性質と錯誤 …………………………………（川端　啓之）…45
　　東京地判平成25年6月14日（平成23年（ワ）第1975号，同第6410号，同第9010
　　号）D1/DB29028577

14 電気料金の算定方法など …………………………………（川端　啓之）…48
　　東京地判平成24年3月16日（平成23年（ワ）第1602号）LLI/DBL06730210

15 敷金返還請求権と信託財産 ………………………………（桧座　祐貴）…50
　　大阪高判平成20年9月24日（平成19年（ネ）第2775号）判時2078号38頁，判タ
　　1290号284頁

16 賃借権譲渡に伴う保証金（又は敷金）返還請求権承継と未払金等の充当
　　…………………………………………………………（桧座　祐貴）…53
　　東京地判平成25年9月27日（平成24年（ワ）第1710号）ウエストロー2013
　　WLJPCA09278016

17 敷引特約の有効性 ……………………………………（川端　啓之）…56

　　最三小判平成23年7月12日（平成22年(受)第676号）判時2128号43頁，判夕
　　1356号87頁

18 更新料の法的性格と更新料条項の有効性 ………………（川端　啓之）…59

　　最二小判平成23年7月15日（平成22年(オ)第863号，同(受)第1066号）民集
　　65巻5号2269頁，判時2135号38頁，判夕1361号89頁

## ＊第3節　賃借人（テナント）の義務・責任＊

### 第1　賃借人の義務（賃料支払義務以外）

19 建物共用部分独占使用の用法遵守義務違反による解除…（岡崎　行師）…63

　　東京地判平成26年8月26日（平成25年(ワ)第12050号）LEX/DB25520951

20 賃借人従業員の死亡と賃借人の損害賠償責任 …………（岡崎　行師）…67

　　東京高判平成29年1月25日（平成28年(ネ)第4184号）LLI/DBL07220075

### 第2　原状回復

21 事務所ビルの通常損耗補修特約の有効性 ………………（岡崎　行師）…71

　　東京地判平成23年6月30日（平成22年(ワ)第12066号）LLI/DBL06630330

22 建替えを予定している建物の原状回復義務 ……………（岡崎　行師）…76

　　東京地判平成27年11月26日（平成25年(ワ)第26604号）RETIO2017年7月号
　　(No.106)，ウエストロー2015WLJPCA11268029

## ＊第4節　終了又は更新＊

23 賃借人の保証人が保証債務を履行した後の賃貸借解除の有効性

　　………………………………………………………（前原　一輝）…79

　　大阪高判平成25年11月22日（平成25年(ネ)第2227号）判時2234号40頁

24 破産法53条1項に基づく解除と違約金条項の有効性……（前原　一輝）…83

　　東京地判平成20年8月18日（平成19年(ワ)第30521号，同第33940号）判夕
　　1293号299頁

25 民事再生法49条1項に基づく法定解除における特約の有効性

　　………………………………………………………（前原　一輝）…86

　　東京高判平成24年12月13日（平成24年(ネ)第4857号）判夕1392号353頁

26 定期建物賃貸借契約の債務不履行解除における違約金の暴利行為該当性

　　………………………………………………………（前原　一輝）…90

　　東京地判平成25年7月19日（平成23年(ワ)第31044号）LLI/DBL06830591

xii 目 次

27 再開発を理由とする立退き ……………………………………（前原　一輝）…94
東京地判平成24年8月28日（平成23年（ワ）第1523号）LLI/DBL06730488

28 耐震性能に問題がある建物の明渡請求（否定例）………（前原　一輝）…98
東京地判平成28年1月28日（平成24年（ワ）第35956号）LLI/DBL07130111

29 賃貸保証システムにおける自動更新約定の有効性 ……（前原　一輝）…102
東京簡判平成21年5月22日（平成20年（少コ）第3397号）LLI/DBL06460020

30 民法に規定される期間を超える公有財産の賃貸借契約の終了時期
……………………………………………………………（川端　啓之）…107
東京地判平成26年9月17日（平成24年（ワ）第21378号）金判1455号48頁

＊第5節　転貸借・サブリース＊

31 原賃貸借契約が債務不履行により解除された場合の転借人の地位
………………………………………………………………（桧座　祐貴）…111
最三小判平成9年2月25日（平成6年（オ）第456号）民集51巻2号398頁，判
時1599号69頁，判タ936号175頁

32 サブリース（賃貸借契約）が賃借人により更新拒絶された場合の転借人の
地位………………………………………………………（村手亜未子）…114
東京地判平成28年2月22日（平成27年（ワ）第25599号）判タ1429号243頁

33 他人物賃貸借において，所有権と賃貸人の地位が同一人格に帰属した後，
再度所有権と賃貸人の地位を別々の人格に帰属させる場合の，賃借人の承
諾の要否………………………………………………………（村手亜未子）…118
東京地判平成21年3月30日（平成20年（ワ）第6742号）ウエストロー2009
WLJPCA03308023

34 サブリース契約という名称の契約の法的性質が賃貸借契約ではないとされ
た事例……………………………………………………（村手亜未子）…122
東京地判平成26年5月29日（平成25年（ワ）第23319号）判時2236号113頁

35 賃貸借期間20年間のサブリース契約における賃料減額請求権の適用と相当
賃料額……………………………………………………（村手亜未子）…127
東京高判平成23年3月16日（平成22年（ネ）第6377号）金判1368号33頁

36 サブリース契約であることが更新拒絶における「正当事由」の考慮要素と
なるか……………………………………………………（村手亜未子）…131
札幌地判平成21年4月22日（平成19年（ワ）第1542号）判タ1317号194頁

目　次　*xiii*

37　店舗運営基準規制等を含む契約（SUBLEASE AGREEMENT）の法的性
質と賃料の7倍を超える転貸料の有効性
──ウォルト・ディズニー・ジャパン／プラネット・ハリウッド・ジャパ
ン事件 ……………………………………………（村手亜未子）…134
東京地判平成21年4月7日（平成19年(ワ)第21162号，平成20年(ワ)第7102
号）判タ1311号173頁

## ＊第6節　地位の移転・譲渡・転貸＊

38　会社分割と株式譲渡が賃借権譲渡にあたるか …………（森下　寿光）…139
東京地判平成22年5月20日（平成20年(ワ)第36400号）ウエストロー2010
WLJPCA05208011

39　賃借人の会社分割における債権者（賃貸人）保護と信義則
……………………………………………………（森下　寿光）…143
最三小決平成29年12月19日（平成29年(許)第10号）民集71巻10号2592頁，判
時2387号129頁，判タ1452号35頁

40　無断転貸における背信性及び解除権の消滅時効 ………（森下　寿光）…147
東京地判平成26年6月13日（平成24年(ワ)第25373号）ウエストロー2014
WLJPCA06138010

## ＊第7節　定期借家契約＊

### 第1　定期借家であることの該当性

41　宅建業者の重要事項説明と定期借家契約における事前説明
……………………………………………………（桧座　祐貴）…152
東京地判平成25年1月23日（平成24年(ワ)第8364号）ウエストロー2013
WLJPCA01238027

42　定期借家契約における事前説明書の必要性 ……………（桧座　祐貴）…155
最一小判平成24年9月13日（平成22年(受)第1209号）民集66巻9号3263頁，
裁時1563号5頁，裁判所HP

### 第2　終了・期間に関するもの

43　定期建物賃貸借の期間満了後になされた終了通知 ……（森下　寿光）…158
東京地判平成21年3月19日（平成20年(ワ)第23932号）判時2054号98頁

44　定期建物賃貸借契約終了後の法律関係 …………………（森下　寿光）…162
東京地判平成27年2月24日（平成25年(ワ)第10691号）ウエストロー2015

xiv　目　次

WLJPCA02248013

### 第3　定借での特約の有効性

45　賃料増減額請求権排除特約の該当性 ･････････････････････(森下　寿光)･･･166

東京高判平成23年12月20日（平成23年(ネ)第3174号）D1/DB28251095

46　無効な契約条件の設定と履行に関与した不動産仲介業者の責任
･･･････････････････････････････････････････････(森下　寿光)･･･170

東京地判平成25年 8 月20日（平成24年(ワ)第27197号）ウエストロー2013
WLJPCA08208001

## 第 2 章　管理・運営

### ＊第 1 節　建物・設備の瑕疵（契約不適合責任），所有者（工作物）責任＊

### 第1　建物に起因する責任

47　構造設計の瑕疵についての設計者の刑事責任

──コストコ事件 ･･････････････････････････････････(加唐　健介)･･･178

東京高判平成28年10月13日（平成28年(う)第536号）東高刑時報69号142頁，
D1/DB28243903

48　温泉施設の爆発事故における設計担当者の情報伝達義務

──松濤温泉シェスパ事件 ･････････････････････････(加唐　健介)･･･182

最一小決平成28年 5 月25日（平成26年(あ)第1105号）刑集70巻 5 号117頁，
判時2327号103頁，判タ1434号63頁

49　賃貸人の耐震改修義務

──パルコ事件 ･･････････････････････････････････(加唐　健介)･･･185

東京地判平成23年 3 月25日（平成20年(ワ)第8696号，同第22925号，平成21
年(ワ)第3317号）ウエストロー2011WLJPCA03258028

50　店舗屋上施設工事の債務内容と履行不能の判断

──ドン・キホーテ事件 ･･･････････････････････････(加唐　健介)･･･189

東京地判平成25年 3 月29日（平成18年(ワ)第20474号，平成20年(ワ)第1829
号）判時2194号43頁

51　壁面吹付アスベストの工作物責任 ･･････････････････････(加唐　健介)･･･193

大阪高判平成26年 2 月27日（平成25年(ネ)第2334号）判タ1406号115頁

目　次　*xv*

52　石材取付工事における施工業者の安全配慮義務 ………（松村　武志）…197
　　東京地判平成29年3月31日（平成26年（ワ）第15039号）判タ1441号134頁

**第2　設備に起因する責任**

53　老人ホームでの転倒事故における施設運営者の安全配慮義務
　　……………………………………………………………（松村　武志）…200
　　東京地判平成27年3月6日（平成26年（ワ）第1460号）D1/DB29025494

54　結露を原因とする映画館の天井崩落事故に関する空気清浄機製造メーカー
　　の製造物責任 …………………………………………（松村　武志）…204
　　東京高判平成26年3月25日（平成25年（ネ）第7014号）D1/DB28221387

55　集中豪雨と市の雨水施設の瑕疵 ………………………（松村　武志）…209
　　横浜地判平成24年7月17日（平成22年（ワ）第764号）ウエストロー2012
　　WLJPCA07179002

56　ビルの窓からの転落における建物設置管理者の土地工作物責任
　　……………………………………………………………（松村　武志）…212
　　東京地判平成27年1月19日（平成25年（ワ）第17647号）ウエストロー2015
　　WLJPCA01198003

**第3　エレベーター・エスカレーターに起因する責任**

57　6階建て事務所ビルのエレベーター不具合と賃貸借契約の帰趨
　　……………………………………………………………（加唐　健介）…215
　　東京地判平成25年8月19日（平成23年（ワ）第15798号，平成24年（ワ）第6809
　　号）LEX/DB25514391

58　エスカレーターの製造物責任及び工作物責任 …………（加唐　健介）…219
　　東京高判平成26年1月29日（平成25年（ネ）第3142号）判時2230号30頁

＊第2節　清掃・修繕等管理責任＊

**第1　清掃**

59　オフィスビル廊下での転倒事故における清掃業者の責任
　　……………………………………………………………（笠間　哲史）…223
　　東京地判平成23年8月9日（平成21年（ワ）第28806号）判時2123号57頁

60　トイレ詰まりへの高圧洗浄後の漏水における洗浄業者の責任（否定例）
　　……………………………………………………………（笠間　哲史）…226
　　名古屋高判平成27年5月14日（平成26年（ネ）第392号，同第601号）判時2268
　　号45頁

**61** 従業員の止水忘れによる漏水事故と取締役の責任（否定例）

……………………………………………………………（笠間　哲史）…229

東京地判平成28年 1 月27日（平成25年（ワ）第21884号）

**62** コバエの発生と貸主の債務不履行責任及びその内容 …（笠間　哲史）…232

東京地判平成24年 6 月26日（平成22年（ワ）第23038号）判時2171号62頁

**第2　修繕・点検**

**63** 修繕義務不履行下における賃借人の損害軽減義務と「通常の損害」

……………………………………………………………（笠間　哲史）…235

最二小判平成21年 1 月19日（平成19年（受）第102号）民集63巻 1 号97頁，判
時2032号45頁，判タ1289号85頁

**64** 飲食店における下水臭と修繕義務…………………………（笠間　哲史）…239

東京地判平成24年 7 月25日（平成23年（ワ）第6836号，同第21953号）LEX/DB
25495898

**65** 再委託先の不備により元契約解除と入札制限を受けた場合の損害

……………………………………………………………（笠間　哲史）…243

東京地判平成28年12月12日（平成26年（ワ）第13353号）LEX/DB25550255

**66** 賃貸借建物の避難通路に関する条例違反を是正する責任の所在

……………………………………………………………（笠間　哲史）…246

東京地判平成21年 8 月31日（平成19年（ワ）第34980号）判タ1327号158頁

**67** ジェットコースターの死傷事故における経営会社取締役らの刑事責任
──エキスポランド事件 ………………………………（髙杉　謙一）…249

大阪地判平成21年 9 月28日（平成20年（わ）第2167号）裁判所 HP

**第3　安全配慮義務**

**68** 犬走り部分における管理会社の安全を確保すべき注意義務

……………………………………………………………（髙杉　謙一）…254

東京地判平成25年 5 月 1 日（平成24年（ワ）第3732号）ウエストロー2013
WLJPCA05018001

**69** 管理委任契約が締結されているマンションの一室から窓ガラスが落下した
場合の責任主体 …………………………………………（髙杉　謙一）…257

東京地判平成29年 1 月20日（平成26年（ワ）第291号，同第29173号）D1/DB
28250674

## 第4 賃借人（テナント）の責任

70 賃借人（テナント）の管理過失による致傷事件の刑事責任
………………………………………………………（岡崎　行師）…262

　札幌地判平成26年10月9日（平成24年（わ）第498号）LLI/DBL06950555

## 第5 転貸人（ML）の責任

71 定期建物賃貸借契約兼管理受託契約（MLPM契約）が締結されている建物
の工作物責任における占有者 ……………………………（髙杉　謙一）…266

　東京地判平成24年2月7日（平成22年（ワ）第18541号，同第28020号，平成23
　年（ワ）第7189号）判タ1404号200頁

72 建物の無断転貸人が転借人に対し共用部分の維持管理につき負う義務
………………………………………………………………（髙杉　謙一）…270

　東京高判平成27年5月27日（平成26年（ネ）第2432号）判時2319号24頁

73 賃貸物件の共用部分である下水管の詰まりで発生した溢水事故について転
貸人が転借人に対して負う責任 ……………………………（髙杉　謙一）…275

　東京地判平成27年1月22日（平成24年（ワ）第8820号，平成25年（ワ）第12810
　号）判時2257号81頁

### ＊第3節　警備・盗難＊

74 駐車場の冠水事故におけるマンション管理会社の注意義務違反と免責特約
………………………………………………………………（髙杉　謙一）…280

　東京地判平成25年2月28日（平成23年（ワ）第30820号）ウエストロー2013
　WLJPCA02288004

75 盗難事故における警備会社の債務不履行と免責特約 …（髙杉　謙一）…284
　東京地判平成29年6月14日（平成26年（ワ）第15245号）ウエストロー2017
　WLJPCA06146011

### ＊第4節　火　　　災＊

## 第1 賃貸人の責任

76 火災事故における建物所有者の土地工作物責任 ………（和久田玲子）…290
　大阪高判平成28年1月28日（平成27年（ネ）第1575号）LLI/DBL07120055

77 防火地域における建物に関する賃貸人の義務 …………（和久田玲子）…294
　東京地判平成24年8月29日（平成22年（ワ）第24803号）判時2169号16頁

*xviii*　目　次

## 第2　賃借人（テナント）の責任

78　賃借人の失火と債務不履行責任の範囲 ……………………（和久田玲子）…297
　　東京地判平成28年8月19日（平成27年（ワ）第27373号）D1/DB29019897

79　借家人の失火と賃貸借契約における信頼関係の破壊 …（和久田玲子）…300
　　東京地判平成22年3月1日（平成21年（ワ）第2886号）ウエストロー2010
　　WLJPCA03018011

## 第3　消防法上の責任

80　雑居ビルで発生した火災における刑事責任
　　──新宿歌舞伎町ビル火災事件 …………………………（和久田玲子）…303
　　東京地判平成20年7月2日（平成15年（刑わ）第794号）判タ1292号103頁

81　消防法4条に基づく立入検査と消防署長の裁量の範囲
　　………………………………………………………………（和久田玲子）…307
　　東京地判平成20年10月20日（平成19年（ワ）第12297号）判時2027号26頁

### ＊第5節　ビル管理業務の労働問題＊

82　警備員の仮眠・休憩時間の労働時間該当性
　　──ビソー工業事件 ………………………………………（丸尾はるな）…311
　　仙台高決平成25年2月13日（平成24年（ネ）第92号）労判1113号57頁

83　ビル管理会社におけるセクハラ，パワハラと法的責任
　　………………………………………………………………（丸尾はるな）…314
　　大阪地判平成21年10月16日（平成20年（ワ）第5038号）裁判所HP

84　高所作業を行うビル管理技術者の休職を必要と認める事情
　　………………………………………………………………（丸尾はるな）…319
　　静岡地沼津支判平成27年3月13日（平成25年（ワ）第34号）労判1119号24頁

### ＊第6節　ＰＭ契約＊

85　MLPM契約の合意内容の解釈と報酬の水準 …………（永盛　雅子）…325
　　東京地判平成24年12月26日（平成23年（ワ）第23827号）D1/DB29023477,
　　LEX/DB25499439

86　PMの行う退去促進業務の報酬，及び弁護士法72条との関係
　　………………………………………………………………（永盛　雅子）…329
　　東京地判平成25年7月19日（平成23年（ワ）第36535号）D1/DB29026243,
　　LEX/DB25513780

目　次　*xix*

## 第3章　業務用施設特有の問題

### 第1　看板等

87　賃貸人による看板の撤去請求と権利濫用 ……………（和久田玲子）…336
　　最三小判平成25年4月9日（平成24年（受）第2280号）裁判集民243号291頁，
　　判時2187号26頁，判タ1390号142頁

88　看板の落下と店舗責任者の管理責任 ……………………（和久田玲子）…339
　　札幌高判平成29年6月29日（平成29年（う）第60号）LLI/DBL07220270

### 第2　商業施設・ショッピングセンター

89　賃貸人の説明義務（収支予測に関する重要な事項）と施設運営責任
　　………………………………………………………………（吉田可保里）…342
　　大阪地判平成20年3月18日（平成17年（ワ）第12617号）判時2015号73頁

90　契約時賃料が低廉であった特殊事情を理由とする賃料増額請求
　　………………………………………………………………（吉田可保里）…346
　　大阪高判平成20年4月30日（平成19年（ネ）第2138号）判タ1287号234頁

91　賃料増額請求権行使による完全売上歩合賃料制から併用型賃料制への変更
　　請求の可否 …………………………………………………（吉田可保里）…350
　　広島地判平成19年7月30日（平成18年（ワ）第969号）判時1997号112頁

92　フランチャイズ契約による店舗の使用貸借契約（あるいは賃貸借契約）終
　　了と原状回復
　　──ほっかほっか亭事件 …………………………………（吉田可保里）…353
　　東京地判平成24年10月15日（平成22年（ワ）第39501号，平成23年（ワ）第13861
　　号）ウエストロー2012WLJPCA10158012

### 第3　ホテル

93　ホテル内テナントの不法行為についてのホテルの名板貸し責任
　　………………………………………………………………（永盛　雅子）…356
　　大阪高判平成28年10月13日（平成28年（ネ）第791号）金判1512号8頁

94　ホテル用建物の賃貸借契約における原状回復の範囲 …（永盛　雅子）…360
　　東京地判平成24年10月31日（平成20年（ワ）第24974号，平成21年（ワ）第15317
　　号）判タ1409号377頁

95　ホテル用建物の賃料減額請求の当否と相当な賃料額 …（永盛　雅子）…362
　　東京地判平成25年10月9日（平成22年（ワ）第47532号，平成23年（ワ）第23332

xx　目　次

号）判時2232号40頁

# 第4章　そ　の　他

## 第1　売買・売買仲介

96　商人間の土地の売買における瑕疵担保責任の期間制限と宅建業法の扱い
　　……………………………………………………（吉田可保里）…368
　　東京地判平成21年3月6日（平成20年（ワ）第10418号）ウエストロー2009
　　WLJPCA03068007

97　事業用不動産売買契約における媒介業者の説明義務の範囲
　　……………………………………………………（丸尾はるな）…372
　　東京地判平成27年6月23日（平成26年（ワ）第11169号）判タ1424号300頁

## 第2　税

98　用途の異なる区分所有建物の固定資産評価の考え方　…（丸尾はるな）…376
　　札幌高判平成28年9月20日（平成28年（行コ）第8号，同第14号）判自416号
　　24頁

99　納骨堂の固定資産税非課税要件の該当性　………………（丸尾はるな）…380
　　東京地判平成28年5月24日（平成27年（行ウ）第414号）判タ1434号201頁

100　「レンタル収納スペース」事業と事業所税　……………（丸尾はるな）…384
　　東京高判平成26年1月9日（平成25年（行コ）第298号）裁判所HP

《判例索引》………………………………………………………………387

# 第1章

## 賃　貸　借

# 第1節

# 契約の成立までの責任，借地借家法の適用

## ＊本節の趣旨＊

　事業用建物は，その用途が特定されることも多いので，既存の建物を借りるだけではなく，未完成の建物を予約したり，オーダーメイド的に改装したりして借りることも多い。そのため，賃貸借の開始以前に取引が中止になった場合には，中止による損害の賠償について争いになることが多い。どのような事実でどのような判断がされたかが，実際の紛争での参考になるだろう。

　また，事業用建物においてはその用途に即して，各種行政法規の基準を満たしたり，許可を取得したりすることが必要な場合も多く，その要件をクリアできない場合に，責任の所在で争いになることが多い。どのような用途で，どのような許可や基準があるのかも含めて紹介する。

　さらに，昨今は，不動産の流動化等の目的のため，信託を活用することも多いが，受託者はどのような義務を負っているのかについて事例が蓄積されてきたので，今後も増加するであろう信託受託者の義務を考える参考事例として紹介する。

　最後に，借地借家法の適用を受ける賃貸借契約か否かは，強行規定が適用されるか否かに関わり重要なポイントであるので，その適用の可否を判断した事例を紹介する。

4 第1章 賃貸借 第1節 契約の成立までの責任，借地借家法の適用

## 第1 契約の成立・解除

### 1 契約締結直前の賃貸借契約申込みの撤回による責任（契約締結上の過失）

東京地判平成28年4月14日（平成26年(ワ)第14015号）
判時2340号76頁

#### 争点

1 Yの賃貸借契約申込みの撤回について債務不履行責任又は不法行為責任が認められるか

2 Yの損害賠償責任が認められる場合，賠償の対象となる損害はどの範囲まで認められるのか

## 判決の内容

### ■事案の概要

本件は，Y（ウエディング関連事業等を業とする株式会社）との間で賃貸借契約の締結に向けた交渉を行ったX（商業施設等に関する開発，企画，設計，施工，運営業務等を業とする株式会社）が，契約締結直前でのYによる一方的な契約申込みの撤回によって損害（逸失賃料相当額，完工済工事費用，X負担の人件費等，テナント賃料収入相当額）を被ったと主張して，Yに対し，契約締結上の過失責任に基づき，損害賠償を求めた事案である。

### ■判決要旨

#### 1 争点1について

Yは平成24年10月31日にXに対して本件出店申込書を提出し，11月22日にはY側担当者がXに対してYの役員会にて本件物件への出店が承認された旨を報告したことから，Xは，Yが本件賃貸借契約を締結すると信頼し，同年内に本件賃貸借契約の締結にいたることを目指して同月末頃から本件賃貸借契約に係る契約書案につき交渉を重ね，12月22日には本件賃貸借契約書として契約内容を確定させるとともに，同月25日にA信託に対して本件物件に関する転貸借承諾申請書を提出した。また，Xは，Yが，同月5日の現地視察後，Xに対し，バンケット区画の拡張，本件30階の展望台のYによる専有使用，固定式のアイ

〔1〕東京地判平成28年4月14日（平成26年（ワ）第14015号）　　5

アンフェンスの設置という3点につき，初めて具体的に要望したにもかかわらず，本件賃貸借契約の締結のために，A信託の了承を得るなどして対応を進めた。その間，Y側担当者はX側担当者と本件賃貸借契約の締結に向け打合せを進め，上記のとおり，12月22日には本件賃貸借契約書として契約内容を確定させていたことから，Xは，同月25日にはA信託に対して本件物件に関する転貸借承諾申請書を提出し，平成25年2月末ころには，いずれの要望も実現可能な程度にまで対応を進めた。

　以上のような経緯を指摘した上で，同時点ころまで，XがYとの間で本件賃貸借契約が締結されることに対する期待を抱いたことには相当の理由があり，XはYに対するこのような期待を前提として，相応の費用を投じて本件賃貸借契約締結に向けた活動をしていたということができ，このようなXの期待は法的保護に値するものであったということができるので，Yには，Xに対する関係で，契約準備段階における信義則上の義務違反があったとした。

### 2　争点2について

　逸失賃料相当額及び，テナント賃料収入相当額については，Xが本件賃貸借契約が締結されるであろうと期待したために被った損害ではないとして損害として認定せず，他方，完工済工事費用及びX負担の人件費等の一部については，Xが本件賃貸借契約が締結されるであろうと期待したために被った損害といえるとしてYが賠償すべき損害の範囲に含まれるとした。

## ■　解　説

### 1　契約締結上の過失について

　契約締結上の過失は，本来は原始的不能による契約の不成立の問題について，無効な契約を締結することについて過失のある者が相手方に対して何ら責任を負わないのは不公平であり，相手方が契約が有効であると誤信したことによって被った損を賠償すべきであると論じられたものであった。しかし，今日では，原始的不能による契約の不成立の場合に限らず，契約の締結交渉・準備段階に入った者同士は一定の信義則上の義務を負い，信義則上の義務違反を根拠として損害賠償責任が認められるという考え方がなされるようになってきており，このような契約締結前の段階に生じる信義則上の義務違反に基づく損害賠償責任を指して契約締結上の過失という用語が用いられることがある。

　契約締結上の過失に基づく損害賠償義務の範囲としては，一般的に，信頼利益（契約が有効であると誤信したことよって被った損害）に限られ，履行利益（填補賠

償や転売利益など，契約が履行されたことを前提とする損害）は含まれないとされる。

## 2 契約締結上の過失に関連する参考裁判例

本判決は，契約締結上の過失に基づく損害賠償が認容された例であるが，契約締結上の過失が認められるかは，個別具体的な事情に基づく総合的な判断となるため，参考となる事例として責任を否定した裁判例を掲げることとする。

### (1) 東京地判平28・10・25 (D1/DB29020956)

Xが，Yら（医療クリニック開設予定者及び薬局開設予定者）との間で締結した基本合意に基づき，自らの所有する土地に医療クリニック及び調剤薬局用の建物を建築し，完成後の建物をYらに賃貸することを予定して，同建物の建築工事に着手したところ，Yらは，Xとの上記基本合意に反して同人との間で建物賃貸借予約契約（本件予定建物の完成引渡し後に建物賃貸借契約へ移行することが予定された契約）を締結せず，本件予定建物の建築計画を進めたXに損害を生じさせた旨主張して，主位的に上記合意違反の債務不履行，予備的に契約締結の準備段階における過失による債務不履行又は不法行為に基づき損害賠償請求した事案である。

判決は，①同基本合意の内容に則って，本件建物賃貸借予約契約の締結に向けた協議が行われることが合意されていたものの，必ず同契約が締結されるものと想定されていたわけではなく，同契約が締結されなかった場合には，本件基本合意は失効し，当事者双方が本件建物賃貸借予約契約を締結する義務を免れるとともに，同契約が締結されないことによって生じた損害について，当事者双方とも，相手に賠償を請求できないことが規定されていたこと，②Yらは新設するクリニックの勤務医候補者が病気により就任できなくなったため新たな医師の確保の目途が立っていない旨を伝えていたこと等を指摘しつつ，通常であれば，本件建物賃貸借予約契約が締結されて本件予定建物の賃料を得られることが確実になった後に本件予定建物の設計及び建築を実施するのが合理的であるところ，Xは，Yらの了承を得ずに本件予定建物の設計，建築確認及び建築工事を強行し，特に本件予定建物の建築工事を行うに際しては，本件建築工事で定められた契約着手金の支払をしないまま，同工事を開始したのは，消費税率の変更による建設工事費用の増加を回避するため，自らの判断で行ったものと考えるのが自然であるとして，契約締結上の過失があったとは認められないとした。

上記事案の判決では，建物賃貸借予約契約前の基本合意が当事者を契約締結方向で拘束しない内容であったことが判断に大きく影響しているものと思われ

る。実務上，当事者には基本合意の内容を正確に踏まえた対応が求められることについて示唆的であり，参考となる。

## (2) 東京地判平27・3・4 (D1/DB29025475)

ペットクリニックの開業を目指していたXが，マンションの管理組合であるYに対し，YがXによる同マンションの専用部分の使用を不承認と決定した違法行為により，同マンションにペットクリニックを開業することができず，デザイン設計を依頼した会社に対して見積計算ないし設計違約料の債務を負担し，代替施設で診療を開始するまでの9か月分の診療料金を逸失したとして，不法行為に基づき損害賠償を求めた事案である。

判決は，Yの理事会の不承認判断によりXの権利が侵害されたかという争点について，Xにおいて，不動産仲介業者に本件店舗部分の賃貸借契約締結の交渉を依頼し，設計事務所とペットクリニックの設計等に関する打合せを行うなかで，本件店舗部分につき賃借権を取得できる期待が高まっていたということはできるとしつつも，本件賃貸借契約書案が正式な契約書として成立することはなかったこと，契約書案には，管理規約においてYの理事会による承認を受ける地位にあると規定された区分所有権者ではない会社が賃貸人として記載されていたことなどの事実を指摘し，賃貸借条件等が確定していたとは評価できず，理事会の不承認決議の時点でXの賃貸借関係の権利が具体的なものにいたっていたと認めることはできないとして，請求を棄却した。

上記事案の判決では，契約締結上の過失との文言は用いられていないが，契約締結に向けて一定の交渉が行われた事案に関する判断として参考になる。

【齋藤　北写】

8　第1章　賃貸借　第1節　契約の成立までの責任，借地借家法の適用

## [2]　賃貸借契約成立の有無と損害の範囲
### （契約締結上の過失）

東京高判平成20年1月31日（平成18年（ネ）第3947号）
金判1287号28頁

### 争点

1　賃貸借契約成立の有無
2　いわゆる契約締結上の過失が存在するか
3　損害賠償の対象となる損害の範囲及び遅延損害金の利率

## ■ 判決の内容

### ■事案の概要

　X（不動産の売買，賃貸及びこれらの仲介等を業とする株式会社）を賃貸人，Y側（Yは，証券投資信託の委託及び有価証券に関する投資顧問等を業とする株式会社。当初Yのグループの別会社（A証券）が賃借人として交渉が始まったが，後にYを賃借人として交渉が行われた）を賃借人として建物賃貸借契約に向けた契約締結交渉を行ったが，結局賃貸借契約書の調印にはいたらなかった事案において，Xは，主位的には，Xを賃貸人，Yを賃借人とする建物賃貸借契約が成立したにもかかわらず，Yが建物に入居することを取りやめ賃貸借契約の履行を拒絶したとして，XがYに対して，債務不履行に基づく損害賠償とXが賃貸借契約を解除した通知がYに到達した日から支払済みまで商事法定利率による損害金の支払を請求したものであり，予備的には，仮にXとY間で賃貸借契約が成立していなかったとしても，XとYとの契約締結交渉は契約締結の準備段階にあり，YがXとの契約の締結を拒絶するには正当な事由を要するにもかかわらず，Yは正当な事由なくこれを拒絶したと主張して，XがYに対し，いわゆる契約締結上の過失に基づく損害賠償を請求した事案である。

### ■判決要旨

　判決は，争点1について，A証券がXに対し本件申込書を交付したこと，及びXがA証券に承諾書を交付したことは認めつつも，本件申込書には，賃貸借契約書中の諸条件について平成15年9月末日までに双方が完全な合意に達することが成約のための条件となる旨の記載があるところ，XとYとの間に本件建物に係る賃貸借契約が成約されるには，本件申込書記載の事項についての

合意に加えてなお，①賃借目的部分の具体的な特定，②契約更新，期間内解約，賃料・共益費の改定，内装工事等に関する合意にいたることと，③賃貸借契約書への調印が予定されていたが，これらについて実現にいたっていないとして，賃貸借契約の成立を否定した。

争点2について，A証券次いでYは，賃貸借契約の締結に向けてXと交渉を重ね，平成15年11月19日にはXY間で本件合意（①契約開始日を平成16年2月1日とする，②賃貸対象階を14階及び15階とし，15階（エレベーター乗換階）にはセキュリティ扉をXの費用負担で設置する，③敷金保全のため，Xの費用負担で銀行保証を設定するなどの合意）がされたが，本件合意によって，契約の始期を当初予定日よりも1か月先送りし，Xが費用を負担してセキュリティ扉を設置すること，敷金保全のための銀行保証をすることが取り決められ，また，これより先にYあてに送付された契約書及び覚書類の案文により，本件建物に係る賃貸借契約の賃料・共益費，契約期間，保証金額等についてのXの具体的提案が判明するまでになり，当事者双方とも，本件合意によって賃貸借契約締結に当たっての重要な課題がクリアされたと考えており，Yは，本件申込書上の期限を経過してもXとの間で本件建物に係る賃貸借契約成立に向けての交渉を重ね，その期間が通常の2か月ないし4か月を超えて5か月余りに及んでいること，Xが既に本件確保部分を賃借人募集対象からはずす社内手続をとっており，そのことをYが本件合意時までに承知していたこと等を指摘し，本件合意後においては，Xが本件建物に係る賃貸借契約が成立することについて強い期待を抱いたことには相当の理由があり，信義則上，YはXのこの期待を故なく侵害することがないように行動する義務があるとして，Yには契約準備段階における信義則上の注意義務違反があり，これによってXに生じた損害を賠償する責任があると判示した。

争点3について，本件合意の翌日から賃貸借契約締結拒絶の日までの期間についての約定予定賃料及び共益費（合計9900万円）を逸失利益として損害認定したうえ，弁護士費用1000万円も損害として認定した。また，これらの損害賠償請求は不法行為に基づく損害賠償であるとして，民法所定の年5分の割合による遅延損害金の発生を認めた。

なお，過失相殺については否定した。

# 解　　説

## 1　本判決について

争点 1について，賃貸借契約書への調印が予定されていたが調印にいたっていないことに言及しているが，判決が賃貸借契約の成立を否定した理由の中心は，Xの主張する時点において，契約内容が確定していなかった点にあると思われる。したがって，形式的に最終的な契約書の調印がなければ賃貸借契約が成立しないというわけではなく，賃貸借契約は諾成契約であるところ，場合によっては契約書の調印がなくとも契約が成立していると判断されるケースもあるので注意が必要である。

争点 3について，契約締結上の過失に基づく損害賠償の範囲に逸失利益（約定予定賃料及び共益費）が含まれることが示されたこと，また，損害を算定する期間について，契約締結拒絶の日を終期としたこと（原審は新たな賃借人と賃貸借契約を締結できた時点を終期としていた），遅延損害金は不法行為に基づく損害賠償請求権であること根拠に年5分としたこと（Xは商事法定利率年6分の請求をしていた）は実務上参考となる。

## 2　民法改正による法定利率の変更

民法404条が改正され，利息を生ずべき債権について別段の意思表示がないときは，その利率は，その利息が生じた最初の時点における法定利率によるものとされ，改正時の法定利率は年3％とされた。ただし，法定利率は3年ごとに見直されることとなり，金利の変動に応じて利率も変動することとなった。

また，商事法定利率の規定（商514条）は削除されることとなったため，商行為によって生じた債務ついても改正民法上の法定利率が適用されることとなる。

法定利率が5％（商事法定利率では6％）から3％へと大幅な変動となるため実務上の影響は大きいものと考えられる。また，これまで以上に契約において利率を定めておくことの重要性が増すものといえる。

【齋藤　北写】

〔3〕名古屋地判平成29年5月30日（平成27年(ワ)第1974号）　*11*

## ③ 定期建物賃貸借予約契約と解除
### ──ヨドバシカメラ事件

名古屋地判平成29年5月30日（平成27年(ワ)第1974号）
金判1521号26頁

**争点**

1　Xによる定期建物賃貸借予約契約の解除が認められるか
2　Yによる定期建物賃貸借予約契約の解除が認められるか

## ▌判決の内容

### ■事案の概要

　X（家電等の販売を業とする会社）は，Y（不動産業を営む会社）との間で，Y及びA社（Yの親会社）が建設予定のビル（以下「本件ビル」という）に係る定期建物賃貸借契約（以下「本件本契約」という）を締結するための予約契約（以下「本件予約契約」という）を平成25年1月に締結していたところ，Xが，本件予約契約を解除したなどと主張して，Yに対し，本件予約契約上の予約金の返還及びこれと同額の違約金の支払等を求めたのに対し，Yは，YがXに対して本件予約契約を解除した旨主張して，双方の解除の有効性が争われた事案である。

　なお，ビルの建設途中で崩落事故があり，完成予定時期に半年以上の遅れが生じたという事情があった。

### ■判決要旨

　**争点**1について，Xは，本件ビルの開業時期を平成28年春とする旨の合意がなされており，Yがこれに違反したことが，本件予約契約に定められた約定解除事由（本件予約契約の定めに違反したとき）に該当し，又は債務不履行に該当し，Xによる解除は有効であるなどと主張したのに対し，判決は，本件予約契約が締結されたのが本件ビルの開業予定時期として記載された時期（平成28年春）の約3年前であったことからすると，本件ビルの開業時期を正確に予測することは困難であったと考えられるし，「平成28年春」という幅のある表現で，かつ「予定」という文言が付加されていることからすると，本件記載による本件ビルの開業時期の特定は曖昧なものであること等を指摘し，本件予約契約に本件記載があるからといって，直ちにXとYとの間で本件ビルを平成28年春（3月ないし5月）に開業することをYの債務とするという内容の合意が成立

12　第1章　賃貸借　第1節　契約の成立までの責任，借地借家法の適用

したとは認めることはできないとした上で，Xによる解除はいずれも無効であるとした（なお，Xの約定解除事由の主張は他にもあるがいずれも無効と判断された）。

　争点 2 について，Yの約定解除事由（Xが，Xの責めに帰すべき事由で，本件本契約の締結を拒否若しくは締結のための協議に応じない）に該当する行為があるとの主張に対し，XはYに対し，崩落事故による開業時期の遅延が生じることが明らかとなった後も，本件ビルの開業時期を平成29年3月にしてほしいと要望し，本件ビルに出店すること（X及びYが本件予約契約に基づき本件本契約の締結義務を負うこと）を前提として，Y及びA社との間での打合せをさらに1年以上に渡って継続するなどしていたところ，Y側から本件店舗を平成29年3月に開業できないとの返答を受けたわけでもないのに，突然，解除通知書を送付し，Y側との面会を拒否したこと等を認定し，Xの責めに帰すべき事由で，本件本契約の締結を拒否若しくは締結のための協議に応じないといえるとして，Yによる解除を有効とした。

## ■　解　　説

### 1　本判決について

　本件では，予約契約書に，ビルの開業予定時期が記載されていたにもかかわらず，その表記のされ方が曖昧であることから，開業時期の期限を定める合意がされていないと判断された。一般に，建物賃貸借予約契約を行う時点で，当該建物の使用開始時期は賃借人の大きな関心事であると思われるところ，建設完成時期を明確に特定することが困難な場合であっても，期間の幅のある表現を用いるのではなく，多少の余裕を持たせるとしても，「遅くとも○年○月までに」など，解除事由の発生時期が明確になるような表現で規定することが望ましいものと考えられる。本判決は，このような観点からも契約実務における注意点を示唆するものといえる。

### 2　賃借人予定者側から手付契約の手付放棄解除が認められた事例（東京地判平27・1・28判時2253号50頁）

　X（不動産業者）とY（コンビニエンスストアフランチャイザー）は，Xが建築を予定していた建物（以下「本件建物」という）のうちの賃貸用店舗部分について，近い将来，添付された建物賃貸借契約と同一条件にて建物賃貸借契約を締結するが，建築確認申請等調整事項があるため，手付契約を締結し，手付金が支払われたが，その後，本件建物完成後，近隣にYの競合他社の出店計画が判明したため，Yが手付を放棄して，賃貸借契約の締結を拒否したことが不法行為とな

〔3〕名古屋地判平成29年5月30日（平成27年(ワ)第1974号）　*13*

ると主張された事案である。

　判決は，予定されていた賃貸借契約が容易に解除を認める内容であったこと，近隣にYの競合他社の出店があったこと，YがX負担の工事費用の一部を負担する旨申し出ていること等を考慮すれば，不法行為は成立しないとした。また，予定された本件賃貸借契約の内容も3か月前の予告などによる解約を可能とするなど拘束力の弱い契約であので，本件手付契約については，履行の着手が想定される本契約に付随した従たる契約ではないとの指摘もなされた。

　本事例のように建物を新設して賃貸する契約の場合，建築内容について賃借人予定者の要望をどの程度反映させるのか，また，その費用負担を誰がするのか等を踏まえて，適切に当事者を拘束する内容の契約とすることがリスク回避のためには重要である。

### 3　民法改正に伴う債務不履行解除に関する規定の変更点

#### (1)　解除の要件

　従来，債務不履行解除については，債務者に帰責事由が必要であるとされていたが，改正民法においては，解除は，債務者に対する制裁ではなく，当事者を契約の拘束力から解放する制度であるという観点から，債務者の帰責事由を要件から除外し（改正民541条・542条），他方で，債権者に帰責事由がある場合には解除ができないこととされた（改正民543条）。

　また，従前の判例を基に債務不履行がその契約及び取引上の社会通念に照らして軽微であるときは，解除できないこととされた（改正民541条ただし書）。

　なお，無催告解除（改正民542条）では，履行拒絶の意思を明確に表示した場合や，催告をしても契約をした目的を達するのに足りる履行がされる見込みがないことが明らかな場合等が解除原因として明記された。

#### (2)　解除の効果

　改正前民法においては，原状回復義務について，金銭を返還する場合には，その受領時から利息を付さなければならないとの規定があったが，金銭以外の物については規定されていなかったものの，通説的な見解では，受領後に生じた果実については返還すべきであると解されていた。そこで，この点を明文化し，物の受領後に生じた果実については返還しなければならないとされた（改正民545条3項）。なお，議論の過程では物の使用利益を返還対象とすることも検討されたが，使用利益の範囲が明確ではなかったため，明文化にはいたらなかった。

### 4　民法改正に伴う手付に関する規定の変更点

第1に，改正前民法では，売主は，手付金の倍額を「償還して」契約の解除をすることができるとされていたが，裁判実務上は，現実の償還までは要しないが，現実の提供は必要であると解されていた。そこで，その趣旨を明文化し，売主は手付金の倍額を「現実に提供して」契約の解除ができるとされた（改正民557条1項）。

第2に，改正前民法では，「当事者の一方が契約の履行に着手するまでは」手付解除ができるとされていたが，その趣旨は，履行に着手した者を害さないことにあるため，自らが履行に着手していても，履行に着手していない相手方に対しては，解除権の行使ができると解されていた。そこで，改正民法では，「相手方が契約の履行に着手した後」は，解除できないとして，従来の解釈を明文化した。なお，解除ができない場合について，ただし書で規定する形になっており，解除の効力を否定する側が，履行の着手をしたことについて，主張立証責任を負うことが明確化された。

【齋藤　北写】

〔4〕東京地判平成25年4月17日（平成23年(ワ)第40469号）　*15*

## 第2　許認可取得・行政法規に係る制限と責任

### 4　行政法規による制限と契約の効力
### （契約の実現可能性と錯誤）

東京地判平成25年4月17日（平成23年(ワ)第40469号）
D1/DB29027500

### 争点

1　本件賃貸借契約は，実現可能性を欠いて無効であるか
2　本件賃貸借契約は，錯誤により無効であるか

## ▌判決の内容

### ■事案の概要

　X（保育園の経営等を目的とする株式会社で，東京都内の11か所において，認証保育園を運営）は，Y（本件建物の所有者で，鍼灸師）との間において保育所等施設の経営を使用目的として賃貸借契約（以下「本件契約」という）を締結し，Yに対し，保証金400万円及び賃料94万5000円を支払ったところ，本件契約の目的とされた建物が東京都建築安全条例によって保育所等施設として使用することが不可能であることが判明したため，本件契約は，実現可能性を欠き，あるいは錯誤により，無効であると主張して，不当利得返還請求権に基づき，上記保証金及び賃料等の支払を求めた事案である。

### ■判決要旨

　**争点**1について，判決は，本件契約は，Xが本件建物において保育所等施設を経営するために締結されたものであるところ，本件建物の敷地が建築基準法及び条例において保育所等施設を含む児童福祉施設等を建築してはならない路地状敷地に当たることから，本件建物において保育所等施設の経営ができないことは客観的に明らかであり，本件建物は，本件契約において使用目的として予定されていた保育所等施設として使用することができないという意味においてその目的を達することのできない瑕疵があったことは認めた。しかし，民法上，有償契約の目的物につき瑕疵があったとしても，実現可能性がないとして当該契約を一律に無効とはせず，上記瑕疵が通常人の普通の注意で発見で

きないものであった場合に，契約の解除又は損害賠償の請求をすることができると定めていること，また，錯誤が問題となる場合にも，原則として錯誤に係る法律行為を無効としつつも，表意者に重過失がある場合には無効を主張し得ないものとしていることからすれば，瑕疵が存在した場合に，一律に無効とするのではなく，当事者間の利益調整を図るべきものであり，本件契約についてもこれを実現可能性がないとの理由で無効とはせず，事情に即して当事者間の利益調整を図るのが，民法の趣旨にも合致するとしてXの主張を排斥した。

　争点2について，判決は，Xにおいて，本件建物が条例により保育所等として使用が不可能であったにもかかわらず，それが可能であると信じていた錯誤があったことは認めたものの，Xが11か所に及ぶ多数の認証保育所を展開している事業者であるのに，本件契約締結までの間にYから入手した各種図面等の資料を示して建築士等の専門家ないしは所管行政庁に照会するなどの調査を怠ったことからすれば，本件建物が保育所等として使用可能であることと信じたことにつき，重大な過失があり，錯誤無効の主張をすることができないとした。

## ▌ 解　説

### 1　民法改正に伴う錯誤の規定の変更点

#### (1)　錯誤の要件

　改正前民法においては，「法律行為の要素に錯誤」があることが錯誤の要件とされており，当該要件について判例（大判大3・12・15民録20輯1101頁）では，錯誤のある部分に関する表意者の利益を考慮し，その場合について合理的な判断をしたとして，錯誤がなければ意思表示をしなかったであろうと認められる場合に法律行為の要素に錯誤があるとされ，また，他の判例（大判大7・10・3民録24輯1852頁）では，表意者が意思表示の内容部分としたもので，これについて錯誤がなければ意思表示をしないと認められ，かつ，意思表示がなされないことが一般取引通念に照らして至当と認められる場合において法律行為の要素に錯誤があると認められると解釈されていた。

　これらの判例を踏まえて，改正民法においては，錯誤に基づく意思表示がなされ，かつ，その錯誤が法律行為の目的及び取引上の社会通念に照らして重要なものであることが要件として明示的に規定されることとなった（改正民95条1項柱書）。

　また，改正前民法においては，「動機の錯誤」に関する明文の規定はなかっ

たが，判例（最二小判昭29・11・26民集８巻11号2087頁）では，相手方に表示されなかった動機の錯誤は法律行為の要素の錯誤とならないとの解釈が示されており，実務上は定着した解釈となっていた。

そこで，改正民法においては，錯誤の類型について，表示の錯誤（意思表示に対応する意思を欠く錯誤）と動機の錯誤（表意者が法律行為の基礎とした事情についてその認識が真実に反する錯誤）を区別して規定することとし（改正民95条１項各号），動機の錯誤の場合には，当該事情が法律行為の基礎とされていることが表示されていることが要件として明示された（同条２項）。

### (2) 錯誤の効果

改正前民法においては，錯誤の効果は無効とされていた（ただし，判例上，原則として，表意者のみが無効の主張ができるとされていた）。他方で，錯誤の場合よりも表意者の帰責性が小さく，表意者保護を手厚くすべきはずである詐欺の場合には，意思表示は無効ではなく取り消すことができるにとどまるため不均衡が生じていた。

そこで，錯誤の効果を「取消し」に改めることとされた（改正民95条１項柱書）。

また，併せて第三者保護の規定も新設され，善意無過失の第三者には取消しの効力を対抗できないとされた（同条４項）。

### (3) 取消権行使の制限

表意者に重大な過失がある場合には，原則として，錯誤取消しをすることができないとしつつも例外的に取消しが認められる場合が規定された。すなわち，①相手方が表意者に錯誤があることを知り，又は重大な過失によって知らなかったとき，又は，②相手方が表意者と同一の錯誤に陥っていたときには，相手方を保護する必要性が低いので，表意者に重過失がある場合でも取消しが認められることとなった（同条３項）。

### (4) 改正の実務への影響

動機の錯誤については，従来から解釈上認められていたものの，その要件について整理して明示的に規定されたことは，裁判実務の安定化につながるものと思われる。

錯誤の効果については，「取消し」になったため，取消権の行使は，表意者又はその代理人若しくは承継人に限られることとなり（改正民120条２項），取消権の行使期間制限を受けることとなるため（民126条），実務上注意を要する。

また，表意者に重過失がある場合にも，錯誤の主張が認められる場合が明示されたことは，この種の事案の解決に少なからぬ影響を与えることとなるもの

と考えられる。本判決は，表意者の重過失を理由に錯誤無効を否定したものであるが，民法改正後であれば，重過失のある表意者であっても例外的に錯誤の主張が許されることについても主張がなされたケースであると思われる。

## 2 行政法規による制限が問題となった事例 (東京地判平24・2・16ウエストロー2012WLJPCA02168014)

XがYから賃借した建物について法律上の瑕疵（用途制限）があり，賃貸借契約の目的（ゴルフレッスン事業）を達成することができないにもかかわらず，Yがその調査，説明を怠ったと主張して，Yに対し，主位的に瑕疵担保責任に基づく損害賠償等の支払及び保証金返還請求権に基づく保証金の返還等を，予備的に不法行為に基づく損害賠償等の支払を求めた事案である。

判決は，主位的請求につき，賃貸借契約において，ゴルフレッスン事業の規模，態様は特定されておらず，用途制限に反しない規模，態様でゴルフレッスン事業を営むことは可能であるから隠れた瑕疵はないとして，請求を棄却した。

予備的請求との関係では，Yの説明義務の有無が争点となったが，賃貸借契約において，ゴルフレッスン事業の規模，態様は特定されておらず，Yがこれらを正確に把握することが困難であることなどからすれば，Yにおいて，Xが本件建物において営む予定であったゴルフレッスン事業の具体的な規模，態様を把握した上で，用途制限に違反しないでゴルフレッスン事業を営むことができるかどうかという点についてまで調査し，説明すべき義務があるとは認められないとした。

本判決では直接言及されていないものの，賃貸借契約において，ゴルフレッスン事業の規模，態様が具体的に特定されていた場合には，異なる判断となっていた可能性があるものと思われ，その意味で契約実務上参考になるものと考える。

【齋藤 北写】

〔５〕東京地判平成20年３月27日（平成18年（ワ）第28758号）　*19*

## 5　行政法規による制限についての
## 仲介業者の説明義務

東京地判平成20年３月27日（平成18年（ワ）第28758号）
ウエストロー2008WLJPCA03278029

争点
賃貸借契約締結時の説明義務違反があるか

## 判決の内容

### ■事案の概要

　Xは，Yの媒介により事業用建物賃貸借契約を締結し，同建物においてダーツバーの営業を始めたが，同建物所在の地域では風営法及び条例において，深夜０時以降に酒類の提供が禁止されていることが発覚したため，Yが，Xとの不動産媒介契約に基づく説明義務を尽くさなかったため，同建物での営業継続を断念せざるを得なくなり，損害を被ったとして，Yの債務不履行に基づく損害賠償を求めた事案である。

### ■判決要旨

　判決は，宅建業法35条１項の重要事項の説明等の規定は，宅地建物取引が，他の取引に比べて権利関係や取引条件が複雑であり，取引物件の権利関係，法令上の制限や取引条件等を十分に調査，確認しないで契約を締結すると，後日になって契約の目的を達成することができなくなり，多大な損害を被り紛争が生じること，一般の取引当事者は，不動産取引に関する経験や専門的知識も乏しく取引物件の権利関係を調査する能力もないことが実情であることを考慮して，宅地建物取引業者に，取引主任者をして，法令上の制限，取引条件等一定の重要事項を説明させ，取引当事者がこれらを十分に理解して契約を締結する機会を与える趣旨であるとした上で，①風営法等関係法令による制限は，本件店舗の賃貸借それ自体に関する権利関係や取引条件というより，本件店舗の賃貸借契約を前提としてそこでどのような営業をするかという問題に係るものであること，②Xは，風営法上，深夜酒類提供飲食店を営業するについては事前に届出をする必要があり，その届出をしていれば，本件店舗で前記営業が禁止されていることも判明したのに，その届出をしていなかったこと，③Xは，本件賃貸借契約締結以前に，大衆酒場を経営したり，スナック開店を試みたこと

20 第1章 賃貸借 第1節 契約の成立までの責任，借地借家法の適用

があり，ダーツバーについてもその営業をしていた知人に相談していたのであ
るから，自ら必要な法令上の制限を調査することも容易であったこと等の事情
があることを指摘し，風営法等関係法令による営業制限につき，Yに調査確認
義務があったということはできないとして，請求を棄却した。

## ■ 解　説

### 1 宅地建物取引業者の説明義務

　宅地建物取引は，取引対象の権利関係が複雑であり，また行政法規による規
制が多いため，契約当事者が不測の損害を被らないようするために，宅地建
物取引業者（以下「宅建業者」という）は，契約の締結をするかどうかの判断にお
いて大きな影響を与える重要事項について説明すべき業務上の注意義務を負う
（宅建業35条1項）。そして，宅建業者は，契約成立のときまでに，宅地建物取引
士をして，少なくとも宅建業法35条1項各号に列挙された事項について，当該
事項の記載された書面を交付して説明しなければならないとされている。もっ
とも，本判例でも指摘されているが，宅建業法35条1項は「少なくとも次に掲
げる事項について」とあるように，宅建業者が宅地建物の取引に際し，相手方，
依頼者等にあらかじめ説明しておくことが必要な事項のうち最小限の重要事項
を例示的に列挙したものであり，個々の取引事情に応じて，列挙された事項以
外にも，説明を要する重要事項があり得るため，契約実務においては個別具
体的な事情を踏まえて判断する必要がある。

### 2 宅地建物取引業者の調査義務

　宅建業者は前記のとおり重要事項について説明義務を負っているところ，当
該義務を履行するためには，その前提として調査が必要となることは当然に予
定されており，一定の調査義務を負うものと考えられる。少なくとも，宅建業
法35条1項各号に列挙された重要事項は，最小限必要な事項を定型化したもの
であるところ，これらの事項について不明な点等があれば，官公庁等の関係各
所に確認するなど説明をするために必要な事項について内容を確定させるだけ
の調査は尽くす必要がある。もっとも，過大な費用負担を伴う調査までもが要
求されるわけでなく，例えば，ボーリング調査等の高額な費用のかかる調査は
不要であると考えられる。また，宅建業法35条1項各号に列挙された事項以外
の重要事項についても，取引の個別事情に応じて調査をすべき場合が生じるこ
ととなるため，契約締結の判断における当該事項の重要性，調査に要する能力
及び費用等を踏まえつつ，個別具体的に検討して必要な調査を尽くす必要があ

る。

　なお，本判決では，「結果として」との前置きをした上ではあるが，Ｘにとっては，本件店舗の所在地が風営法等関係法令により午前０時以降酒類を提供する飲食店を営業することができないことが重要事項であったということができると認定しつつも，**判決要旨**に記載したＸ側の事情を複数指摘した上で，結論としてはＹの調査確認義務を否定している。しかし，本判決の判断枠組みからすれば，当事者の性質や取引の経過が少し変化すれば，同様の制限であっても調査義務があったと判断される可能性があるものと考えられ，注意が必要である。

【齋藤　北写】

## 6 法令上の制限についての仲介業者の説明義務

東京地判平成20年3月13日（平成18年(ワ)第10495号）
ウエストロー2008WLJPCA03138002

### 争 点

宅地建物取引業者（以下「宅建業者」という）が建築基準法上の制限があることを知って不動産賃貸契約の仲介をした場合，当該宅建業者は，直接仲介（媒介）契約を締結していない相手方当事者に対しても，告知義務を負うか

## 判決の内容

### ■事案の概要

Xはクリーニング業務等を目的とする株式会社である。Yは，不動産の売買，賃貸，管理，仲介に関する業務等を目的とする株式会社であり，宅建業者である。

Xは訴外Aから第一種低層住居専用地域にある倉庫（以下「本件建物」という）をクリーニング工場として使用する目的で賃借したが，宅建業者であるYは，この賃貸借契約においてAから仲介（媒介）業務を受任し，本件建物の賃貸借契約を仲介した。契約成立後，Xは工場として使用するため，ベルトコンベアー等の機械を設置し，訴外Aの承諾を得て，井戸を掘削したが，その後，市の建設局の指摘を受け，建築基準法48条（用途地域）に照らし本件建物を工場として使用することができないことが判明した。そこでXが，Yに対し，建築基準法上本件建物が工場として使用することができないことを告知する義務を果たさなかったため，宅建業者としての注意義務違反を理由に債務不履行に基づく損害賠償として，工場としての使用のための建物改築工事費用及び撤去工事費用等9059万4207円と遅延損害金の支払を求めたのが本件の事案である。

### ■判決要旨

不動産仲介業者は，直接の委託関係がなくとも，業者の介入に信頼して取引をなすにいたった第三者一般に対して，信義誠実を旨とし，権利者の真偽につき格別に注意する等の業務上の一般的注意義務がある（最二小判昭36・5・26民集15巻5号1440頁）のであるから，不動産仲介業者としては，仲介の対象である賃貸借契約の目的物の使用目的を知り，かつ，賃貸借契約の目的物がその使用目的では使用できないことを知り，又は容易に知り得るときは，賃貸借契約を締

〔6〕東京地判平成20年3月13日（平成18年（ワ）第10495号）　*23*

結しても目的を達し得ないことを告知すべき義務があるというべきである。

　そして，建築基準法上，第一種低層住居専用地域内においては，原則として工場を建築することができない（建基48条1項本文）。このことは，宅建業を営む者としては当然知り得ることである。Yは本件建物の使用目的は知悉しており，前記注意義務に反するものとして，損害賠償義務を負うというべきである。

　Xの損害については，8821万5852円の限度で認められるところ，XにおいてもYに対し本件建物をクリーニング工場として利用することについて法律上の障害がないのか明示的に確認を求めなかったこと，第一種低層住居専用地域に存在することは知っており，この点について他の不動産業者から既存の建物であれば使用できる旨を聞いて軽信していたなどの事情を考慮し，5割について過失相殺を行い4410万7926円の限度でこれを認めた。

## ■　解　説

### 1　本判例の意義等

　仲介業者（媒介業者も同義）には，第三者に対しても一般的な注意義務が成立し得ることは，本判決引用の前掲最二小判昭36・5・26によってほぼ確立されている。もっとも，最高裁判例も，「業者の介入に信頼して取引をなすに至った第三者」に限定して一般的な注意義務を認めており，広く第三者に対して認めるものではない。

　本件でも，YはXが要望する井戸の掘削について所有者からの承諾を得ていたことやXから仲介報酬を受け取っていたことからすれば，XY間で仲介契約が成立していなくても，Xが仲介業者としてのYを信頼したことは問題なく認められた事案であろう。

　さらに，本件では登記簿上，倉庫として登記されている物件をクリーニング工場に改築して使用しようとしたものである。ところが，当該建物が第一種低層住宅専用地域内に所在していたことから，建築基準法48条に基づき工場として使用できなかった事案である。本件は，使用目的が法令上の制限に該当する場合について規範を示した事例判例として，仲介業者は，①当該契約目的物の使用目的を知り，②その使用目的では当該目的物を使用できないことを知っているか，又は容易に知り得るときは，そのことを告知すべき義務がある，と判断した点に意義がある。

　なお，本件では，Xにおいても，Yに対し，本件建物をクリーニング工場として利用することについて法律的障害はないのか明示的に確認を求めたとまで

24 第1章 賃貸借 第1節 契約の成立までの責任，借地借家法の適用

認められないことや，Ｘも，本件建物が第一種低層住居専用地域に存在することは知っており，この点について，他の不動産業者から，既存の建物であれば使用可能である旨を聞いて軽信していたなどの事情があったため，これらを考慮して，公平の観点から，Ｙが負担すべき割合は，Ｘの損害の5割であるとした。

### 2 注意義務の範囲

宅建業者の説明義務は，宅建業法35条1項に重要事項として説明対象が列挙されていることから，これら列挙事由について調査説明義務があることは当然である。

しかし，宅建業者は，この重要事項に限って調査説明を尽くせばよいものではなく，判例は「委託者と受託者との関係，媒介するに至った事情，媒介者の身分，知識，報酬支払の約束の有無，媒介の態様やその程度等によって個別具体的に判断すべき」（東京地判昭61・7・29判タ634号160頁）とするので注意が必要である。

### 3 賃貸借契約の仲介における調査説明義務違反に関する類似事例

(1) **東京地判平28・3・10** （平成26年（ワ）第7148号，平成27年（ワ）第8387号）（LLI/DBL07130671）

1階店舗部分（本件賃貸部分）を介護施設として利用する目的で賃借したＸが，建物に検査済証が交付されておらず建築基準法違反の状態であるため，介護施設に利用目的を変更することについての用途変更確認申請ができず，同施設を開設できなかったとして，仲介業者らに対し，連帯して，Ｘが支出した費用等の損害を支払うよう求めた事案である。

裁判所は，ＸとＸ側仲介業者であるＹ1に対しては仲介契約に係る信義則上の義務として，Ａから本件建物には検査済証がないことを聞いた段階で，必要な調査をした上で，速やかに本件事情をＸに告知説明する義務が発生しており，それを怠ったことによりＸに生じた損害について，債務不履行に基づく賠償責任を免れないとした。また，賃貸人側仲介業者であるＹ2に対しては，遅くとも賃貸借契約時にＸに本件事情を告知説明する義務を負っていたというべきであるとして不法行為に基づく賠償責任を免れないとした。

損害発生に関する過失割合に関しては，建築基準法上，用途変更確認申請手続は大規模修繕工事に着手する前に行わなければいけないとされているところＸがその手続を履践していればその段階で検査済証がないことが判明し損害の発生を相当程度抑制し得たとして，Ｘに3割の過失相殺を認めた。

〔6〕東京地判平成20年3月13日（平成18年（ワ）第10495号）　*25*

**(2)　東京地判平19・4・18**（平成17年（ワ）第24262号）（LLI/DBL06231800）

　不動産仲介業者であるYには，飲食店用店舗の賃貸借契約の仲介をするに際し，建物敷地の法令上の規制について調査・説明義務違反があったとして，借主であるXが債務不履行に基づき内装工事代金等を支払うよう求めた事案である。

　裁判所は，本件建物は第一種低層住居専用地域内にあり，かつ，東京都文教地区建築条例に定める第一種文教地区でもあったこと，条例制定前から営業していた飲食店を除き飲食店としての営業を許可された例がなかったことなどから，本件建物での飲食店の開業はほぼ不可能であったと認め，Yは，これらの規制の存在及びその内容について調査をし，これをXに説明する義務があり，Yの債務不履行責任を認めた。

　過失相殺に関して，Yは，保健所に事前相談に行くよう勧めており，Xが相談に行っていれば同じ庁舎内にある建築指導課に回されるなどして営業許可の見通しについて確認できたはずである等と主張したが，裁判所は，建築基準法及び条例に基づく規制は食品衛生上の許可要件に関連したものではなく，保健所は所管外であるとして，過失相殺を認めなかった。

**【村手亜未子】**

*26　第1章　賃貸借　第1節　契約の成立までの責任，借地借家法の適用*

## 第3　信託受託者の義務

## ⑦　公有地信託事業における受託者の義務の範囲

大阪地判平成26年3月27日（平成21年(ワ)第16790号）
裁判所HP，D1/DB28221866

### 争　点

　**1**　受託者が，本件信託事業に関する事業計画が想定する事業予想を実現できるような内容の事業計画等を作成する義務を負うか

　**2**　受託者が，当該事業計画が想定する事業予想を実現すべく本件信託事業を遂行する義務を負うか

## 判決の内容

### ■事案の概要

　本件は，X（普通地方公共団体）が，Y（信託業務を営む銀行）との間で，Xを委託者兼受益者，Yを受託者，Xが所有していた土地（以下「本件土地」という）を信託財産として本件土地上に建物（以下「本件建物」という）を建設し，これを賃貸することを目的として本件土地及び本件建物（以下「本件信託不動産」という）を管理運営する旨の信託契約（以下「本件信託契約」という）を締結し，甲駅周辺土地区画整理事業用地土地信託事業（以下「本件信託事業」という）を実施したところ，Yの本件信託契約上の義務違反により損害を被ったと主張して，損害賠償を求めた事案である。

　具体的には，Xは，Yの本件信託契約上Yが①本件信託事業に関する事業計画が想定する事業予想を実現できるような内容の事業計画等を作成する義務及び②当該事業計画が想定する事業予想を実現すべく本件信託事業を遂行する義務（以下「本件遂行義務」という）を負っていたが，上記各義務に違反したことによって，Xに，(i)本件建物にフィットネスクラブを入居させたことによる振動問題に起因する振動対策調査，防振対策工事費等の損害，(ii)本件建物の振動問題を原因として一部テナントについて，一定期間，賃料の減額を余儀なくされたことによるその減額分の損害，(iii)開業当初のテナントリーシングに失敗して，事業計画で想定した入居率を達成できなかったことによる得べかりし賃料及び

〔7〕大阪地判平成26年3月27日（平成21年（ワ）第16790号）　*27*

共益費の損害，(iv)上記損害の発生に伴って信託財産が負担しなければならなくなった借入金に対する借入利息相当額の損害賠償を求めた。

　なお，本件は，平成2年1月に公有地信託制度を活用して本件土地の開発を進める方向性が決定され，提案競技による選考でYの提案が選ばれ，その後事業計画の提出を経て，平成3年11月に信託契約を締結し，本件建物は平成6年9月に開業したものであり，いわゆるバブル崩壊による経済変動の影響を受けた時代の事例である。

■**判決要旨**

　争点1について，判決は，総論として，本件事業計画の提出は，その時点における経済情勢や景気動向等を前提としてYが信託期間中の収支予測を示したものであると認められ，上記の経済情勢や景気動向等が変化すれば上記収支予測も変更されるものであるから，Yが，本件信託契約を締結する時点で，Xが主張するような後日追加費用の負担が発生しない内容の本件事業計画の作成義務は負わないとした。

　また，起振階の上階に振動が生ずることを予見することは，当時の知見を基にすれば困難であり，事業計画の作成に際して，フィットネスクラブを入居させた場合，本件指針における基準以上の振動障害が生ずることを予見し，設計事務所又は建設業者に対し振動障害の生じない建物を設計施工するように指示し，また，本件建物が振動障害を生じない建物であるかどうかについて質問し，回答を得ておくべき義務はないとした。

　争点2について，判決は，本件信託契約における本件信託事業の目標は，Yが本件事業計画を実現することとされているものではなく，本件信託契約書上，本件信託不動産の管理等の信託事務については，Yの善管注意義務が定められており，本件事業計画に記載された収益の実現を保証するような趣旨の条項はなく，Yは，本件信託不動産の運用について，適正な賃貸条件の設定に努めるべきとの努力義務を負うにとどまり，本件事業計画における賃料に入居率を乗じた収入の獲得義務が課せられているものではないこと等を指摘した上，本件信託契約が事業執行型の信託であり，Yが不動産信託について相応の専門家であることを考慮しても，本件信託契約が本件事業計画の実現を内容とするものであると認めることは困難であるとして，Xが主張するような本件遂行義務は負わないとした。

## 解　説

### 1　公有地信託

昭和61年の地方自治法改正において，民間の活力を活用し，公有地の有効活用を図るとの趣旨から，公有地の信託制度が導入され，普通財産である土地（その土地の定着物を含む）について，当該普通地方公共団体を受益者として，政令で定める信託の目的により信託することが認められている（地238条の5第2項）。地方自治法施行令では，信託の目的として，①信託された土地に建物を建設し，又は信託された土地を造成し，かつ，当該土地（その土地の定着物を含む）の管理又は処分を行うこと，②①の信託の目的により信託された土地の信託の期間の終了後に，当該土地の管理又は処分を行うこと，③信託された土地の処分を行うことが定められている（同施令169条の6第1項各号）。

なお，公有地信託では，第三者を受益者とする信託（他益信託）は認められていない。

### 2　受託者の義務

信託会社は，信託の本旨に従い，受益者のため忠実に信託業務その他の業務を行わなければならず，また，信託の本旨に従い，善良な管理者の注意をもって，信託業務を行わなければならないとされる（信託業28条1項・2項。信託29条・30条も同趣旨）。

本判例は，信託の本旨に従った善管注意義務が問題となった事案と捉えることができるが，信託契約のバリエーションは多様であるところ，信託の本旨は，各信託契約における合意内容次第であって個別具体的な事実関係から認定されることとなる。本判例は，バブル崩壊期を背景とした特殊性はあるものの，信託契約上の条項等をもとに，事業計画は社会情勢等に応じて変更され得ることが予定されており，事業計画どおりの内容を実現する結果債務的な善管注意義務を否定した事例として実務上参考となる。

【齋藤　北写】

〔8〕大阪地判平成25年5月30日（平成21年(ワ)第4428号）　*29*

## 8 公益信託契約における受託者の善管注意義務

大阪地判平成25年5月30日（平成21年(ワ)第4428号）
D1/DB28213065

### 争点

　Yらが本件信託契約に定める義務を履行しないため，又は，Yらの管理の失
当により本件信託財産に損害が発生したといえるか

## 判決の内容

### ■事案の概要

　X（大阪市）とYら（信託業務を取り扱う銀行3行）は，平成元年頃，大阪市所在
の中学校跡地（以下「本件土地」という）上に施設（以下「本件建物」という）を建設
して第三者に賃貸することにより本件土地及び本件建物の管理運営を行うこと
を「信託の目的」とする信託契約（以下「本件信託契約」といい，本件信託契約に基
づきYらが行うこととなる信託事業を「本件信託事業」，本件信託事業に係る信託財産を「本
件信託財産」という）を締結し，Yらは本件信託事業を実施していたところ，X
が，Yらが本件信託契約に定める義務を履行しないため損害を受け，又は管理
の失当により本件信託財産に損害を生じさせたなどと主張して，Yらに対し損
害賠償を求めた。

　Xは，第1損害（追加工事費用等の支出増加による損害），第2損害（運営会社によ
る超過支出による損害），第3損害（テナント賃料の改定不履行による損害），第4損害
（テナント賃料等の未回収分の損害），第5損害（長期空き区画の賃料相当損害金），第6
損害（借入金利の発生による損害）を主張した。

　なお，第2損害及び第6損害については，善管注意義務違反又は管理の失当
の有無に関する判断が示されていないので，**判決要旨**の記載は割愛する。

### ■判決要旨

　第1損害については，仕様の変更が生じたことについて，XY間における協
議を経て，本件各仕様変更を行うことに決定していたのであるから，本件各仕
様変更によって総事業費が増加することは容易に予測することができ，そもそ
も本件事業計画に沿って信託事業を推進することがYらの努力義務にとどまる
ことが本件信託契約に明記されていることからしても，本件各仕様変更分の費
用を本件事業計画に記載しなかったことが当然にYらの善管注意義務違反を構

成するとはいえないとした。また，具体的な工事代金は，入札を待って初めて決定することからすれば，本件信託契約締結時点において，具体的な工事代金に加えて，それを前提とした収支計画や資金計画についても具体的に明らかにするのは不可能であり，建築費が当初金額よりも上回ることを説明すべき義務がＹらにあったとはいえないとした。

　また，追加工事が発生したことについても，本件事業計画に沿って信託事業を推進することがＹらの努力義務にとどまること及び，Ｙらは追加工事が必要となる都度，Ｘに協議願いを提出してＸの了承を得ていたこと等に照らして，Ｙらに善管注意義務違反はなかったとされた。

　第３損害については，本件事業計画を根拠に10％の賃料改定義務が主張されていたところ，本件事業計画に沿って信託事業を推進することは努力義務にとどまるから，Ｘの主張は前提を欠くとした上で，平成８年３月の賃料増額改定率が６％となったこと及び平成11年３月の賃料増額改定率を３％に変更したことについて，Ｘが異議を述べていなかったという事情をも指摘し，いずれについても善管注意義務違反はなかったとした。

　第４損害については，大阪市内において様々な大型商業施設ができ，本件土地及び本件建物のあるアメリカ村の治安が悪化し，飲食店の廃業件数が増加するという厳しい環境の下において，店舗内装・共用部工事費を信託財産において負担してでも施設のイメージアップにつながる店舗を誘致して集客力のアップを図ることを相当な敷金受領等による債権保全策よりも優先した判断は著しく合理性を欠くとはいえず，また，債権回収不能となった２店舗以外の店舗に対する債権回収が十分に行われており，Ｙらの前記２店舗との交渉状況に不相当な点もなかったとして，前記２店舗につき債権回収不能となったことについて，Ｙらに善管注意義務違反はないとした。

　第５損害については，Ｙらが上記各空き区画の誘致活動を行っていた平成12年から平成17年にかけては，上記第４損害にて記載の厳しい環境など，様々な外部要因が本件信託事業における売上高減少に影響したという事情があり，他方で，Ｙらは，相当数の企業に対して誘致活動を行っており，格別交渉数が少ないとはいえず，空き区画の発生をもって，Ｙらが十分な誘致活動を怠ったとすることはできないとした。

　なお，Ｘが本件土地及び本件建物の売上げの減少について近傍類似施設と比較する主張を行ったのに対し，判決は，治安面及びアクセス面での利便性の差異を指摘したことに加えて，本件信託事業は，公益信託であって，地域の振興

発展という公益目的に貢献するものであるから，純粋な民営の商業ビルと単純に比較することは困難であると指摘した。

# ■ 解　説

## 1　本判決について

本判決は，信託契約において，信託事業計画に沿った信託事業を行うことが受託者の努力義務とされているケースにおいて，その後の社会情勢の変化に応じた計画変更を実施する場合の受託者の善管注意義務違反の有無についての判断が示されたものとして実務上の参考となるものである。

本件での善管注意義務違反の判断においては，信託事業計画に沿った信託事業を行うことが受託者の努力義務とされていることが大きな要素となっているが，その他にも，随所でYらがXの了承を得ながら計画変更を行っていたことや，計画の変更についてXが異議を述べなかったことに言及されており，委託者兼受益者であるXの意向の確認がなされているかという点も重要な要素として判断に影響を与えていたものと思われる。

なお，本件信託事業が公益信託であることに言及していることからすれば，善管注意義務違反の有無の判断において，公益目的をも考慮した計画の変更内容の妥当性が検討されるケースがあることを示唆するものと考えられる。

## 2　事業の収支実績を問わず事業計画において定められたとおりの事業配当を受益者が受けられる旨の合意の成立が否定された事例

大阪地判平23・12・9（判時2141号50頁）は，公用地に商業施設を建設して管理運用するという公用地信託であり，本判例類似の事案である。委託者兼受益者である大阪市は，提案競技において，信託銀行の提案計画が選定された時点で，事業の結果として被告に借入金債務等の負担を及ぼさない旨や事業の収支実績を問わず事業計画において定められたとおりの事業配当を同市が受けられる旨の合意が含まれる基本契約（一定の事項を内容とする正式な信託契約を締結しなければならないという法的拘束力のある合意）が成立したと主張したが，判決ではいずれも否定された。

本判例や【本書判例7】では，各事案の信託契約においては事業計画に沿って信託事業を推進することは努力義務にとどまり，事業計画で想定されていた利益が確保されるものではないとの趣旨の指摘がなされており，この種の公用地信託では，受託者が事業計画通りの利益を確保しなければならないという趣旨の義務は負っていないと判断される傾向にあるようである。　　【齋藤　北写】

32　第1章　賃貸借　第1節　契約の成立までの責任，借地借家法の適用

## 第4　借地借家法の適用

### ⑨　事務所内の席利用契約における　借地借家法適用の有無

東京地判平成27年9月15日（平成26年（ワ）第32593号）
LEX/DB25531455

**争点**

事務所内の席利用契約は，借地借家法の適用を受ける「建物」の賃貸借契約に該当するか

## 判決の内容

■**事案の概要**

本件は，賃借人であるＸは，賃貸人であるＹとの間で，オフィス利用契約（以下「本契約」という）を締結していたところ，本契約が借地借家法の定める「建物」の賃貸借契約であるかが争われた事案である。

本契約の特徴は，①利用できる机や椅子などは固定しておらず，空席となっている1席を利用できるものであること，②その利用は，このオフィスの営業時間中に限られており，営業時間が終了した後には，机上の私物を撤去し，完全に席を空けて退去する必要があったこと，③本契約書には，非独占的使用権であって，場合によっては，場所の移動が求められることがある等が規定されていた点にある。

Ｘは，本契約の下で，しばらくＹのオフィスを利用していたところ，Ｙは，Ｘに対して，Ｙの別の場所に立地するオフィスに移動するように申入れを行ったが，Ｘは，これを不服として，本契約を解除した。

そこで，Ｘは，Ｙに対して，本契約が借地借家法の適用を受ける「建物」の賃貸借契約であるから，オフィスの移動を強制するような特約は，賃借人であるＸにとって不利な条件であって，借地借家法30条などに違反して無効であると主張するともに，本件所在地の変更を余儀なくされたことによって精神的苦痛を被ったとして，損害賠償等を請求した。

〔9〕東京地判平成27年9月15日（平成26年（ワ）第32593号）　*33*

■**判決要旨**

　裁判所は，本契約に基づく利用は，Yと契約した利用者が，Xと同時にオフィスを利用することができること，利用者は営業時間内しか机や椅子を利用できず，営業時間終了後には，机から私物を撤去しなければならないことなどに鑑みて，独占的排他的支配がないから，借地借家法の適用を受ける建物の賃貸借に該当しない，と判示した。

# 解　　説

## 1　借地借家法の適用の効果

　本件では借地借家法の適用が争われたが，借地借家法の適用を受けると，どのような効果があるのだろうか。

　借地借家法が適用されると，例えば，①対抗力の点では，建物賃借権の登記をしていなくても，賃借人が建物の引渡しを受けてさえいれば，建物を取得した第三者に対して，建物の賃借権を対抗することができる（31条1項）。また，②存続期間の点でも，民法は，賃貸借期間の上限を20年と定めているが，借地借家法では，存続期間を20年以上と定めることも可能となる。さらに，③更新という点でも，賃貸人が契約の終了時に更新拒絶をする場合，契約を終了させる正当事由が必要となる（28条）。④しかも，1年未満の存続期間と定めた場合には，期限の定めのない契約となり，契約の終了には，正当事由が必要となる（29条）。そして，⑤これらの規定は，強行法規であって，このような規定に反して賃借人にとって不利な特約をしても無効とされる（30条）。このように，借地借家法の適用は，賃借人にとって有利な契約条件となり，契約が終了しづらいものになることを意味している。

## 2　借地借家法の適用の要件

　では，借地借家法は，どのような場合に適用を受けるのであろうか。

　結論からいえば，借地借家法は「建物」の「賃貸借契約」であれば適用を受ける。借地借家法の適用が争点となる事案は，大きく分けて，次の2つに分類できる。

　第1の類型は，建物の区画の一部などを借りた場合に，それが「建物」の賃貸借契約といえるか，という問題である。

　本件の事案もこの類型に分類できる。第1の類型の問題に関するリーディングケースは，最二小判昭42・6・2（民集2巻6号1433頁）である。同判決では，「建物の一部であっても，障壁その他によって他の部分と区画され，独占的排

他的支配が可能な構造・規模を有するもの」を借地借家法の定める「建物」と
判示しており，建物に該当するかは，使用している空間の独占的排他的支配を
有しているかがポイントになる。

第2の類型は，ショッピングセンターの出店契約や経営委託契約を締結した
場合，賃貸借契約の形式ではなくても，当該契約が建物の「賃貸借契約」の実
質を備えているのではないかという問題である。

ここでは，契約の本質が，コンサルティングやサービスの提供なのか，それ
とも場所や空間を利用させることなのか，という点が争われ，後者の場合には，
借地借家法が適用される可能性がある。

### 3　具体的事例

本判例では，「建物」の賃貸借といえるかが争点になっており，第1の類型
の問題といえる。本判決は，最高裁判決を引用しているわけではないが，構
造面や機能面から，Xに独占的排他的利用関係があるかを検討した上で，「建
物」に該当しないと判断したものである。

これに対して，東京地判平26・11・11（RETIO2016年10月号（No.103））でも，
起業家支援プログラム付のレンタルオフィス契約が借地借家法の適用を受ける
か争われたところ，利用スペースが，天井まで隙間のない障壁で囲まれ，他の
スペースと鍵つきのドアによって区画されていることから「建物」の賃貸借契
約であると判示している。なお，この事案では，被告側が，起業家支援プログ
ラムの一環であって「賃貸借契約」ではないと主張したため，建物の「賃貸借
契約」に該当するかという第2類型の問題も争点となった。裁判所は，この点
に関して，利用料の性質が，プログラムの対価というよりも，空間の使用の対
価であると事実認定を行い，この契約は「賃貸借契約」であったと判示してい
る。

【岡崎　行師】

## 10 駅構内の区画利用契約の借地借家法適用の有無
### ——JR 駅構内事件

東京地判平成20年6月30日（平成18年(ワ)第28480号）
判時2020号86頁

### 争 点

駅構内のレストラン街の1区画が借地借家法の適用を受ける「建物」に該当するか

## 判決の内容

### ■事案の概要

本件は，Yが，X（JR）との間で賃貸借契約（以下「本件契約」という）を締結し，JR駅構内に位置するレストラン街の1区画を借り受け，レストランの営業を行っていたところ，XからYに対して，契約の更新拒絶の申入れがされ，契約期間満了を理由に建物明渡訴訟が提起された事案である。

Xは，本件契約が建物の一部である出店区画を貸したものに過ぎず，建物を貸したものではないから借地借家法の適用はないと主張したのに対して，Yは，出店区画自体が壁，柱，間仕切りによって区画されており，独占排他的な支配が可能であるから，借地借家法の適用があると反論した。

### ■判決要旨

裁判所は，①構造上，間仕切りによって他の店舗と区別されているものの，その出店に際して間仕切りが設置されるに過ぎないものであること，②契約面積には，賃料の対象にならない通路が含まれていること，③施錠設備がないこと，④独立した外部との出入口がないこと，⑤使用方法も営業時間，営業日，営業品目などが決まっており，店員の採用などにも制約があることなどの理由から，本件区画は，賃借人が独立して自由に利用することを想定しておらず，独立排他性を有する営業施設とはいえず，借地借家法の「建物」に該当しない，と判示した。

*36*　第1章　賃貸借　第1節　契約の成立までの責任，借地借家法の適用

# ■　解　　説

## 1　空間利用の多様性と借地借家法

　昨今では，空間の利用は，極めて多様化している。例えば，働き方改革の一環として，本社オフィスとは別の拠点を交通至便の場所にサテライトオフィスとし開設することも増えているが，このようなサテライトオフィスは，建物一室を細分化して複数の企業が共同で利用しているケースもある。また，異業種とコラボレーションによってイノベーションを起こすことを狙ってシェアオフィスを利用することも増えているが，このようなシェアオフィスでは，厳格に構造上の仕切りを設けないものが多い。また，資産の有効利用の観点から，従前はリーシングの対象としていなかったような空間の一部を第三者に貸し出す不動産戦略をとることもある。

　このように，従前は1つの空間を排他的に利用するということが典型的であったのが，現在では，1つの空間を細分化して利用したり，共同で利用したりすることもある。また，従前は収益を生む空間と認識されていなかった建物の一部をリーシングの対象とすることもある。

　このような多様化した建物を利用する契約につき借地借家法が適用されるかは，賃貸借の契約条件に重要な影響を与える。すなわち，借地借家法は，強行法規となっているものが多く，任意に契約条件を定めたとしても，その契約条件が無効となることもある。例えば，ごく短期間での賃貸であると認識していたものが，借地借家法が適用されることで契約が終了できないこともある。このような場合，双方が終了することで合意できれば問題はないが，契約の終了が，一方当事者にとって不利になる場合には，簡単に契約の終了ができない可能性もあり，紛争につながることもある。

## 2　裁判例

　本判例は，建物に該当しないことを判示した否定例であるが，借地借家法の適用に関する裁判例は多く，次のように肯定例と否定例がある。

### (1)　肯定例

　「建物」該当性を肯定した裁判例としては，東京地判平8・7・15（判時1596号81頁）がある。この事案は，パンの販売店が，スーパーマーケットとの間で，同店の区画を利用して，製造販売業務委託契約を締結し，事業を営んでいたところ，契約の更新拒絶を受け，契約が終了したとして明渡しを求められたものであるが，①直接公道から出入りできる独自の出入り口があること，②パンを

焼く場所やパンの売り場部分は，スーパーマーケットの店舗とは明瞭に区別されていること，などを理由に「建物」であることを認めている。ほかにも，鉄道高架下の施設の一部（最一小判平4・2・6判時1443号56頁。ただし東京地判平24・9・10LLI/DBL06730600で争点となった高架下施設は，「建物」であることを否定している）や立体駐車場（東京高判昭62・5・11東高民時報38巻4〜6号22頁）なども建物に該当する旨を判示した裁判例もある。

### (2) 否 定 例

これに対して，「建物」該当性を否定した裁判例としては，本判例のほか，駅ビル内のレストラン（東京地判平20・6・30判時2020号86頁【本書判例10】），屋上における広告塔（大阪高判昭53・5・30高民集31巻2号421頁），屋上におけるテニスコート等のスポーツ施設（東京地判平19・12・20LLI/DBL06235718），利用料を支払った賃借人であれば共同利用できる部屋（東京地判平21・4・27ウエストロー2009WLJPCA04278002）などが「建物」に該当しない，と判示している。

### 3　契約における注意事項

裁判所は，借地借家法の「建物」に該当するかは，「独占的排他的支配が可能な構造・規模」（最二小判昭42・6・2民集21巻6号1433頁）という点で判断している。すなわち，①構造上，独立しているか，という独立性の有無，②空間を利用できる範囲，時間が，物理的に又は他の賃借人等との共用によって，制限を受けないか，といった排他性の有無などによって判断される。このように，ケースバイケースの対応が求められることには注意が必要となる。

この点に関連して，ケースバイケースの判断を避けるために，契約書上，借地借家法の適用の有無を明記することも考えられるが，どのような効果をもたらすだろうか。

確かに，裁判所は，法令の適用という法的評価につき，当事者の認識にこだわることなく独自に判断することができるが，通常は，当事者の認識を一定程度尊重することが多く，契約書の文言どおりの結論が導かれる可能性も十分にある。したがって，借地借家法の適用の有無を明記することは，1つの対策になるのではないかと思われる。

【岡崎　行師】

## 第2節

## 賃料・敷金・その他費用

### ＊本節の趣旨＊

　賃貸借契約において授受される金銭は，賃料以外にも多くの種類があり，呼び方も様々である。法律に規定のない金銭授受も多く，その性質や解釈について多くの判例が蓄積されている。改正民法は，敷金については判例法理を明文化することとしたが，それ以外の呼称の金銭については明文の規定はないので，判示内容が参考になる。

　賃料は賃貸借で最も重要な対価であるが，長期間にわたる継続的契約のため，その増減は両当事者にとって，最も関心の高いものであり，その増減については数多く争われており，一定の判例法理が形成されている。

　また賃料以外の約定金銭については，その性質や金額の相当性，支払義務の存否が問題になる。法律に規定がない上に，当事者間の契約でも明確に定めていない場合も多いためであるが，そのような際に参考になると思われる判例を紹介する。

## 11 賃料減額事由の有無の考慮事情と相当賃料額の算定基準

東京高判平成24年7月19日（平成24年（ネ）第2022号）
ウエストロー2012WLJPCA07196004

### 争 点

1 契約更新時に協議で賃料の改定を行うことができ，契約期間中経済情勢の変動が著しい場合は更新期間を待たずに改定することができる旨の約定を賃料減額事由の有無の考慮事情とすることが許されるか
2 賃料相場が下落傾向にある状況での相当賃料の算定基準

## ■ 判決の内容

### ■事案の概要

ビル27階のオフィススペースの賃借人であるXが賃貸人であるYに対し，借地借家法32条1項に基づいて建物の借賃の減額を求め，減額請求後の月額賃料の確認を求めた事案である。

原判決が請求を棄却したところXは控訴した。控訴審においてXは，①本件の賃料減額請求の成否を判断するに際して，契約更新時に協議で賃料の改定を行うことができ，契約期間中経済情勢の変動が著しい場合は更新期間を待たずに改定することができる旨の約定（以下「本件約定」という）を考慮事情とすることは借地借家法の32条1項の解釈上許されないこと，②賃料相場の下落時における相当賃料の算定時期について，従前の賃料額ではなく新規に契約を締結する場面における相当賃料額を採用すべきであることを主張した。

### ■判決要旨

#### 1 賃料減額事由の有無の考慮事情について

借地借家法32条1項は賃貸借契約の当事者間で賃料の改定の時期について合理的な範囲内の合意をすることについては許容している。

Xが引用する最三小判平15・10・21（民集57巻9号1213頁）や最三小判平16・6・29（裁判集民214号595頁）などの最高裁判例は，建物賃貸借契約において，合理的な期間を設定して賃料増減額請求権の行使を一定の範囲内で制約する内容の合意をすることやこのような内容の合意を考慮して賃料増減額請求の拒否を決定することを否定するものではない。

*40* 第1章 賃貸借 第2節 賃料・敷金・その他費用

したがって，本件約定を賃料減額事由の有無の考慮事情とすることは借地借家法32条1項の解釈上又は最高裁判所の判例上許されないものではない。

**2 賃料相場が下落傾向にある状況での相当賃料の算定基準について**

賃料相場が下落傾向にある状況下でも，建物賃借人にとって，新規に同等の建物を賃借する場合に比べて従来賃借していた建物を継続して使用する方が，新規に契約を締結するために必要な費用や移転の経費を要しない点において経済的に有利であることは明らかであり，したがって，賃借人の利益の観点からも賃貸借契約を継続する場合の賃料の額が新規に賃貸借契約を締結する場合の賃料の額より相応に高いものとなることについては経済的な合理性があるものといえる。

したがって，賃料相場が下落傾向にある状況下での賃料減額請求における相当賃料額に関し，従前の賃料額を考慮せず，新規に契約を締結する場面における相当賃料額を採用すべきともいえない。

## ■ 解　説

### 1 賃料減額請求の考慮要素

借地借家法32条1項本文は，経済事情の変動等が生じた場合には，当事者は将来に向かって建物賃料の増減を請求することを認めている。

本判決は，建物賃貸借の賃料減額請求において，賃料改定時期に関する約定を考慮することが認められるかが争われた事案である。

第1審では，賃料減額事由の有無に関する判断に当たって，①本件建物の特性及び賃貸借の目的，②賃料改定に関する契約の定め及び改定の経緯，③賃料相場の一般的な下落動向，④前回賃料改定後の賃料相場の動向，⑤一般的な経済指標（消費者物価指数，経済成長率，雇用統計等）の推移が基礎となる事実とした上，賃料相場の変動は契約当事者であるXとYにとって契約時に想定した範囲内の変動にすぎないとしており，本判決はこれを是認した。

賃貸借契約においては，契約更新時に協議によって賃料改定が行われるケースは多いと思われる。本判決は，賃料減額事由を判断する際の考慮要素について判断した事例として参考になる。

### 2 賃料相場が下落傾向にある状況での相当賃料の算定基準

本件では，賃料相場が下落傾向にある状況下の賃料減額請求については相当賃料額として従前の賃料を考慮せず，新規に契約を締結する場面における相当賃料額を採用すべきである旨の主張もなされている。

この点について本判決は，判旨のとおり述べてXの主張を排斥している。

　賃料が下落傾向にある場合には，賃料の改定協議の際に賃貸人と賃借人の間で希望する賃料に乖離が生じることが予想される。本判決は，このような場合の相当賃料についての判断を示した一事例であり，この点も参考になる。

### 3　賃料減額請求の考慮事情の時的範囲

　本件は，賃料の改定について協議の上2年毎に改定ができるという約定があった事案であるが，実務上，賃料の自動改定特約が付されることもある。

　このような賃料自動改定特約がある場合には，どの時点の経済事情の変動を考慮すべきかが問題となる。

　すなわち，借地借家法32条1項に基づく賃料減額請求の当否及び相当賃料額を判断するに当たっては，賃貸借契約の当事者が現実に合意した賃料のうち直近のものを基にして同賃料が合意された日以降の同項所定の経済事情の変動等の他，諸般の事情を総合的に考慮すべきであると解するのが一般的な考え方とされているところ（判タ1267号162頁），賃料自動改定特約がある場合には，自動改定後の経済事情の変動のみを考慮するのか，契約当事者が現実に賃料について合意した日以降の経済事情の変動を考慮するべきかという問題が生じる。

　この点について，最二小判平20・2・29（裁判集民227号383頁）は，賃料自動改定特約のある建物賃貸借契約の賃借人から借地借家法32条1項の規定に基づく賃料減額請求がされた場合において，当該請求の当否及び相当賃料額を判断するにあたり，上記特約による改定前に賃貸借契約の当事者が現実に合意した直近の賃料を基にして，その合意された日から当該請求の日までの間の経済事情の変動等を考慮して判断されなければならないにもかかわらず，上記特約によって増額された賃料を基にして，増額前の経済事情の変動等を考慮の対象から除外し，増額された日から当該請求の日までの間に限定して，その間の経済事情の変動等を考慮した原審の判断には違法があるとしており，現実に合意した直近の賃料を基にして，その合意された日から賃料減額請求の日までの間の経済事情の変動を考慮するべきであるとしている。

【川端　啓之】

42　第1章　賃貸借　第2節　賃料・敷金・その他費用

## 12　賃料増減額確認請求訴訟の既判力

最一小判平成26年9月25日（平成25年（受）第1649号）
民集68巻7号661頁，判時2238号14頁，判タ1407号69頁

### 争 点
賃料増減額確認請求訴訟の既判力の時的範囲

## ▌判決の内容

### ■事案の概要

　本件の提訴前に賃借人であるYが，賃料減額の意思表示をした上で減額賃料の確認請求訴訟を提起したところ（以下「前訴」という），Yの請求が一部認容され，前訴判決は確定した。本件は，賃貸人であるXが，前訴の事実審の口頭弁論終結前である第1審の係属中に賃料増額の意思表示（以下「本件賃料増額請求」という）をした上で，前訴判決確定後に改めて増額賃料の確認等を求めた事案である。

　賃料増減額請求と前訴の経過は以下のとおりである。

①平成16年3月29日　YからXに同年4月1日から賃料減額の意思表示
②平成17年6月8日　YがXを被告として前訴提起
③平成17年7月27日　XからYに同年8月1日から賃料増額の意思表示
④平成17年9月6日　XがYを被告として反訴提起
⑤平成19年6月30日　XからYに同年7月1日から賃料増額の意思表示
⑥平成20年6月11日　前訴一部認容，反訴棄却判決（第1審）
⑦平成20年10月9日　前訴及び反訴控訴審口頭弁論終結
⑧平成20年11月20日　控訴棄却
⑨平成20年12月10日　前訴判決確定

　Xは，前訴判決確定後に上記⑤の賃料増額の意思表示に基づき賃料増額確認請求訴訟を提起した。

　第1審では本件賃料増額請求と前訴判決の既判力との関係は特に問題とされることはなく，Xの請求が一部認容された。Yが控訴をしたところ，原審は，賃料増減請求により増減された賃料額の確認を求める訴訟の訴訟物は，当事者が特に期間を限定しない限り，賃料が増減された日から事実審の口頭弁論終結時までの期間の賃料額であるとし，本件訴訟においてXが本件賃料増額請求に

〔12〕最一小判平成26年9月25日（平成25年（受）第1649号）　　*43*

よる賃料増額を主張することは前訴判決の既判力に抵触し許されないとしてＸの請求を全部棄却した。これに対してＸは上告受理を申し立てた。

■**判決要旨**

　本判決は，以下のとおり述べて原判決を破棄した。

　借地借家法32条1項所定の賃料増減請求権は形成権であり，その要件を満たす権利の行使がされると当然に効果が生ずるが，その効果は，将来に向かって，増減請求の範囲内かつ客観的に相当な額について生ずるものである（最三小判昭32・9・3民集11巻9号1467頁等参照）。また，この効果は，賃料増減請求があって初めて生ずるものであるから，賃料増減請求により増減された賃料額の確認を求める訴訟（以下「賃料増減額確認請求訴訟」という）の係属中に賃料増減を相当とする事由が生じたとしても，新たな賃料増減請求がされない限り，上記事由に基づく賃料の増減が生ずることはない（最三小判昭44・4・15裁判集民95号97頁等参照）。さらに，賃料増減額確認請求訴訟においては，その前提である賃料増減請求の当否及び相当賃料額について審理判断がされることとなり，これらを審理判断するに当たっては，賃貸借契約の当事者が現実に合意した賃料のうち直近のもの（直近の賃料の変動が賃料増減請求による場合にはその賃料）を基にして，その合意などがされた日から当該賃料増減額確認請求訴訟に係る賃料増減請求の日までの間の経済事情の変動等を総合的に考慮すべきものである（最二小判平20・2・29裁判集民227号383頁参照，【本書判例11】の解説参照）。したがって，賃料増減額確認請求訴訟においては，その前提である賃料増減請求の効果が生ずる時点より後の事情は，新たな賃料増減請求がされるといった特段の事情のない限り，直接的には結論に影響する余地はないものといえる。

　また，賃貸借契約は継続的な法律関係であり，賃料増減請求により増減された時点の賃料が法的に確定されれば，その後新たな賃料増減請求がされるなどの特段の事情がない限り，当該賃料の支払につき任意の履行が期待されるのが通常であるといえるから，上記の確定により，当事者間における賃料に係る紛争の直接かつ抜本的解決が図られるものといえる。そうすると，賃料増減額確認請求訴訟の請求の趣旨において，通常，特定の時点からの賃料額の確認を求めるものとされているのは，その前提である賃料増減請求の効果が生じたとする時点を特定する趣旨に止まると解され，終期が示されていないにもかかわらず，特定の期間の賃料額の確認を求める趣旨と解すべき必然性は認め難い。

　以上の事情に照らせば，賃料増減額確認請求訴訟の確定判決の既判力は，原告が特定の期間の賃料額について確認を求めていると認められる特段の事情の

ない限り，前提である賃料増減請求の効果が生じた時点の賃料額に係る判断について生ずる。

## 解　　説

### 1　賃料増減額確認請求訴訟の訴訟物

借地借家法32条1項の規定に基づく賃料増減額請求により増減された賃料額の確認を求める訴訟の訴訟物については，当事者が特に期間を限定しない限り，賃料が増減された日から事実審の口頭弁論終結時までの期間の賃料額とする考え方（期間説）と賃料増減請求の効果が生じた時点の賃料額の相当性ないし相当賃料額とする考え方（時点説）がある（判タ1407号69頁）。本判決以前にこの点について判断した最高裁判例はなく，下級審では判断が分かれていた。

本判決の事案のように，前訴の事実審の口頭弁論終結前に賃料増額の意思表示をした上で，前訴判決確定後に改めて増額賃料の確認等を求めたような場合には，いずれの説を採用するかによって結論が異なり得る。

### 2　本判決の位置付け

本判決は，賃料増減額確認請求訴訟の訴訟物について時点説を採用した上，その確定判決の既判力の範囲を明確に示した最高裁としての初めての判断である。本判決には補足意見が付されており，補足意見では，従前の実務は常に意識的ではないものの，時点説のもとに運用されていることが多かったと指摘した上で，「時点説が，実務の運用上，簡明，便宜であって，理論的にも問題はなく，これを採用することが相当と考えるものである。」としている。この補足意見が示すとおり本判決は，従前の実務の運用を踏まえて時点説を採用したものであり，実務の運用を大きく変更するものではないと考えられる。

訴訟物の設定は原告の専権であり，一定の期間の賃料額の確認を認めることは本判決が否定するものではない。あえて一定の期間の賃料額の確認を求めることも確認の利益が認められる限りは許される。実務的にも，訴訟係属中に再度の賃料増減請求時から再度の増減請求時までの期間の賃料額と再度の増減請求による賃料額の確認に訴えを変更することはしばしば行われているとの指摘もある（判タ1407号71頁）。このように一定期間の賃料額の確認を求める場合には，請求の趣旨において終期を明示してその趣旨を明確にする必要がある。

【川端　啓之】

〔13〕東京地判平成25年6月14日（平成23年（ワ）第1975号，同第6410号，同第9010号）　*45*

# 13 共益費の法的性質と錯誤

東京地判平成25年6月14日（平成23年（ワ）第1975号，同第6410号，
同第9010号）
D1/DB29028577

争 点

1　共益費に関する合意が錯誤により無効となるか
2　借地借家法32条1項の類推適用に基づき共益費の減額請求をすることが
できるか

## 判決の内容

■事案の概要

甲事件は，本件建物の賃借人であるXが，賃貸人であるYらに対し，XがY
らに共益費として月額5万2500円（消費税を含む）を支払う合意のうち，実費を
超える部分については錯誤により無効であり，Yらが実績のない清掃代等を共
益費として架空計上して共益費から修繕費用等を支出したり，共益費から支出
すべき共用部分の電気基本料金を共益費とは別にXから徴収したりしたことは
不法行為に該当するなどと主張して，不当利得返還請求権又は損害賠償請求権
に基づき，利得金又は損害金等を求めた事案である。

丙事件は，XがYらに対し，現行共益費額が不相当であるとして，借地借家
法32条1項（類推適用）に基づき，減額請求した共益費額の確認を求める事案
である。

なお，乙事件は，Xが借地借家法32条に基づき減額賃料の確認を求める事案
であるが，本解説では甲事件と丙事件を取り上げる。

■判決要旨

### 1　共益費に関する合意の錯誤について

本件賃貸借契約において，共益費とは，各賃借人の共同利用に供する建物の
保存，管理，清掃衛生等，定期管理の費用をいうところ，Yらは本件管理会社
に共益費の管理を委託し，同社は，Xらから集金した共益費から，毎月，エレ
ベーターの保守料，清掃代及び管理手数料として約16万円を定額支出し，その
ほか，共用部分の電気料金，共用部分の水道料金及び電気保安管理報酬を支出
していることが認められる。上記のほぼ毎月定額で支出される額（約20万円）

に本件建物の延床面積に対する本件貸室の面積割合17.36％を乗ずると，Xの負担すべき金額は，約３万5000円となるが，本件建物の管理には，上記のほぼ定額で支出されるものの他に臨時費用の支出も想定されることから，ほぼ定額で支出される額を超える部分の共益費の合意を直ちに錯誤により無効と解することはできない。そして，本件において，ほぼ定額で支出される額に臨時で支出される額が加わることや本件賃貸借契約における共益費の収支は長期的に見れば足りることなどからすると，５万円（消費税を除く）とする本件共益費額の合意に当たり，錯誤が生じていたとまで認めることはできない。

### 2　借地借家法32条１項の類推適用に基づく共益費の減額請求の可否

本件賃貸借契約契約における共益費とは，各賃借人の共同利用に供する建物の保存，管理，清掃衛生等，定期管理の費用を言うところ，これらは，租税等の負担，建物の価格等とは直接関係せず，共益費の内容は，当事者間の合意によって定めることが可能であり，近傍同種の建物の共益費と単純に比較できるものではないことから，借地借家法32条１項を直接適用することはできないが，共益費の額を定めた要素に大きな変更があるような場合に限り，同項の趣旨にかんがみ，類推適用する余地があるというべきである。本件において，本件共益費額を定めてから大きな事情の変化があったとは認められないことから，Xの共益費減額確認請求は認められない。

## 解　説

### 1　共益費の法的性質

一般に賃貸借契約における「共益費」には，不動産の使用の対価としての性格を有するものと，共用部分の維持管理のために実際に要する費用の割合的負担としての性格を有するものがあるが，賃貸借契約において共益費の性質について特に定めをしないものが多く，右の２つの性格の金員を合わせたものとして理解されることが多いとされている（判タ832号128頁）。

賃貸借契約においては，共益費として一定額を合意することが多いが，この金額が，実際の支出額を超えている場合に当該合意の有効性が問題となる。

本判決は，賃貸借契約において「各賃借人の共同利用に供する建物の保存，管理，清掃衛生等，定期管理の費用」と定められている共益費について，実費相当額を算出した上で，実費相当額を上回る共益費の合意が錯誤により無効となるものではないことを示したものである。

共益費の具体的内容について賃貸借契約に定めがない場合も想定されるが，

〔13〕東京地判平成25年6月14日（平成23年(ワ)第1975号，同第6410号，同第9010号）　*47*

このような場合であっても，実費相当額部分と想定される臨時費用や長期的に見た収支等を考慮して合意の有効性について判断することになるものと考えられる。

　なお，改正民法における錯誤（改正民95条）の効力については，【本書判例4】を参照されたい。

### 2　借地借家法32条1項の類推適用

　共益費について，借地借家法32条1項を類推適用できるかについては，賃貸借契約に特約があれば特約に従うことになり，特約がない場合には実質的に家賃と同じ性格のものとして類推適用を考えることになると考えられている（稲本洋之助＝澤野順彦編『コンメンタール借地借家法〔第3版〕』245頁〔副田隆重〕）。

　本判決は，判決要旨のとおり類推適用を認めたものであるが，賃貸借契約で定められている共益費の内容が，「各賃借人の共同利用に供する建物の保存，管理，清掃衛生等定期管理の費用」と定められていることを踏まえ，近傍同種の建物の共益費と単純に比較できるものではないとしている。賃料の増減額確認請求の場合には，近隣の同種の賃貸事例における家賃の相場と比較する賃貸事例比較法が算定方法の1つとされているが，本判決によれば，共益費について借地借家法32条の類推適用が認められる場合であってもその判断方法は必ずしも賃料と同様に考えられるわけではないことになる。本判決は，類推適用を認めた点及びその判断要素を示した事例として参考になる。

【川端　啓之】

48 第1章 賃貸借 第2節 賃料・敷金・その他費用

## 14 電気料金の算定方法など

東京地判平成24年3月16日（平成23年(ワ)第1602号）
LLI/DBL06730210

### 争 点

ビルの賃貸借契約において賃貸人が請求する電気料金の計算方法が裁量の範囲を逸脱しているか

## 判決の内容

### ■事案の概要

賃借人であるＹが建物賃貸借契約で定められた電気料を支払わないとして，電気料金等の支払を求めた事案である。賃貸借契約においては，電気料金については，賃貸人であるＸ又はＸの指定する者の計算に基づき支払うとの条項（以下「本件条項」という）が規定されていた。Ｘは，各賃貸部分の専用メーターから読み取れる各賃借人の電力使用量に単価を乗ずるという計算方法を主張したのに対し，賃借人であるＹは，Ｘが電力会社に対して支払う本件ビル全体の電気料に，本件賃貸部分の電力使用量が本件ビル全体の電力使用量に占める割合を乗じるという計算方法を主張し，仮にそうでないとしてもＸの主張する電気料の金額は契約上認められる裁量の範囲を逸脱していると主張した。

### ■判決要旨

本件ビルは高圧の電力を引き込み，これをＸが設置するキュービクル（高圧電流を降圧し分配する機器）で各賃貸部分に供給しており，電気料金についてＸ又はＸの指定する者の計算によるとする本件契約は，特段不合理なものではなく，ＸのＹに対する各月の請求額は，その単価を1KWhあたり25円として計算する限度で，裁量の範囲を逸脱していない。

## 解 説

### 1 ビルの賃貸借における電気料金の算定方法

ビルの賃貸借契約において，電気料金をどのように計算するかは，契約で定められていないことも多い。また，電気料金の算定方法や請求金額について，賃借人が過大な請求をされているのではないかと考えることもあり，電気料金の支払を巡って裁判になるケースも見られる。

本判決は,「本件条項には,被告が原告に支払うべき電気料について,その課金方法や計算方法に関する記載はないこと,ほかに,その点について,本件賃貸借契約締結の際に原被告間で具体的な取り決めがされた様子はうかがわれないことを考慮すると,特段,不合理なものでない限り,基本的には原告に委ねられたものと解するのが相当である。」とした上で,原告の主張する計算方法が特段不合理なものであるということはできないとした。

## 2 電気料金が問題となった裁判例

本判決は賃貸人から電気料金の支払を拒む賃借人に対して電気料金の請求がなされた事例であるが,賃借人から既に支払った電気料金の返還を求めるケースもある。

電気料金の不当利得返還請求が認められた裁判例としては,東京地判平14・8・26(判タ1119号181頁)がある。他方,電気料金の不当利得返還請求が否定された裁判例としては,東京地判平3・11・26(判時1428号110頁),東京地判平25・7・31(D1/DB29029247)などがある。

電気料金の計算方法については,最終的には契約の解釈の問題となるが,本判決や前掲東京地判平3・11・26が示すとおり,明確な定めがない場合には,基本的には電気料金の計算方法については賃貸人に裁量があり,不合理でない限りは裁量の範囲内とされる傾向にある。

## 3 電気料金の消滅時効

賃貸人の賃借人に対する電気料金の消滅時効について判断した裁判例は見当たらなかった。電気供給契約に基づく電気料金債権は改正前民法173条1号の「産物」に該当するとした大判昭12・6・29(民集16巻1014頁)があるが,同条は改正民法では削除されている。

改正民法施行後は,改正民法166条1項1号によって電気料金の消滅時効は弁済期から5年となる。従前の裁判例においても,電気料金については5年分を遡って請求がなされており(東京地判平29・3・16LLI/DBL07231322等),この点に関する実務的な取扱いは変わらないと考えられる。

【川端　啓之】

50　第1章　賃貸借　第2節　賃料・敷金・その他費用

## 15　敷金返還請求権と信託財産

大阪高判平成20年9月24日（平成19年(ネ)第2775号）
判時2078号38頁，判夕1290号284頁

**争点**

　転借人が転貸人（賃借人）に提供した敷金をもって転貸人が賃貸人に敷金を提供した場合，原賃貸借契約における敷金返還請求権が信託財産であるといえるか

## ■判決の内容

### ■事案の概要

　Aは，自身が計画するアミューズメント施設の利用に供するために建築して所有する建物に，パチンコ業者であるXをテナントとして入れることとしたが，その信用力等に不安があったため，同建物のパチンコ店舗部分の建築工事の請負人である中堅ゼネコンのYに同部分を賃貸し，YからXに転貸させることとした。

　XはYに対し敷金として4億円を差し入れ，YはXから差し入れられた敷金を原資としてAに敷金4億円を差し入れた。

　その後，Yの民事再生手続が開始され，XがYに差し入れた敷金4億円の返還請求権が再生債権にあたるか否かが問題となった。Xは，Yに対して，同請求権がXの信託財産であると主張して，その敷金返還請求権を有することの確認と，これがXに移転した旨をAに通知することを請求した。

### ■判決要旨

　信託については，信託財産が受託者の一般財産とは独立した法的地位に立ち，受託者の債権者からの執行や倒産手続から隔離され，執行の対象とされず，かつ，受託者が破産した場合でも委託者に取戻権が確保されることが重要となる。すなわち，受託者の財産との混淆を許容すると，信託財産から利益を得るなどの受託者の義務違反行為を防遏し難いだけでなく，上記のような独立した法的地位とは矛盾するから，信託の効果意思の内容となる財産の管理又は処分は，受託者の財産関係とは何らかの区分をつけたものであること，すなわち信託財産の分別管理が不可欠である。

　本件においては，契約書に信託文言はない。

また，Xが差し入れた4億円はYの一般財産に混入しており，Xにおいても，Yが差し入れた4億円を別途管理していない。Aへの交付以前における状態では完全にYの一般財産と混淆されていたことを否定できるものではない上に，YがAに支払ったのは，原賃貸借契約に基づく敷金契約の結果そうなされたというに過ぎないのであるから，そのことで分別管理がなされることが当事者間で予定されていたと認めることはできない。

さらに，Yは，Aに対する敷金返還請求権について自己の資産として計上していたものであり，Yの固有財産から区分した経理処理さえも講じておらず，その他，敷金返還請求権について，Yの一般財産との区分が意識されていたこともない。

以上の理由から，敷金返還請求権が信託財産と認定できないとした。

## ■ 解　説

### 1　信託について

旧信託法1条によれば，信託は，①財産の移転その他の処分，②当該財産につき他人をして一定の目的に従い管理又は処分されることが認められれば成立するとされており，当事者が信託という文言を用いている否かは決定的な意味を持たないものの，信託財産であることを主張するためには，分別管理され，特定性をもって保管されていることが必要であると解されている。

本判決は，かかる見解を前提とした事例的判断である。

サブリース会社が建物所有者から一括して借り上げ，これをエンドテナントに転貸するサブリース事業や不動産ファンドのスキームにおいてはしばしば転貸借が行われる。これらの場合，敷金返還に関して複雑な合意がなされることもあり，敷金についてどのように取り扱われるのか留意が必要である。

なお，本判決は，旧信託法の適用下での判決であるが，新信託法（平成19年9月30日施行）においても，その成立要件として財産の管理・処分等を要するとの点に変更はなく，新信託法下においても概ね妥当するものといえる。

### 2　敷金と民法改正

敷金に関しては，改正前の民法では，いくつかの規定（民316条・619条2項ただし書）において言及されているにとどまり，敷金の定義や敷金に関する基本的な法律関係を定める条文がない。

最二小判昭48・2・2（民集27巻1号80頁）では，家屋賃貸借における敷金は，賃貸借存続中の賃料債権のみならず，賃貸借終了後家屋明渡義務履行までに生

ずる賃料相当損害金の債権その他賃貸借契約により賃貸人が賃借人に対して取得することのあるべき一切の債権を担保し，賃貸借の終了後，家屋明渡しがなされた時において，それまでに生じた右の一切の被担保債権を控除しなお残額があることを条件として，その残額につき敷金返還請求権が発生すると判示している。同判例は，敷金の返還時期が契約終了後明渡しを完了した時であること，賃貸借契約の終了後明渡しまでに賃貸借契約に基づいて生ずる一切の債権が含まれることを明言している。

　改正民法では，上記判例やその他の判例，賃貸借の慣行等を踏まえて，敷金の定義，敷金の返還時期，返還の範囲などの規定を新設した（改正民622条の2）。すなわち，敷金の定義については，いかなる名目によるかを問わず，賃料債務その他の賃貸借に基づいて生ずる賃借人の賃貸人に対する金銭の給付を目的とする債務を担保する目的で，賃借人が賃貸人に交付する金銭をいうとし，敷金の返還時期については，賃貸借が終了し，かつ，賃貸物の返還を受けたとき又は賃貸人が適法に賃借権を譲り渡したときとし，返還の範囲については，敷金の額から賃貸借に基づき生じた賃借人の賃貸人に対する金銭給付を目的とする債務の額を控除した残額とする規定が新設された。

　改正民法622条の2は，判例法理や従来の考え方を明文化する趣旨であるため，実務への影響は小さいと考えられる。

【桧座　祐貴】

〔16〕東京地判平成25年9月27日（平成24年(ワ)第1710号）　*53*

## 16 賃借権譲渡に伴う 保証金（又は敷金）返還請求権承継と 未払金等の充当

東京地判平成25年9月27日（平成24年(ワ)第1710号）
ウエストロー2013WLJPCA09278016

### 争点

**1** 賃借権譲渡により保証金返還請求権が承継されたか

**2** 本件保証金は，未払い賃料等の弁済に充当されるか

---

## ▌ 判決の内容

### ■事案の概要

　X（学習塾の経営等を目的とする株式会社）は，賃貸人Y₁から複数の建物（以下「本件建物」という）を賃借し（以下「本件賃貸借契約」という），Y₁に対し，保証金1000万円（以下「本件保証金」という）を差し入れていた株式会社Aを吸収合併して，その権利義務を承継した。Xは，株式会社Bと，学習塾の営業権及び営業用資産を譲渡し，それに伴って，本件建物の賃借人の地位（以下「本件賃借権」という）を移転することなどを内容とする営業譲渡契約を締結したところ，その契約書には，「本件教室等の賃貸借契約における敷金及び保証金は，Xに帰属し，譲渡代金には含めない。」との条項（以下「本件留保条項」という）がある。

　Bは，株式会社Cと本件建物における学習塾の営業権及び営業用資産を譲渡し，それに伴って本件賃借権を移転する営業譲渡契約を締結したが，その後，Cは破産手続開始決定を受け，Y₂が破産管財人となった。

　Y₂は，Y₁と，本件賃貸借契約を解約する旨合意し，本件建物を明け渡し，Cの未払賃料等合計296万円余（以下「本件未払賃料等」という）を控除した保証金の残額703万円余（以下「本件保証金残額」という）の支払を受けた。

　Xは，Y₁に対しては，保証金返還請求権に基づき，Y₂に対しては，不当利得返還請求権に基づき，1000万円及び遅延損害金の支払を求めた。

　本稿では，本件保証金返還請求権が承継されたかという争点と，本件保証金は本件未払賃料等の弁済に充当されるかという争点について解説する。

### ■判決要旨

　Y₁からY₂に対する本件保証金残額の支払は，債権の準占有者に対する弁済（改正前民478条）として効力を有するから，Xは，Y₁に対し重ねてその支払を

54　第1章　賃貸借　第2節　賃料・敷金・その他費用

求めることはできないとし，Y₂は本件保証金の返還を受領する権限がないのに，本件保証金残額を受領しているから，Xは，Y₂に対して，不当利得返還請求権に基づいて，本件保証金残額相当額の返還を求めることができるとした。

### 1　保証金の返還請求権をBに譲渡する合意がなされたか

一般に，建物賃貸借契約とそれに付随して締結される敷金契約又は保証金契約とは，別個の契約であるから，賃借人の地位が移転したからといって，敷金又は保証金に関するそれらの交付者の権利義務関係は，当然に新賃借人に承継されるものではない（最二小判昭53・12・22民集32巻9号1768頁参照）。

また，本件留保条項から，本件建物の敷金又は保証金の返還請求権は，Xに留保され，Bに譲渡されていないと認められる。

### 2　本件保証金は，本件未払賃料等に充当されるか

Xは，Y₁との本件賃貸借契約を終了させず，Y₁に本件建物を明け渡すこともしないまま，Y₁に無断で本件賃借権をBに譲渡し，これをBやCに使用収益させたのであるから，これらの者が本件建物を使用収益することにより生じたY₁に対する債務についても，Y₁との関係では，Xが，本件賃貸借契約の賃借人として，自らその弁済をする責任を負うべきであり，その支払がなされないままXからY₁に対して本件建物が明け渡された場合には，その時点で本件保証金がその支払に当然充当されることになるものというべきである。

## ■　解　　説

### 1　保証金の承継と保証金の未払金等の弁済充当

本件では，最高裁判決を援用し，敷金又は保証金の権利義務は新賃借人に当然には承継されないとした。改正民法では，「賃借人が適法に賃借権を譲り渡したとき。」を敷金返還債務の発生時期の1つとしており，敷金返還債務が当然に承継されない上記最高裁判決の考え方を明文化した（改正民622条の2第1項2号）。なお，改正民法622条の2柱書かっこ書には，「敷金（いかなる名目によるかを問わず，賃料債務その他の賃貸借に基づいて生ずる賃借人の賃貸人に対する金銭の給付を目的とする債務を担保する目的で，賃借人が賃貸人に交付する金銭をいう。以下この条において同じ。）」と規定される。本件事案の保証金は，改正民法において，この規定に定める敷金の規律の適用を受けることとなる。

また，本件では，新賃借人の未払賃料等については，賃貸人に無断で賃借権を譲渡したことで，賃借人が引き続き弁済義務を負うべきであり，保証金は当然に充当されるとした。そもそも，賃借人は，賃貸人の承諾を得なければ，そ

の賃借権を譲り渡すことができない（民612条1項）ことからすれば当然の結論といえる。賃借人としては，賃借権を譲渡する際に，保証金を清算する必要があることに留意が必要である。

## 2　建物所有権を移転した場合の預託金の取扱い

保証金名目で差し入れられた預託金が敷金の性質を有しないこともある。

建物賃貸借契約の借主が，当該建物の所有権を取得した者に対して，保証金を請求した事案（東京地判平12・11・29ウエストロー2000WLJPCA11290005）は，次のように判示している。すなわち，賃貸借目的物の所有権が移転されたのに伴い，賃貸人の地位が譲渡された場合において，賃借人が旧賃貸人に差し出していた保証金に関しては，その保証金が賃借人の賃料債務その他を担保する目的で賃貸人に交付され，賃貸借の存続と特に密接な関係に立つ敷金の性質を有するものについては，当然に新所有者に承継されるものと解すべきであるが，そのような性質を有しないものについては，特段の合意をしない限り，当然には新所有者に承継されない。

敷金の性質を有しない部分を承継させる場合には，債務引受合意が必要となる。債務引受けは，改正前の民法には規定がなく，判例・学説にて認められてきたが，改正民法で明文化された（改正民470条から472条の4）。

## 3　敷金譲渡に対する異議なき承諾

債務者が異議をとどめないで承諾をすると，譲渡人に対抗することができた事由があっても譲受人に対抗することができない（改正前民468条1項）から，敷金についても賃貸人による異議をとどめない承諾があると，賃貸人は，賃貸人に対抗できた事由をもって対抗することができなくなる。

建物の借主たる地位と敷金返還請求権の債権者たる地位を承継した者が，建物賃貸借契約の解約をして建物を明け渡したにもかかわらず，賃貸人が敷金の一部を返還しないとして，その返還を求めた事案（東京簡判平15・4・8裁判所HP）において，賃貸人は預託額を超えた敷金返還請求権の債権譲渡につき異議なく承諾しており，敷金の残額の支払を認めた。

改正民法では，債権譲渡制限特約の効力の見直しがなされた（改正民466条）。すなわち，改正前の民法下では，同特約に違反した譲渡は無効と解されていたが，改正民法では，譲渡制限特約に違反する悪意者への譲渡も有効としつつ，債務者の弁済先固定の利益を保護するために，善意重過失の譲受人に対しては，債務者は，履行を拒み，弁済等による債権の消滅を主張できることとなった。

**【桧座　祐貴】**

# 56 第1章 賃貸借 第2節 賃料・敷金・その他費用

## 17 敷引特約の有効性

最三小判平成23年7月12日（平成22年(受)第676号）
判時2128号43頁，判タ1356号87頁

### 争点

敷引特約が消費者契約法10条により無効となるか

## 判決の内容

### ■事案の概要

居住用建物をYから賃借していた賃貸借契約終了後これを明け渡したXが，Yに対し，同契約の締結時に差し入れた保証金のうち返還を受けていない80万8074円及びこれに対する遅延損害金の支払を求めた事案である。

本件の賃貸借契約には，①賃借人は，本件契約締結時に保証金として100万円（預託分40万円，敷引分60万円）を賃貸人に預託する（以下，この保証金を「本件保証金」という），②賃借人に賃料その他本件契約に基づく未払債務が生じた場合には，賃貸人は任意に本件保証金をもって賃借人の債務弁済に充てることができ，その場合，賃借人は遅滞なく保証金の不足額を補填しなければならない，③本件契約が終了して賃借人が本件建物の明渡しを完了し，かつ，本件契約に基づく賃借人の賃貸人に対する債務を完済したときは，賃貸人は本件保証金のうち預託部分の40万円を賃借人に返還し，敷引分60万円（以下「本件敷引金」という）を賃貸人が取得する旨の特約があった。

1審及び原審は，いずれも，本件の敷引特約は，消費者契約法10条により無効であるとして，Xの請求を一部認容したのに対し，Yが上告受理申立てをした。

### ■判決要旨

最高裁は，以下のとおり述べて敷引特約を有効と判断した。

本件特約は，本件保証金のうち一定額（いわゆる敷引金）を控除し，これを賃貸借契約終了時に賃貸人が取得する旨のいわゆる敷引特約である。賃貸借契約においては，本件特約のように，賃料の他に，賃借人が賃貸人に権利金，礼金等様々な一時金を支払う旨の特約がされることが多いが，賃貸人は，通常，賃料のほか種々の名目で授受される金員を含め，これらを総合的に考慮して契約条件を定め，また，賃借人も，賃料のほかに賃借人が支払うべき一時金の額や，

その全部ないし一部が建物の明渡し後も返還されない旨の契約条件が契約書に明記されていれば，賃貸借契約の締結に当たって，当該契約によって自らが負うこととなる金銭的な負担を明確に認識した上，複数の賃貸物件の契約条件を比較検討して，自らにとってより有利な物件を選択することができるものと考えられる。そうすると，賃貸人が契約条件の1つとしていわゆる敷引特約を定め，賃借人がこれを明確に認識した上で賃貸借契約の締結にいたったのであれば，それは，賃貸人，賃借人双方の経済的合理性を有する行為と評価すべきものであるから，消費者契約である居住用建物の賃貸借契約に付された敷引特約は，敷引金の額が賃料の額等に照らし高額に過ぎるなどの事情があれば格別，そうでない限り，これが信義則に反して消費者である賃借人の利益を一方的に害するものということはできない（最一小判平23・3・24民集65巻2号903頁）。

本件契約書には，1か月分の賃料の額の他に，Xが本件保証金100万円を契約締結時に支払う義務を負うこと，そのうち本件敷引金60万円は本件建物の明渡し後もXに返還されないことが明確に読み取れる条項が置かれていたのであるから，Xは，本件契約によって自らが負うこととなる金銭的な負担を明確に認識した上で，本件契約の締結に及んだものというべきである。そして，本件契約における賃料は契約当初は月額17万5000円，更新後は17万円であって，本件敷引金の額はその3.5倍程度にとどまっており，高額に過ぎるとはいい難く，本件敷引金の額が，近傍同種の建物にかかる賃貸借契約に付された敷引特約における敷引金の相場に比して，大幅に高額であることもうかがわれない。

以上の事情を総合考慮すると，本件特約は，信義則に反してXの利益を一方的に害するものということはできず，消費者契約法10条により無効であるということはできない。

## 解　説

### 1　敷引特約の有効性に関する最高裁の判断

賃貸借契約において敷引特約の条項が付されることは実務上多いが，その有効性については争いがあり，下級審の判断は分かれていた。

最一小判平23・3・24（民集65巻2号903頁）は，「消費者契約である居住用建物の賃貸借契約に付された敷引特約は，当該建物に生ずる通常損耗等の補修費用として通常想定される額，賃料の額，礼金等他の一時金の授受の有無及びその額等に照らし，敷引金の額が高額に過ぎると評価すべきものである場合には，当該賃料が近傍同種の建物の賃料相場に比して大幅に低額であるなど特段の事

情のない限り，信義則に反して消費者である賃借人の利益を一方的に害するものであって，消費者契約法10条により無効となると解するのが相当である。」と述べ，最高裁としての判断を示した（以下，上記判決を「平成23年３月判決」という）。

本判決は，上記平成23年３月判決を踏まえて事例判断を示したものであり，実務上参考になる。また，本判決には２つの補足意見及び１つの反対意見が付されており，田原睦夫裁判官の補足意見では賃借人の原状回復義務について判断した最二小判平17・12・16（裁判集民218号1239頁）との関係に言及されている。

## 2　許容される敷引金額

敷引特約においてどの程度の敷引金額が高額に過ぎ無効と判断されるかについては事案ごとに判断することになる。平成23年３月判決や本判決は，月額賃料の3.5倍程度の敷引金を許容しており，この程度の金額であれば原則として高額に過ぎるとは評価されない可能性が高い。

## 3　事業用賃貸借の敷引特約

本判決は，居住用建物の賃貸借の事案であり，事業用賃貸借について判断をしたものではない。もっとも，事業用の賃貸借契約の場合にも敷引特約が付されることは多く，その有効性について争われることは珍しくない。

事業用の賃貸借契約においても，敷引金の額が高額に過ぎると評価すべきものである場合には，公序良俗違反や信義則違反等の一般条項によって無効とされる可能性がある（保証金の償却が暴利行為に当たるか否かが争われた事案として，東京地判平28・4・8 LLI/DBL07131078がある）。

【川端　啓之】

〔18〕最二小判平成23年7月15日（平成22年(オ)第863号，同(受)第1066号） *59*

## 18 更新料の法的性格と更新料条項の有効性

最二小判平成23年7月15日（平成22年(オ)第863号，同(受)第1066号）

民集65巻5号2269頁，判時2135号38頁，判タ1361号89頁

**争 点**

更新料条項が消費者契約法10条により無効とされるか

## 判決の内容

### ■事案の概要

本件は，Yからマンションの一室を賃借したXが，その賃貸借契約中の，Xが更新料を支払う旨の条項及びXが定額補修分担金を支払う旨の条項はいずれも消費者契約法10条により無効であるとして，Yに対し，不当利得返還請求権に基づき既払の更新料及び定額補修分担金の返還等を求めるとともに，未払の更新料の支払債務が不存在であることの確認を求めた事案である。

1審及び原審は，各条項は消費者契約法10条により無効としてXの請求を認容したのに対し，Yが上告した。

### ■判決要旨

#### 1 更新料の性質

更新料は，期間が満了し，賃貸借契約を更新する際に，賃借人と賃貸人との間で授受される金員である。これがいかなる性質を有するかは，賃貸借契約成立前後の当事者双方の事情，更新料条項が成立するにいたった経緯その他諸般の事情を総合考量し，具体的事実関係に即して判断されるべきであるが（最二小判昭59・4・20民集38巻6号610頁参照），更新料は，賃料と共に賃貸人の事業の収益の一部を構成するのが通常であり，その支払により賃借人は円満に物件の使用を継続することができることからすると，更新料は，一般に賃料の補充ないし前払，賃貸借契約を継続するための対価等の趣旨を含む複合的な性質を有するものと解するのが相当である。

#### 2 更新料条項が消費者契約法10条により無効とされるか

消費者契約法10条は，消費者契約の条項を無効とする要件として，当該条項が，民法等の法律の公の秩序に関しない規定，すなわち任意規定の適用による場合に比し，消費者の権利を制限し，又は消費者の義務を加重するものである

ことを定めるところ，ここにいう任意規定には，明文の規定のみならず，一般的な法理等も含まれると解するのが相当である。そして，賃貸借契約は，賃貸人が物件を賃借人に使用させることを約し，賃借人がこれに対して賃料を支払うことを約することによって効力を生ずる（改正前民601条）のであるから，更新料条項は，一般的には賃貸借契約の要素を構成しない債務を特約により賃借人に負わせるという意味において，任意規定の適用による場合に比し，消費者である賃借人の義務を加重するものに当たるというべきである。

　また，消費者契約法10条は，消費者契約の条項を無効とする要件として，当該条項が，民法1条2項に規定する基本原則，すなわち信義則に反して消費者の利益を一方的に害するものであることをも定めるところ，当該条項が信義則に反して消費者の利益を一方的に害するものであるか否かは，消費者契約法の趣旨，目的（同条1条参照）に照らし，当該条項の性質，契約が成立するにいたった経緯，消費者と事業者との間に存する情報の質及び量並びに交渉力の格差その他諸般の事情を総合考量して判断されるべきである。

　更新料条項についてみると，更新料が一般に，賃料の補充ないし前払，賃貸借契約を継続するための対価等の趣旨を含む複合的な性質を有することは，前記1に説示したとおりであり，更新料の支払にはおよそ経済的合理性がないなどということはできない。また，一定の地域において，期間満了の際，賃借人が賃貸人に対し更新料の支払をする例が少なからず存することは公知であることや，従前，裁判上の和解手続等においても，更新料条項は公序良俗に反するなどとして，これを当然に無効とする取扱いがされてこなかったことは裁判所に顕著であることからすると，更新料条項が賃貸借契約書に一時的かつ具体的に記載され，賃借人と賃貸人との間に更新料の支払に関する明確な合意が成立している場合に，賃借人と賃貸人との間に，更新料条項に関する情報の質及び量並びに交渉力について，看過し得ないほどの格差が存すると見ることもできない。

　そうすると，賃貸借契約書に一義的かつ具体的に記載された更新料条項は，更新料の額が賃料の額，賃貸借契約が更新される期間等に照らし高額にすぎるなどの特段の事情がない限り，消費者契約法10条にいう「民法第1条第2項に規定する基本原則に反して消費者の利益を一方的に害するもの」には当たらないと解するのが相当である。

　本件では上記特段の事情が存するとはいえず，更新料条項が消費者契約法10条により無効とすることはできない。

# 解　　説

## 1　更新料条項の有効性

　賃貸借契約において，更新時に更新料が生じる旨の条項が付されることは実務上多いが，更新料の支払を約する条項の有効性については，下級審の判断が分かれていた。本判決は，更新料条項が消費者契約法10条により無効となるかについて判断をした初めての最高裁判決であり，実務上その意義は大きい。

　本判決によれば，更新料条項が有効とされるためには，更新料条項が一義的かつ具体的に記載されていることが必要である。さらに，その内容が，賃料の額，賃貸借契約が更新される期間等に照らし，高額に過ぎるなどの特段の事情がないことが必要である。

## 2　法定更新の場合

　本判決は，合意更新がなされていた事案であるが，借地借家法26条1項に基づき法定更新がなされることもある。また，実務上，賃貸借契約中に自動更新の条項が付されることも多い。このような自動更新や法定更新の場合の更新料を定めた条項についても，その有効性が問題となる。

　東京地判平22・8・26（ウエストロー2010WLJPCA08268012）は，法定更新の場合の更新料の支払義務を認めている。

　上述のとおり，合意更新以外の更新としては，借地借家法26条1項に基づく更新と賃貸借契約に定められた自動更新条項により更新される場合が考えられる。前者の場合には，更新後の賃貸借契約は期間の定めがないものとなるため，以後は更新が観念できないことになる（東京地判平30・1・30LLI/DBL07330172）。他方，後者の場合には，その規定の内容により判断することになる。実務上，一定期間毎の更新とされていることも多く，そのような場合には期間満了毎に更新料が生じることになる。

【川端　啓之】

## 第3節

# 賃借人（テナント）の義務・責任

### ＊本節の趣旨＊

　賃貸借契約にかかわる当事者に求められる義務のうち，賃借人の義務について取り上げる。なお，賃貸人の義務については，貸室を使用収益させる義務に基づく修繕義務，管理義務，所有者責任（民法717条，工作物責任ともいう）などがあるが，これらについては**第2章管理・運営**で取り上げる。

### 1　賃料支払義務以外の義務

　賃借人にとって用法順守義務や善管注意義務は，賃料支払義務と並ぶ重要な義務である。継続的取引である賃貸借契約では，解除の有効性の判断において，信頼関係の破壊があったかどうかが検討されるが，賃借人が当然履行すべき義務を履行しないことは，信頼関係を破壊されたという判断の根拠となることが多い。

### 2　原状回復

　賃借人は，民法の規定によれば賃貸借終了時に建物を原状に復して返還する義務を負う。しかし，何が「原状」かについて争われるところであり，とくに通常損耗・経年劣化の扱いが問題になる。改正民法ではこの点を明文化したが，特約の効力を排除するものではないことから，当事者の契約時の合意が重要である。

　住宅では，消費者保護の観点から行政指導として一定のガイドラインが作成され，判例でもそれに即した判断が示されている。

　業務用建物では，賃借期間が長期間であったり，その賃借人だけが使用する特別な内装や設備等で使用するケースもあり，何をもって原状であったか曖昧であることや，回復費用が高額になることなどから，大きな争いになることが多く，双方当事者にとって賃貸借終了時の，大きな関心事である。

　契約時にどのような特約をしたのか，からどのような判断がされるかについて，参考になる事例を紹介する。

〔19〕東京地判平成26年8月26日（平成25年（ワ）第12050号）　63

## 第1　賃借人の義務（賃料支払義務以外）

### 19　建物共用部分独占使用の用法遵守義務違反による解除

東京地判平成26年8月26日（平成25年（ワ）第12050号）
LEX/DB25520951

**争点**

転借人のレストラン顧客の行列等で建物共用部分を独占している事実をもって，賃借人の用法遵守義務違反を理由とした解除が可能か

## ■　判決の内容

**■事案の概要**

賃貸人Xは，賃借人Y₁に建物の一区画を貸し渡し，さらに，賃借人は，賃貸人の承諾のもと同区画を転借人である飲食店Y₂に対して転貸した。この飲食店は，立食スタイルのフレンチレストランであるが，建物内で席数が不足すると共用部分を独占的に使用してテーブルを設置するなどしていた。また，マスコミにも取り上げられるほどに盛況となると，建物の外部や他の建物の共用部分も使用し，順番待ちのため行列が占拠する状態となり，他のテナントから苦情が相次いだ。Xからは，再三，共用部の使用をしないように求めたが，改善されなかった。また，他のテナントの一部が業務に多大な支障が生じているとして，賃料の支払を拒絶する事態にも発展した。

そのため，Xは，Y₁に対して，履行補助者であるY₂の用法遵守義務違反を理由として賃貸借契約解除及び損害賠償請求等を請求し，Y₂に対して，民法613条1項（賃借人が適法に賃借物を転貸したときは，転借人は，賃貸人に対して直接に義務を負うため，Y₁に対する目的物返還義務の履行を求めることができれば，Y₂に対しても同様の履行を求めることができる）に基づき建物明渡しや違約金等を求めて，訴訟提起した。

**■判決要旨**

本件の主要な争点は，Y₂の用法遵守義務違反の存否と賃貸人X・賃借人Y₁間の賃貸借契約の解除要件の該当性である。

64 第1章 賃貸借 第3節 賃借人（テナント）の義務・責任

　裁判所は，まず，賃借人Y₁の履行補助者である転借人Y₂が，賃貸人Xの許可なしに共用部分を独占的に利用していることは，賃借人Y₁の用法遵守義務違反に該当するとした。

　次いで，賃貸人Xが再三にわたって共用部分の利用をしないことを転借人Y₂に申し入れても，転借人Y₂は改善しなかったこと，他のテナントが利用上の支障を訴え，賃料の支払を拒絶していること，賃借人Y₁と転借人Y₂間では訴訟にいたっていることなどを勘案して，賃貸人X・賃借人Y₁間の信頼関係が破綻にいたっているとして，賃貸人X・賃借人Y₁間の賃貸借契約の解除を認めた。

　また同時に，賃貸人Xの民法613条に基づく転貸人Y₂に対する明渡請求も認めた。なお，本判決では，同613条に基づき転借人が賃貸人に直接義務を負う範囲は，賃料支払義務，用法遵守義務違反，目的物返還義務などの賃貸借契約における本質的な義務を念頭においているとして，賃貸人Xから転借人Y₂に対しての明渡しを認めたが，賃貸人Xの転貸人Y₂に対する賃借人Y₁・転借人Y₂間の転貸借契約で定めた約定の違約金（使用相当損害金，解除違約金）を請求することはできないと判示した。

## ▌ 解　説

### 1　用法遵守義務違反と解除

#### (1)　用法遵守義務

　賃貸借契約に使用目的（用途）や利用方法が定められると，賃借人は，そのような用法に利用が制限され，用法遵守義務を負う。裁判例では，多様な用法遵守義務違反が争点となっている。解除が認められたものして，①長期不在（東京地判平6・3・16判タ877号218頁），②火災（東京地判平6・10・28判タ883号203頁），③近隣住民への迷惑行為（最一小判昭50・2・20民集29巻2号99頁），④ペットの飼育（東京地判平7・7・12判時1577号97頁）などがある。用法が契約で明示的に規定されていなくても，火災を引き起こしてはならない義務など当然に肯定される用法もあるが，他方で，禁止されている用法か一義的に明らかにならないものもある。そのため，賃貸人・賃借人間では，できる限り，禁止される用法と許容される用法を明確に確認し，契約書に規定することが望ましい。

#### (2)　用法遵守義務違反による解除

　用法遵守義務に違反した場合には，債務不履行となる。しかし，信頼関係が破壊されたと認められない特段の事由が存する場合には，賃貸借契約の解除は

制限される。

　このような信頼関係の破綻が認められないとする特段の事由は，賃借人の側に立証責任がある。したがって，賃借人が特段の事情を立証できない場合には，解除されることとなる。

　例えば，東京高判昭50・7・24（判タ333号195頁）は，賃貸借契約では住居を利用目的としていたのに，賃借人が，学習塾として使用していた事案であるが，裁判所は，生徒数が少なく，建物を汚損することはなかったから信頼関係が破壊されたと認められない特段の事由が存したとして，解除は認めなかった。ほかにも，飲食店を利用目的とする賃貸借契約で賃借人が繊維品格納用倉庫として利用していた事案（東京高判昭41・6・17判タ196号159頁）や住居を利用目的とする賃貸借契約で賃借人が事務所として利用していた事案（東京地判平20・1・30ウエストロー2008WLJPCA01308017）では，信頼関係の破壊が認められない特段の事由が認められ，解除が否定されている。

　このような特段の事情が認められるかは，契約上予定されていた用途と実際に利用していた用途の類似性や建物やその周囲に与える影響が少ないことなどが考慮要素となる。

## 2　近時の裁判例

　用法遵守義務違反による解除の成否が争われた近時の裁判例として，東京地判平22・5・13（RETIO2012年1月号（No.84））がある。これは，カフェを経営するために建物を借りた借主が，契約上，石油ストーブの利用が禁止され，営業時間についても定められていたのに，これらを遵守しなかった事案で，用法遵守義務違反による解除の成否が争点になった。裁判所は，賃借人の用法遵守義務違反を認めた上，無断で外壁や内装を塗装したこと，再三の撤去を求めたにもかかわらず公道上から建物の設備を取り除かなかったこと，建物の一部を友人に転貸していたことから，信頼関係の破壊があるとして，賃貸借契約の解除を認めている。

　また，東京地判平27・10・15（LEX/DB25531876）は，私設私書箱事業者である賃借人が借りた貸室が振り込め詐欺の送金先として利用されたことで，賃貸人が，建物の用法遵守義務違反にあたるとして解除を主張した事案である。裁判所は，賃借人の犯罪収益移転防止法上の本人確認義務を遵守する意識が低かったことが原因となって振り込め詐欺の送金先として利用された点を用法遵守義務違反であると認定し，建物の信用が失墜し，建物の価値が下落したことをもって信頼関係の破壊があるとして，賃貸借契約の解除を認めた。

66　第1章　賃貸借　第3節　賃借人（テナント）の義務・責任

　ここで紹介した裁判例のうち後者の東京地判平27・10・15は，業務を取り巻く業法や行政法規を遵守しなかったことで建物の賃貸借契約の用法遵守義務違反が認められている点で注目に値する。この裁判例を前提にすると，賃借人の不祥事が発生し，それが建物の価値に影響を及ぼすようなインパクトがある場合，賃借人の用法遵守義務違反として法律構成され，建物の賃貸借契約が解除される余地があることになるが，このような法律構成は，いまだ一般化されているとは言えず，今後の判例の動向をみていく必要がある。

【岡崎　行師】

## 20　賃借人従業員の死亡と賃借人の損害賠償責任

東京高判平成29年1月25日（平成28年（ネ）第4184号）
LLI/DBL07220075

### 争 点

賃借人従業員のビル外階段からの落下による死亡は賃借人の善管注意義務違反に該当するか

## ▌ 判決の内容

### ■事案の概要

Xは，その所有する9階建てビル（以下「本件建物」という）の7階部分をYに賃貸した。Yは，本件建物を事務所として使用してきたところ，この賃貸借期間中に，Yの従業員Aが本件建物の非常階段から地上に落下して死亡しているのが発見されたが，このAの転落の原因は，後の調べによっても，明らかにされることはなかった。

Xは，本件事故前から本件建物を4億2000万円で売り出していたが，本件事故が発生したため，心理的な瑕疵が存在するとして説明を行って販売活動を行い，本件建物を3億7500万円で売却するにいたった。

そこで，Xは，Aの転落死は自殺であったと主張し，この自殺によって，本来よりも低額な価格で販売せざるを得なくなったとして，Yに対し，善管注意義務違反による賃貸借契約の債務不履行に基づいて損害賠償請求を行った。

### ■判決要旨

原審（東京地判平28・8・8 LEX/DB25535666）は，Aの転落が自殺であることを前提に，Yの債務不履行の責任を肯定した。

これに対して，当裁判所は，①本件事故の態様や本件事故の現場の構造等の客観的な事実関係からみて，Aの意思によらない事故であった可能性を排除することができないことに加え，②定期的な通院を要するような疾患をわずらっていた事実や大きな負債があったという事実もなく，自殺を行うと思われる動機が見当たらないこと，③直前の生活状況等をみても，自殺を示唆するような言動や兆候などの不審な状況は存在していないことなどから，Aの転落はAによる自殺とは認められないとした。

そのため，Yに善管注意義務違反があったとは認められないため，XのYに

68　第1章　賃貸借　第3節　賃借人（テナント）の義務・責任

対する債務不履行責任に基づく損害賠償請求は認められないとした。

## ■　解　　説

### 1　賃借人の善管注意義務

　賃借人は，賃貸借契約に基づいて，善管注意義務をもって建物を利用しなければならない（民400条）。そのため，賃借人がこの義務に反した場合には，賃貸人に対して損害賠償責任を負担することになる。また，賃借人の履行補助者——例えば，賃借人の同居人や従業員など——の行為は，賃借人自身の行為と同視されることになるから，このような履行補助者の行為が善管注意義務違反に該当すれば，賃借人は，賃貸人に対して損害賠償責任を負うことになる。

### 2　賃貸物件内における死亡の発生と賃借人らの責任

#### (1)　責任の範囲

　一般に，病気や加齢による衰えから発生する自然死は，誰にも訪れるものであるから，貸室で賃借人やその履行補助者が自然死したからといって，これにより賃借人が賃貸人から善管注意義務違反を問われることはない。

　しかし，賃借人やその履行補助者が，貸室で自殺や殺人といった人為的な行為によって死を引き起こすと，その貸室は，市場から心理的に嫌悪され（このような事情は心理的瑕疵と呼ばれることもある），もって建物の価値（特に賃料）の低下を招来する。それがゆえに，賃借人は，賃貸人に対して，このような人為的な死を生じさせ，賃貸人に損害を発生させない義務を善管注意義務の一種として負担することとなる。

　本裁判例では，従業員Aの転落死の原因が自殺か事故かが熾烈に争われたが，それは仮にAの転落が自殺だとすると，Aを履行補助者とするYの善管注意義務違反が認められるのに対して，Aの転落が事故であれば，Yの善管注意義務違反が否定され，結論に大きな差を生じさせることになるからである。

　なお，このような責任は賃借人だけではない。賃借人自身が自殺した場合，その責任は，賃借人の相続人が損害賠償責任を相続することになるし，賃借人の保証人も損害賠償責任を負担する（例えば，東京地判平19・8・5 LLI/DBL06233508）。

#### (2)　裁判例

##### (a)　自殺と事故の判定

　賃借人やその履行補助者が貸室内で自殺や殺人といった人為的な死を引き起こした場合，賃借人が善管注意義務違反となることは実務上固まっている。そ

のため，大きな争点となるのは，本裁判例の事案のように，建物内で発生した死が自殺によるものか，それとも事故や病死によるものかといった死の原因である。

実務上，死の原因を特定するのに重要な資料は，警察署や消防署といった事故調査を実施した公的機関による調査報告書である。本裁判例の事案では，警察署はＡの転落死の原因を特定することができなかったことで，自殺という認定はできなかった。これに対して，本件と同様に，居住用貸室内の履行補助者の死の原因が自殺かどうか争点になった事案である東京地判平23・1・27（LEX/DB25549736）では，警察の死体検案書に履行補助者の死の原因を自死とする記載があったことを根拠に，自殺という認定がされている。

### (b) 事務所と従業員の自殺

自殺が関係する損害賠償事案では，従来，貸室が，住宅用途で，かつその居室内での賃借人やその履行補助者の自殺の案件が多かった。裁判所の傾向としては，居室内での賃借人やその履行補助者の自殺は，賃借人の善管注意義務違反を認めることが多いが，居室外での賃借人やその履行補助者の自殺は，賃借人の善管注意義務違反を否定するものもある（東京地判平22・3・29RETIO 2011年4月号（No. 81））。

これに対して，近時では，本件のように，事務所用途で，その死の発生場所が必ずしも貸室内で発生した場合に限られない損害賠償事案も見られるようになってきた。本裁判例では，自殺ではなかったことから賃借人の損害賠償責任を否定しているが，東京地判平27・11・26（LEX/DB25532715）は，賃借人の従業員が事務所のあるビルから路上に飛び降り自殺をしたことが認定された事案であり，賃借人の損害賠償責任を認めている。

本件は，賃借人が借りている貸室自体の内部ではなくビル外階段での死亡であり，争われた損害の範囲はビルの売買価格であった。仮に貸室内の死亡であった場合は，ビルの売買価格のみならず，貸室のテナントリーシングにおける賃料に直接影響する可能性がある。住宅用途に比べれば心理的瑕疵の影響度合いは少ないと考えられているが，損害の範囲として広がる可能性があることに注意が必要である。

### 3 損害賠償の範囲

上記のように自殺等が原因で，賃借人が損害賠償責任を負担する場合，その損害賠償の範囲も問題となる。賃貸人が被る損害として最も大きいのは，逸失利益である。ここにいう逸失利益とは，自殺等の事故がなければ得られたであ

ろう利益が一定期間得られないことによる損害のことを指す。この逸失利益の算定の難しさは，おおよそ事故当時に，将来どの程度の期間，貸室が利用されないことが継続するのか，また賃料の低下が継続するのか，不確実であることにある。

　この点に関連して，裁判所の逸失利益の算定方法も一様ではない。例えば，①一定期間の従前賃料と事故後に実際に変更した新賃料との差額を基準に算定するもの（東京地判平13・11・29LEX/DB25549729など），②鑑定等によって客観的な賃料の減少額を算定するもの（東京地判平22・12・6 LEX/DB25549732など），③従前賃料の一定割合分を損害とするもの（東京地判平22・9・2判時2093号87頁など）といった方法が見られる。

　いずれの算定方法にしても，逸失利益の額やその発生期間は，事故が発生した場所，建物の用途や立地条件，物件の流動性，事故の態様や重大性などによっても異なる。

### 4　まとめ

　各社は働き方改革などで新たな労務管理を模索していることと思われるが，従業員の死は，テナントとの関係にも影響を及ぼすこともあるため，慎重な対応が必要になろう。

【岡崎　行師】

〔21〕東京地判平成23年6月30日（平成22年（ワ）第12066号）　*71*

## 第2　原状回復

### 21　事務所ビルの通常損耗補修特約の有効性

東京地判平成23年6月30日（平成22年（ワ）第12066号）
LLI/DBL06630330

争点

事務所使用目的賃貸借契約における通常損耗補修特約は有効か

## 判決の内容

#### ■事案の概要

　図書出版及び販売事業を営む賃借人Xと不動産経営，管理・保守業務の事業を営む賃貸人Yとの間で事務所使用目的の賃貸借契約（以下「本件契約」という）が締結された。

　両者で取り交わされた賃貸借契約書には「……契約が終了する時は，賃借人は保証金を以って添付賃貸借契約書案第11条（修繕・造作）に依り賃借人が当該物件に設置した造作，内装その他の設備，物件を撤去し，且つ又その他の施設即ち床，壁を完全に新たにし，天井をペンキ塗装し，賃貸人の判断により備品，付属品に破損異常があれば修理し或いは清掃し，エアコンはオーバーホールし，当該物件を事実上の原形即ち入居時の状態に回復する。以上の処置は賃貸人の監督の下で，賃貸人が指定する業者が実施するものとする」とする，通常損耗の補修を賃借人の負担する旨の特約（以下「本件特約」という）が規定されていた。また，この賃貸借契約書の締結日と同日付の重要事項説明書も存在している。

　その後，XY間で賃料増額をめぐる紛争を経て，XがYに対して本件契約の解約通知を行い，本件契約が終了したところ，Yは，通常損耗の補修費用を含む原状回復費用等をXから預かっていた保証金から控除した。

　Xは，Yに対して，Xが通常損耗を負担する旨の説明は受けておらず本件特約は成立していないし，仮に本件特約が成立したとしても，通常損耗を賃借人に負担させる特約は暴利行為といえ公序良俗に反して無効（民90条）であること等を主張し，控除された原状回復費用に相当する保証金等の返還を求めた。

*72*　第1章　賃貸借　第3節　賃借人（テナント）の義務・責任

## ■判決要旨

　解説**2**(1)で後述する最二小判平17・12・16（判時1921号61頁）（以下「平成17年最判」という）が判示した通常損耗を賃借人の負担とする特約を締結する場合，賃借人が費用負担を行う通常損耗等の範囲が明記されている場合には有効であるとする一般論を引用したうえで，本件賃貸契約書に定める本件特約は，賃借人が通常損耗を負担することやその負担すべき範囲が具体的に明記されていることからも，有効に成立しているとした。また，保証金からは，通常損耗費用と資産の償却費が控除されることとなっているが，あらかじめ明確に合意しているし，控除された金額が不当に高額ともいえないから，公序良俗に反するとはいえない等として，Xの請求を認めなかった。

# ┃　解　　　説

## 1　原状回復義務の範囲

### ⑴　改正前民法の定めと改正民法

　賃貸借契約が終了すると，賃借人は，建物を明け渡す義務を負担するが，明渡しに先立って原状に回復させる義務を負う（反対にいえば，契約が存続中には原状回復義務を負わない）。

　改正前民法の賃貸借の規定では，使用貸借に関する規定（借用物の返還時期の規定）を準用し（改正前民616条），賃借人の原状回復義務自体やその範囲について規定がなく，実務上は，裁判例やガイドラインによってルールが形成されてきた。

　このような実務上のルールを改正民法では，明文化し，「賃借人は，賃借物を受け取った後にこれに生じた損傷（通常の使用及び収益によって生じた賃借物の損耗並びに賃借物の経年変化を除く。以下この条において同じ。）がある場合において，賃貸借が終了したときは，その損傷を原状に復する義務を負う。」（改正民621条）と規定されることになった。

　改正民法621条のかっこ書に定められている「通常の使用及び収益によって生じた賃借物の損耗並びに賃借物の経年変化」の部分は，通常損耗といわれる。同条の定めからもわかるように，通常損耗は賃貸人が負担すべきことになる。これに対して，通常損耗を賃借人に負担させる特約（これを「通常損耗補修特約」という）は，どのような場合に有効になるかは明文によって定められておらず，依然として解釈問題となる。この点は，**2**で検討する。

### ⑵　ガイドライン・条例

もっとも，通常損耗の範囲自体が明確ではない場合もあり，紛争になることもある。そのため，通常損耗の範囲を明確化するため，国土交通省では，「原状回復をめぐるトラブルとガイドライン〔再改訂版〕」を公表している。このガイドラインには，法的拘束力があるわけではないが，裁判所が，通常損耗の範囲が明確ではない場合に，これらを参考資料にする可能性は十分にある。

　また，各自治体でも，独自の取組みを行っている場合もある。例えば，埼玉県，千葉県及び神奈川県では，「建物賃貸借の重要事項説明等について」とするガイドラインを公表しているが，これは重要事項説明時に，あらかじめ原状回復の範囲を具体的に説明することを推奨するものである。東京都では，「東京における住宅の賃貸借に係る紛争の防止に関する条例」を制定し，宅建業者に対して，原状回復の範囲を判示した平成17年最判の考え方を説明する法的義務を課している。

## 2　通常損耗補修特約の有効性

### ⑴　リーディングケース

　民法上，賃借人は，通常損耗の範囲につき，原状回復義務を負担しないが，賃貸人・賃借人間でこれを賃借人に負担させる特約を締結することがある。この特約を既に述べたとおり通常損耗補修特約と呼ぶことが多く，本判例の事案でも，同特約が締結されていた。このような特約の有効性を判示したリーディングケースは，本判例でも引用されている平成17年最判である。

　これによると，①通常損耗は本来的には賃貸人が負担するのが原則であること，②通常損耗を超える汚損や破損は賃借人の負担となること，③通常損耗を賃借人の負担とする特約を締結する場合，契約書上，その賃借人の負担となる範囲が明記されている場合か，賃貸人が口頭によりその範囲を説明し，賃借人がその旨を明確に認識し合意の内容とした場合など特約によって賃借人が負担すべき通常損耗の範囲が明確であることが必要であること，という３点を判示している。このうち最も重要な点は，③の賃借人が負担すべき通常損耗の範囲を明確にしていなければ，その合意は有効とされない，としている点である。

### ⑵　事業用賃貸と原状回復の範囲

　平成17年最判以前では，事業用建物は，住宅と異なり，利用方法が多様であるし，多数の者が利用することも多く，しかも原状回復費用が高額になる傾向にあるといった点から，通常損耗補修特約の有効性が緩やかに解されることがあり，抽象的な文言で賃借人に通常損耗を負担させる文言しかなくても，通常損耗を賃借人に負担させることを有効と判断した裁判例もある。例えば，東

京高判平12・12・27（判タ1095号176頁）は，「賃借人は，賃貸借期間終了時まで
に造作その他を賃貸借契約締結時の原状に回復しなければならない。」との条
項しか定められていなかったが「市場原理と経済合理性の支配するオフィスビ
ル」という点を強調して，通常損耗を賃借人の負担とすべきと判断している。

　しかし，平成17年最判以降は，明確な特約がなければ，通常損耗を賃借人の
負担とすることは認められないであろう。平成17年最判は，住宅に関する原状
回復義務の範囲を判示したものであるが，事業用用途の建物にも適用される
と解されている。実際，本裁判例でも，平成17年最判を引用して判示している。
また，東京地判平25・7・16（ウエストロー2013WLJPCA07168008）は，通常損耗
の範囲につき原状回復義務を負担しないとの契約に基づき住居用途で建物を借
りていた旧賃借人から新賃借人が契約を承継し，事務所用途で利用していたと
ころ，新賃借人の明渡し時に賃貸人から通常損耗の範囲で原状回復を求められ
た事案であるが，裁判所は，通常損耗を賃借人に負担させる合意がないことを
もって，賃貸人の主張を認めなかった。

　また，通常損耗の特約を締結したとしても，賃借人の負担すべき範囲が明確
に特定していなければ無効と判断される可能性が高い。例えば，東京地判平
25・8・19（RETIO 2014年10月号（No. 95））は，賃借人が負担すべき通常損耗の
範囲が明確ではないとして，特約の有効性を否定している。

　本判例の事案では，契約書上，どのような部位について，いかなる仕様で原
状回復するかを明確化し，原状回復すべき通常損耗の範囲を明らかにしている
点で参考となる。このような契約の文言で示すことも有効であるが，実務上は，
原状回復の範囲について，部位ごとに賃借人と賃貸人の負担部分を明らかにす
る区分表などを添付することも多い。

### 3　原状回復と明渡し

　原状回復と明渡しは区別され，明渡しは，原状回復の履行が前提となってお
り，賃借人が明渡し期限までに原状回復を履行していなければ，賃貸人は，明
渡しと認めず，賃借人に対して，原状回復の履行を求めることができるほか，
明渡しが遅滞した日数分の賃料相当損害金の損害賠償も求めることができる。

　もっとも，東京地判平23・7・22（ウエストロー2011WLJPCA07228002）は，た
とえ原状回復が不十分であると考えたとしても，賃貸人が鍵を受け取らず，原
状回復の交渉に一切応じないなどの非協力的な態度を示した場合には，このよ
うな損害賠償請求は認められないと判示している。

　また，原状回復が不十分であっても，賃貸人側の理由で明渡しが認められ

た事案もある。やや特殊な事案であるが，東京地判平25・8・30（ウエストロー2013WLJPCA08308012）は，賃貸人の都合で鍵の返還が遅れた事案で，鍵を返還した時点ではなく鍵の返還の準備が整った時点を返還時期とした。

【岡崎　行師】

76　第1章　賃貸借　第3節　賃借人（テナント）の義務・責任

## 22　建替えを予定している建物の原状回復義務

東京地判平成27年11月26日（平成25年（ワ）第26604号）
RETIO2017年7月号（No.106），ウエストロー2015
WLJPCA11268029

争点

建替えを予定している建物の場合，原状回復義務の履行は必要か

## 判決の内容

### ■事案の概要

貸主Yと借主Xとは，事務所利用目的の建物賃貸借契約を締結していたところ，Yは，Xに対して，建替えを理由に建物賃貸借契約の更新拒絶を行った。Xは，Yに対して，原状回復の要否を確認したところ，Yは，建替えであることから，原状回復は不要であると回答していた。ところが，Yは建替えの中断を余儀なくされた結果，原状回復を行う必要があると主張し，Xから預かっていた敷金から原状回復費用を相殺すると主張し，敷金を返還しなかった。

そこで，Xは，Yに対して，建物の建替えを予定していた以上，原状回復の必要がないことから，かかる相殺は認められないとして，敷金の返還を求めた。

### ■判決要旨

本件では，XY間でXの原状回復義務を免除する合意があったことを理由に，Yが原状回復費用を敷金から相殺することは認められないとして，Xの主張を認容した。

## 解　説

### 1　建替えを予定している場合の原状回復義務

本判決では，原状回復義務を免除する合意が成立していることを理由に，賃貸人Yが敷金から原状回復費用を控除することは認められないと判示した。

では，このような原状回復義務を免除する合意がない場合，賃貸人が建替えを行うことを予定しているという事実が存在すれば，賃借人の原状回復の義務はなくなると考えるべきなのであろうか。

この点，賃貸借契約では，賃借人は，原則として原状回復義務を負担することとなり，賃貸人が建替えを予定しているという一事をもって，原状回復義務

が免除されるというものではない。例外として賃借人が原状回復義務の免除を受けるためには，賃貸人との間で，そのような免除の合意が必要になる。契約当初から建替えを予定しているならば，賃貸借契約書に，建替え時の原状回復義務の存否を明確に規定していくことが望ましい。また，契約当初に予定していなかったが契約終了時に賃貸人が建替えを予定しているのであれば，終了時に賃貸人と賃借人との間で交渉を行い，原状回復の範囲を合意する必要がある。

## 2　居抜きの場合の原状回復義務

　事業用建物（特に店舗）の場合には，前賃借人が自ら設置した内装の原状回復をせずに明渡しを行い，賃貸人がこれを新賃借人に対して貸すこともある。このような貸し方を「居抜き」などと呼ぶことがある。

　居抜きの場合，①前賃借人による内装の所有権の放棄又は賃貸人に対する贈与，②賃貸人・前賃借人間の原状回復免除の合意，③賃貸人・新賃借人間の原状回復義務の範囲の合意，の3点を契約書で明確にしておくことが望ましい。

　上記①や②の点につき明確に合意しなかったことから，紛争になった事例として，東京地判平19・1・30（ウエストロー2007WLJPCA01308015）がある。この事案は，賃貸人が，前賃借人が内装につき原状回復義務を期日までに履行しなかったことから，新賃借人にそのまま貸したとして，前賃借人に対して原状回復費用を請求したものである。裁判所は，賃貸人が，やむを得ず原状回復をしなかったというよりは，経営判断として高額な内装を利用して新賃借人に貸し渡しており，旧賃借人の内装費用に相当する価値を取得している以上，旧賃借人に対して原状回復費用の請求はできない，と判示している。

　ほかにも，居抜きで新賃借人が借りた場合に，新賃借人はどこまで原状回復を行うのか，明確ではないこともあり紛争になることも多く，上記③の点を明確にしておくことも肝要である。

## 3　スケルトン貸しの原状回復義務

　事業用建物の場合，必要最小限以外の内装や設備がなく，主として建物の躯体（コンクリート打ち放し）の状態で賃借人に貸すこともある。このような場合をスケルトン貸しと呼ぶこともある。スケルトン貸しでは，賃借人が天井，内装，設備などを設置することを前提にしている。この場合，賃借人の原状回復の範囲は，再びスケルトンに戻した状態とすることとなる（東京地判平23・6・3ウエストロー2011WLJPCA06038009）。なお，当然のことではあるが，スケルトン貸しではない賃貸借の場合には，賃借人は，スケルトンに戻す義務まではない。

**【岡崎　行師】**

## 第4節

## 終了又は更新

### ＊本節の趣旨＊

　借地借家法の適用を受ける賃貸借契約は，定期借家，定期借地契約を除き，賃借人保護の趣旨から期間満了での終了が必ずしも担保されない。賃貸人から更新を拒絶する，あるいは解約するときに必要な要件である正当事由は，数多く争われているが，規範的要件であり，具体的事実が重要な判断要素である。近年は古いビルも増え，耐震性を欠くビルの対策も喫緊の課題であるが，その点を考慮した正当事由の判断について肯定否定双方の事例を紹介する。

　一方で業務用の賃貸借は長期間であることが多いため，期間満了前の解約や解除で終了する場合もしばしばある。定期借家か否かにかかわらず，そのように途中で終了する場合には，金銭の精算について争われることが多いので，その一例を紹介する。

〔23〕大阪高判平成25年11月22日（平成25年（ネ）第2227号）　79

## [23] 賃借人の保証人が保証債務を履行した後の賃貸借解除の有効性

大阪高判平成25年11月22日（平成25年（ネ）第2227号）
判時2234号40頁

### 争点

　1　保証人が，保証債務を履行した後，賃貸人が賃借人に対し，債務不履行（賃料未払）に基づく賃貸借契約解除をすることができるか

　2　保証人が，保証債務を履行した場合に，賃貸借契約の当事者間の信頼関係が破壊されているといえるか否か

## ■ 判決の内容

### ■事案の概要

　賃貸人X₁は，賃借人Yとの間で，平成23年12月15日，本件建物について，賃貸借契約（以下「本件賃貸借契約」という）を締結した。Yは，保証会社であるX₂との間で，平成23年12月25日，本件賃貸借契約に基づくYの債務について，X₂に保証することを委託する契約（以下「本件保証委託契約」という）を締結し，X₂はこれを受託した。また，X₂は，X₁との間で，本件賃貸借契約に基づくYの債務を保証する契約を締結した。

　Yは平成24年2月分以降滞納を繰り返し，同年4月分からは支払わなかった。X₁は，Yに対し，再三の催告を行ったが，Yがこれを支払わないので，書面で支払の催告を行い，さらに本件賃貸借契約を解除する旨の通知を送付した。その後，X₁は建物の明渡しを，X₂は代位弁済による求償金を求めて訴訟（本判決の原審）を提起し，訴状は平成24年9月13日にYに送達された。X₁は，平成25年3月4日の第2回口頭弁論期日において，第1準備書面を陳述し，本件賃貸借契約解除の意思表示をした。

　また，X₂は，本件保証委託契約（賃借人が賃料の支払を怠った場合に，保証会社が保証限度額内で賃貸人に賃料を支払うという内容の契約になっている）に基づくX₁との保証契約の履行として，平成24年2月から平成25年6月まで，毎月の賃料7万8000円に相当する金額を代位弁済していた。YはX₂に対して，平成24年5月2日に15万8000円を支払っただけで，その後，支払をしていない。

　原審は，①YはX₁に建物を明け渡せ，②YはX₂に39万5000円を支払え（平

80　第1章　賃貸借　第4節　終了又は更新

成24年4月分から同年8月分までの5か月分の賃料39万円及び保証事務手数料5000円）という判決をくだした。これにYが控訴したのが本件である。

■判決要旨
**1　本件賃貸借契約が解除されたかについて**

本件賃貸借契約では，2か月分以上の賃料の滞納があれば，解除できると定められている。Yは平成24年4月分〜平成25年3月分までの賃料等を支払っていないため，本件賃貸借契約を解除することができる。

これに対し，Yは，平成24年4月分〜平成25年1月分の賃料等については，X₂がこれを代位弁済しているから，Yに賃料等の不払はないと主張する。

しかし，（注：一般論として）賃貸借保証委託契約に基づく保証会社の支払は代位弁済であって，賃借人による賃料の支払ではないから，賃貸借契約の債務不履行の有無を判断するに当たり，保証会社による代位弁済の事実を考慮することは相当でない。なぜなら，保証会社の保証はあくまでも保証委託契約に基づく保証の履行であって，これにより，賃借人の賃料の不払という事実に消長を来すものではなく，ひいてはこれによる賃貸借契約の解除原因事実の発生という事態を妨げるものではないことは明らかである。

**2　信頼関係破壊の有無について**

YはX₁に対し，平成24年4月分〜平成25年3月分の賃料等を支払っていないことが認められる。また，X₂に対する求償債務についても，平成24年5月2日に15万8000円（2か月分）を支払ったのみである。このことからすると，本件賃貸借契約について，X₁とYとの信頼関係は破壊されているものと認めるのが相当である。

## 解　説

**1　保証債務について**

保証債務とは，主たる債務の履行を担保することを目的とし，債権者と保証人との間で締結された契約により成立する債務である。主たる債務者と保証債務は別個独立したものである（別個独立性）。

ところで，保証の中でも，継続的債権関係から生じる不特定の債権を担保するための保証を根保証という。したがって，賃貸借契約の保証人の保証債務も根保証である。

**2　保証人による弁済と契約解除の関係**

本件判決では，保証人が賃貸人の未払い賃料債務を弁済している（平成24年

２月から平成25年６月まで毎月）。保証人の弁済によって，主たる債務者の債務も消滅することから，本件でＹには債務不履行がないようにも思える。

しかし，保証人は，自らの債務について，自らの債務の履行として債権者に対して弁済をするのであって，第三者として他人（債務者）の債務を弁済するのではない。それゆえ，保証人による弁済は，民法474条でいうところの第三者弁済ではない（潮見佳男『プラクティス民法債権総論〔第５版〕』321頁）。したがって，保証人が弁済して主たる債務が消滅したとしても，主たる債務者の債務不履行の事実が消滅するわけではない。

### 3 信頼関係の破壊の法理

賃貸借契約においては，賃貸借契約上の義務違反があった場合でも，いまだ信頼関係を破壊するにいたらない場合には契約の解除は認められないという法理が判例上採用されている（信頼関係破壊の法理という）。本件では，Ｙは１年分の賃料を滞納しており，$X_2$による弁済があったとしても，信頼関係が破壊されていることは明らかである。

### 4 保証の範囲，保証限度額及び保証期間

賃借人の債務の保証人は，賃貸借契約から発生する継続的な賃料債務のみならず，原状回復義務，賃料に関する利息，違約金，損害賠償なども保証する。保証限度額に関し，改正前民法では，賃貸借契約の保証人の場合にはその範囲を限定する規定がないことから，保証人が予期せぬ高額の負担を負う可能性がある。

また，保証期間について，借地借家法により賃貸借契約の更新が原則とされている場合には，賃借人の債務を保証した者は，反対の趣旨をうかがわせるような特段の事情のない限り，更新後の賃貸借から生じる賃借人の債務についても保証する趣旨で保証契約を締結したものと解するのが相当であるとされている（最一小判平９・11・13判時1633号81頁）。保証人が保証契約を解除することができるのは，限定的な条件（賃貸人が著しく賃料債務の履行を怠り，かつ保証の当時予見できなかった資産状態の悪化があって将来保証人の責任が著しく増大することが予想されるにもかかわらず，賃貸人が賃貸借の解除等の処置を講じないとき）のもとに認められる程度である（東京地判昭56・８・28判時1032号77頁）。

### 5 民法改正について

上述のとおり，保証人の保証の範囲は広く，保証期間にも限定がなく，解除権も限定的な場合にしか認められていないという状況にあることから，個人の保証人の保護に欠ける状況にあった（なお，貸金等根保証契約は保証人を保護する制

度がある。民465条の2以下参照）。そこで，改正民法では，賃貸借契約の保証を含む個人の根保証一般について，次のような保護規定を置いた。

### (1) 包括根保証の禁止

個人根保証契約は，一定の範囲に属する不特定の債務を主たる債務とするのでなければならないとされ（改正民465条の2第1項），極度額を定めなければ，その効力を生じない（同条2項）。しかも，極度額の定めは，根保証契約書の書面に記載しなければ，その効力を生じない（改正民465条の2第3項・446条2項・3項）。

### (2) 元本の確定

主たる債務の元本は，次の場合に確定する（改正民465条の4第1項）。

① 債権者が，保証人の個人の財産について，金銭の支払を目的とする債権についての強制執行又は担保権の実行を申し立てたとき（同項1号）。ただし，強制執行又は担保権の実行の手続の開始があったときに限る（同項柱書のただし書）。

② 保証人が破産手続開始の決定を受けたとき（同項2号）

③ 主たる債務者又は保証人が死亡したとき（同項3号）

以上の規定は，当事者の合意で変更することができるが，民法の趣旨に反するようなものは無効となる（片面的強行規定）。

【前原　一輝】

〔24〕東京地判平成20年8月18日（平成19年（ワ）第30521号，同第33940号）　*83*

## 24 破産法53条1項に基づく解除と違約金条項の有効性

東京地判平成20年8月18日（平成19年（ワ）第30521号，同第33940号）

判タ1293号299頁

### 争点

破産法53条1項に基づく賃貸借契約の解除に違約金条項が適用されるか否か

## 判決の内容

### ■事案の概要

破産会社は，平成17年3月23日，Aから建物を賃借し，同月25日，保証金2億円を支払った。当該賃貸借契約は，10年の定期建物賃貸借契約であり，次のような定めがあった。「賃借人が，自己の都合及び原因により賃貸借期間内に解約又は退去する場合は，保証金は違約金として全額返還されないものとする。」「賃借人のやむを得ない事由により中途解約する場合は，保証金は違約金として全額返還されないものとする。」（以下，この2つを併せて「本件違約金条項」という）。

Aは平成19年5月30日，Bに対し本件建物を売却し，Bは同日，本件建物をYに賃貸した。破産会社は，同年6月4日，本件賃貸借契約の賃貸人たる地位がAからYに移転すること，及び破産会社がAに支払った保証金2億円の返済債務をYが免責的に引き受けることを承諾した。

破産会社は，平成19年9月7日，破産開始手続を受け，Xが破産管財人に選任された。Xは，本件建物を管財業務のために約1か月使用した後，平成19年10月11日，Yに対し，破産法53条1項に基づき，本件賃貸借契約を，同月23日をもって解除する旨の意思表示をし，同月23日，原状回復を行わずに本件建物を明け渡した。

XはYに対し，保証金返還請求権に基づき，破産会社が預託した保証金2億円から未払賃料及び遅延損害金並びに原状回復費用合計1億768万861円を控除した9231万9139円及び遅延損害金の支払を求めた。他方で，YはXに対し，6014万円の原状回復費用の支払を求めた。

84 第1章 賃貸借 第4節 終了又は更新

**■判決要旨**

本件では，Xが本件違約金条項は破産法53条又は民法90条に反し無効であると主張したが，それについて，本判決は次のとおり判断した。

### 1 本件違約金条項の趣旨及び有効性について

賃貸借契約の締結に付随して，このような定め（注：本件違約金条項）を合意することは原則として当事者の自由であり，破産会社も本件違約金条項の存在を前提として自由な意思に基づき本件賃貸借契約を締結している。

そして，保証金2億円は，賃料の約9か月半分に相当するところ，賃貸人及び賃借人は，本件賃貸借契約を10年間継続し，賃貸人は賃料収入を得ることを期待していたことに照らせば，その金額が，違約金として過大であるとはいえない。

本件違約金条項を含む保証金を返還しない旨の約定は，賃借人の自己都合及びやむを得ない事由など，賃借人において生じた事情によって所定の期間内に契約を終了せざるを得ない場合について定められており，事由のいかんを問わず賃借人に保証金が返還されないことを強いる趣旨とは解されないのであって，賃貸人側の事情による終了の場合の保証金に関する定めがないことをもって，直ちに，本件違約金条項が賃貸人に著しく有利であり，正義公平の理念に反し無効であるとはいえない。

さらに，前記の通り本件違約金条項が当事者間の自由な意思に基づいて合意され，その内容に不合理な点がない以上，破産管財人においても，これに拘束されることはやむを得ないと解すべきであるから，本件違約金条項が破産法53条1項に基づく破産管財人の解除権を不当に制約し，違法無効であるとはいえない。

### 2 破産法53条1項との関係

Xの破産法53条1項に基づく解除は，破産という賃借人側の事情によるものであるから，本件違約金条項にいう「賃借人の自己都合及び原因」，「賃借人のやむを得ない事由」により賃貸借期間中に契約が終了した場合に当たる。したがって，本件違約金条項は，破産法53条1項に基づく解除に適用される。

## 解 説

### 1 破産法53条について

双務契約について破産者及びその相手方が破産手続開始の時においてともにまだその履行を完了していないときは，破産管財人は，契約の解除をし，又

は破産者の債務を履行して相手方の債務の履行を請求することができる（破産
53条1項）。破産者が破産開始決定前に建物を賃借していた場合，破産管財人は，
同条項に基づき，解除か契約の継続を選択することができる。なお，民事再生
法にも同趣旨の条文が存在する（民再49条1項）。

　破産法53条の趣旨については学説が分かれているが，最一小判昭62・11・26
（民集41巻8号1585頁）は，本条の前身である旧破産法59条について，破産管財人
に契約の解除をするか又は相手方の債務の履行を請求するかの選択権を認める
ことにより破産財団の利益を守ると同時に，破産管財人のした選択に対応した
相手方の保護を図る趣旨と判示している。

## 2　違約金条項が破産法53条1項による解除の場合も適用されるか

　賃貸借契約が破産法53条1項によって解除された場合の違約金条項の適用に
ついて，①破産法53条1項に基づく解除は，法律に基づいて管財人に特別の権
能（法定解除権）が与えられたもので，法に基づく即時解除（解約）であって，賃
貸借契約に伴う解除ではないので適用されないとの立場（野村剛司＝石川貴康＝新
宅正人『破産管財実践マニュアル〔第2版〕』223頁）と，②実体法上有効と認められ
る限り，破産管財人もその負担を受任せざるを得ず，これに拘束されると解す
るべきであるとの立場（伊藤眞『破産法・民事再生法〔第2版〕』278頁）の両説がある。

　下級審の判断も分かれており，破産法53条1項の解除の場合にも違約金条項
の適用はあるが，一定の制限をした裁判例として，東京高判平24・12・13（判
タ1392号353頁【本書判例25】），名古屋高判平12・4・27（判タ1071号256頁）がある。
違約金条項の適用を否定した裁判例として，札幌高判平25・8・22（金法1981
号82頁），東京地判平21・1・16（金法1892号55頁）がある。

　東京地裁民事20部の見解をまとめた中山孝雄＝金澤秀樹編『破産管財の手引
き』193頁にはこの点について，「基本的には契約解釈の問題であり，当該条項
自体が破産管財人には適用されない，あるいは適用範囲を限定的に解すること
も可能な事案もあると思われます。したがって，当該契約の目的・内容や賃貸
借期間，賃料額，解除後の残存期間等の諸事情を考慮して，個別具体的に判断
することになりますので，これらの事情を考慮しながら賃貸人と交渉し，円満
解決することが求められます。」と記載されている。

　なお，本判決と類似した判断をした裁判例として，大阪地判平21・1・29
（判時2037号74頁）がある。この事案は，民事再生法49条1項に基づく解除の事
案であるが，本判決と同様に，違約金条項の効力を全面的に認めた。

**【前原　一輝】**

86　第1章　賃貸借　第4節　終了又は更新

## 25　民事再生法49条1項に基づく 法定解除における特約の有効性

東京高判平成24年12月13日（平成24年（ネ）第4857号）
判タ1392号353頁

### 争　点

　**1**　賃貸借契約に付された中途解約時の補償金償却特約が，民事再生法49条
1項に基づく解除の場合にも適用されるか
　**2**　賃貸借契約に付された解約予告期間条項が，民事再生法49条1項に基づ
く解除の場合にも適用されるか

## ▌判決の内容

### ■事案の概要

　株式会社Aは，平成17年2月25日，賃貸人であるYとの間で，9階建てマン
ションの一室（以下「本件貸室」という）について，事業用建物賃貸借契約を締結
した（以下「本件賃貸借契約」という）。その際，Yとの間で，本件保証金を1050
万円とし，返還時期を明渡しから3か月以内とする合意（以下「本件保証金契約」
という）をした。本件賃貸借契約には，解約の効力は，貸主が書面にて解約の
申入れをした日から6か月の経過をもって発生するとの特約（以下「本件解約権
特約」という）が付され，本件保証金契約には，中途解約した場合に保証金の
30％を償却するという特約（以下「本件中途解約償却特約」という）及び保証金を
毎年2.5％償却する（なお，5年後の更新時に保証金の12.5％を補填する）という特約
（以下「本件年償却特約」という）が付されていた。

　Aは，平成22年3月17日，本件賃貸借契約を更新した。その際，保証金の返
還時期について，明渡し後6か月以内とする変更を行った。

　Aは，平成22年7月2日付で，再生手続開始決定を受け，同年7月6日付の
内容証明郵便で，Yに対し，民事再生法49条1項に基づき，更新後の本件賃貸
借契約を同月31日付で解除するとの意思表示をした。そして，Aは，平成22年
7月31日までに，原状回復工事を行って，Yに本件貸室を明け渡し，同日まで
の賃料も支払った。

　その後，Aは，平成22年12月8日付で，民事再生法191条2号に基づく再生
手続廃止決定を受け，続いて平成23年1月5日付で破産手続開始決定を受け，

Xが破産管財人に選任された。XはYに対して保証金の返還を求め，訴えを提起した。

　Yは①本件中途解約償却特約に基づき保証金の30％相当額の315万円，②本件年償却特約に基づき8万7500円，③本件解約権特約に基づき，解約申入れ後6か月分の賃料及び管理・共益費（以下「賃料等」という）の合計354万円がそれぞれ保証金から控除されるとして争ったところ，原審は，上記①を認めて315万円を，上記③の一部を認めて317万8387円をそれぞれ保証金から控除し，残額417万1613円の支払を命じる判決をくだしたため，Xが控訴した。

## ■判決要旨

### 1　本件中途解約償却特約について

　本件中途解約償却特約については，特に理由を付することなくYの主張を認めた。

### 2　本件解約権特約について

　本件解約権特約は，本件賃貸借契約に係る契約書において，「借主の解約権」と題され，その上で「解約権の効力は，借主が書面にて解約の申入れをした日から6ヶ月の経過をもって発生する」と定められており，更新契約に係る契約書においても，「借主解約予告：6ヶ月前」と定められているところから明らかなように，期間の定めのある賃貸借契約について，賃借人による期間途中での解除を認める約定解除権を留保するとともに，その解除権を行使して賃借人から一方的に解除をするときの効力発生時期を定めた特約であると解することができるから，この約定解除によらず，法定解除による場合にも本件解約権特約が直ちに適用されるということはできない。

　そして，本件解約権特約は，文言上，解約の効力が6か月後に生ずることを定めるのみで，6か月分の賃料相当額を支払って即時に解約することまで許容してはいないところ，本件破産者は，平成22年7月12日，一方では，本件解約権特約に基づく約定解除権を行使することも可能であるにもかかわらず，民事再生法49条1項に基づき，同月31日付で本件賃貸借契約を解除するとの意思表示をし，現に被控訴人も同日までに本件破産者から本件貸室の明渡しを受けている。このような本件破産者による解除とその後の本件貸室の明渡しの経過は，解約の申入れから6か月が経過した時に解約の効力が生ずることとする本件解約権特約の定めに従ったものではないといわざるを得ない。

　上記認定のような本件解約権特約の文言及び上記事実関係に照らすと，本件では，民事再生法49条1項に基づく法定解除の場合にも本件解約権特約が適用

されると認めることはできず，また，このように解しても，本件賃貸借契約が中途解約されたときの不利益は，賃料及び管理・共益費の約5.3か月分に当たる315万円の控除を認めた本件中途解約償却特約において保障されているというべきであるから，被控訴人に不測の損害を被らせるものとはいえない。

このように判断して，本件解約権特約による，保証金からの6か月分の賃料等の控除を認めなかった。

## ■ 解　　説

### 1　違約金条項と法定解除について

本件は，賃貸借契約に違約金条項が定められている場合に，賃借人が民事再生法の開始決定を受けたのち，民事再生法49条1項に基づいて賃貸借契約を解除した場合の違約金条項の適用の可否が問題となっており，【本書判例24】と問題点を共通にする。

違約金条項と法定解除の関係については，下級審の裁判例も定まっておらず，個別の賃貸借契約の条項によって判断されている。条項の適用の可否又はその範囲を判断するにあたっては，当該契約の目的・内容や賃貸借期間，賃料額，解除後の残存期間等の諸事情を考慮して，個別具体的に判断することになる（中山孝雄＝金沢秀樹編『破産管財の手引き〔第2版〕』193頁参照）。

本判決においては，複数の違約金条項が存在したが，それぞれの条文の文言や他の条項との関係，当事者の行動等の事情を考慮したうえで，条項ごとに異なる結論を下した。

### 2　本件中途解約償却特約について

本裁判例（控訴審）はほとんど原審の理由を引用して，本件中途解約償却特約に基づく償却を認めた。

原審では，民事再生法49条1項による法定解除権の行使の場合にも本件中途解約償却特約が適用される理由として，本件中途解約償却特約によって償却される保証金の金額は315万円であり，本件賃貸借契約の賃料及び管理・共益費の約5.3か月分にすぎず，その金額が，賃料を継続的に受け取ることを期待していた被告に対して支払われる違約金として過大であるとはいえないし，本件破産者も本件中途解約償却特約の存在を前提として，自由な意思に基づいて本件賃貸借契約及び本件保証金契約を締結し，再生債務者（民再2条2号）の立場で民事再生法49条1項に基づく解除をしたのであるから，本件破産者が本件中途解約償却特約に拘束されることはやむを得ないとしている。

## 3　本件解約権特約について

　本件解約権特約については，本件中途解約償却特約とは異なり，その効力を認めなかった。その理由として，①契約書の文言上，6か月分の賃料相当額を支払って即時に解約することまで許容してはいないこと，②本件破産者は約定解除権を行使することが可能であるにもかかわらず，民事再生法49条1項に基づき，平成22年7月31日付けで本件賃貸借契約の解除を選択したこと，③賃貸人も平成22年7月31日まで，本件貸室の明渡しを受けていること，という事情のほか，④本件賃貸借契約が中途解約されたときの不利益は，本件中途解約償却特約において保障されているということを挙げた。諸事情を丁寧に検討した，妥当な結論と考える。

【前原　一輝】

*90* 第1章 賃貸借 第4節 終了又は更新

## 26 定期建物賃貸借契約の債務不履行解除における違約金の暴利行為該当性

東京地判平成25年7月19日（平成23年(ワ)第31044号）
LLI/DBL06830591

### 争 点

定期建物賃貸借契約が債務不履行解除された場合の違約金が暴利行為として無効になるか否か

## ■ 判決の内容

### ■事案の概要

本件は，医療事業者への建物賃貸借及びその管理を行っていたXが，$Y_2$を代理人として賃借人$Y_1$との間で定期建物賃貸借契約を締結し，被告$Y_2$との間で同契約上の債務の連帯保証契約を締結したが，Yらが期限までに保証金の残額を支払わなかったため当該賃貸借契約を解除したと主張して，$Y_1$に対しては債務不履行に基づき，$Y_2$に対しては連帯保証契約又は無権代理人の責任に基づき，約定の違約金1億2154万円及び遅延損害金を求めた事案である。

Xは，$Y_1$の代理人である$Y_2$との間で，次の内容を含む定期建物賃貸借契約（以下「本件賃貸借契約」という）及び$Y_2$を$Y_1$の連帯保証人とする連帯保証契約を締結した。

① 賃貸借期間 平成23年9月1日から平成33年（令和3年）8月31日まで
② 月額賃料 96万円
③ 権利金500万円及び保証金960万円（解約時償却20%）を，権利金500万円と保証金のうち230万円については申込み時に，保証金の残額730万円は賃貸借開始日までに支払う
④ $Y_1$が保証金を期限までに納めなかったとき，Xは何らの通知催告も要せず直ちに本件賃貸借契約を解除することができる（26条1号）
⑤ 賃貸借期間開始日までに，$Y_1$の責めに帰すべき事由により本件賃貸借契約が解約となった場合，又は26条によりXが本件賃貸借契約を解除した場合，$Y_1$はXに対し，保証金の100%相当額及び本件賃貸借契約期間に支払うべき賃料の全額を違約金として支払う。ただし，Xは，既に受領済みの保証金を違約金の一部又は全部に振り替えることができる（以下「本

〔26〕東京地判平成25年7月19日（平成23年（ワ）第31044号）　*91*

件違約金条項」という）

　Y₁は，賃貸借契約期間が開始する平成23年9月1日までに，保証金の残額730万円をXに支払わなかった。そこで，XはY₁の理事長Aに対し，本件賃貸借契約を解除する意思表示をした。

　Xは，Yらに対し，本件違約金条項を根拠として保証金残額730万円及び10年分の賃料から支払済みの1か月分の賃料を除いた1億1424万円の合計1億2154万円の支払を求めて提訴した。

■**判決要旨**

　本件では，Yらが，本件違約金条項は暴利行為として無効（民90条）であること，同条に基づく請求は権利濫用として許されない（民1条3項）という主張をした。これに対して本判決は次のとおり判断した。

　本件違約金条項は，損害賠償額の予定であると解される。したがって，裁判所は，その額を増減することができないのが原則である。そして，XがYらの無思慮や窮迫に乗じて本件違約金条項を含む本件賃貸借契約を締結したとも認められない。したがって，本件違約金条項を暴利行為として全部無効であると解することはできない。

　しかし，本件区画については，Y₁が現実に入居したことはなく，平成24年2月頃には，新しいテナントが入居を始め，Xは新テナントからの賃料収入を取得するようになったことが認められる。賃借人が建物を占有せず，賃貸人が当該建物を新たな賃借人に賃貸して賃料を得られるのに，本件違約金条項により違約金として本件賃貸借契約の賃貸借期間終了予定日までの賃料相当損害金の全額を請求できるとすると，賃貸人を一方的かつ不利に利することになりかねないから，賃貸人が建物を新たな賃借人に賃貸して賃料を得ることができたのに，賃借人に対し，違約金全額を請求することが契約自由の原則を考慮しても明らかに過大と認められる場合は，その限度で本件違約金条項は暴利行為として無効となり，その請求は信義則に反するものと解される。

　一般に，相当程度の規模を有する店舗・事務所等の賃貸借において，賃貸人が建物賃貸借契約を解除した後に新たに賃料を得るまでに要する期間，すなわち，賃貸人が建物の占有を回復しつつ新たな賃借人を探して入居させる期間としては6か月程度を要するものと考えられるところ，現に，（執筆者注：約5か月経過後に）新たな賃借人が入居し，原告は賃料を受領することになったから，この6か月程度の違約金の収受は相当であり，これより多額の違約金の収受も，契約自由の原則によれば，直ちに明らかに過大であるとはいえない。しかしな

がら，本件の諸事情を考慮すれば，上記6か月分の賃料の5倍に当たる30か月分の賃料相当額を超える違約金額の請求は明らかに過大であり，本件違約金条項の無効又は信義則違反に該当するものとして，許されないというべきである。

なお，Y1による既払いの保証金及び賃料は，違約金から控除されると判断した。

## ■ 解　説

### 1　違約金とは

違約金とは，債務不履行の場合に，債務者が債権者に支払うべきことを約束した金銭をいう。違約金は，違約罰（損害賠償金とは別に支払うべき金員）か損害賠償額の予定かという区別が問題となり得るが，民法420条3項は，賠償額の予定であると推定している（推定なので，反証してこれを覆すことは可能である）。

### 2　損害賠償額の予定について

損害賠償額の予定（民420条1項）とは，当事者間で，債務不履行の場合の損害賠償の額をあらかじめ定めることをいう。また，この場合，裁判所はその額を増減することができないと定められている（同項後段）。したがって，当事者が実際の損害は予定額よりも大きいあるいは小さいとして立証したとしても，増額ないし減額請求をすることはできない。

もっとも，一切の減額余地がないということはなく，最一小判平6・4・21（裁判集民172号379頁）は，当事者が損害賠償額を予定した場合においても，債務不履行に関し債権に過失があったときは，特段の事情のない限り，裁判所は，損害賠償の責任及びその金額を定めるにつき，これを斟酌すべきものと解するのが相当であるとして，過失相殺を認めた。また，公序良俗違反（民90条），消費者契約法9条あるいは10条等の法令により全部又は一部無効とした裁判例も存在する。

本判例は，違約金条項のうち過大な部分を暴利行為として無効とし，過大な部分についての請求を信義則違反（民1条2項）として制限したものである。

### 3　関連判例

#### (1)　違約金条項を公序良俗に反し無効とした裁判例

期間4年の定めのある建物賃貸借契約について「賃借人が期間満了前に解約する場合は，解約予告日の翌日より期間満了日までの賃料・共益費相当額を違約金として支払う」という内容の違約金条項に基づいて，約3年2か月分の賃料及び共益費相当額の違約金を請求した事案において，次の賃借人を確保する

までに実際に要した期間が数か月程度であることを指摘し，1年分の賃料及び共益費相当額の限度で有効であり，その余の部分は公序良俗に反して無効であると判断した（東京地判平8・8・22判タ933号155頁）。

### (2) 違約金条項を有効とした裁判例

　3年間の定期賃貸借契約（3か月のフリーレント付き）を締結した後，初回の賃料支払日から賃借人が賃料を支払わず，3か月分滞納したため，賃貸人が契約を解除した事案で，当該賃貸借契約に①契約開始後1年以内に契約が解除された場合は，3か月分の賃料を敷金から控除する，②解除後明渡しまで，月額賃料の倍額に相当する賃料相当損害金が発生する，③未払い賃料及び違約金に対して年14.6％の遅延損害金が発生するという条項の有効性が争われたが，いずれも有効であると判断した（東京地判平25・6・25（平成25年（ワ）第2984号）ウエストロー2013WLJPCA06258024）。

### 4 民法改正について

　損害賠償額の予定を定めた改正前民法420条1項は，「当事者は，債務の不履行について損害賠償の額を予定することができる。この場合において，裁判所は，その額を増減することができない。」と定めるが，改正民法420条1項では，後段が削除され，「当事者は，債務の不履行について損害賠償の額を予定することができる。」となった。これは，先に説明した，過失相殺や民法90条等によって過大な賠償額の予定を制限してきた判例法理を反映したものであるといえる。

【前原　一輝】

94 第1章 賃貸借 第4節 終了又は更新

## 27 再開発を理由とする立退き

東京地判平成24年8月28日（平成23年(ワ)第1523号）
LLI/DBL06730488

### 争点

1 再開発を理由として，ビルの1室（弁護士事務所）の明渡しを求める場合に，正当事由が認められるか

2 相当な立退料はいくらか

## ▌ 判決の内容

### ■事案の概要

本件建物（地上8階建てビル）は，平成6年4月に建築された。弁護士である賃借人Yは，平成16年3月9日，当時の信託受益者であるA株式会社から本件建物を一括賃借していたB有限会社との間で，本件建物の1階にある本件貸室について，賃貸借契約（以下「本件賃貸借契約」という）を締結し，そのころ，同室で法律事務所を開業した。

ところで，不動産開発等を業とする株式会社Xは，同社が設立したE会社が本件建物及び同建物の敷地（以下「本件敷地」という）の信託受益権を取得したことに伴い，平成16年6月に本件賃貸借契約の賃貸人たる地位を取得していた。その後，平成18年5月に本件敷地の北側に隣接する土地（以下「本件隣接地C」という）及び同土地上の建物を取得した。このことを契機として，本件敷地と本件隣接地Cを一体としてさらに高度な利用を図るべく，再開発を計画した。さらに，平成19年3月までに，本件敷地の南東側隣接地である土地及び同土地上の区分所有建物を取得した。

Xは，本件隣接地Cを取得する際，それと並行して，本件建物の賃借人と明渡し交渉を開始し，平成18年3月時点で9名いた賃借人は，平成19年3月までに7名が退去し，うち1名が定期賃貸借契約であるため，同時点で退去の目途が立っていないのはYのみであった。

Xの担当者は，平成18年以降，半年に1回以上，Yの事務所を訪ね，話合いを行ってきたが，進展しないため，平成22年3月に代理人を選任し，X代理人名で，本件賃貸借契約の更新拒絶をする通知を送付した。また，Xは平成22年11月頃，Yに対し，本件貸室の近隣の代替物件を案内する文書を送付したが，

話合いはまとまらなかった。

　そこで，Xは本件賃貸借契約終了に基づき，主位的に800万円の立退料を，予備的に裁判所が相当と認める立退料を支払うことと引換えに明渡しを求める等の訴えを提起した。

　なお，Yは，契約で定められた賃料等を毎月滞ることなく支払っており，平成18年9月及び平成20年9月には，それぞれ2年間，賃貸期間が更新されている。

■**判決要旨**

　Xの再開発計画は，X自身が本件建物を直接に使用するというものではない。もっとも，建物の返還を受け，これを取り壊し，敷地上に新たに建物を建築するということも，それのみでは評価は低いが，賃貸人の建物使用の必要性に準じるものとして考慮することができないわけではない。

　次に，本件建物は，平成6年の建築であり，少なくとも外観上，建替えを要するほどの損傷は見当たらず，かえって良好に管理されていることが窺われるから，建物の現況として，老朽化による建替えの必要性は認められない。賃貸借に関する従前の経過として，被告は，毎月定められた賃料を支払っており，Yにおいて，特段，信頼関係を破壊するような背信行為があったとも認められない。

　しかしながら，建物の利用状況について，本件のような8階建てオフィスビルの一室の賃貸借契約においては，当該貸室の利用状況のみならず，ビル全体の利用状況をも考慮しなければならないところ，本件建物は，平成19年3月までに，もともと10室あった貸室のうち，空室を含む8室の明渡しが完了しており，以後，被告に対する更新拒絶までの3年間は，Y及び定期賃貸借契約の賃借人のみが使用した状態であったこと，このような利用状況はX自身が主導して作出したものであるとはいえ，一方で，退去した賃借人がXの計画に理解を示した結果であるということもでき，この点は軽視することができない。そして，本件賃貸借契約が，もともと居住用ではなく，事務所としての使用を目的としたものであること，いわゆる普通賃貸借契約ではあるものの，期間2年の契約であり，更新拒絶の時点ではこれが2回更新されたにとどまることを考慮すると，本件建物全体が他の賃借人の理解により，もはやほとんどが空室になっていたことを中心とする本件更新拒絶時点における本件建物の利用状況は，基本的に正当事由を基礎付け得るものであるということができる。

　平成18年から19年にかけて退去した賃借人の立退料は，年間賃料等の0.76倍

96 第1章 賃貸借 第4節 終了又は更新

から1.68倍であること，本件貸室の年間賃料等は691万4628円であること，X
が依頼した不動産鑑定士によれば，本件貸室の借家権価格は610万円と評価さ
れていることなどに加え，本件更新拒絶までのYの賃借期間（6年）や移転に
伴い予想される支出や不利益等，本件に現れた一切の事情を総合勘案すると，
立退料は賃料等の約2年分に相当する1400万円をもって相当と認める。

## ■ 解　説

### 1　建物明渡しの正当理由について

　建物の賃貸人が，建物賃貸借契約の更新を拒絶する，あるいは解約の申入れ
をする場合の要件について，借地借家法28条は，建物の賃貸人及び賃借人が建
物の使用を必要とする事情のほか，建物の賃貸借に関する従前の経過，建物の
利用状況及び建物の現況並びに建物の賃貸人が建物の明渡しの条件として又は
建物の明渡しと引換えに建物の賃借人に対して財産上の給付をする旨の申出を
した場合におけるその申出を考慮して，正当の事由があると認められる場合で
なければすることができないと定める。

### 2　再開発を目的とする建物明渡しについて

　再開発といっても，再開発後の建物を自己使用する場合と建物を他に賃貸す
る場合があるが，自己使用の方が建物使用の必要性が高いと評価される。他方，
直接賃貸人が使用するわけではない本判決では，「賃貸人の建物使用の必要性
に準じるものとして考慮することができないわけではない」という控えめな評
価であったが，賃貸人が，近隣の土地の所有権を取得したり，本件建物の明渡
し交渉を順調に進める等して，再開発計画を具体的に進めていたことや，賃貸
人が賃借人に対して丁寧に交渉を続けていたこと等が積極的に評価され，正当
事由が認められた。

### 3　近時の裁判例について

　賃貸人が再開発を理由として建物明渡しを求めた近時の裁判例を概観すると，
①建物を取り壊して自社ビルを建築することで，現在拠出している事務所賃料
等の支出を抑え，自社ビルの一部を賃貸して賃料収入を得るとともに，自社ビ
ルに事務所を置いて事業エリアを都心エリアに拡大する目的について，計画が
ある程度具体化していることも含めて積極的に評価し，正当事由を認めたもの
（東京地判平20・4・23判タ1284号229頁），②新宿西口の電器店の再開発計画につい
て，同店の店舗が近隣に分散していること，周辺地域で商業化や土地の高度利
用が進んでいること，ビル周辺を含む地域が，都市再生特別措置法上の都市再

生緊急整備地域等に指定されていることから，再開発に一定の現実性があること，当該ビルのテナントの多くが賃貸人の要請を受けて退去し，空室率が95％であることを考慮して，賃貸人の建物使用の必要性があるとし，正当事由を認めたもの（東京地判平26・7・1 LLI/DBL06930504)，③建物倒壊の危険性が認められず，また，賃貸人の建築計画が極めて簡易な手書きの各階平面図で，計画の概要をごく簡潔に示すものにすぎず具体性がないとして，建物を使用する必要性が高いと認めることはできないと評価し，賃借人の建物使用の必要性と比較した結果，財産上の給付によって正当事由の不足を補完することができないとして，建物明渡しを認めなかったもの（東京地判平28・5・12LLI/DBL07131306)，④賃貸人は養子と同居するために建物を取り壊し，自宅を建設する予定があると主張するが，具体的計画がなく，差し迫った必要性があるとは言えない一方で，賃借人は，当該建物において，昭和40年代から長年理容業を営んできており，また，当該建物は賃借人の自宅でもあることを考慮すると，賃貸人の解約申入れはそれのみでは正当事由を具備しているとは認めがたいが，建物の状態，賃借人の年齢，業態を考慮すると，相当額の立退料の提供があれば正当事由が認められるとしたもの（東京地判平28・8・26LLI/DBL07131824）がある。

　正当事由は，賃貸人と賃借人の建物の必要性を様々な考慮要素を加味して比較衡量するため，結論の予測が困難であるが，再開発目的の明渡しの場合，再開発計画の具体性が求められ，具体性がない場合は，賃貸人にとって厳しい結果になる可能性が高い。また，周辺の再開発の状況や，他のテナントとの交渉状況なども重要な要素になる。

　これらの裁判例の状況に鑑みれば，建物建替目的で解約ないし更新拒絶する場合には，建替え（再開発）の目的を具体化した上で，丁寧に賃借人と交渉を重ねることが求められる。差し迫った必要性もなく，また，具体的な計画もなく解約ないし更新拒絶に踏み切ると，高額の立退料を支払うことになるか，最悪，正当事由が認められなくなる可能性があるので注意が必要である。

【前原　一輝】

98　第1章　賃貸借　第4節　終了又は更新

## 28　耐震性能に問題がある建物の明渡請求（否定例）

東京地判平成28年1月28日（平成24年（ワ）第35956号）
LLI/DBL07130111

**争点**

耐震性に問題のある建物について，建物明渡しの正当事由が認められるか否か

## ■ 判決の内容

### ■事案の概要

本件は，東京都の表参道沿いにある地下1階地上6階建ての建物のうち，1階部分及び2階部分（以下「本件建物」という）の賃貸人であるXが賃借人であるY1及び転借人であるY2に対し，本件建物を含む一棟の建物（以下「本件ビル」という）は耐震性能が確保されておらず，取り壊して建替えを行う必要があるとして，XとY1との間の賃貸借契約（以下「本件賃貸借契約」という）を解約する旨の申入れ（以下「本件解約申入れ」という）をし，借地借家法28条の正当の事由があると主張して，本件賃貸借契約の終了に基づき，本件建物の明渡しを求め，予備的にYらに対し，立退料8億円又は裁判所が相当と認める金額の立退料と引換えに明渡しを求めた事案である。

本件訴訟において，Xは，本件ビルの老朽化に伴う耐震性能の不備と建替えの必要性，Yらが本件建物の使用を必要とする事情の不存在，及びXがYらに代替物件を提案し，立退料を提示する等の誠実な対応を行ったことに鑑みれば正当事由は認められると主張した。

### ■判決要旨

本件判決は，本件解約申入れの正当事由の存否について次のとおり判断した。

全国に多数のブランド店を持つY2は，本件表参道店（本件建物に入居する店舗）をブランドイメージ確立のための広告機能を有する同社の旗艦店と位置付け（中略）Y2にとって，その知名度を上げ，会社全体の営業規模を将来にわたって拡大する上でなくてはならない店舗であり，他では代替し難いものであるということができる。

XがA株式会社及びB株式会社に本件ビルの耐震診断を依頼して作成された

報告書（以下「A報告書」という）において，本件ビルが「著しく保安上危険」な建築物であり「震度5強で倒壊」のおそれがある建築物に当てはまる可能性があるため，早急に耐震補強等の措置を講ずることが望ましいと判断された。しかし，A報告書も本件ビルの早急な取壊しや建替えを求めるものではなく，店舗内の利便性，機能性で支障が生じ，また，本件ビル全体の美観の点でも問題が生ずるものの，耐震性の問題については，補強工事によって対応できることを認めているというべきである。

補強工事にかかる金額は，決して僅少なものということはできないが，本件建物の賃料が月額460万7431円であること，XはYに対し立退料8億円を提示していること，Y₂は，8200万円の工事費用について，応分の負担をする旨を表明していることからすると，Y₂は本件建物の使用を強く望んでいるというべきであり，そのような意向は不合理なものではない。そうすると，本件ビルに補強工事を行うことに費用対効果がないということはできない。

Xは，Aに依頼して補強工事の案を検討させたものの，補強工事の実施をYらに提案することはなく，代替物件を紹介して本件建物からの退去を求めたが，Xから提案された物件は，本件表参道店の代替物件にはなり得ないものであったということができる。（また，）Xは，本件ビルを取り壊して新しいビルを建てる意向を示しているが，建替え後の新店舗にY₂を入居させることについては極めて消極的な態度に終始している。

以上のとおり，Yらには本件建物の使用を必要とする合理的な理由があり，一方，本件ビルの耐震性の問題は補強工事によって回避することができ，補強工事を行うことに費用対効果がないということはできないにもかかわらず，Xは，Yらに対して本件建物の明渡しを求めて本件ビルを取り壊すことのみに固執し，具体的な補強工事の提案をYらに示すことも，建替え後の新しいビルへの再入居を約束するなどの提案をすることもなく，一方的に本件解約の申入れをして立退きを求めているものであるから，このような姿勢は，Yらが本件建物の使用を必要とする事情をおよそ考慮しないものというべきである。そうだとすると，賃貸人であるXがYらに対して相当額の立退料を提示したとしても，本件解約申入れに正当な事由があると認めることはできない。

## ■ 解　説

### 1　耐震性と明渡し

耐震性に問題があるなど，建物の安全性の欠如は，正当事由を肯定する方向

*100*　第1章　賃貸借　　第4節　終了又は更新

に働く事情ではあるが（例えば，東京地判平24・8・27LLI/DBL06730481は，「震度5
強以上の地震が発生した場合，本件建物が中破する可能性は高く，場合によっては大破する
状況も想定される」と指摘して正当事由を肯定した），耐震性に問題がある建物であっ
たとしても，補強工事が可能であり，費用対効果があると言える場合には，正
当事由は否定される傾向にある。なお，本判決では，賃貸人が賃借人に対して，
賃借人が被る損害をできるだけ回避する措置をどれだけとったかという点も併
せて考慮されている。

### 2　震災時における賃貸借契約関係について

本判例と直接の関係はないが，仮に震災によって建物が滅失等した場合にど
うなるかについて裁判例を概観すると次のとおりである。

### (1)　震災によって建物が滅失することはなかったが使用収益できなくなった 場合

大阪高判平9・12・4（判タ992号129頁）は，地震によって，建物が滅失には
いたらなかったが，建物の使用収益が全部制限され，客観的に見て賃貸借契
約を締結した目的を達成できない状態になったため，契約が解除された場合に，
公平の原則により，民法536条1項の類推適用により，天災による損壊状態が
発生した時から，賃料の支払義務を免れると判断した。

なお，民法611条1項は賃借物の一部が賃借人の過失によらないで滅失した
時に賃料の減額を請求できると定めるが，本件では，賃借物の一部の滅失では
なく，全部の使用収益が制限されている場合なので，同条項の問題とはされず，
また，同条2項は，残存する部分のみでは賃借人が賃借をした目的を達するこ
とができないときは，賃借人は契約の解除をすることができると定めるが，解
除前の賃料の帰趨の問題とは関係がないので，この点も言及されていない。

### (2)　震災によって建物が全部滅失した場合

震災によって建物が全部滅失した場合には，賃貸借契約は解除の意思表示す
らなく終了する（最三小判昭32・12・3民集11巻13号2018頁）。賃貸借契約は，目的
物を使用収益することを契約の要素とするので，その目的物が消滅するときは，
契約を維持する必要がないという理由からである。

もっとも，建物が損壊（全部滅失）したかどうかは，損傷により建物として
の社会経済上の効用を喪失し，賃貸借契約を存続させることが社会通念に照ら
し相当でないと判断される場合をいう。それは，物理的な消失のみならず，損
傷した部分の修復が通常の費用によって可能な場合であっても，地震等により
付近一帯の建物が損傷した等の事情により修復に時間を要するような場合には，

当該建物の被災状況のみならず，自身に直接間接に関係した地域全体の被災状況や置かれた状況等の諸般の事情を総合考慮し，賃貸借契約を存続させることを相当とするような期間内に修復が可能か否か等の事情を加味して判断される（大阪高判平7・12・20判時1567号104頁）。

　また，火災による被害が賃貸部分に及んでいなくても，建物を全体的に判断し，改修に莫大な費用がかかるとして，賃貸部分の効用喪失を認定し，賃貸借契約が終了したと認定した裁判例も存在する（東京地判平2・3・26判タ742号116頁）。

### 3　民法改正について

#### (1)　改正民法611条

　改正前の民法611条1項が「滅失」の場合に限定して規律していたのに対し，改正民法611条1項では，賃借物の一部が「滅失その他の事由により使用及び収益をすることができなくなった場合」に対象を広げ，それが賃借人の責めに帰することができない事由によるときは，賃料が使用及び収益をすることができなくなった部分の割合に応じて減額されると定めた。また，改正前の民法611条2項は，「賃借人の過失によらないで」滅失した場合を規律していたが，改正民法611条2項は，帰責事由の有無に関係なく，目的達成不能を理由として契約を解除できると定めた。したがって，上記平成9年大阪高判の事例では類推適用によって解決されていた問題が，民法改正後は，改正民法611条を直接適用することで解決できるようになる。

#### (2)　改正民法616条の2

　改正民法616条の2では，賃借物の全部が滅失その他の事由により使用収益ができなくなった場合に，賃貸借契約が終了すると定めた。裁判例や学説において，当然認められていた法理を明文化したものである。

【前原　一輝】

102 第1章 賃貸借 第4節 終了又は更新

## 29 賃貸保証システムにおける 自動更新約定の有効性

東京簡判平成21年5月22日（平成20年(少コ)第3397号）
LLI/DBL06460020

**争点**

賃貸保証システムにおける，保証委託契約及び自動更新約定の有効性

## 判決の内容

### ■事案の概要

Xは，賃貸人の賃料債務等を保証することを業とする株式会社であり，Y1は中華料理店を営む有限会社，Y2はY1唯一の取締役である。

Y1は中華料理店を営むため，平成18年7月21日，東京都千代田区にあるビルを訴外Aから賃借する契約（以下「本件賃貸借契約」という）を締結した。その際，Y2は，本件賃貸借契約に基づくY1の債務を書面により保証した。Y1は仲介業者から本件賃貸借契約書の文案を事前に示され，同契約書の特約条項には「乙（賃借人）は本契約締結にあたり，甲（賃貸人）が指定する賃貸保証システムに加入するものとする」，「本契約更新の際，賃貸保証システムも更新することとする」，「保証委託契約料，更新料は乙（賃借人）の負担とする」との記載があった。

また，本件賃貸借契約と同日，Xは，Y1からの委託により，Y1との間で保証委託契約（以下「本件保証委託契約」という）を締結した。本件保証委託契約は，契約期間が2年間とされ，本件賃貸借契約が更新されたときは，更新期間分延長する，保証委託料84万円，さらに，契約期間が更新期間分延長されたときは，84万円の再保証委託料を支払う（ただし，10日以上の滞納がない場合は，25万2000円とする）という内容になっていた。なお，本件保証委託契約に関するY1の債務につきY2が連帯保証している。

Y1と訴外Aは，平成20年7月21日から本件賃貸借契約を更新したため，XがY1及びY2に対して再保証委託料金の支払を求めたところ，Yらがそれを拒否したため，Xが本件訴訟を提起した。

Yらは，①Y1には本件保証委託契約を解除する権利があり，更新しないことを通知したことにより契約は終了した，②本件保証委託契約は公序良俗に反

し無効である，③錯誤無効，④借地借家法違反を主張した。

## ■判決要旨

### 1　保証委託契約の解除又は更新・延長拒否の通知による契約終了について

　本件保証委託契約は，訴外AとY₁間の賃貸借契約，訴外AとXの保証契約と相まって本件賃貸保証システムを構築しているのであり，本件保証委託契約のみをY₁が一方的に解除する権利があるとの主張には何ら根拠がない。

### 2　公序良俗違反について

　訴外Aが保証会社としてXを指定し，AとXのみで契約内容を実質的に決定していたとしても，Yらには契約締結を拒否ないし留保することができた。また，初回保証料が業界の水準の約3倍近い高額であり，更新のたびに再保証料を支払わなければならないと判断したのであれば，契約締結を拒否ないし留保できたものと解される。さらに，賃料不払等があった場合に物件の鍵を一方的に変更する権限をXに与えるという条項は存在するが，Yらには何らかの被害が生じたとの事実の主張立証はない。以上の事情を総合すれば，公序良俗違反により無効とすべきほどの反社会性・反倫理性があるとは認められない。

### 3　錯誤無効について

　Y₂は，賃貸借契約が更新されたときは保証委託契約も更新期間分延長され，再保証料を支払う旨の記載があるのを見落としたと述べるが，Y₂はB大学の研究生として来日し，C大学大学院法学研究科に入学して2年間国際法を勉強していた等の経歴からすると，一般人よりも理解力が優れているとみるのが相当であり，仮に，契約内容の錯誤があったとしても，Yらに重大な過失があると言わざるを得ず，錯誤無効の主張をすることは許されない。

### 4　借地借家法違反について

　賃貸借契約更新の都度，保証委託契約も更新し再保証料を支払わせることが，賃借人であるY₁に一方的に不利な条件を強いるものであるとする点は，当初の契約時点でYらには諾否の自由があったこと，継続的な契約関係である賃貸借契約において契約更新後も一定の保証システムが随伴することに一定の合理性が認められること，再保証料の支払によってXの賃貸人に対する保証責任を継続負担させ，本件賃貸借契約に基づく賃借人の地位を安定して享受することができること，本件保証委託契約においては，2年間賃料不払いがないことによる信用付加について再保証料を30%に減額することにより相当程度評価していることなどを考慮すると，これを賃借人であるY₁に一方的に不利な条件を強いるものであるとして借地借家法30条ないしその趣旨に違反するとみること

*104*　第1章　賃貸借　　第4節　終了又は更新

は相当でない。

## ▌解　　説

### 1　賃貸保証システムについて

　本件における賃貸保証システムとは，①賃貸人と賃借人間で賃貸借契約を締結する際に，賃借人は，賃貸人の指定する保証会社に保証を委託しなければならないこと，②賃貸借契約を更新する際には，保証委託契約も更新しなければならないこと，③賃借人は，保証委託契約を更新する際には，賃料月額及びこれにかかる消費税相当額を再保証委託料として支払わなければならないこと（なお，賃料滞納が一定期間以上ない場合は，当該金額の30％に値下げされる）というものが組み合わさって構成される。

　賃借人は，賃貸人から建物を借りる際は，賃貸保証システムに加入することを強制されるが，他方で，賃貸借契約締結前に当該システムの存在については知らされるため，賃貸借契約の締結自体を拒否することは可能である。

### 2　保証委託契約の更新拒絶の可否について

　本件は，賃料保証システムに加入する賃借人が，賃貸借契約は更新した上で，保証人との間の保証委託契約の更新のみを拒絶した事案である。

　本件保証委託契約は，保証期間の定めの中に「本件賃貸借契約が更新された場合には，保証委託期間は，本件賃貸借契約の更新期間分延長する」（本件の控訴審である東京地判平21・10・15（平成21年（レ）第391号）ウエストロー2009WLJPCA10158012の「争いのない事実」より）という自動更新の条項があった。

　一方で，東京地判平22・12・21（（平成22年（ワ）第10049号）ウエストロー2010WLJPCA12218016）は，保証委託料が支払われなかったことを理由に，保証委託契約が更新されず，保証期間満了により終了したと判断した。この事案においては，保証委託契約に自動更新の条項が存在するが，「新たに本件委託契約書を作成しない場合であっても，保証継続料の入金を本件委託契約期間満了の日までに確認した場合，本件委託契約は更新される（自動更新）」との記載があり，このことから，保証委託料の支払がされない場合には保証委託契約を更新させることはないというのが当事者の合理的意思であると認定された。

　本件においても，上記東京地判のような契約の更新を妨げるような文言があれば格別，そのような記載もないのに更新を一方的に拒絶するというのは契約全体あるいは当該条項が何らかの法的理由により無効とならない限りは困難である。

### 3　借地借家法違反の主張について

　本判決では，借地借家法30条ないしその趣旨に反するから無効であるという主張がされている。しかし，借地借家法30条は，建物賃貸借契約の更新等について定める（借地借家法）26条ないし29条の規定に反する特約で賃借人に不利なものを無効とするという趣旨の規定であり（幾代通＝広中俊雄編『新版注釈民法⒂債権⑹〔増補版〕』942頁〔広中俊雄＝佐藤岩夫〕），保証委託契約の更新の場面には適用されない。本判決では，実質的な検討が加えられているが，そのような検討をするまでもなく，借地借家法30条違反の主張を認めるべきではないと考える。

### 4　公序良俗違反について

　本件保証委託契約が公序良俗に違反するという賃借人の主張については，事前に賃料保証システムへ加入することを知らされており，それを拒否するのであれば，賃貸借契約を締結しなければよかったこと，再保証委託料も滞納が一定期間ない場合には，初回の保証委託料の30％に減額されることなどを考慮すると，自由契約の範囲内であり，判決の認定は正当である。

### 5　錯誤無効について

　本件でYらは，本件賃貸借契約の更新時に本件保証委託契約を更新しない旨を申し入れれば，本件保証委託契約は更新されないと誤信していたとして錯誤無効を主張した。しかし，本件賃貸借契約及び本件保証委託契約の契約書に，自動更新や再保証委託料について明記されていることから，錯誤無効の主張は困難である。なお，本件の控訴審では，$Y_2$が，賃貸人に対して，本件賃貸借契約の締結から２年後に本件保証委託契約を解約し，Xの保証を受けずに本件賃貸借契約を更新することができるか確認して，それはできないという回答を受けたという認定をしており，そもそも錯誤に陥っていないと認定した。

### 6　参　　考

#### ⑴　賃貸借契約の更新と根保証の関係について

　保証債務の期間に関し，借地借家法により賃貸借契約の更新が原則とされている場合，賃借人の債務を保証した者は，反対の事情をうかがわせるような特段の事情がない限り，更新後の賃貸借から生じる賃借人の債務についても保証する趣旨で保証契約を締結したものと解するのが相当であるとの判例（最一小判平9・11・13判時1633号81頁，【本書判例23】参照）があり，事情変更による特別解約権が認められる場合（例えば，保証契約後に相当の期間が経過し，かつ，賃借人が継続して賃料の支払を遅滞し，将来においても誠実に履行する見込みがない場合等）を除き，保証契約は更新後も継続することになる（民法改正後も同様）。なお，個人によ

る根保証の場合，個人根保証についての特則の適用があり，極度額の定めがなければその効力を生じない（包括根保証の禁止。改正民465条の2第2項）。当該極度額の定めは，更新後も引き継がれる。また元本確定事由に関する改正民法465条の4第1項の適用があるため，①債権者が，保証人の財産について，金銭の支払を目的とする債権についての強制執行又は担保権の実行を申し立てたとき（ただし，強制執行又は担保権の実行手続の開始があった場合に限る），②保証人が破産手続開始の決定を受けたとき，③主たる債務者又は保証人が死亡したとき，に元本が確定する。

### (2) 保証人の保証の内容と民法改正について

保証人の保証の内容は，保証契約と保証債務の付従性により定まる。保証債務の範囲については，民法447条1項に「保証債務は，主たる債務に関する利息，違約金，損害賠償その他その債務に従たるすべてのものを包含する。」との定めがある。また，改正前民法448条は，保証人の負担が主たる債務より重い場合に，これを主たる債務の限度に減縮すると定めていた（これを保証債務の付従性という）が，改正民法では，さらに，主たる債務の目的又は態様が保証契約の締結後に加重されたときであっても，保証人の負担は加重されないという定めをおいた（改正民448条2項）。これまで学説で異論がないとされていた点を明文化したものである。

【前原　一輝】

〔30〕東京地判平成26年9月17日（平成24年(ワ)第21378号）　*107*

## 30 民法に規定される期間を超える公有財産の賃貸借契約の終了時期

東京地判平成26年9月17日（平成24年(ワ)第21378号）
金判1455号48頁

**争 点**

　借地借家法の施行前に締結された建物賃貸借契約において民法604条1項に定める期間を超える存続期間が合意された場合，同項により期間が短縮されるか

## 判決の内容

### ■事案の概要

　本件は，学校法人であるXが，地方公共団体であるYとの間で病院の運営に関する基本協定を締結するとともに，病院の運営に使用する目的で契約期間を平成3年4月1日から平成33年（令和3年）3月31日の30年間として公有財産貸付契約（以下「本件貸付契約」という）を締結し，保証金50億円を支払ったが，平成24年3月31日に基本協定及び本件貸付契約が終了したとしてYに対し，保証金50億円及びこれに対する遅延損害金の支払を求めた事案である。

　Yは，保証金の返還時期が到来していないこと，保証金の返還請求が信義則違反であること及びXの債務不履行による損害賠償請求権との相殺等を主張して争った。ここでは，上記争点と関連する債務不履行について採り上げる。

　Yは，Xが本件貸付契約及び基本協定が契約後20年をもって終了するとして一方的に病院の運営から撤退した点が債務不履行に該当すると主張した。その理由として，Yは，本件貸付契約は単なる賃貸借契約ではないから民法604条の適用はない，仮に民法604条1項により期間の合意が無効になるとしても合意後20年を経過する前に施行された借地借家法29条2項により民法604条1項の適用が排除されることになったから契約期間を30年とした当初の合意は有効であることなどを挙げた。これに対し，Xは，民法604条は強行法規であり，契約により20年を超える期間を定めても法律上当然に20年に短縮される旨を主張した。

### ■判決要旨

　裁判所は，以下のとおり述べて民法604条の適用を認め，平成11年の借地借

*108*　第1章　賃貸借　　第4節　終了又は更新

家法改正で新設された借地借家法29条2項の適用を否定し，Yの主張を斥けた。

　Xは，貸付契約の合意とは異なり，その存続期間が民法604条1項により20年になったとして，Yに対し，期間満了による貸付契約の終了を主張したものであるところ，民法604条1項は，賃貸借契約の存続期間は20年を超えることができず，契約でより長い期間を定めた時は，その期間を20年に短縮すると定めているから，本件貸付契約も賃貸借である限り，約定で30年間と定めても，存続期間は20年に短縮されることになる。また，平成11年法律第153号（平成12年3月1日施行）により新設された借地借家法29条2項は，建物の賃貸借に民法604条の規定を適用しないことを定めているが，上記の借地借家法の規定には経過規定の定めがなく，施行時に現に存する建物賃貸借契約について，民法604条1項により短縮された当初合意にかかる存続期間が，借地借家法29条2項により，短縮されなかったことになることはないものと解される。したがって，貸付契約の存続期間は20年を超えることができず，平成3年に合意した時点でその存続期間が，20年となったものというべきであり，本件貸付契約に民法604条の規定がないこと及び本件貸付契約から20年を経過する以前に借地借家法29条2項が施行されたことにより，本件貸付契約の存続期間が30年となるとするYの主張はいずれも採用できない。

## ▍解　　説

### 1　改正前民法604条と借地借家法29条2項

　改正前民法604条は賃貸借の期間について20年を超えることができない旨を定めている。これは，20年を超えるような場合には地上権・永小作権が使われるだろうと起草者が考えたためであるとされており（内田貴『民法Ⅱ〔第2版〕』184頁），また，あまりに長い間，目的物の利用権を所有者以外の賃借人の手に移すと，その利用が不適当となり，社会経済上の不利益を生じると考えたからとされている（我妻榮＝有泉亨＝清水誠＝田山輝明『我妻・有泉コンメンタール民法——総則・物権・債権〔第5版〕』1231頁）。

　しかしながら，このような期間制限については合理性がないと言われており，平成11年の借地借家法の改正（平成12年3月1日施行）により新設された借地借家法29条2項は，上記民法604条の適用を排除している。

　本件は，平成11年の改正借地借家法の施行前に締結された賃貸借契約の期間について20年を超える定めがなされた契約について，平成11年の借地借家法の改正により影響を受けるかが争点の1つとなった事案である。

借地借家法附則4条本文は，同法の施行前に生じた事項にも適用することを定める一方，同条ただし書は，旧借地法や旧借家法の規定により生じた効力を妨げない旨を定めている。このただし書により旧借家法により効力を生じた既存借地権は，その存続期間を短縮されることがなく，また，それが伸長されることもないと考えられてきた（稲本洋之助＝澤野順彦編『コンメンタール借地借家法〔第3版〕』344頁〔山野目章夫〕）。

本判決は，判旨のとおり述べて改正前民法604条の規定により20年となる旨を判断したものであり，借地借家法附則4条に関する従前の見解と同様の判断を示したものである。

## 2 改正民法における賃貸借契約の期間

改正民法604条1項は，賃貸借の期間については50年を超えることができないと規定している。

前述のとおり，賃貸借契約の期間を制限することについては合理性がないとの指摘があったため，民法改正の審議過程において賃貸借契約の上限規制の撤廃も検討されたようである。

しかしながら，あまりにも長期な賃貸借は賃貸人に過度な負担となり，公序良俗による規制だけでは対応が不十分となる可能性があることから永小作権の存続期間に合わせる形で50年の賃貸借期間の制限が設けられた（我妻他・前掲1231頁）。

もっとも，借地借家法29条2項により，建物賃貸借については604条1項の適用が排除されていることは前述のとおりである。50年を超える建物賃貸借が締結されるケースはそれほど多くはないと考えられるが，理論的には締結が可能となる。

【川端 啓之】

## 第5節

## 転貸借・サブリース

### ＊本節の趣旨＊

　一般に法律関係は，３人以上の当事者が登場すると俄然複雑になる。転貸借は，並列の立場の複数当事者ではなく，階層の異なる複数当事者となるため独特の論点が生じ，民法や借地借家法の規定だけでは判断が難しく，多くの判例法理によって支えられてきた。改正民法はその一部を明文として反映することとされたが，なおすべてが明文化されているわけではない。

　また，法律用語ではないが，不動産業界では，ある種の転貸借をサブリース，マスターリースといった呼び方をする場合がある。賃貸業を専門に行うプロの事業者が，建物を一括で長期間借り上げて，エンドテナントに転貸し，賃貸人（所有者）には，賃料等を保証したり，賃貸人の履行すべき業務の殆どを代行し，賃貸人は賃貸業について事実上業務の負担や経済的リスクを軽減できるスキームである。個人の不動産所有者に使われるケースもあるが，昨今は不動産証券化等を利用した投資スキームでは必須のものとなっている。

　もっともサブリースという名称の契約であっても，当事者の合意内容は様々であることから，契約の法的性質が争われることもあるので，そのような事例も紹介する。

〔31〕最三小判平成9年2月25日（平成6年（オ）第456号）　*111*

## 31　原賃貸借契約が債務不履行により 解除された場合の転借人の地位

最三小判平成9年2月25日（平成6年（オ）第456号）
民集51巻2号398頁，判時1599号69頁，判夕936号175頁

争　点

　賃貸借契約が賃借人（転貸人）の債務不履行によって解除され，賃貸人が建物明渡しを受けた後についても，転借人は転貸人に対して転借料の支払義務を負うのか

# 判決の内容

■事案の概要

　Xは，所有者であるAから本件建物を賃借し，Aの承諾を得て，Yらに転貸した。XがAに対する賃料の支払を怠ったため，Aは賃貸借契約を解除し，X及びYらを共同被告として本件建物の明渡請求訴訟を提起した。

　上記訴訟の1審判決は，Aの明渡請求を認容したが，Yらは控訴をしなかった。X及びYらは，同判決に基づく強制執行によりAに対して本件建物を明け渡した。

　Yらは，上記訴訟中，Xに対して転借料を支払わなかったところ，Xは，Yに対して，転貸借契約に基づいて，建物明渡し時までの未払転借料の支払を求めた。Yらは，AとXとの間の賃貸借契約がXの債務不履行によって解除されたことにより転貸借契約は終了したとして，転借料の支払債務の存在を争った。

■判決要旨

　原審は，AとXとの間の賃貸借契約がXの債務不履行により解除されても，XとYらとの間の転貸借契約は終了せず，Yらは現に本件建物の使用収益を継続している限り転借料の支払義務を免れないとしたが，本判決は，以下のとおり，Xの請求を棄却した。

　賃貸人の承諾がある転貸借においては，転貸人が，自らの債務不履行により賃貸借契約を解除され，転借人が転借権を賃貸人に対抗し得ない事態を招くことは，転借人に対して目的物を使用収益させる債務の履行を怠るものにほかならない。そして，賃貸借契約が転貸人の債務不履行を理由とする解除により終了した場合において，賃貸人が転借人に対して直接目的物の返還を請求したと

きは，転借人は賃貸人に対し，目的物の返還義務を負うとともに，遅くとも右返還請求を受けた時点から返還義務を履行するまでの間の目的物の使用収益について，不法行為による損害賠償義務及又は不当利得返還義務を免れないこととなる。他方，賃貸人が転借人に直接目的物の返還を請求するにいたった以上，転借人が賃貸人に転借権を対抗し得る状態を回復することは，もはや期待し得ないものというほかはなく，転貸人の転借人に対する債務は，社会通念及び取引観念に照らして履行不能というべきである。

　したがって，賃貸借契約が転貸人の債務不履行を理由とする解除により終了した場合，賃貸人の承諾のある転貸借は，原則として，賃貸人が転借人に対して目的物の返還を請求した時に，転貸人の転借人に対する債務の不履行により終了すると解するのが相当であるとし，Xの請求を棄却した。

## ■　解　　説

### 1　転貸借契約の終了時期

　かつては，賃貸借の終了により転貸借も当然に終了するとの説もあったが，現在では，転貸借は賃貸借と別個の契約であり，賃貸借の終了により当然に終了するものではなく，賃借人（転貸人）の転借人に対する債務が履行不能となったときに終了すると解されている。しかし，どの時点で賃借人（転貸人）の転借人に対する債務が履行不能となるかについては，見解が分かれている。

　本判決は，原則として，賃貸人が転借人に対して，目的物の返還を請求した時に賃借人（転貸人）の転借人に対する債務が履行不能となり，転貸借契約が終了すると判断している。

　マスターレッシーの債務不履行にて賃貸借契約が解除された場合に，どの時点にてエンドテナントとの転貸借契約が終了するのかについての基準となるものであり，実務上，重要な判例といえる。

### 2　原賃貸借契約が合意解約により解除された場合の転借人の地位

　賃貸人と賃借人（転貸人）の間で賃貸借契約を合意解約した場合，賃貸人は，賃貸借の終了を転借人に対抗することはできない。

　最一小判昭38・2・21（民集17巻1号219頁・判時331号23頁・判タ144号42頁）では，土地賃借権の合意解除が地上建物の賃借人に対抗できるかが問題となった事案について，次のとおり，賃貸人は対抗できないとした。

　土地の賃貸人と賃借人が借地契約を合意解除し，これを消滅せしめても，特段の事情がない限り，賃貸人は，上記合意解除の効果を建物賃借人に対抗でき

ない。なぜなら，建物所有を目的とする土地の賃貸借においては，土地賃貸人は，土地賃借人が，その借地上に建物を建設所有して自らこれに居住することばかりではなく，反対の特約がないかぎりは，他にこれを賃貸し，建物賃借人をしてその敷地を占有使用せしめることをも当然に予想し，かつ認容しているものとみるべきであるから，建物賃借人は，当該建物の使用に必要な範囲において，その敷地の使用収益をなす権利を有するとともに，この権利を土地賃貸人に対し，主張し得るものというべく，上記権利は土地賃借人がその有する借地権を放棄することによって勝手に消滅せしめ得ないと解するのを相当とするところ，土地賃貸人とその賃借人との合意をもって賃貸借を解除した本件のような場合には賃借人において自らその借地権を放棄したことになるのであるから，これをもって第三者たる建物賃借人に対抗し得ないものと解すべきであり，このことは民法398条，改正前598条の法理からも推論することができるし，信義誠実の原則に照らしても当然のことだからである。

実務上は，ビルオーナーとマスターレッシーが合意解除する場合には，エンドテナントとの契約をビルオーナーが承継することが多い。

### 3 改正民法との関係

改正民法613条3項では，判例法理や従来の一般的な理解を踏まえ，適法な転貸借がなされた場合において，賃貸人と賃借人（転貸人）との間の合意による賃貸借契約の解除をもって転借人に対抗することができない旨の規定が新設された。また，同項ただし書は，判例法理や従来の一般的な理解を踏まえ，賃貸借契約の合意解除当時，賃貸人が賃借人（転貸人）に対し，債務不履行による解除権を有していた場合には，その解除をもって転借人に対抗することができる旨の規定が新設された。これにより1，2の判例法理が明文化された。

【桧座　祐貴】

**114** 第1章 賃貸借 第5節 転貸借・サブリース

## 32 サブリース（賃貸借契約）が賃借人により更新拒絶された場合の転借人の地位

東京地判平成28年2月22日（平成27年（ワ）第25599号）
判タ1429号243頁

**争 点**

　賃貸借契約が賃借人の更新拒絶により終了した場合，賃貸人は信義則上その終了を転借人に対抗できるか

## ■ 判決の内容

### ■事案の概要

　Xらは本件建物（住宅10棟）を所有又は共有し賃貸する者であり，Y₁は地方公共団体の外郭団体で本件建物をXらから賃借し借上型区民住宅として住民に転貸する者であり，Y₂らは平成8年6月から平成12年9月までの間に，Xらの承諾を得て，Y₁との間で転貸借契約（以下「各転貸借契約」という）を締結し居住する者である。

　各転貸借契約は，一部を除き期間満了の度に更新され，平成28年の訴訟係属中も継続している。各転貸借契約の期間満了日は，これに対応するXらとY₁との間の各賃貸借契約（以下「各原賃貸借契約」という）の終期と同一である。

　XらがY₁との間で各原賃貸借契約とは別に締結した協定書には「期間満了による賃貸借終了の場合において，入居者が継続して入居を望むときは，Xらは当該入居者との間に新たな賃貸借契約を締結するよう努めるものとする」との条項（以下「本件継続条項」という）が含まれている。

　本件は，平成26年にY₁が各原賃貸借契約を更新しない旨の方針を示したため，Xらが各賃貸借契約の期間満了（各々平成28年6月から32年（令和2年）8月までの間に到来）を待たずに，所有権に基づく返還請求としてY₁及びY₂らに各原賃貸借契約の期間満了予定日における各室の明渡しを請求したという事案である。

　Xらは，各原賃貸借契約が順次期間満了により終了すれば居住するY₂らの転借権も消滅するのに，Y₂らには退去の意思がなく，Y₁も管理義務に基づき退去させる準備をしないから，Xらにはあらかじめ明渡しを請求する必要があると主張した（民訴135条）。その前提として，Xらの明渡請求権が将来の給

〔32〕東京地判平成28年2月22日（平成27年（ワ）第25599号）　　*115*

付の訴えによる請求が認められる請求権としての適格性を有するといえるのか，が争点となり，Y₂らは，各原賃貸借契約の終了によりY₁が賃借人兼転貸人の地位を離脱するという効果は生ずるとしても，Xらは信義則上各原賃貸借契約の終了をY₂らに対抗できない，と主張し争った。

■**判決要旨**

〔**Xらが原賃貸借契約の終了をY₂らに信義則上主張することができないかについて**〕

　各原賃貸借契約は，本件建物を第三者に転貸して入居させることを当初から予定して締結されたもので，Xらによる転貸の承諾は，自らは使用することを予定していないY₁にその公的な立場や財源等を活用して本件建物を第三者に転貸させるとともに，Xらも，各室を個別に賃貸することに伴う煩わしさを免れ，かつ，転賃料と千代田区の財源とから安定的に賃料収入を得ようとする目的に出たものであった。

　さらに，本件継続条項によればXらは，本件各原賃貸借契約が期間満了により終了する場合においても，Y₂らとの間で賃貸借関係が継続することを相当程度覚悟していたものといえる。

　このような事実関係の下においては，各転貸借契約は，各原賃貸借契約の存在を前提とするものではあるが，各原賃貸借契約締結の際に既に予定されていた前記のような趣旨，目的を達成するために締結されたものといえる。

　したがって，Xらは，単に各転貸借契約の締結を承諾したにとどまらず，Y₁と共同して，本件各転貸借契約の締結を前提に，Y₂らによる本件建物の占有の原因を作り出したものと評価され，Xらには，Y₁が本件建物に関する賃貸借・転貸借関係から離脱した場合の不都合を甘受することになってもやむを得ないといえる事情がある。

　そのため，Y₁の更新拒絶により，各原賃貸借契約が期間満了により終了したとしても，Xらは，信義則上，各原賃貸借契約の終了をもってY₂らに対抗することはできず，Y₂らは，各原賃貸借契約と同一の条件で各転貸借契約に基づく本件建物の使用収益を継続することができる（最一小判平14・3・28民集56巻3号662頁（以下「平成14年最判」という）参照）。

## 解　説

### 1　サブリースにおける賃貸借終了と転借人の問題

　サブリースとは，一義的な定義はないが，賃借人自身が使用することを目的

とする通常の賃貸借と異なり，事業者等が不動産所有者からオフィスビルや共同住宅等を一括して借り上げ，これを転貸して自らが収益を上げ，所有者に対しても収益の一部を賃料として支払うことを保証することが一般的な内容と考えられている（判タ1094号112頁）（サブリース契約の類型と法的性質については【本書判例34】参照）。

つまりサブリースは転貸借を前提としており，そのため原賃貸借契約が終了した場合の転貸借契約の扱いがよく問題になるのである。

転貸借は，原賃貸借の上に成立しているものであり，原賃貸借が消滅すれば転貸借はその存在の基礎を失うとされている。もっとも，各々は別の契約なので，原賃貸借が消滅すれば転貸借も当然に消滅するわけではなく，賃貸人の承諾を得た適法な転貸借における転借人の利益も一定の保護が必要と解される。

そこで，判例は，賃貸借の合意解除や地上権の放棄という当事者の恣意による終了と，賃貸人からの債務不履行解除や期間満了など当事者の恣意によらない終了とを区別し，前者は転借人に対抗できないが後者は対抗できるとしてきた（前者につき，大4民判昭9・3・7（昭和8年（オ）第1249号）民集13巻278頁）（後者につき，最一小判昭36・12・21（昭和34年（オ）第596号）民集15巻12号3243頁）。

## 2 更新拒絶による賃貸借の終了の場合

借地借家法が適用される賃貸借では，期間満了による終了は更新拒絶の通知を要するので，当事者の意思による終了ともとれる。しかし，賃貸人からの更新拒絶において，正当事由があると認められるときの終了は，賃貸人の正当な権利行使であるとして債務不履行解除とも共通するといえ，当事者の恣意による終了とはいえないだろう。

他方，賃借人からの更新拒絶について，賃貸人は防ぎようがないのだから，賃貸人からの正当事由があると認められる更新拒絶と同様に考えて，転借人に対抗できるという考え方と，合意解除と同様に考えて転借人に対抗できないと考える両論があり得るところ，一般論を示した判例はまだないとされている（判タ1429号244頁）。

上記両論の考え方について，平成14年最判は，サブリースという事実関係の下では，賃貸人は賃貸借の終了を転借人に対抗できないとした。サブリースが，賃貸人と賃借人とがそれぞれの欠点を相補って利益獲得に到達し得るという，双方にとって利点のある共同事業だからであり，転借人としては，賃借人の更新拒絶というようないわば賃貸人と賃借人の共同事業体の内部事情によって賃貸借が終了したとしても，賃貸人との間で使用収益を継続できるものと期待す

ることにも無理からぬ面があり，転借人の使用収益権を奪うことは信義則に反するとした。いわば賃貸人と転借人との間の利益衡量の結果であるといえる。

### 3　本判例の特徴

本件は平成14年最判の事案と類似しており，同様に判断したものであり法的論点としては新しいものではないが，事例として参考になる。

また平成14年最判が述べていない，賃貸借の終了後の三者の関係について，本判例は賃貸人と転借人の間に直接の賃貸借関係が生じると判断した。

なお，本件は，将来請求であったことから，それが認められるためにはいわゆる大阪国際空港訴訟（最大判昭56・12・16民集35巻10号1369頁）の示した「あらかじめ請求をする必要性」があるための要件をみたすことが必要であるところ，大要以下のように述べて，要件を満たさない不適法な訴えであるとして，訴えを却下した。

Ｘらのあらかじめ明渡しを請求する必要があるという主張においては，賃貸人は，そのような直接の法律関係が生じることを見越して，期間の満了の１年前から６か月前までの間に，入居者らに対し，借地借家法26条１項に基づく更新拒絶の通知をするという方法をとることができる。しかし，そのような更新拒絶が今後なされるかどうかは不確定である上，更新拒絶がなされた場合の正当事由の有無は将来の不確定な要素，事情に関わるのであり，本件の口頭弁論終結時において判断することが困難であることから，本件訴えは，大阪国際空港訴訟の示した「あらかじめ請求をする必要性」があるための要件を満たさない不適法なものである。

【村手亜未子】

118　第1章　賃貸借　第5節　転貸借・サブリース

## 33　他人物賃貸借において，所有権と賃貸人の地位が同一人格に帰属した後，再度所有権と賃貸人の地位を別々の人格に帰属させる場合の，賃借人の承諾の要否

東京地判平成21年3月30日（平成20年(ワ)第6742号）
ウエストロー2009WLJPCA03308023

### 争点

　他人物賃貸借において，第三者が売買により所有者から所有権を取得し，同時に所有者とは異なる貸主から賃貸人たる地位を承継したのち，当該売買契約を解除した場合，賃貸人の地位が旧賃貸人に復帰したと賃借人に対抗するためには，賃貸人の地位の再移転について賃借人の承諾を得る必要があるか

## ▌判決の内容

### ■事案の概要

　Xは，本件建物の一区分を借り受けていた医療法人社団である。

　Yは，不動産売買や賃貸管理等を業として行っている株式会社である。

　賃貸借契約は，まずBを貸主，Aを借主としてBA間で締結された。もっともBは本件建物の所有者ではなく，訴外Cらが本件建物を所有していた。Bは，Cらが経営する会社である。

　その後，借主であるAが医療法人社団Xを設立したことにより，賃借人たる地位をAからXに承継し，BX間で賃貸借契約期間を更新する旨の契約が締結された。その際，Aが従前Bに差し入れていた敷金関係（敷金契約上の地位）もBとXとの間で承継することを合意した。

　その後，本件建物の所有者Cらは，Yに対して，本件建物を売り渡し，登記を経由した。同時にBは，Yに対し，賃貸人たる地位と敷金関係も移転すると合意した。

　BとYは，連名で，Xに対し，本件建物の所有権と賃貸人の地位がYに移転したことを通知した。Xは，通知以後は，Yに対して賃料を支払っていた。

　ところで，本件建物には，BA間の賃貸借契約成立以前から設定されていた根抵当権があった。これがYX間に賃貸借契約が承継された後に実行され，訴外Dが競落し，所有権移転登記を経由した。これを受けてXは，Dに対し，賃

借していた本件建物の一区分を明け渡した。

　そこで，XはYに対して，敷金の返還を求めた。

　これに対しYは，競売手続開始決定後競落前にBとの間で売買契約を合意解除したので，これによって賃貸人たる地位を喪失したとして，敷金返還義務の存在を争った。

■**判決要旨**

　いったん対象不動産の所有権とその賃貸人たる地位が同一人格の下に帰属した以上，その後に再度その所有権と賃貸人たる地位とを別々の法人格に帰属する形で移転することは，賃借人がその使用収益権能の継続を図る上で，不利益が生じるおそれがある。

　それは，所有権と賃貸人たる地位の分属が，新たな譲渡行為によるのではなく，契約解除の結果，遡及的に変動する場合であっても同様である。

　契約の解除に伴う賃貸借契約上の賃貸人たる地位の復帰の効果を，賃借人に対する関係でも有効なものとするためには，契約上の地位移転の一般的な原則に則り，対象不動産に対する使用収益権という債権者の立場を併有する賃借人から，かかる契約解除に伴う賃貸人の地位の復帰につき，その旨の承諾を得ることが必要になるというべきである。所有者が賃貸人とならず所有権と賃貸人たる地位とが分属する場合，原則として賃借人の承諾を得ない限り賃貸人の地位が当然に移転することはない。

　なお，本件売買等契約の解除の当時，既に本件建物が第三者（D）によって競落予定であり，近い将来賃貸借契約自体が終了すると予定されている。かかる場合には，最も重要な影響を被るのは，本件賃貸借契約の存続を前提とした本件建物の使用収益権能の継続の可否ではなく，その使用収益権能が行使できずに本件賃貸借契約関係が終了した後の，債務不履行責任の追及の可否や，敷金・保証金の返還請求権における回収可能性の程度といった問題であり，そうである以上，かかる場合には，本件売買等契約の解除の結果，賃貸人たる地位に復帰した前賃貸人（B）との関係で，賃借人たるXが，本件建物の使用収益権能を確保されたからといって，それのみを根拠に，Xの承諾を得ないまま賃貸人たる地位の復帰を認めたのでは，賃借人たるXに多大な損害を与えることとなりかねない。

## 解　説

### 1　賃貸人たる地位の移転

　不動産の所有者が第三者に目的物件を賃貸している場合で，その権利が賃借権である場合は，物件の譲渡に伴って当然に賃貸人たる地位の譲渡を受けるものではない。しかし，当事者の一般的な意思解釈としては賃貸借の目的物件の譲渡に伴って賃貸人たる地位も譲渡したものと解される（荒木新五「賃貸建物の譲渡担保と敷金返還義務の承継」判タ765号71頁）。

　判例は，不動産の所有者がこれを第三者に賃貸し，当該借地権又は借家権がその対抗要件（借地上建物所有権登記又は建物引渡し等）により対抗力を有している場合，所有者が目的物件を譲渡したときは，特段の事情のない限り，賃貸人たる地位は，その合意のみをもって当然に譲渡することが可能であって，これに対する賃借人の承諾を得ることを要しないとする（大判大10・5・30民録27輯1013頁，以下「大正10年大判」という）。

　賃貸人たる地位が適法に移転した後は，旧所有者は賃貸借契約から当然に離脱し，旧所有者に対して敷金を差し入れていた賃借人が，その後に敷金返還請求をなすべき相手方は，賃貸人たる新所有者になる（最二小判昭39・8・28民集18巻7号1354頁）。

　また，最一小判平11・3・25（判時1674号61頁。以下「平成11年最判」という）は，新旧所有者間で賃貸人に対する地位を旧所有者に留保する旨を合意しただけでは，この判例にいう「特段の事情」には該当しないと判断した。新旧所有者間の合意により留保を認めるとなると，賃借人は転借人と同様の地位に立たされることとなり，旧所有者が自己の責めに帰すべき事由により賃借権を失った場合，その地位を失うことになりかねず，不測の事態を被りかねないということがその理由としてあげられている。

### 2　改正民法

　改正民法605条の2第1項は，大正10年大判の判例法理を明文化し，賃借人が引渡しを受け，又は賃借権の登記を経由した後に賃貸借契約の目的物件が譲渡された場合，原則として賃貸人の地位も物件の所有権に伴って移転することを規定した。

　また改正民法605条の2第4項は，上記の場合に敷金返還義務及び必要費有益費償還義務も新賃貸人に移転することを規定した。

### 3　本件の特徴

〔33〕東京地判平成21年３月30日（平成20年(ワ)第6742号）　*121*

　本件では，当初所有者ではない賃貸人（他人物賃貸人）との賃貸借契約において，いったんは対象不動産の所有権と賃貸人たる地位が同一法人格の下に帰属したものを，売買契約の解除によって再度その所有権と賃貸人たる地位を別々の法人格に帰属させるような形で移転する場合に，賃借人の承諾を必要とするか，という点が争点となった。

　裁判所は，所有権と賃貸人の地位を再度別々の法人格に帰属させることは，賃借人がその使用収益権能の継続を図る上で，不利益が生じるおそれが否定できないとして，契約上の地位の移転が認められる場合の一般的な原則にのっとり，賃借人の承諾を要するとすると判断した。これは，地位の分属が新たな譲渡行為によるものではなく，解除による遡及的に変動する場合であっても同様であるとした。

　なお，売買契約解除による地位の分属は，賃貸借契約時の関係を復活させるだけで賃借人に格別の不利益をもたらさないという余地があるとしても，本件では，当時既に本件マンションが競落予定であり，近い将来賃貸借契約自体が終了すると予定されていることに着目して，このとき最も重要な影響を被るのは，使用収益権能が行使できずに本件賃貸借契約関係が終了した後の債務不履行責任の追及の可否や，敷金・保証金の返還請求権における回収可能性の程度といった問題であるとして，契約上の地位の移転の原則に基づき賃借人の承諾を得ない限り，賃貸人の地位の復帰を認めないとした。

　対象不動産の所有権の移動と賃貸人の地位の移転に関する賃借人の同意の要否は，信託方式を利用した不動産証券化スキーム等では，当事者も多い中で頻繁に議論になる争点である。

　平成11年最判は，ビルの小口化商品の信託業務において，信託受託者に不動産を譲渡する際に，賃貸人の地位を旧所有者（オリジネーター）に留保する合意があった場合において，賃貸人の地位及び敷金に関する権利義務も譲受人に移転するのであり，テナントが敷金返還を信託受託者に求められるとした事案である。賃貸人の地位の移転に関し賃借人の承認がなかった平成11年最判では，新旧所有者間のみの旧所有者に留保する旨の合意は特段の事情に当たらず，新所有者に賃貸人の地位が移転する，としたものである。

　なお，賃貸人たる地位を合意により留保することを規定した改正民法605条の２第２項は，セールスアンドリースバック（旧所有者兼使用者が，対象不動産を譲渡し，自らは賃借人として使用を続けるスキーム）方式等の便宜と転借人の保護を図ることを目的としており，要件等に留意する必要がある。　**【村手亜未子】**

122　第1章　賃貸借　第5節　転貸借・サブリース

## 34 サブリース契約という名称の契約の法的性質が賃貸借契約ではないとされた事例

東京地判平成26年5月29日（平成25年(ワ)第23319号）
判時2236号113頁

### 争 点

サブリース契約という名称の契約が合意の内容から賃貸借契約といえるか否か

## 判決の内容

### ■事案の概要

　Yは，平成19年11月，所有者である株式会社Aから本件建物を借り受け，平成22年10月24日まで居住していた者である。平成21年2月，AはXとの間で，A所有の本件建物を一括でXが借り受ける旨のサブリース契約（以下「本件サブリース契約」という）を締結した。本件サブリース契約には，Aが競売・任意売却等で所有権を失うことで，契約が終了する旨の特約が設けられた。

　このサブリース契約によってXはAから賃貸人の地位を譲り受け，AとXは賃貸人の変更をYに通知した。Yも平成21年2月24日，この書面に住所氏名を自書して押印し，これを承諾した。

　もっとも，Yは，平成21年3月から平成22年2月までの賃料を，債権者不確知を理由に供託した。また，同年3月の賃料については，Aの債権者によって差押えを受けたことから，債権者不確知と執行供託との混合供託を行った。

　一方，Aは，平成21年11月19日，Bに対し，信託契約に基づき建物所有権を移転し，同月20日，所有権移転登記がなされた。信託契約にはBにおいて適宜信託不動産を売却することができる旨が定められていた。

　Bは，平成21年12月22日頃，Yに対しBが所有者となった旨を通知し，Bとの間で賃貸契約書を取り交わすよう求めるとともに，供託を中止してB代理人の口座に賃料を振り込むよう求めた。

　また，平成22年3月23日，Bは，Yに対し，ご報告と題する書面，AのXに対する平成21年9月1日付サブリース契約解除通知書等，及びA作成の報告書を送付した。

　平成22年3月31日，YとBとは，契約期間を遡らせた賃貸借契約書を作成し，

〔34〕東京地判平成26年5月29日（平成25年（ワ）第23319号）　*123*

Yは，同年3月分以降Bに賃料を支払った。

Yは同年10月，本件建物を退去した。

平成23年4月，Aの本件賃貸借担当者であったCがAの株式を取得して代表取締役に就任し，その後，AX間のサブリース解除通知が無効であることの確認を行った。その後，Xは，Yに対し，平成22年2月分から同年9月分までの賃料の支払を求めた。

Yは，これに対して，本件サブリース契約が，専ら賃料収受権を取得するための手段であって通常の賃貸借契約ではないため借地借家法27条，28条の解除事由の有無を問うことなく解除していること，またAは信託により所有権を失ったから本件サブリース契約も終了しており，Xは賃貸人ではないから請求は認められない等と主張した。

これに対して，Xは，本件サブリースは転貸借を目的とする賃貸借契約でありYの承諾によってXY間で賃貸借関係が成立しているから，Aによる解除通知は解除事由がないのになされたものとして解除通知としての効力を有しないこと，信託は競売・任意売却等に含まれずXはなお賃貸人であったから本件サブリース契約の効力は消滅しない等と反論した。

■**判決要旨**

本件サブリース契約は，契約の形式上は，AがXに本件建物を含む152軒の区分建物を賃貸し，これに伴いAとYとの間の本件建物の賃貸借契約を含むこれらの物件についての賃貸借契約上の賃貸人の地位をAからXに譲渡する内容となっており，Yは，AとXがYにその旨を通知した別紙2「賃貸人変更のお知らせ」に，これを了承する旨の署名押印をしたことにより，AからXへの賃貸人の地位の譲渡を承諾したことになっている。

しかし，本件サブリース契約の契約内容を見ると賃料の定めについては，収納賃料等から管理料（建物管理委託料），管理組合へ支払う管理費・修繕積立金を差し引いた残額の60％を平成21年3月分から支払うこととされており，Xは空室のリスクを負わず，転貸による収納賃料がない物件に関しては賃料を支払わなくてもよいとされている。敷金についても，AからXに移管しないことを定めている。さらに，本件サブリース契約の終了については，借地借家法28条（建物賃貸借契約の更新拒絶などの要件）とは異なり，3か月の猶予期間を置けば賃貸人であるはずのAからも一方的に解除できると定められ，さらに，借地借家法31条（建物賃貸借の対抗力）とは異なり，競売・任意売却等で所有権移転された貸室については，その都度，本件サブリース契約が当然に消滅するとの特約

が設けられている。

　上記契約内容から実質的にみれば，本件サブリース契約は，借地借家法の適用を受ける「建物の賃貸借」ではないこと，すなわちAがXに本件建物を含む目的物件を賃貸する契約ではないことが認められる。契約の実質的な性質は，建物の賃貸借ではなく，AがXに対し，これら物件の建物の管理と賃料の収受を委託し，Xが，これにより賃料収受権を与えられるとともに，収受した賃料から委託報酬として管理委託料の支払を受けることを合意したものであって，建物管理及び賃料収受の委託を内容とする委任契約であると評価することができる。

　したがって本件サブリース契約に借地借家法27条，28条の適用はなく，民法651条1項及び本契約に基づき，3か月の猶予期間を置くことで何らの理由もなくAから一方的に解除できる。信託契約も物件の売却権をBに与えるとともに売却までの賃料を収受させることをも目的とするものであって本件サブリース契約とは両立しない内容であるから，「競売・任意売却等」に含まれると解されることから，信託契約の締結日にはサブリース契約の効力が消滅し，Xは賃貸人の地位を失っていたし，また，遅くともAの解除通知が効力を生じた日に賃貸人の地位を失ったことになるから，Xが支払を請求している期間においては賃貸人ではなく，Xの請求には理由がない。

## ■ 解　説

### 1　サブリース契約の類型

　サブリース契約とは，不動産所有者からオフィスビルや共同住宅等対象物件を一括して借り上げ，これを転貸するという契約類型をいい，転貸借を前提として借り受けるところに特徴がある。

　サブリース契約の種別として，

① 用地確保から建物建築，建物賃貸借の管理まで一貫してサブリース業者に受託する総合事業受託方式

② 用地確保と建物建築は所有者で行い，サブリース業者は完成した建物を一括して借り上げビルの賃貸事業についてノウハウを提供し，最低賃料を保証する賃貸事業受託方式

③ サブリース業者は建物を一括して借り上げるが，サブリース業者自らも使用・利用するが他に転貸することもできる転貸方式

の3つに大きく分類できるとされる（澤野順彦・NBL544号36頁）。

また，一般社団法人不動産協会によれば，サブリース契約の特徴として，土地の有効活用を目的として，それについて豊富なノウハウを有するデベロッパーが土地利用方法の企画，事業資金の提供，建設する建物の設計・施工・管理，完成した建物の賃貸営業，管理運営等その業務の全部又は大部分を地権者から受託する方式で土地建物両方について地権者に所有権等を残したまま，受託者が一括借受けの方法により事業収益を保証する共同事業方式で，①転貸借を目的とする一括借受けの合意，②空室の有無とは無関係の最低賃料保証，③一定期間経過ごとの自動的賃料増額規定，④基本賃貸借期間の長期設定，⑤中途解約の制限などを挙げる（岩崎敏明「いわゆる不動産サブリースに関する所得税問題」税務事例研究51巻9号52～54頁）。

　サブリース契約は当事者間の契約内容によって様々であり，上記3分類の中間的な形態のものも存在する（近江幸治・早法76巻2号57～74頁）。

## 2　サブリース契約の法的性質

　サブリース契約の法的性質をいかに捉えるかについては，①事業契約，②複合契約，③賃貸借契約，④共同事業，⑤賃貸借委譲の5つの見解がある（近江・前掲早法76巻2号57頁）。

　まず，①の事業契約であるとする見解においては，サブリースとは事業の受委託であって，経済合理性を追求する営利企業であるから，借地借家法上保護されるべき賃借人でないとする。したがって，サブリースの場合には借地借家法の適用はないとする。

　②の複合契約とする見解では，現実的にサブリース契約がなされる過程に着目し，まずサブリース基本契約が締結され，その下に建物建築請負契約，賃貸借契約，建物管理委託契約などが締結されるのが一般であり，これらは一連の複合契約とする。

　この見解によれば，請負の部分については請負契約に関する規定が適用され，賃貸借の部分については借地借家法が適用されるとする。

　③の賃貸借契約とする見解では，一方が他方へ建物の使用収益を許し，他方が一方にその対価を支払うことになっているのであれば，賃貸借契約といえ，サブリース契約も，転貸によって賃借人に収益が得られておりそれに対する対価も支払われていることから，サブリース契約を賃貸借契約であるとする。この見解でも賃貸借契約の規定の適用があるとする。

　④の共同事業とする見解では，サブリースは，不動産収益事業を目的とした継続的契約としての共同事業であって，継続的契約であることに本質があると

する。この見解によれば，長期間の賃料保証こそがサブリース契約における重要性を有する条項であるから，家賃の減額を認める借地借家法の適用は否定する。

　⑤の賃借権の委譲とする見解では，サブリース契約を契約する当事者の意図は建物賃借権の取得とその対価の支払であって，賃借権の委譲契約であるから民法のいずれの典型契約とも異なる無名契約であると捉える。この見解によれば，賃貸借の適用はない。

　本件では，合意内容に，借地借家法の規定をあえて排除する内容が取り込まれていること，賃料の定め方が手取り費用に一定の割合を掛けたものとし，収納がない場合には支払わなくてよいという規定であること，敷金の移動がないこと等から，本件サブリース契約は賃貸借ではなく，賃料の収受及び物件の管理を目的とした準委任契約と判断された。

　証券化方式では，所有者が実質的な賃貸管理をまかせるためにサブリースという名称の方式を採用することが多いが，その法的性質が一概に賃貸借ではないという一例であり，実務に参考になる事案である。

【村手亜未子】

〔35〕東京高判平成23年3月16日（平成22年(ネ)第6377号）　*127*

## 35 賃貸借期間20年間のサブリース契約における 賃料減額請求権の適用と相当賃料額

東京高判平成23年3月16日（平成22年(ネ)第6377号）
金判1368号33頁

### 争点

1　サブリース契約に借地借家法32条（賃料減額請求権）の適用があるか
2　賃料減額請求権が認められる場合の相当賃料額

## 判決の内容

### ■事案の概要

#### 1　商業施設の建設と賃借人による施設運営

事業会社であるAは，Yが所有する本件土地上にファッションモールを建設，運営する事業を計画し，Yに提案した。Aの提案内容は，Aが建物建築費の全額を建築協力金として無利息で融資し，Yはこれによって本件土地上に建設する本件建物をAに賃貸すること，Yは建築協力金を賃貸借契約期間満了までに返済するがその原資は賃料をもって賄うこと等であった。

AとYは，建物賃貸借予約契約を締結し，Yは本件建物を完成させた。Aは，平成5年ころ，本件建物を小売業飲食業等に使用する第三者に転貸することを目的とする事業（以下「本件事業」という）を開始した。

#### 2　賃貸借契約の内容

AとYは，平成6年に，本件建物を目的とする賃貸借契約（以下「本件契約」という）を締結した。本件契約においては，満3年経過毎に6％の増額をする規定，著しい公租公課の増減・物価の変動が生じた場合にはAY間の協議をする規定などが設けられ，この自動増額改定賃料を具体的に記載した賃料支払額計算書が本件契約書に添付された。

#### 3　賃借人の事業及び賃借権の譲渡

Aは，平成10年，Xに対し，本件事業等の営業を譲渡し，これにより本件建物についての賃借権も，AからXに譲渡され，Yは本件建物の賃借権譲渡を承諾した。

AないしXはYとの間で，本件契約締結後，複数回にわたり賃料額の改定について協議し，覚書を取り交わしてきた。

### 4 賃料減額請求

Xは平成18年2月17日付けで，Yに対し，デフレや賃料等の下げ止まりから抜け出せない状況下において，本件建物のテナントの撤退が相次いだこと，転貸料が低下したこと，本件事業において減損損失4900万円を計上したことなどを説明した文章に続けて，賃料の減額を求める旨を記載した書面を送付した。

さらにXは，同年12月14日，Yに対し，本件建物の収益下落に歯止めがかからない状況であり，平成19年1月分から，本件建物の賃料を1か月595万円（消費税別）に再度減額することを求める内容証明郵便を送付した。

Xは，平成19年2月，Yを相手方として，本件建物賃料の減額を求める調停を申し立てたが，不成立で終了となった。

そこでXは，借地借家法32条1項に基づき，平成18年4月以降の賃料減額請求の意思表示をし，さらに平成19年1月以降の賃料減額請求の意思表示をしたとして，減額された賃料額の確認を求めた（第一事件）。

これに対しYは，Xに対し，賃料は減額されておらず，賃料支払額計算書記載の賃料額（1062万2094円）のままであることからXの賃料不払いには一部不履行があるとして未払金の請求を求めた（第二事件）。

## ■判決要旨

### 1 原審判決の内容

原審判決は，サブリース契約においても強行法規である借地借家法32条が適用されるとし，本件契約の賃料保証条項の存在や保証賃料額が決定された事情を考慮すべきとして，基準地価が下落していること，Yは，平成5年から平成18年までの14年間に収益資産より固定資産税・都市計画税約5900万円の負担軽減を受けていること，平成18年にXがテナントから受け取った転貸料とYに支払った賃料の差額が約3800万円に達したことを考慮すると平成18年4月1日の時点における約定賃料額は不相当であるとし，諸事情を総合判断して，約定賃料（賃料支払額計算書記載の賃料額）を基準とし，そこから約20％減額した月額850万円が相当賃料額であるとした。

### 2 控訴審判決の内容

控訴審裁判所は，本件建物の平成18年4月1日から平成22年9月末日までの賃料額を月額910万円と認めるのが相当であると判断した。その理由として，サブリース契約においても強行法規である借地借家法32条が適用されるとし，平成18年4月1日時点における約定賃料が不相当となったことを認めた上で，平成元年以降，契約を締結する平成6年8月まで，建築費用の増額や建築の一

部取りやめの事情があったにもかかわらずAからYに対して多額の収益を維持する提案がなされたことを考慮すると，本件契約における賃料は，Yの収益を相当程度確保するものでなければならないとした。

また，A及びXとYとの賃料減額交渉は，20年間の賃料額の約定や，その決定にいたる過程を踏まえてなされたものであって，当事者双方の諸事情を反映させつつ自主的に決定されたものであるから，十分尊重すべきものであるとした。

平成18年4月の約定賃料1062万2094円から必要経費666万4500円（保証金・敷金返還分，固定資産税，火災保険金相当額など）を控除して，Yの粗利益が月額395万7594円と算出した。そして，平成5年から平成18年までの本件建物所在地の土地下落率が38％であることから，粗利益395万7594円に62％を乗じた245万3700円に必要経費（666万4500円）を加算した月額911万8200円が賃料の試算として妥当な額であるから，暫定的に合意をした月額913万5135円は妥当な賃料額であって本件契約の目的等に照らしても合理性があるとした。

その上で，平成18年4月以降の相当賃料額を，910万円であると認定した。なお，平成17年2月の合意時と平成18年4月の経済事情の変動率−3％，公租公課の変動率−5.5％は，賃料減額請求権を基礎づける経済事情の変動には当たらないとした。

---

## ▎ 解　説

### 1　サブリースと借地借家法の適用

サブリースと借地借家法の適用については，最三小判平15・10・21（民集57巻9号1213頁・判時1844号37頁）が，サブリース契約にも借地借家法32条1項の適用を認め，サブリース契約における賃料減額請求について，請求の当否及び相当賃料額を判断するにあたっては，当事者が賃料額決定の要素とした事情その他諸般の事情を総合的に考慮すべきであるとした。

### 2　本判決について

本判決は，これを引用して具体的な検討を行っている。

賃料額決定にあたり，建物賃借人側が賃借すべき建物の基準設計を行い，土地所有者に対して資金提供の上建物を建築させ，建物賃料の中から融資金の返済を求めるとの構造やそれを前提とする賃貸人の収益確保が図られていることを重視した上で，当事者間の賃料額減額交渉の結果としての暫定的な合意賃料について，地価下落分を考慮すると実質合意賃料としての妥当性があるとして，

その後の経済情勢の若干の変動も考慮して合意賃料をやや下回る相当賃料額を定めたものであり，上記最判の判旨を事案に応じて踏まえた一適用事例と位置付けられる。本判決が，賃貸人の確保すべき収益の検討において地価下落を考慮しているのは，本件契約の締結経緯及び内容から，本件サブリース契約が実質的に定期借地権に代替するものであることを考慮したとも考えられる。

　なお，本判決の相当賃料額の決定方法は，原判決の相当賃料額の判断が，最二小判平20・2・29（裁判集民227号383頁・裁時1455号1頁・判時2003号51頁・判タ1267号161頁・金判1299号31頁）の判旨に反しているとのXの控訴理由にこたえるものである。

　同判決は，借地借家法32条1項に基づく賃料減額請求の当否及び相当賃料額を判断するに当たり，賃貸借契約の当事者が現実に合意した賃料のうち直近のものを基にして，同賃料が合意された日以降の同項所定の経済事情の変動等のほか，諸般の事情を総合的に考慮すべきであり，賃料自動改定特約が存在したとしても，上記判断に当たっては，同特約に拘束されることはなく，上記諸般の事情の一つとして，同特約の存在や，同特約が定められるにいたった経緯等が考慮の対象となるにすぎないというべきであるとした。

　本件契約においても，賃料自動改定条項があり，賃料支払額計算書に具体的な賃料額が記載されている。原審は，この計算書の金額を基準にそこから約20％減額した金額を適正賃料と認定したが，控訴審は，この点について最終合意時の賃料を基準に適正賃料額を試算しているものである。

【村手亜未子】

## 36 サブリース契約であることが更新拒絶における「正当事由」の考慮要素となるか

札幌地判平成21年4月22日（平成19年(ワ)第1542号）
判タ1317号194頁

### 争 点

1 サブリース契約に借地借家法の適用があるか
2 サブリース契約であることが更新拒絶における正当事由の考慮要素となるか

## 判決の内容

### ■事案の概要

Xは不動産の取得，所有，処分及び賃貸借等を業とする株式会社である。X，A及びBは，平成3年10月3日，Xが所有するオフィスビル（以下「本件建物」という）のうち，X使用部分を除く部分を賃貸期間平成4年9月1日から平成19年8月31日までとして，XからAに賃貸し，AがBに一括して転貸する旨の賃貸借契約（以下「本件契約」という）を締結した。本件契約は，XがBの信用状態に不安を抱き，Aに対して，一定期間の賃料を保証することを希望したため，6年目以降，BがAの地位を承継することを前提にX，A及びBの三者間で締結されたものである。

本件契約は，Bが一括して借り上げた上でテナントを募集し，テナントからの賃貸収入をもって収益を図るという点で，いわゆるサブリース契約である。

Yは不動産の賃貸，管理及び不動産鑑定等を業とする株式会社であるが，平成9年3月1日にBの地位を承継し，さらに，同年9月1日にAの本件契約上の地位を承継したことにより同日以降XとYの間に直接の賃貸借関係が成立した。

Xは，平成19年2月22日付の書面をもって，Yに対し，本件契約を更新しない旨の通知を行ったが，Yはこれを受け入れず，本件契約期間が終了した後も本件建物を占有していた。そこでXはYに対し，契約期間終了後，Yが賃借権を有しないことの確認を求めた。

Xは，本件契約がサブリース契約であるところ，サブリース契約は賃貸人である建物所有者と，賃借人である管理会社との共同事業としての性格を有する

ものであるから，賃借人が経済的弱者であることを前提にする借地借家法の理念に整合しない側面があるため，借地借家法28条に定める「正当の事由」の考慮にあたって，サブリース契約であることが重要な考慮要素である等と主張した。

これに対しYは，Xの主張を争い，サブリース契約にも借地借家法28条の適用があるとした。

## ■判決要旨

### 1　サブリース契約と借地借家法28条の適用

平成4年9月1日から平成9年8月31日までAがXから本件建物賃貸部分を賃借してBに転貸していた期間も，その後YがXから本件建物賃貸部分を賃借していた時期も，XがA又はBに本件建物賃貸部分を使用収益させ，その対価としてA，BないしYがXに対して，賃料を支払うというものであって，本件契約の性質は賃貸借契約と認められ，本件契約には借地借家法が適用され，同法28条の規定も適用される。

さらに，借地借家法は，建物の賃貸借が居住目的であると事業目的であるとにかかわらず適用されるものであり，また，賃貸人又は賃借人の属性によって適用に相違があるものではないので，本件契約が，Yにおいてテナントに転貸して収益を上げることを目的とするサブリース契約であることによって，同法28条の規定の適用があるとの結論が否定されることにはならない。

そして，同法28条の規定は強行法規であるから，たとえ，本件契約において，賃貸人の一方的意思によって契約の更新を拒絶し得る旨の特約を設けたとしても，その特約は，同法30条の規定により無効と解される。

### 2　正当の事由の考慮要素

このような前提に立てば，本件契約の更新拒絶について同法28条の「正当の事由」が認められるか否かを判断するにあたっては，同条に規定されている「建物の賃貸人及び賃借人（転借人も含む。）が建物の使用を必要とする事情のほか，建物の賃貸借に関する従前の経緯，建物の利用状況及び建物の現況並びに建物の賃貸人が建物の明け渡しと引換に建物の賃借人に対して財産上の給付をする旨の申出をした場合におけるその申出」などの事情を考慮して判断することになるのであって，本件契約がサブリースであることが，上記の「建物の賃貸人及び賃借人が建物の使用を必要とする事情」の一要素として考慮されることはあっても，サブリース契約であること自体が，同法28条の「正当の事由」を認める方向での独立の考慮要素となるものではない。

〔36〕札幌地判平成21年4月22日（平成19年（ワ）第1542号）　　*133*

Ｙは，本件契約によってＹに支払われる賃料を遙かに上回る収益をテナントから得ているとしても，そのことはサブリース契約という契約形態において想定されている範囲内の事柄である。したがって，そのことが更新拒絶の「正当の事由」が認められる事由になるということはできない。

## ■　解　　説

### 1　借地借家法28条

賃貸人がする解約申入れは，正当事由が具備されていなければ，認められない（借地借家28条）。

正当事由の判断基準は，借地借家法28条に定めがあり，「建物の賃貸人及び賃借人（転借人を含む。以下この条において同じ。）が建物の使用を必要とする事情のほか，建物の賃貸借に関する従前の経過，建物の利用状況及び建物の現況並びに建物の賃貸人が建物の明渡しの条件として又は建物の明渡しと引換えに建物の賃借人に対して財産上の給付をする旨の申出をした場合におけるその申出」がそれである。

したがって，正当事由の判断にあたっては，賃貸人及び賃借人が建物利用を必要とする事情を基本的な判断基準とし，そのほかに上記の付随的事情が考慮されることとなる。

本件では，正当事由の判断にサブリース契約であること自体が考慮されるべきか否かが争われた。

### 2　サブリース契約と借地借家法28条について

本件で，Ｘはサブリース契約が賃貸人と賃借人との共同事業としての性格を有するものであると主張した。もっとも，最三小判平15・10・21（民集57巻9号1213頁・判時1844号37頁）（【本書判例35】解説参照）でサブリース契約に借地借家法の適用があることが認められたことを考慮してか，借地借家法の適用を否定するとは主張せず，正当事由の判断にあたってサブリースであることを考慮に入れるべきと主張するにとどめた。

これに対して裁判所は，賃貸人が賃借人に本件建物賃貸部分を使用収益させ，その対価として賃料を支払っている事実を認定した上で，本件サブリース契約の性質が建物の賃貸借であると述べ，本件がサブリース契約であることは借地借家法28条の正当事由該当性を判断するにあたって，独立の考慮要素にはなるものではないとした。

【村手亜未子】

134　第1章　賃貸借　第5節　転貸借・サブリース

## 37 店舗運営基準規制等を含む契約（SUBLEASE AGREEMENT）の法的性質と賃料の7倍を超える転貸料の有効性
### ——ウォルト・ディズニー・ジャパン／プラネット・ハリウッド・ジャパン事件

東京地判平成21年4月7日（平成19年(ワ)第21162号，平成20年(ワ)第7102号）
判夕1311号173頁

### 争 点

　1　営業の自由を制限する店舗運営基準の規制がある契約（題名はSUBLEASE AGREEMENT）が賃貸借契約であるか
　2　転貸料が賃料の7倍を超える転貸借契約は公序良俗に違反するか

## 判決の内容

### ■事案の概要

　Xは，米国法人ザ・ウォルト・ディズニー・カンパニーの日本子会社で玩具，遊園地のチケット販売等並びに不動産の管理及び開発等を目的とする株式会社である。Aは，自己の親会社である株式会社オリエンタルランドから，親会社の所有する東京ディズニーリゾート内のイクスピアリという複合施設の運営を受託する会社である。Yは，レストランの経営等を目的とする株式会社である。

　Aは，平成12年8月，Xに対しイクスピアリ内の本件建物を月額150万円で賃貸し，Xは，同年9月，Yに対し固定賃料月額1120万円及び歩合賃料を加えた額を賃料とすること等の合意ある契約書（以下，XY間の「SUBLEASE AGREEMENTと称する契約を「本件契約」という）に基づき本件建物を引き渡した。本件契約には賃料の合意に加え，Yはディズニー・スタンダード（サービスや提供物が東京ディズニーリゾートのテーマ，コンセプト，雰囲気及び品質に適合していること等）を満たすことと，これに合致しないものはXの裁量にて排除撤去できること，営業時間，メニュー要件，座席，来店客調査，Yの雇用ポリシー，Yの従業員の服装と身だしなみ等に関して，Yの権限を制限し，Xの権限を認める規定などがある。

　Yは，平成13年12月から本件建物において営業を開始した。XとYとは，本

件契約締結後も賃料の支払に関する交渉を行い，数回変更合意してきた。平成15年7月には，XとYとは，固定賃料と実際にYがXに対して支払ってきた額との差額の支払を，平成16年10月1日まで猶予する旨，合意した。

平成19年7月，XはYに対し，未払賃料として4億4722万8297円につき30日以内の支払並びにディズニー・スタンダード違反の是正を求める内容の通知を行った。

Xは，平成19年8月，Yに対し賃料不払い等を理由に本件契約を解除する旨を通知し，本訴訟において本件契約の終了に基づく建物の明渡し並びに未払賃料及び賃料相当損害金の支払を求めた。

これに対し，Yは，XY間の本件契約について，①通常の賃貸借契約には見られない，レストランの内装設計，工事等についてのXの承認，メニューの料理，名称，価格についてのXの事前承認，本件建物内にXが入り修繕，メンテナンスができる旨の規定，Y従業員の雇用の承認や配転を命ずることができる権利等Yの営業の自由を制限する規定が含まれていることを指摘した上，同契約が単純な賃貸借契約ではなく，X及びYがレストランを共同経営することを目的とする業務執行参加型・非典型的匿名組合契約であるとし，YがXに対して負担する「賃料」名目の支払は利益分配の仮払いであるから，レストラン営業による利益を生じていない以上，Yは支払義務を負わないとして，賃料債務の不履行はない，②転貸料が賃借料の7倍を超えており暴利行為であって無効であると主張して争った。

## ■判決要旨

### 1 本件契約の性質

本件契約は，YがXに対して本件建物を借り受け，その対価として賃料を支払う義務を負う賃貸借契約であると認められる。その理由として，本件契約に，XとYとの間の合弁事業，組合関係，代理関係又は雇用関係を創設するものと解されてはならない旨の規定が存在すること，利益の有無にかかわらず一定の金銭を支払う旨の固定賃料の定めは，匿名組合契約の本質である不確定な利益の分配に反する内容となること，仮払金の返還，精算を念頭においた規定がなく利益分配金として毎月一定額が仮払いされるべき合理的根拠を見出し難いこと，証言に現れた契約当事者らの意思にも合致しないことを挙げた。

### 2 暴利行為該当性

暴利行為に関して，裁判所は，本件建物が都心近郊の商業施設内において約1500平方メートルもの広大な面積を有すること，ＡＸ間の賃料額は，本件契約

における固定賃料の７分の１未満の１か月150万円とされてはいるものの，これは本件建物を含む施設の開発事業に関するＡとＸの間の協力関係を考慮して決定されたものであること等から，ＹがＸに支払うべき賃料額とＸがＡに支払う賃料額とを単純に比較できるものではないとして，本件建物の賃料が，不当に高額であるということもできないと判断した。

また本件契約は，Ｘ側及びＹ側が，それぞれが選任した弁護士を通じて多数回にわたる交渉を経て締結されたものであり，その交渉過程ではＸの譲歩もあったことにかんがみて，本件契約に定めた固定賃料が暴利行為であるとは認められないとした。

その上で，裁判所は，結論としてＸの請求を全面的に認容した。

## 解　説

### 1　特殊事情と賃貸借契約性

Ｙは，本件サブリース契約において，経営の自由を制限されていることや，レストランの売上げの一部を固定賃料に上乗せして支払う条項が含まれていることなどから，賃貸借契約ではなく共同経営を目的とする匿名組合契約であると主張したが，裁判所は本件サブリース契約に特殊な事情があるからといって，その賃貸借契約性を否定することにはならないとして賃貸借契約性を肯定した。

### 2　暴利行為該当性・公序良俗違反の事例

また，本件では転貸料1120万円が賃貸料150万円に比較して，７倍もの高額になっていたことから，転借人は転貸人に対して暴利行為であると主張した。

本件は，東京ディズニーリゾート内の施設であり，ディズニーエンタープライゼスインクのライセンスを受けて，東京ディズニーリゾートを運営するオリエンタルランド社とＸとの協力関係があったことが前提となって賃料150万円が決定されたことから転貸料が賃料に比較して不当に高額とはいえないとし，また，ＸＹ双方に米国人の弁護士が関与して転貸料交渉が重ねられたことや交渉の途中で，Ｘも転貸料を譲歩したという事情があったことなどから，暴利行為であることを否定した。

なお，賃貸借契約が公序良俗違反と認められた裁判例として，賃貸人が賃借人に欺かれ建築材料置場として使用することを目的とした賃貸借契約を締結したところ，この賃借権を買い取ったという人物から畏怖，困惑させられて，当該人物との間で新たな賃貸借契約（第二の賃貸借契約）を締結させられ，しかもその内容は，建物所有を目的とするもので，賃料は周辺土地の半額程度，通常

〔37〕東京地判平成21年4月7日（平成19年(ワ)第21162号，平成20年(ワ)第7102号）　*137*

収受される権利金も支払われなかったなどの事実から，第二の賃貸借契約について公序良俗に反し無効と判断された事案（東京高判昭53・7・18判時900号69頁），ある建物の賃借人が，建物所有者から賃借した部分のうち，一部を転借人に転貸していたが，その転借人が転貸借部分の借増しを求めた際に，転借人が，賃借人の経済的な窮迫と精神薄弱に乗じて借増しを承諾させたとして転貸借が無効と判断された事案（松江地判昭26・4・27下民集2巻4号553頁）がある。

　他方，公序良俗違反とは認められなかった裁判例として，賃貸人が，賃借人から受領した賃料の一部を，脱税目的で領収書等に記載しなかったことは国税徴収法に違反する行為ではあるが，賃料がさほど高額ではないこと，仮に公序良俗違反によって無効とされれば賃貸借契約における対価的均衡を失する不合理な事態となるとして無効ではないと判断した事案（東京地判昭58・3・17判タ500号185頁）や，ある借地の賃料15万円は鑑定による適正相当額8万4300円に対して1.8倍に達しているが，賃料が15万円と定まった経緯として10万円の賃料を30万円に値上げするとの賃貸人の提案に借地人が折衝した事実や，2年間にわたり15万円を異議なく支払ってきた事実などを認定して，暴利行為にあたらないとした事案（東京高判昭55・8・27判タ426号107頁・判時977号70頁）を挙げることができる。

　本件は，双方とも米国人弁護士を介して合意された，やや特殊な規定を含む契約の解釈が問題となった事例として実務の参考になると考え紹介する。

【村手亜未子】

## 第6節

## 地位の移転・譲渡・転貸

### ＊本節の趣旨＊

　賃借人は，賃貸人の同意なく賃借権を譲渡・転貸することはできないことが民法の原則である。

　業務用建物は法人が賃借人であることが多いが，法人は個人のように死亡，相続がない代わりに，合併，事業譲渡等組織再編が行われることも多く，それが実質的には譲渡，転貸に当たるのではないか，という点が問題になるため，事例を紹介する。

〔38〕東京地判平成22年5月20日（平成20年（ワ）第36400号）　*139*

# 38 会社分割と株式譲渡が賃借権譲渡にあたるか

東京地判平成22年5月20日（平成20年（ワ）第36400号）
ウエストロー2010WLJPCA05208011

### 争 点

1　賃借人が，新設分割により別会社に賃借人たる地位を承継させた上，賃借人の所有するその別会社の全株式を第三者に譲渡した行為が，実質的な賃借権の無断譲渡にあたるか

2　1に背信性はあるか

## 判決の内容

### ■事案の概要

#### 1　賃貸借契約の内容

X（株式会社）は，Y₁（株式会社）に対し，2つの建物（以下「本件各建物」という）を，Y₁が脱毛専門エステサロン等として使用することを目的として，賃貸していた（以下「本件各契約」という）。本件各契約には，以下の約定がある。

① 禁止事項　賃借権を第三者へ譲渡（担保の提供又は代表者，役員等の変更による実質上の賃借権譲渡及び合併を含む）し，又は貸室を転貸（有償，無償を問わず，又は共同使用及びこれに準ずる一切の行為を含む）すること（以下「本件禁止事項」という）

② 変更通知　賃借人にその所在地，商号，代表者その他商業登記事項若しくは身分上重大な変更がある場合は，変更登記等終了後速やかに新登記事項記載の謄本を添付の上賃貸人に通知し，契約書等の変更手続を行わなければならない（以下「本件通知義務」という）

③ この契約に違反した場合，賃貸人は無催告解除できる

#### 2　新設分割による本件各契約の承継

Y₁の役員が，医師免許を持たない従業員に医業に当たる脱毛行為をさせた医師法違反の疑いで逮捕され，その旨の報道がなされた（後に起訴猶予）。これにより，取引先がY₁に取引の中止を通告するなどしたため，Y₁は，これに対処するため，新設分割を考案し，新設分割によって新設会社Y₂（株式会社）に本件各契約に基づく賃借権を承継させた（以下「本件新設分割」という）。

Y₁は，本件通知義務にかかわらず，合理的な理由なくして，本件新設分割

成立後6か月以上経過して初めて，Xに対し，会社分割によりY₂を設立して美容事業部を承継させたことを通知した。

### 3　Y₂株式全部の譲渡

その後，Y₁は，A（株式会社）に対し，Y₂の全株式を譲渡し（以下「本件株式譲渡」という），Aの関係者がY₂の代表取締役に就任した。

### 4　本件各契約の解除

Xは，Y₂に対し，本件各建物の明渡しを求め提訴し，その訴状にて，本件各契約を解除する旨の意思表示をした。

## ■判決要旨

### 1　実質的な賃借権の無断譲渡に当たるか

本件新設分割と本件株式譲渡は，本件禁止事項により禁止されている実質的な賃借権の譲渡にあたる。理由は以下のとおりである。

① たしかに，会社分割ないし株式譲渡は本件禁止条項に禁止事由として列挙されていない。しかし，本件禁止事項の趣旨は，法人格の異なる第三者への賃借権の特定承継・移転に限らず，大幅な賃借人の人的・物的要素の変更があった場合にも，賃貸借契約の当事者間の信頼関係に重大な影響を与え得ることから，実質的にみて賃借権を譲渡した場合と評価できるような大幅な人的・物的要素の変更も信頼関係を破壊する行為としてこれを禁止するところにある。したがって，本件禁止事項により列挙された禁止事由は例示列挙にすぎず，会社分割ないし株式譲渡も，これによる賃借人の人的・物的要素の変更の程度が重大といえる場合には実質的な賃借権譲渡に当たり得る。

② 本件新設分割及び本件株式譲渡は，脱毛エステ事業が医師法に適合するよう運営主体及び態様を変更する必要があったことなどからなされた一連の事業売却であるから，人的・物的（資本的）変動の程度は重大なので，実質的な賃借権譲渡にあたる。脱毛エステという事業内容や本件各建物の使用態様等に変更がないからといって，単に企業の一事業部門を会社分割により独立させたものと同視することはできない。

### 2　背信性について

賃貸借契約当事者間の信頼関係を破壊しない（背信性がない）と評価できる特別の事情はない。理由は以下のとおりである。

① Xにとって，Y₁の役員の逮捕事実は，本件各建物の使用目的及び態様そのものに直接関係する違法行為だから，それ自体で信頼関係を大きく動

〔38〕東京地判平成22年5月20日（平成20年(ワ)第36400号）　*141*

揺させる。

② 　Yらは，上記①に起因して本件禁止条項違反，本件通知義務違反を続けて惹起した上，その後も会社分割につきXに十分な説明をせず，また，現在も，脱毛施術を医師免許のない従業員がしている実態があるので，XがYらに対する不信感を募らせるのも無理はない。

③ 　Y2により賃料が遅滞なく支払われていることや，提訴後に建物の1つが任意に明け渡されたこと等を考慮しても，当事者間の信頼関係を破壊しないと評価し得る特段の事情は認められない。

## ■ 解　　説

### 1　民法と特約による賃借権譲渡禁止

賃借権の譲渡とは，賃借人が，賃貸人との間で有する賃貸借契約上の地位を譲受人に移転し，自らは賃貸借関係から離脱する行為をいう。賃借権の無断譲渡は禁止され（民612条1項），これに違反して第三者に賃借物の使用をさせたときは，賃貸人は契約を解除できる（同条2項）。

判例上，民法612条の賃借権譲渡の有無は，実質ではなく，形式・外形を基準とするため（山下郁夫・最高裁判所判例解説民事篇平成8年度(下)797頁），賃借人の法人格に変動がない以上，役員や資本構成などに変更があっても，法人格が形骸化しているなど特別な事情がない限り，同条にいう賃借権の譲渡には当たらない。

もっとも，この場合でも，賃貸借契約に賃貸人の承諾なく役員構成や資本構成等重大な変動を生じさせた場合に解除できる旨の特約がある場合には，かかる特約違反をもって賃貸借契約を解除し得る（最二小判平8・10・14民集50巻9号2431頁，東京地判平5・1・26判時1467号69頁）。本件では，本件禁止条項がかかる特約に相当する。その上で，個別に背信性の有無を判断することとなる（背信性については【本書判例40】の解説参照）。

このように，民法612条にて形式的外形的な賃借権譲渡が禁じられ，特約にて実質的な賃借権譲渡も禁じられる関係にある。

### 2　会社分割と賃借権譲渡

本件のように，賃借人が，分割の範囲に賃貸借を含んだ会社分割を行う場合，分割前後における賃借人は別法人となるため，民法612条の賃借権の譲渡に当たる（東京地判平10・2・23判タ1013号174頁（ただし借地で，会社分割制定前の分社化手続の事案））。もっとも，本件では，下記**3**の株式譲渡と合わせて，実質的な賃

借権譲渡を禁じる特約である本件禁止条項違反か否かという形で判断されている。

### 3　株式譲渡と賃借権譲渡

賃借人の株式を第三者に譲渡しても，法人格の同一性が維持されているから，資本構成等に実質的変動があったとしても，民法612条の賃借権の譲渡があったとはいえない（前掲最二小判平8・10・14，東京地判平18・5・15判時1938号90頁）。もっとも，上記のとおり，賃貸人の承諾なく重要な変動を生じさせた場合に解除できる旨の特約がある場合には，かかる特約違反をもって賃貸人が賃貸借契約を解除することが可能である。本件では，本件禁止条項がかかる特約に該当し，Y1のAに対するY2全株式の譲渡が，本件禁止条項に違反するとされた。

### 4　背信性について

上記2，3にかかわらず，賃貸借契約当事者間において，信頼関係が破壊されていない（背信性がない）と評価できる特別の事情があれば，賃貸人に解除権は生じない（【本書判例40】解説1参照）。本件では，Y1Y2に複数の義務違反（本件禁止条項違反，本件通知義務違反）があり，その後，Xに対する説明も不十分であった上，賃貸借の使用目的とされる事業に違法があってそれが改善されていないといった個別具体的な事情のもと，かかる特別な事情は認められなかった（かかる背信性の判断につき，前掲東京地判平18・5・15参照）。

### 5　実務上の措置

民法612条の賃借権譲渡は形式的・外形的に判断されるため，賃貸人が賃借人の株主構成・役員構成・資本構成に重大な変化（実質的な賃借権譲渡）を禁止したいのであれば，その旨を特約とする必要がある。特に小規模閉鎖会社が賃借人であるような場合には，特定の株主・役員との間で信頼関係が構築されていることがあるので，かかる特約の必要性は高いと考えられる。

【森下　寿光】

〔39〕最三小決平成29年12月19日（平成29年(許)第10号）　*143*

## 39 賃借人の会社分割における<br>債権者（賃貸人）保護と信義則

最三小決平成29年12月19日（平成29年(許)第10号）
民集71巻10号2592頁，判時2387号129頁，判タ1452号35頁

争 点

　賃借人が，吸収分割にて賃借人たる地位を別会社に免責的に承継させたとして，賃貸人に対し，当該吸収分割を理由になされた解除に伴う違約金の支払債務を負わないと主張することが，信義則上許されるか

# 決定の内容

## ■事案の概要

### 1　賃貸借契約の内容

　ＹとＸ（いずれも株式会社）は，平成24年5月，ＹがＹの設計等に基づいて老人ホーム用の建物（以下「本件建物」という）を建築し，Ｙが有料老人ホーム等として使用する目的で本件建物をＸから賃借する旨の契約（以下「本件賃貸借」という）を締結した。本件賃貸借には次の定めがある。

①　賃貸期間は本件建物の引渡しの日から20年間，賃料は月額499万円

②　Ｙは，本件賃貸借に基づく権利の全部又は一部を第三者に譲渡したり，Ｘの文書による承諾を得た場合を除き本件建物の全部又は一部を第三者に転貸したりしてはならない

③　本件建物は老人ホーム用であって他の用途に転用することが困難であること及びＸは本件賃貸借が20年継続することを前提に投資していることから，Ｙは，原則として，本件賃貸借を中途で解約することができない

④　Ｙが本件賃貸借の契約当事者を実質的に変更した場合などには，Ｘは，催告をすることなく，本件賃貸借を解除することができる（以下，この定めを「本件解除条項」という）

⑤　本件賃貸借の開始から15年が経過する前に，Ｘが本件解除条項に基づき本件賃貸借を解除した場合は，Ｙは，Ｘに対し，15年分の賃料額から支払済みの賃料額を控除した金額を違約金として支払う（以下，この定めを「本件違約金条項」という）

### 2　本件事業の不振

144 第1章 賃貸借 第6節 地位の移転・譲渡・転貸

　Xは，約6億円をかけて本件建物を建築し，平成24年10月，本件建物をYに
引き渡した。Yは，同年11月，本件建物において有料老人ホームの運営事業
（以下「本件事業」という）を開始した。本件事業は，開始当初から業績不振が続
いた。Yは，平成28年4月頃，本件事業を会社分割によって別会社に承継させ
ることを考え，Xにその旨を伝えて了承を求めたが，Xは了承しなかった。

### 3　本件吸収分割

　Yは，平成28年5月17日，資本金100万円を全額出資して，A株式会社（以
下「A」という）を設立した。YとAは，平成28年5月26日，効力発生日を同年
7月1日として，本件事業に関する権利義務等（本件賃貸借の契約上の地位及び本
件賃貸借に基づく権利義務を含む。以下同じ）がYからAに承継されることなどを内
容とする吸収分割契約（以下「本件吸収分割契約」といい，本件吸収分割契約に基づく
吸収分割を「本件吸収分割」という）を締結した。本件吸収分割契約には，Yは本
件事業に関する権利義務等について本件吸収分割の後は責任を負わないものと
する旨の定めがある。

　Yは，平成28年5月27日，本件吸収分割をする旨，債権者が公告の日の翌日
から1か月以内に異議を述べることができる旨など会社法789条2項各号に掲
げる事項を，官報及び日刊新聞紙に掲載する方法により公告したが異議を述べ
た債権者はいなかった。

　Yは，本件賃貸借に基づく賃料を平成28年7月分まで全額支払ったが，Aは，
本件吸収分割の後，賃料の大部分を支払わなかった。

### 4　本件賃貸借の解除

　Xは，平成28年12月9日，Y及びAに対し，Yが本件賃貸借の契約当事者を
実質的に変更したことなどを理由に，本件解除条項に基づき本件賃貸借を解除
する旨の意思表示をした。そして，XはYに対し，本件違約金条項に基づく違
約金債権（以下「本件違約金債権」という）の一部を被保全債権として，Yの第三
者に対する債権の仮差押命令を申し立て，原審がこれを認めたため，Yが許可
抗告した。

■**決定要旨**

### 1　本件吸収分割の効力

　吸収分割（会社2条29号）によって，吸収分割会社と吸収分割承継会社との間
で締結される吸収分割契約の定めに従い，吸収分割承継会社が吸収分割会社の
権利義務を承継する（会社757条・759条1項・761条1項）。本件において，本件事
業に関する権利義務等は，本件吸収分割により，YからAに承継される。

## 2 信義則による修正

しかし，本件では，以下の事実から，YがXに対し，本件吸収分割がされたことを理由に本件違約金債権に係る債務を負わないと主張することは，信義則に反して許されない。したがって，Xは，本件吸収分割の後も，Yに対して同債務の履行を請求することができる。

① 本件賃貸借においては，XとYとの間で，本件建物が他の用途に転用することが困難であること及び本件賃貸借が20年継続することを前提にXが本件建物の建築資金を支出する旨が合意され，Xは，長期にわたってYに本件建物を賃貸し，その賃料によって本件建物の建築費用を回収することを予定していた。Xが，本件賃貸借において，Yによる賃借権の譲渡等を禁止した上で本件解除条項及び本件違約金条項を設け，Yが契約当事者を実質的に変更した場合に，Yに対して本件違約金債権を請求することができることとしたのは，上記の合意を踏まえて，賃借人の変更による不利益を回避することを意図していたものといえる。そして，Yも，Xの上記のような意図を理解した上で，本件賃貸借を締結したものといえる。

② Yは，本件解除条項に定められた事由に該当する本件吸収分割をして，Xの同意のないまま，本件事業に関する権利義務等をAに承継させた。Aは，本件吸収分割の前の資本金が100万円であり，本件吸収分割によって本件違約金債権の額を大幅に下回る額の資産しかYから承継していない。仮に，本件吸収分割の後は，Aのみが本件違約金債権に係る債務を負い，Yは同債務を負わないとすると，本件吸収分割によって，Yは，業績不振の本件事業をAに承継させるとともに同債務を免れるという経済的利益を享受する一方で，Xは，支払能力を欠くことが明らかなAに対してしか本件違約金債権を請求することができないという著しい不利益を受けることになる。

③ 法は，吸収分割会社の債権者を保護するために，債権者の異議の規定を設けている（会社789条）が，本件違約金債権は，本件吸収分割の効力発生後に，Xが本件解除条項に基づき解除の意思表示をすることによって発生するものであるから，Xは，本件違約金債権を有しているとして，Yに対し，本件吸収分割について同条1項2号の規定による異議を述べることができたとは解されない。

146 第1章 賃貸借 第6節 地位の移転・譲渡・転貸

# ■ 解　　説

## 1　本決定の意義

　会社分割では，分割会社の債務を承継させる場合にも，当該債務の債権者の同意は不要であるため，債権者（賃貸人）は，自らの債権保全を図る必要がある。平時には，債務者（賃借人）との賃貸借契約にて，自衛条項（賃貸人の承諾を得ない分割をした場合の違約金条項，解除条項）を設けて，間接的に債務者の会社分割を阻止することになろう。また，実際に会社分割がされる場合，本件のように分割会社に債務の履行を請求できなくなる賃貸人は，異議による担保提供（会社789条）を求めるのが通常である。本決定は，かかる異議がない場合でも信義則により債権者を保護した事例として，重要な意義を有する（なお，会社分割と賃借権譲渡との関係については，【本書判例38】解説部分参照）。なお，本件とは異なり，異議申立権がない分割会社の債権者を害するタイプの会社分割については，詐害行為取消権，残存債権者保護規定の利用（会社759条4項等）等が検討される（江頭憲治郎『株式会社法』〔第6版〕909頁参照）。

## 2　本決定の射程

　本決定が信義則を適用した理由は，上記**決定要旨**のとおり，①本件解除条項及び本件違約金条項にて，Xが賃借人変更による不利益回避を意図し，Yもこれを了解していた（当事者の意思解釈），②Aが，明らかに支払能力を欠く（詐害意図の明白さ），③Xが債権者異議（会社789条）を述べることができたとは解されない，というものである。ただし，③については，本件違約金債権が，本件吸収分割の効力発生後に，本件解除条項による解除に伴い生じる将来債権であることから，Xが会社法789条1項2号の「債権者」には該当しないと考えるのか，仮に該当すると考えた場合でも，本件事実関係のもと，事実上異議を述べるのが不可能であったと考えるのか，はっきりしない。いずれにせよ，本判決は事例判断で，その射程は限定的と考えられる。

## 3　賃貸人の実務対応

　本判決が適用できる場合が明確ではないため，賃貸人としては，上記のとおり，賃貸借契約書に自衛条項を設け賃借人が会社分割の手続に着手した場合には，履行期を過ぎた債権がある場合はもちろん，それがなくとも，将来の賃料債権や違約金債権をもって異議申立てをしたほうが安全といえるだろう。

**【森下　寿光】**

〔40〕東京地判平成26年6月13日（平成24年（ワ）第25373号）　*147*

## 40 無断転貸における背信性及び解除権の消滅時効

東京地判平成26年6月13日（平成24年（ワ）第25373号）
ウエストロー2014WLJPCA06138010

### 争点

1　無断転貸にて背信行為と認めるに足りない特段の事情の有無
2　無断転貸による解除権の消滅時効

## 判決の内容

### ■事案の概要

　X（株式会社）は，Y（株式会社）に対し，所有する店舗用建物（以下「本件建物」という）を賃貸していた（以下「本件賃貸借」という）。Yは，当初，同所にて，衣料品などの小売店舗を直営し，その後，複数のテナントに一部の区画を利用させるいわゆるケース貸しをしていた。

　Yは，平成12年8月，A（株式会社）に対し，本件建物を転貸し，Aは，同所にて，ジーンズショップ「A」の営業を開始した。Aは，平成15年3月，B（株式会社）に対し，本件建物の地下1階部分を再転貸し，Bは，同所で100円ショップの営業を開始した（以下，上記転貸及び再転貸を「本件各転貸」という）。AもBも，現在にいたるまで，上記営業を続けている。

　Xは，Yに対し，平成24年10月送達の訴状により，本件各転貸が無断転貸であるとして，本件賃貸借を解除するとの意思表示（以下「本件解除」という）をして，本件建物の明渡しなどを求めた（なお，同時に賃料増額確認請求もなされているが，本稿では割愛する）。

　これに対し，Yは，本件各転貸は本件賃貸借により許容されている，又はXの明示黙示の同意があった，そうでなくとも背信性はないと反論し，さらに，本件解除につき，解除権の消滅時効を援用した。

### ■判決要旨

#### 1　無断転貸にて背信行為と認めるに足りない特段の事情の有無

　本件各転貸は本件賃貸借にて許容されておらず，また，Xの明示黙示の承諾もないとした上で，以下のとおり，背信行為と認めるに足りない特段の事情があるとした。

①　Xは，平成16年３月ないし４月頃には，YのA及びBとの転貸借関係を
認識していた（本件各転貸によるA及びBの使用開始による内装工事や看板設置工
事によって本件建物の外観が変化し，また，XがYに対し，平成16年３月ないし４月頃
に，賃料増額交渉の過程で，転貸禁止の条項に違反する旨の記載がある書面を送付し
ていた）。にもかかわらず，Xは，平成23年10月に無断転貸による解除に言
及する書面をYに送付するまで７年以上の間，本件賃貸借の賃料増額を求
めるなどして，本件各転貸を解除事由として問題視することはなかった。

②　本件建物においては，賃借人が第三者であるテナントに出店させる形態
による使用収益（ケース貸し）が長年にわたり行われていた。

③　Aの本件建物の使用開始に際しては大規模な内装工事が行われたものの，
少なくとも同工事の実施についてはXがこれを承諾した。

④　上記①～上記③の事実を踏まえると，

・　Yが本件各転貸に際して同契約の存在をXに申告しなかったこと，
・　YがXと賃料増額交渉においてもXからの本件各転貸の内容の開示要
求に応じなかったこと，
・　YがAへの転貸により本件賃貸借に基づく賃料を超える転貸料収入を
得ていること，

などの事情を踏まえても，本件各転貸については，背信行為と認めるには
足りない特段の事情がある。

## 2　解除権の消滅時効

無断転貸による解除権は時効消滅し，また，その援用は信義則に反しないの
で，Xの請求はいずれにせよ理由がないとした。

すなわち，

①　無断転貸を理由とする賃貸借契約の解除権の消滅時効は，転借人が賃貸
借契約に基づき当該建物の使用収益を開始した時から進行する（最一小判
昭62・10・8民集41巻７号1445頁参照）。そうすると，A及びBが本件各転貸に
基づき本件建物について使用収益を開始した平成12年８月及び平成15年３
月からそれぞれ５年（商522条）が経過したことで，本件各転貸によるXの
解除権の消滅時効が完成したことになる。そして，Yが，Xに対し，平成
25年10月29日に，上記時効を援用するとの意思表示をしたから，上記解除
権は時効により消滅した。

②　また，Xは，遅くとも平成16年４月頃にはA及びBの本件建物の使用が
無断転貸に当たるとの認識を有していたから，Yが，本件各転貸に際して

〔40〕東京地判平成26年6月13日（平成24年（ワ）第25373号）　*149*

　本件各契約の存在をＸに申告しなかったことや，Ｘからの本件各転貸の内
容の開示要求に応じなかったことなどの事情を踏まえても，Ｙによる上記
時効の援用が信義則に反し許されないということはできない。

## ■　解　　説

### 1　背信性の不存在について

#### ⑴　背信性が存在しない場合

　賃借人が賃貸人の承諾なく第三者に賃借物の使用収益をさせた場合，無断譲
渡・転貸として，賃貸人に民法612条1項・2項に基づき解除権が発生するの
が原則であるが，賃借人の当該行為が賃貸人に対する背信的行為と認めるに足
りない特段の事情がある場合においては，その解除権は発生しない（最二小判
昭28・9・25民集7巻9号979頁）。この特段の事情については，賃借人が主張立証
責任を負う（最一小判昭41・1・27民集20巻1号136頁）。

#### ⑵　背信性不存在の判断基準

　背信性不存在の一応の判断基準は，次のとおりである（山本敬三『民法講義Ⅳ
－1契約法〔初版〕』467頁）。

　①　譲渡・転貸の範囲・継続性（譲渡・転貸部分がわずかである場合には，原則と
　　して背信性なし。譲渡・転貸が一時的であり，現在は行われていない場合は，原則とし
　　て背信性なし）

　②　利用主体の変更の実質性（譲受人・転借人が賃借人の（同居の）近親者である
　　場合は，実質的には譲渡・転貸がない以上，背信性なし。組織再編や法人成りなどで法
　　主体が形式的に変更しても，実体に変更がなければ，実質的には譲渡転貸がない以上，
　　背信性なし）。（なお，法主体に変更がない場合には，法人格が形骸化しているような特
　　殊な場合を除き，そもそも譲渡・転貸にあたらない（外形的基準。【本書判例38】解説
　　参照））

　賃貸人が賃借人の無断転貸を知りながらその停止を長期間催告しなかった場
合に，背信性不存在の考慮要素として良いかは争いがある（篠田省二編『現代民
事裁判の課題(6)』473頁〔宮川博史〕）。本判決は，これを肯定した。

### 2　解除権の消滅時効

　解除権は，債権に準ずるものとして，10年の消滅時効にかかる（民167条1項）。
賃貸借が商行為である場合には，その期間は5年となる（商522条，大判大6・
11・14民録23輯1965頁）。改正民法では，権利を行使することができることを知っ
た時から5年，権利を行使することができる時から10年のいずれかが完成した

時に時効によって消滅するとされている（改正民166条1項）ので，かかる規律に従うことになる（なお，商522条は廃止される）。

無断転貸を理由とする賃貸借契約の解除権の場合，その消滅時効の起算点は，転借人が賃貸借契約に基づき当該建物の使用収益を開始した時である（最一小判昭62・10・8民集41巻7号1445頁参照）。

もっとも，この考え方を形式的に適用した場合には，賃借人が賃貸人に対して無断転貸の事実を巧妙に隠蔽すればするほど利益を受けるという不合理を生じ得る。そのような場合には，消滅時効の援用を，権利の濫用，信義則違反として許さないことも考えられる（田中壯太「時の判例」ジュリ907号69頁，東京高判昭54・9・26判タ403号100頁）。

本判決の事案では，本件各転貸による解除権は，提訴時点で消滅時効期間を経過していた。そして，Xが，消滅時効期間中に，本件各転貸の可能性を認識していたことから，消滅時効の援用は信義則違反でもないとした。

### 3 実務上の対応

実務上，賃貸人の知らないうちに，第三者が賃借物を使用収益していることがある。かかる事態の放置は，それ自体で背信性がないことを基礎づける一事情として評価され得る。また，第三者の使用収益開始時から解除権の消滅時効期間が進行するところ，第三者がいつから使用収益が開始していたのかは，外形上わかりにくいことも多いので，いつの間にか時効期間が経過していたということもあり得る。そこで，賃貸人としては，無断転貸による賃貸借契約の解除を視野にいれるのであれば，第三者の使用収益が発覚し次第，速やかに解除ないし使用の停止を求める内容証明郵便を送付するなどの対応が必要となろう。

【森下　寿光】

## 第7節

## 定期借家契約

### ＊本節の趣旨＊

　定期借家契約は，平成4年に施行された借地借家法で新設された，更新をせず期間満了で終了する新しい賃貸借契約の形式である。定期借家契約以外の建物賃貸借契約（一般に，定期借家に対して普通借家，という表現をすることが多いようである）は，賃貸人から契約を終了させ明渡しを求めることができる場合が限定されていたため，新規に貸し付けをすることに委縮する賃貸人も多く，結果として賃借を希望する側にも，希望の物件を借り受けて利用することができないという不都合があるなど，色々な問題をかかえていたことの，解決策の1つとして立法されたものである。

　業務用建物において，定期借家の利用は普及しており，特にファンドや信託物件などプロの投資家が対象とする賃貸物件では，終了が確定できることで投資リスクを減らせることなどから，定期借家契約を用いることが多い。

　このように普及しつつある定期借家契約であるが，終了時に賃借人側から定期借家ではなく普通借家であるから，更新拒絶ができないとして争われることや，賃貸借にかかわる条項の解釈が普通借家の場合と異なるか否か，が争われることがあり，参考になる事例を紹介する。

*152* 第1章 賃貸借 第7節 定期借家契約

## 第1 定期借家であることの該当性

### 41 宅建業者の重要事項説明と 定期借家契約における事前説明

東京地判平成25年1月23日（平成24年(ワ)第8364号）
ウエストロー2013WLJPCA01238027

**争点**

宅建業者の作成した重要事項説明書を交付したことにより，定期建物賃貸借契約の締結に先立ち，借主に対し借地借家法38条2項所定の説明をしたといえるか

## ▌判決の内容

### ■事案の概要

貸主Xは，借主Yとの間で，建物賃貸借契約（以下「本件賃貸借契約」という）を締結した。XとYとの間で作成された「定期店舗賃貸借契約書」と題する書面には，本件賃貸借契約は契約の更新がなく，期間満了により終了する旨の記載がある。

A社は，宅地建物取引業者であるところ，本件賃貸借契約は契約の更新がなく，期間の満了により終了する旨の記載のある重要事項説明書（以下「本件重要事項説明書」という）を作成した。

Xは，Yに対し，本件賃貸借契約が借地借家法38条1項所定の定期建物賃貸借であり，期間満了により終了したなどと主張して，建物の明渡し及び賃料相当損害金の支払を求めたが，Yは，同条2項所定の説明を受けていないなどと主張してこれを争っている。

### ■判決要旨

借地借家法38条2項所定の書面は，賃借人が，当該契約に係る賃貸借は契約の更新がなく，期間満了により終了すると認識しているか否かにかかわらず，契約書とは別個独立の書面であることを要するというべきである（最一小判平24・9・13（平成22年(受)第1209号）裁時1563号5頁【本書判例42】参照）。

本件において，A社が作成した本件重要事項説明書には，本件賃貸借契約は

〔41〕東京地判平成25年１月23日（平成24年(ワ)第8364号）　*153*

更新がなく，期間満了により終了する旨の記載はあるものの，Ａ社が宅建業者として媒介取引を行うに当たり，宅建業法35条及び同条２項所定の事項を説明するために交付を義務づけられた書面であり，Ｘが賃貸人として交付することを予定していた書面ではないところ，紛争の発生を未然に防止しようとする借地借家法38条２項の趣旨を考慮すると，本件重要事項説明書が同項所定の書面に該当するか否かは，当該書面に記載されていない事情を考慮することなく，もっぱらその記載内容に基づいて判断するのが相当である。

　本件重要事項説明書には，賃貸人であるＸの代理人として同項所定の説明を行う旨の記載はなく，その記載内容に基づいて判断した場合，本件重要事項説明書は，Ｘが賃貸人として交付すべき同項所定の書面に該当するものとは認められないから，Ｘが本件賃貸借契約の締結に先立ち，Ｙに対し，借地借家法38条２項所定の説明をしたということはできないとして，Ｘの請求を棄却した。

## ▌　解　　説

### 1　定期借家契約における事前説明と宅建業法上の重要事項説明書の関係

　定期建物賃貸借契約の締結に際しては，賃貸人に事前説明の義務が課されているとともに，賃貸借を仲介した宅建業者には，重要事項説明の義務が課されている。

　定期借家契約における事前説明は，義務の主体は賃貸人であり，その根拠は借地借家法である。また，説明事項は，賃貸借契約に更新がないことの説明である。一方で，宅建業法上の重要事項説明は，義務の主体が宅建業者であり，その根拠は宅建業法である。また，説明事項は宅建業法で掲げられる事項である。

　このように，制度としては全く別のものであるため，宅建業者が重要事項説明をしたことをもって，当然に定期建物賃貸借契約における説明をしたことにはならない。

　もっとも，定期借家契約における事前説明について，宅建業者が賃貸人の代理人として行うことは禁じられていない。実務でも，宅建業者が，宅建業法上の重要事項説明を行い，これとあわせて賃貸人の代理人として，定期借家契約における事前説明を行うことが多い。

　宅建業者が定期借家契約における事前説明を行う場合には，定期借家契約における事前説明として認められる内容とする必要がある。

### 2　事前説明がなされたと判断された判例（参考判例）

貸室につき賃貸借期間を9か月とする定期建物賃貸借契約を締結した原告が，賃貸借期間が2年以上であることを条件とする旨を仲介会社に告げていたにもかかわらず，仲介会社が説明義務を怠り，原告をして貸室を2年以上借り続けることが可能であると誤信させて契約を締結させたと主張して，仲介会社に損害賠償を求めた事案（東京地判平24・12・10ウエストロー2012WLJPCA12108003）において，定期建物賃貸借契約締結当時，予期に反して再開発が急速に進捗するという事態が生じない限り再契約されることは確実であったことからすれば，仲介会社に説明義務違反があったとはいえないとして，原告の主張を棄却した。

この参考判決では，契約締結日前において，定期建物賃貸借契約であって更新がないものであることが原告に説明されていないと認定されたものの，賃貸借契約締結日において，定期建物賃貸借契約であって，更新がないものであることの説明を受けたことが認定されている。

そして，対象のビルが再開発区域にあったことから，定期建物賃貸借契約での締結予定であったところ，仲介会社は再開発が進捗していないので，賃貸借期間満了の際に再契約をすることができる旨説明しているが，再開発が予期に反して急速に進捗するという事態が生じない限り，再契約がされることは確実であったことから，仲介会社に説明違反はないとした。

事前説明については，時的に契約締結に先立って行っていれば，同一の機会に行われても問題ない。ただし，賃貸借契約が更新されると賃借人に誤信させてしまうと，定期建物賃貸借が否定され，普通賃貸借として扱われてしまったり，参考判例のようにトラブルになることがあるため，十分な事前説明をすべき点に留意されたい。

**【桧座　祐貴】**

## 42 定期借家契約における事前説明書の必要性

最一小判平成24年9月13日（平成22年(受)第1209号）
民集66巻9号3263頁，裁時1563号5頁，裁判所HP

### 争点

借地借家法38条2項所定の書面が賃借人の認識にかかわらず契約書とは別個独立の書面であることが必要か

## 判決の内容

### ■事案の概要

賃貸人Yは，賃借人Xとの間で「定期建物賃貸借契約書」と題する書面（以下「本件契約書」という）を取り交わし，建物賃貸借契約（以下「本件賃貸借契約」という）を締結した。本件契約書には，契約の更新がなく，期間満了により終了する旨の条項（以下「本件定期借家条項」という）がある。

Yは，本件賃貸借契約の締結に先立ち，Xに対し，賃貸借の期間を5年とし，本件定期借家条項と同内容の記載をした本件契約書の原案を送付し，Xは，同原案を検討した。

Yは，Xに対し，本件賃貸借契約は借地借家法38条1項所定の定期建物賃貸借契約であり，期間の満了により終了したなどと主張して，建物の明渡し及び賃料相当損害金の支払を求めたが，Xは，同法38条2項所定の書面を交付しての説明がないから，本件賃貸借契約は定期建物賃貸借に当たらないと主張し，これを争っている。

### ■判決要旨

借地借家法38条1項の規定に加えて同条2項の規定が置かれた趣旨は，定期建物賃貸借に係る契約の締結に先立って，賃借人になろうとする者に対し，定期建物賃貸借は契約の更新がなく期間の満了により終了することを理解させ，当該契約を締結するか否かの意思決定のために十分な情報を提供することのみならず，説明においてもさらに書面の交付を要求することで契約の更新の有無に関する紛争の発生を未然に防止することにあるものと解される。

以上のような借地借家法38条の規定の構造及び趣旨に照らすと，同条2項は，定期建物賃貸借に係る契約の締結に先立って，賃貸人において，契約書とは別個に，定期建物賃貸借は契約の更新がなく，期間の満了により終了することに

ついて記載した書面を交付した上，その旨を説明すべきものとしたことが明らかである。そして，紛争の発生を未然に防止しようとする同項の趣旨を考慮すると，上記書面の交付を要するか否かについては，当該契約の締結にいたる経緯，当該契約の内容についての賃借人の認識の有無及び程度等といった個別具体的事情を考慮することなく，形式的，画一的に取り扱うのが相当である。

したがって，法38条2項所定の書面は，賃借人が，当該契約に係る賃貸借は契約の更新がなく，期間の満了により終了すると認識しているか否かにかかわらず，契約書とは別個独立の書面であることを要するというべきである。

本件では，本件契約書の原案が本件契約書とは別個独立の書面であるということはできず，本件定期借家条項は無効というべきであるから，本件賃貸借は，定期建物賃貸借に当たらず，約定期間の経過後，期間の定めがない賃貸借として更新されたこととなるとして，Yの請求を棄却した。

# 解　説

## 1　別個独立の事前説明書の必要性

借地借家法38条2項所定の書面の交付をめぐっては，かつて契約書と別個独立の書面を要するのかが争われていた。本件判決は，これを要すると判断した初めての最高裁判例であり，実務上，大きな意義を有する判決である。

本判決により，契約書やその原案では説明書面に当たらないことが明らかにされたが，どのような書面が別個独立の説明書面となるのかが今後の課題になると思われる。

## 2　定期建物賃貸借契約の成立要件

定期建物賃貸借契約の成立には，①期間の定め，②更新否定条項，③書面による契約，④更新がないことの事前説明が必要である。

②更新否定条項について，契約書に「本契約は平成12年3月1日制定の定期借家制度に基づくものとする。」との条項が存在する一方，契約更新に関する条項が存在する賃貸借契約において，定期建物賃貸借に当たらず，賃料改定を争った事案では，契約の更新がない旨が一義的に明示されているとはいえないから，本件賃貸借契約について，借地借家法38条1項は適用されないと判示している（東京地判平20・6・20ウエストロー2008WLJPCA06208010）。

したがって，更新否定条項があるというためには，更新がなく，期間満了により終了する旨を一義的に明示する必要がある。

④更新がないことの事前説明について，司法書士を介し行われた説明をもっ

て，借地借家法38条の要件を満たすかが争われた事案（東京地判平26・10・8ウ
エストロー2014WLJPCA10088008）がある。これは，定期建物賃貸借契約の締結に
あたり，貸主は，借主の窓口となっていた司法書士と関係書類のやりとりをし
ており，その司法書士に対し，「定期建物賃貸借契約についての説明」と題す
る文書を交付して説明を行った事案である。裁判所は，借地借家法38条2項の
要件を充足するものであるか否かにつき，賃借人の司法書士に対する代理権を
否定した上で，司法書士が定期建物賃貸借契約に係る文書の作成提出を依頼さ
れていたことに照らすと，司法書士としては定期建物賃貸借契約の意味すると
ころを賃借人に説明する義務があったというべきであるとし，賃貸人としては，
説明書を司法書士に交付して説明し，法律専門家である司法書士を通じてこれ
を交付しているのであるから書面による説明としてはそれで十分であったと判
断した事例である。

　賃貸人としては，賃借人が定期建物賃貸借契約の締結に当たって代理人に依
頼している場合には，代理権の有無を確認した上で，借地借家法38条2項所定
の説明を行うことが望ましい。また，この説明の際には，定期建物賃貸借契約
に係る内容を相手方が理解できるようにわかりやすく伝えなければならないこ
とに留意する必要がある。

　定期建物賃貸借契約は，厳格な要件を満たした場合の例外的な契約と扱われ
ているため，要件が満たされているか十分に検討する必要がある。

【桧座　祐貴】

*158* 第1章 賃貸借 第7節 定期借家契約

## 第2 終了・期間に関するもの

## 43 定期建物賃貸借の期間満了後になされた終了通知

東京地判平成21年3月19日（平成20年(ワ)第23932号）
判時2054号98頁

### 争 点

1 終了通知がなされないまま定期建物賃貸借契約の期間が満了した後の法律関係

2 定期建物賃貸借契約の期間満了後になされた終了通知の効果

## 判決の内容

### ■事案の概要

#### 1 本件賃貸借の成立

A社は，Y社に対し，いずれも平成16年8月5日付けで，当時所有していた2つの建物（以下併せて「本件建物」という）それぞれにつき，借地借家法（以下「法」という）38条に定める定期建物賃貸借（以下併せて「本件賃貸借」という）に基づき，本件建物を貸し渡した。本件賃貸借の終期はいずれも平成19年7月31日である。

#### 2 期間満了後の終了通知

本件賃貸借成立後，A社がB社に，B社がC社に本件建物を順次売却し，C社は，本件建物の所有権取得に伴い，本件賃貸借における賃貸人たる地位を承継した。本件賃貸借の終期が経過した後も，法38条4項に基づく終了通知（以下，単に「終了通知」という）がなされていなかったところ，C社は，Y社に対し，平成19年11月19日到達の通知書（本件賃貸借の期間が満了していること，同通知到達後6か月の経過をもって本件賃貸借が終了する旨が記載されたもの。以下「本件通知」という）を送付した。

その後，C社はY社に対し，本件賃貸借が期間満了により終了したとして，本件建物の明渡し等を求める訴訟を提起した。そして，当該訴訟の係属中，X社が本件建物の所有権を取得して，C社の承継人として同訴訟に承継参加した。

〔43〕東京地判平成21年3月19日（平成20年(ワ)第23932号）　　*159*

なお，Y社からは権利濫用の抗弁も主張されているが，省略する。

■**判決要旨**

本判決は，Xの明渡請求を認容した。理由は以下のとおり。

**1　定期建物賃貸借及び終了通知の法的性格**

法38条所定の定期建物賃貸借契約においては，契約の更新がないことを有効に定めることが可能であるから，契約は期間満了によって終了する。すなわち，法26条1項・2項に基づいて更新したとみなされることも，民法619条1項に基づいて更新意思が推定されることもない。

他方，法38条4項は，期間が1年以上である場合，期間満了の1年前から6か月前までの間に契約が終了する旨の通知をすることを義務づけ，同通知期間内に通知を怠った場合には，これにより賃借人が不測の損害を被ることにもなりかねないので，賃借人を保護する観点から，賃貸人が通知期間後の通知をしてから6か月間賃貸借の終了を対抗することができないものとしている。ただし，これは一種の制裁として賃借人による建物の占有が適法化されるものであるから，賃借人の側から契約終了を認めて契約関係から離脱することは自由にできるものと解される。

**2　期間満了までに終了通知が行われなかった場合について**

賃貸人が期間満了にいたるまで法38条4項所定の終了通知を行わなかった場合，上記定期建物賃貸借契約や終了通知の法的性格等に照らすと，①定期建物賃貸借契約は期間満了によって確定的に終了し，賃借人は本来の占有権原を失う。このことは，契約終了通知が義務づけられていない契約期間1年未満のものと，これが義務づけられた契約期間1年以上のものとで異なるものではないし，後者について終了通知がされたか否かによって異なるものでもない，②ただし，契約期間1年以上のものについては，賃借人に終了通知がされてから6か月後までは，賃貸人は賃借人に対して定期建物賃貸借契約の終了を対抗することができないため，賃借人は明渡しを猶予されるのであり，このことは，契約終了通知が期間満了前にされた場合と期間満了後にされた場合とで異なるものではない。

**3　故意に終了通知を出さない場合等への対応について**

期間満了後，賃貸人から何らの通知ないし異議もないまま，賃借人が建物を長期にわたって使用継続しているような場合には，黙示的に新たな普通建物賃貸借契約が締結されたものと解し，あるいは法の潜脱の趣旨が明らかな場合には，一般条項を適用するなどの方法で，統一的に対応するのが相当というべき

160 第1章 賃貸借 第7節 定期借家契約

である。

### 4 本件へのあてはめ

以上から，本件賃貸借は，平成19年7月31日が経過したことによって，期間満了によって確定的に終了した。ただし，当時の賃貸人であったC社が本件通知をしたのが平成19年11月19日であったため，X社がY社に対して本件賃貸借の終了を対抗できるのは，本件通知から6か月経過後の平成20年5月20日からである。

また，本件では，C社が本件建物取得時（平成19年6月8日）にY社に対し本件賃貸借が期間満了により終了する旨通知していないこと，C社が本件通知まで本件建物の賃料等を受領していたことが認められるものの，これらの事情をもって，C社とY社との間で，黙示的に平成19年8月1日を始期とする普通建物賃貸借契約を締結したものとは認められない。

## 解 説

### 1 定期建物賃貸借における終了通知

定期建物賃貸借にて賃貸借期間が1年以上の場合には，賃貸人は，期間満了の1年前から6月前までの間（以下「通知期間」という）に，賃借人に対し，終了通知をしなければならない（法38条4項本文）。その趣旨は，期間が長期間である場合に，賃借人が終了時期を失念する可能性があるため，注意を喚起し，かつ代替物件を探すためなどに必要な期間を確保することにある。これは一方的強行規定で（同条6項），賃借人に不利な特約は無効となる（有利であれば有効）。

賃貸人が通知期間内に終了通知をしなかった場合には，期間が満了しても，賃貸人は賃借人に賃貸借が期間満了によって終了したことを対抗できない。もっとも，通知期間の経過後であっても，期間の満了前に終了通知をすれば，終了通知到達日から6か月の経過によって，賃貸人は賃借人に対し，賃貸借契約の期間満了による終了を対抗できる旨の明文の定めがある（法38条4項ただし書）。

### 2 期間満了後の終了通知

これに対し，終了通知が要求されるにもかかわらず期間満了までにこれをしなかった場合，明文の定めはなく，賃貸人と賃借人との間にどのような法律関係が成立するのか争いがある。この点，民法619条1項の更新意思の推定規定などを媒介に，普通賃貸借が成立するとの見解もある。これに対し，本判決は，①定期建物賃貸借契約は，期間の満了によって確定的に終了する，②終了通知が期間満了前になされたか満了後になされたかを問わず，終了通知から6か月

後には賃貸人は賃借人に対して同契約の終了を対抗できる，③期間満了後，賃貸人から何らの通知ないし異議もないまま，賃借人が建物を長期にわたって使用継続しているような場合には，黙示的に新たな普通建物賃貸借契約が締結されたものと解し，あるいは法の潜脱の趣旨が明らかな場合には，一般条項を適用するなどの方法で，統一的に対応するのが相当であるとする。なお，③の点は，終了通知の有無及びその時期を問わず，定期建物賃貸借一般につき共通する問題であろう（黙示の新たな普通建物賃貸借を認定した裁判例として，【本書判例44】，東京地判平29・11・22D1/DB29046197）。

### 3　実務への影響

　実務上，1年以上の期間がある定期建物賃貸借につき，諸事情によって，期間満了後も，賃料の授受及び賃借人の使用収益が継続している事案が見られる。本判決によれば，期間満了後に当然に普通建物賃貸借へ転換するわけではない。しかし，事情により，賃貸人が明渡しを求められなくなる場面があり得る。仮に黙示の普通建物賃貸借が認定された場合には，賃貸人が明渡しを求めるためには正当事由を備えた更新拒絶又は解約申入れが必要となるところ，定期建物賃貸借の場合に比して，費用と時間を要する可能性が高い。特に，本判決の事案のように，再開発事業などのために立退きを求める場合には，同事業への大きな支障となる。そのため，賃貸人は，終了通知を通知期間内に確実にするように通常の業務フローに組み込んでおくとともに，期間満了後も賃借人が明渡しをしない場合には，契約終了を前提とした行動（内容証明郵便にて明渡しを求める，賃料ではなく使用損害金として金銭請求するなど）をとる必要がある。

【森下　寿光】

162　第1章　賃貸借　第7節　定期借家契約

# 44 定期建物賃貸借契約終了後の法律関係

東京地判平成27年2月24日（平成25年（ワ）第10691号）
ウエストロー2015WLJPCA02248013

## 争点

1　再契約条項と定期建物賃貸借の効力
2　定期建物賃貸借期間満了後に賃借人が使用を継続した場合の法律関係
3　普通建物賃貸借から定期建物賃貸借への切替えの要件

## 判決の内容

### ■事案の概要

#### 1　第1契約

　Aは，Y（株式会社）との間で，Aが所有する建物の一部（以下「本件賃貸部分」という）について，平成12年11月25日付けで，期間を平成12年12月1日から平成15年11月30日とする賃貸借契約を締結し（以下「第1契約」という），Yは同所にて調剤薬局を営んでいる。第1契約書には期間満了により契約が終了し更新がない旨の記載があり，また，第1契約前にYに対し交付された書面には，更新がなく，期間満了により賃貸借が終了する旨の記載がある。ただし，第1契約の特約として合意された覚書（以下「覚書イ」という）には，YがA及び近隣との間に争議，紛争がない場合には，次回の契約を速やかにするなどといった定めがある。

#### 2　第1契約期間満了後の使用継続

　第1契約の期間満了後も，AとYとの間で契約条件につき折り合いがつかないまま，Yは，賃料を支払いつつ，本件賃貸部分の使用を継続した。また，3の第3契約にいたるまでの間，AY間で合意書面が作成されることはなかった（この間のAY間における賃貸借（第2契約）の有無及びその性質決定が争点となった）。

#### 3　第3契約

　Aの代理人であるX（Aの娘）は，Yとの間で，平成18年11月30日，本件賃貸部分について，期間を平成18年12月1日から平成21年11月30日までとする賃貸借契約を締結した（以下「第3契約」という）。第3契約書には，期間満了により契約が終了し，更新がない旨の記載があり，また，第3契約前にYに交付された書面には，更新がなく，期間満了により賃貸借が終了する旨の記載があ

る。ただし，第3契約の特約として合意された覚書（以下「覚書ロ」という）には，覚書イと同様の定めがある。その後，Aが死亡したため，Xが相続により賃貸人たる地位を承継した。

### 4　本件契約

Xは，Yとの間で，平成21年11月30日，本件賃貸部分について，期間を平成21年12月1日から平成24年11月30日までとする賃貸借契約を締結した（以下「本件契約」という）。本件契約書には，期間の満了により終了し，更新されない旨の記載がある。また，本件契約前に，Yに対し，更新がなく，期間満了により賃貸借が終了する旨の書面が交付されている。ただし，本件契約の特約として合意された覚書（以下「本件覚書」という）には，覚書イ・ロと異なり，紛争の有無を問わず，「Xの不履行及び不動産を取得している場合には，再契約に応じる」旨の記載がある。

Xは，平成24年3月14日頃，Yに対し，同年11月30日をもって本件契約を終了し，本件賃貸部分からの退去を求める旨の通知をした。しかし，Yは，本件契約が定期建物賃貸借であることを否定し，明渡しを拒んだ。そのため，XがYに対し，明渡しを求め提訴した。

## ■判決要旨

### 1　再契約条項について

第1契約は，定期建物賃貸借である（ただし，覚書イは，YがAと近隣との間で紛争等を生じていない場合には再契約することが事前に合意されている点で，原則として期間満了により終了する定期建物賃貸借の趣旨と異なるとして，借地借家法（以下「法」という）38条2項の要件充足性に疑問を呈しつつ，しかし欠いていたとまでいうことは困難としている）。

### 2　定期建物賃貸借期間満了後，使用継続した場合の法律関係について

次に，第1契約の期間満了時から第3契約の締結時までの間に書面により賃貸借契約は締結されていないが，以下の理由により，AとYとの間では，遅くとも平成16年11月頃までに，本件賃貸部分について建物賃貸借契約（第2契約）が合意された。

①　第1契約で定めた賃貸借期間が経過した後も，Yは本件賃貸部分の占有を継続して賃料の支払を続けており，Aも本件賃貸部分の明渡しを求めることはなく，再契約の具体的内容を示して，Yの希望の有無を打診していたこと

②　その後，Aは，平成16年11月に本件賃貸部分について期間を平成18年11

月末日までとする賃貸借契約が締結されていることを前提として，この賃貸借期間が満了する旨の通知をし，償却により不足する保証金の支払を求めていること

そして，第２契約は，法38条の定期建物賃貸借成立に必要な要式性を欠くため，普通建物賃貸借である（期間は，Ａ・Ｘ・Ｙの認識から，平成15年12月１日から平成18年11月30日までの３年間と認定した）。

### 3　普通建物賃貸借から定期建物賃貸借への切替えは認められない

以下のとおり，第２契約は，普通建物賃貸借契約として現在まで更新されている。

① 第２契約は普通建物賃貸借契約であるから，法26条，28条により，期間が満了する１年前から６か月前までの間に更新しない旨の通知をし，当該通知に正当の事由があると認められる場合でなければ終了しない。本件でかかる終了事由はないので，第２契約は，当初の賃貸借期間の満了後，更新された。

② 定期建物賃貸借が，普通建物賃貸借と比べ，契約の更新がなく，期間満了により賃貸借が終了する点で，賃借人にとって不利益であり，新たに定期建物賃貸借契約を締結する際にも法38条所定の要件を満たすことを要することを考慮すると，既に普通建物賃貸借が継続している賃貸人と賃借人との間で，定期建物賃貸借の合意をするためには，賃貸人は，賃借人に対し，普通建物賃貸借を更新するのではなく，これを終了させ，賃貸借の期間が満了した場合には，更新がない点でより不利益な内容となる定期建物賃貸借契約を合意することの説明をしてその旨の認識をさせた上で，契約を締結することを要する。しかし本件では，第３契約の締結に際し，かかる説明はなかった。また，覚書ロでは紛争がない限り再契約するとされ，Ｙも従前の賃貸借が継続していたと認識していたことからすれば，第３契約は，普通建物賃貸借である第２契約の更新契約として合意されたと解するのが相当である。その後，同契約の終了事由はないから，第３契約は，合意された賃貸借期間の満了後，更新されたものと認められる。

③ 本件契約の際にも，上記②のＹにとって不利益になる旨の説明はなされていない。また，本件覚書では，紛争の有無を問わず再契約の条件がより明確になっていることなどから，本件契約も，従前の普通建物賃貸借契約の更新契約である。

# 解　説

## 1　本判決の意義

本判決は，①定期建物賃貸借の要件である更新否定条項とその事前説明（法38条2項）該当性，②定期建物賃貸借期間満了後に賃借人が使用を継続した場合の法律関係，③普通建物賃貸借から定期建物賃貸借への切替えの成否を扱った事例として参考になる。

## 2　再契約条項について

定期建物賃貸借は，期間満了によって契約が確定的に終了する，更新がない契約である。この点，更新ではなく，再契約することは許容される。しかし，必ず再契約する合意は，更新がないことと相容れず，定期建物賃貸借は無効となる（普通賃貸借となる）可能性が高い。本件では，第1契約につき，一定の場合に再契約する旨の特約があったため，事前説明の履行（法38条2項）の要件につき疑問が呈されたが，効力を否定されるまでにはいたらなかった。

## 3　定期建物賃貸借期間満了後の賃借人の使用継続について

本判決は，期間満了後の使用継続から直ちに普通建物賃貸借への転換を認めるのではなく，第1契約の期間満了による契約の終了を認めた上で，黙示の普通建物賃貸借の成立を認めた。【本書判例43】にて示唆されている考え方であるが，実際に普通建物賃貸借の成立を認めたのは，公表された裁判例で知る限り初の事例であると思われ，重要である。

## 4　普通建物賃貸借から定期建物賃貸借への切替えについて

本判決では，普通建物賃貸借から定期建物賃貸借への切替えに当たり，賃貸人が賃借人に対し，①普通建物賃貸借が終了すること，②定期建物賃貸借が更新のない点で不利益であることの説明を要するとしている。特に②については一般化には異論もあると思われるが，実務上，賃貸人は，かかる切替えに際しては，定期建物賃貸借契約を成立させるだけでなく，少なくとも，書面にて，従前の占有権原を合意解除にて消滅させるべきであろう。なお，居住用建物については，平成12年3月1日よりも前になされた普通建物賃貸借を定期建物賃貸借へ切り替えることができない（良質な賃貸住宅等の供給の促進に関する特別措置法附則3条）。

**【森下　寿光】**

*166*　第1章　賃貸借　　第7節　定期借家契約

## 第3　定借での特約の有効性

### 45　賃料増減額請求権排除特約の該当性

東京高判平成23年12月20日（平成23年（ネ）第3174号）
D1/DB28251095

争　点

賃料改定特約が賃料増減額請求権排除特約に該当するか

## 判決の内容

### ■事案の概要

#### 1　本件賃貸借の内容

Xは，平成18年4月15日，Yとの間で，Yから複合商業施設内の建物の一部（以下「本件建物」という）につき，期間を同日から20年間（中途解約不可），月額固定賃料を約1590万円として賃借する旨の定期建物賃貸借契約（借地借家法（以下「法」という）38条）を締結し（以下「本件賃貸借」という），Xは本件建物の引渡しを受けた。Xは，本件建物において，映画館を運営している。

本件賃貸借には，賃料の改定について，以下の条項があった（以下併せて「本件賃料改定条項」という）。

「前条に定める月額固定賃料および年額歩合賃料の歩率は，本契約期間中，増減しないものとする。ただし，次項に定める賃料改定協議が成立した場合には，借地借家法第32条の適用を受けずに，賃料改定できるものとする。」（第5条1項）

「月額固定賃料および年額歩合賃料の歩率については，本契約開始の日を起算日として満3年経過毎に，次条の共益費の増減，公租公課の増減，土地価格の変動，近傍隣地の建物賃料の変動等を考慮し，甲（Y）・乙（X）誠意をもって改定を協議するものとする。」（同条2項）

#### 2　合意による賃料減額

平成19年頃，Xが，Yに対し，本件建物の賃料減額を申し入れたところ，Yは，平成20年1月分から平成21年12月分までに限り，暫定的に月額固定賃料を約1480万円に減額した（平成22年1月分からは，再び本件賃貸借契約において合意され

〔45〕東京高判平成23年12月20日（平成23年（ネ）第3174号）　*167*

たとおりの賃料額とされている）。

### 3　賃料減額請求

　Xは，Yに対し，平成21年12月25日到達の内容証明郵便により，本件建物の月額固定賃料を平成22年1月1日以降1060万円に減額する旨の意思表示をした。

　原審では，本件賃料改定条項は，法38条7項「借賃の改定に係る特約」である賃料増減額請求をしない特約（以下「不増減特約」という）に当たるから，Xは賃料減額請求をすることができないとして，Xの請求を棄却した。Xが控訴。

### ■判決要旨

　本件賃料改定条項は，3年間は変更できないが，3年毎に，当事者の協議により改定する趣旨を定めたものである。これは，単に賃料の決め方を定めたにすぎず，賃料を客観的に定めるものとして，賃料増減額請求権を排除するに足る特約とはいえないので，法38条7項による不増減特約に当たらない。したがって，Xは賃料減額請求できる。理由は以下のとおり。

① 　本件賃貸借締結前の交渉にて，Yは賃料を不増減とする条項を希望した。これに対し，Xは，期間が20年で中途解約もできないことから，賃料の増減ができる条項を希望し，Yが提示した本件賃貸借契約書5条1項本文にあった法32条の適用はないものとするとの文言を削除するよう要望するなどしていた。そして，最終的に，当事者双方の間で本件賃料改定特約の約定が合意された。このような交渉の経過に照らせば，当事者双方が，本件賃貸借締結時の賃料額を経済事情の変動等にかかわらず，当事者間で別段の合意がされない限りこれを維持するという確定的意思を有していたものと認めることは困難である（現に，平成19年ころにはXからの賃料減額の申出を受けて，Yは2年間分の賃料を減額している）

② 　Xが法32条の排除に抵抗したのは，一般経済人として自然な対応である（経済事情の変動等にかかわらず，20年間高額な賃料を変更することができないことは，少なくとも賃借人側にとっては経済的合理性を欠く）

③ 　本件賃料改定特約中のうち5条1項ただし書の「借地借家法第32条の適用を受けずに」との文言は，賃料改定協議が成立した場合には，賃料増減額請求権を行使するまでもないという趣旨のものである。

## ┃　解　　説

### 1　本判決の意義

　定期建物賃貸借にて，法38条7項の「借賃の改定に係る特約」（借賃改定特

約）がある場合には，法32条に基づく賃料増減額請求をすることができない。借賃改定特約の例は，不増減特約，自動改定特約などである。本件では，文言上，上記不増減特約に該当するようにみえる賃料改訂に関する条項が，交渉の経緯などから該当しないと判断された。

## 2　賃貸借と不増額特約・不減額特約

ところで，普通建物賃貸借においては，不増額特約は有効（法32条1項ただし書），不減額特約は無効である（最三小判昭31・5・15民集10巻5号496頁等）。

これに対し，定期建物賃貸借では，不増額特約，不減額特約のいずれも，効力が認められる。法定更新される普通建物賃貸借と比べて，期間満了により終了することから，契約当初時点で，賃料の変動要因を把握できるためとされる。

## 3　借賃改定特約への該当性について

借賃改定特約は，借地借家法のもとでは例外的な制度なので，賃料額を客観的かつ一義的に決定する合意であって，経済事情の変動等に即応した賃料改定の実現を目的とした賃料増減額請求権の排除を是認し得るだけの明確さを備えたものでなければならないとされる（東京地判平21・6・1ウエストロー2009WLJPCA06018003）。本判決も同様と考えられる。

かかる基準からすれば，「協議のうえ，賃料を改定する」旨の協議改定条項は，賃料額の決定に関する方法を定めるにすぎず，改定後の家賃額を客観的かつ一義的に決定するものとはいえないから，借賃改定特約には該当しない（前掲東京地判平21・6・1）。

この点，定期建物賃貸借にて，本事案のように，不増減特約と協議条項が混在した場合に，不増額特約としての効力が争われた裁判例がある（前掲東京地判平21・6・1）。当事者は，いずれも我が国有数の大企業である。以下の条項が賃貸借契約書中に存在した。

① 「甲（原告）および乙（被告）は，賃料の改定は行わないこととし，借地借家法第32条の適用はないものとする。」

② ①の定めにかかわらず，「甲（原告）および乙（被告）は協議のうえ，平成19年7月1日に賃料を改定することができる。」

裁判所は，以下のとおり判断した。

・ ①前段「甲（原告）および乙（被告）は，賃料の改定は行わない」の部分は，不増減特約である。

・ ①後段「借地借家法第32条の適用はないものとする。」は，この不増額特約の効果（法32条除外効）を注意的に記載したものである。なお，この①

後段自体では，（家賃額を客観的かつ一義的に決定することはできず，明確でないから）借賃改定特約とはいえない。

・ ②は，平成19年7月1日以降の賃料につき，①の不増減特約の適用を排除（すなわち，法32条に基づく賃料増減額請求が可能となる）する趣旨である。

理由は，交渉の経緯（②は，原告が5年と長期にわたる期間中の賃料改定の必要性を主張して被告と交渉した結果，定められた），②の文言，合意があれば賃料改定は当然にできるところ，あえて②を定めたことが挙げられている。

本判決と同様，一見，不増額特約と読める特約があったとしても，交渉の経緯等から，賃料増減額請求権の排除を制限的に解釈していると評価できる。

## 4　実務上の対応

特に巨大施設などでの長期の定期建物賃貸借契約においては，事業計画上，安定収益を望む賃貸人と，経済的情勢の変動等に併せた適正な賃料を望む賃借人との間で，賃料増減額請求を排除するかを巡って交渉されることが多い。その場合，同請求を排除するか否かの結論を明確に出さないまま，契約書上の文言で折り合いをつけると，本事例のように，賃借人に同請求権を排除する確定的な意思がなかったとして，同請求は排除されないと解釈される可能性がある。したがって，同請求権を排除するか否かは，契約前に，当事者間にて明確に結論を出しておく必要があると考えられる。

【森下　寿光】

*170* 第1章 賃貸借 第7節 定期借家契約

## 46 無効な契約条件の設定と履行に関与した不動産仲介業者の責任

東京地判平成25年8月20日 （平成24年（ワ）第27197号）
ウエストロー2013WLJPCA08208001

争 点

不動産仲介業者が，定期建物賃貸借契約の仲介をする際，紛争の契機となる無効な契約条件を含む契約書等を作成し，その履行に関与した場合，責任を負うか

## 判決の内容

### ■事案の概要

#### 1 本件賃貸借の成立と本件特約の設定

Y₁（夫婦）は，Y₂（大手不動産仲介会社）による仲介のもと，Xに対し，その所有する建物（以下「本件建物」という）を，住居として，以下の内容を含む定期建物賃貸借（以下「本件賃貸借」という）により，賃貸した。

① 賃貸期間　平成23年10月1日から平成25年3月30日まで

② 契約終了の通知期間　平成24年10月1日から平成25年3月30日まで

③ 「借主は本建物賃貸借契約において，貸主からの解約予告が3か月前予告であることを了承し，本契約を締結するものとする。」（以下「本件特約」という）

本件特約は，Y₁がY₂の担当者に対し，Y₁が海外の勤務先から急に帰国する可能性もあるので，借主に対して3か月前に予告することで中途解約ができるようにしてほしいとの要望を受けて設けられ，Y₂の担当者はXに対して本件賃貸借締結前に上記Y₁の要望を伝えた。

XはY₂に対し，本件賃貸借の仲介手数料を支払った。

#### 2 本件特約による解約手続の実行と紛争の発生

帰国が早まったY₁は，平成23年12月末に，Y₂に対し，本件建物を自己使用したいのでXへ中途解約の連絡をするよう依頼し，Y₂の担当者は，Xに対し，その旨の連絡をして協議をしたものの，本件特約の有効性や立退料をめぐり折り合いがつかなかったため，平成24年2月12日，Xに対し，Y₁作成の解約申込書を送付した。

〔46〕東京地判平成25年8月20日（平成24年（ワ）第27197号）　　*171*

　その後も，Y₁とY₂の担当者はXと協議したが，同様に折り合いはつかず，Y₁は，平成24年2月19日，Xに対し，本件賃貸借の解約申入れを撤回する旨を電子メールで伝えた。

　Xは，平成24年3月末日ころ，本件建物から退去した。

　Xは，Y₁に対しては，本件特約に基づく中途解約申入れに伴い立退料等の条件提示をすべきなのにしなかった，Y₂に対しては，紛争の契機となる本件特約等を作成し，その後もXとY₁らとの間で十分に仲介をしなかったなどとして，いずれも不法行為に基づく損害賠償請求訴訟を提起した。

### ■判決要旨

　Y₁に対する請求は棄却，Y₂に対する請求は一部認容。以下では，Y₂に関するものだけ取り上げる。

#### 1　本件特約は無効

　定期建物賃貸借契約である本件賃貸借において，賃貸人に中途解約権の留保を認める旨の特約を付しても，その特約は無効と解される（借地借家30条）。

#### 2　Y₂の説明義務違反

　以下のとおり，Y₂が，Xに対し，本件特約が無効になり得る旨を説明せずに，本件特約に基づいた履行を求めたことは，専門の仲介業者として慎重さを欠き，違法である。

① 　Y₂の担当者は，本件賃貸借当時，X及びY₁に対して，本件特約が無効になり得る旨を正確に理解できるように説明を尽くしていない。

② 　Y₂は，Xに対し，Y₁から本件特約に基づく本件賃貸借の解約申入れがあったことを無条件に伝達し，その後も本件特約の意味及び効力について具体的に説明していない。

#### 3　Xの損害

　慰謝料25万円を認めた。本件特約に基づく解約申入れから同申入れの撤回まで不安定な地位におかれ，関係者との交渉に煩わされたこと，結果的に6か月あまりで退去を余儀なくされたことなどが理由である。

## ┃　解　　説

### 1　賃貸仲介業者による契約条項などへの関与と責任

　仲介契約は，顧客が売買や賃貸借の仲介という事実行為を委託し，仲介業者がこれを受託する準委任契約（民656条）であり，仲介業者には，善管注意義務が生じる（民644条）。したがって，賃貸仲介業者は，顧客に対し，仲介にあたり，

契約条件の設定や契約書案文の作成につき，不動産取引の専門家として，適切な助言をする義務を負い，これを怠った場合には，損害賠償責任が生じ得る。本件でも，Y₂はＸから仲介手数料を受領しているので，両者間に準委任の関係があると考えられる（もっとも，本件では，ＸはY₂に対し不法行為責任のみを追及したようである）。裁判所は，Y₂の損害賠償責任を認めているところ，その主な論拠は，定期建物賃貸借にて賃貸人からの中途解約条項の定めが無効である点にある。そこで，以下では，期間の定めがある賃貸借における中途解約につき，敷衍して説明する。

### 2　期間の定めがある賃貸借契約における中途解約

期間の定めがある賃貸借契約にて，中途解約条項（期間内に解除できる旨の一方的な解除権の留保特約）がなければ，賃貸人からも賃借人からも，期間中，一方的に解除することはできない（最二小判昭48・10・12裁判集民110号273頁（ただし土地），東京地判平23・5・24ウエストロー2011WLJPCA05248010等）。

### 3　賃貸人からの解約申入れ

期間の定めがある賃貸借契約にて，賃貸人からの中途解約を認める中途解約条項も，正当事由の存在を必要とするので必ずしも賃借人に不利にならないとして，強行法規に反しない限度で一般的に有効と解されている（稲本洋之助＝澤野順彦編『コンメンタール借地借家法〔第3版〕』209頁〔石川信〕，東京地判昭36・5・10下民集12巻5号1065頁，東京地判昭55・2・12判時965号85頁，東京地判平22・9・29ウエストロー2010WLJPCA09298023等）。

ただし，中途解約条項の一部又は全部が強行法規に違反する場合，一部又は全部が無効となる。例えば予告期間を6か月に満たないものとする場合，不足部分は借地借家法27条と比べて借家人に不利なので，その部分は無効となる（前掲東京地判平22・9・29）。また，正当事由の存在を中途解約権行使の要件とせずに，違約金だけを支払えば中途解約できるとの条項であれば，借地借家法28条と比べて借家人に不利なので，無効となる（東京地判平21・11・24ウエストロー2009WLJPCA11248011）。

### 4　定期建物賃貸借における中途解約

定期建物賃貸借契約においても，中途解約条項を定めることを禁止する理由はないとする見解がある（渡辺晋『建物賃貸借』499頁注4，東京弁護士会不動産法部編『マンション・オフィスビルの法律相談』433頁〔吉永英男〕）一方で，定期建物賃貸借制度の特殊性を考慮して，賃貸人からの解約はできないとする見解（澤野順彦編『不動産法論点体系』366頁〔藤井俊二〕）もある。

## 5 本判決の内容

本判決では,「定期建物賃貸借契約である本件契約において,賃貸人に中途解約権の留保を認める旨の特約を付しても,その特約は無効と解される(借地借家30条)」と判示しているが,その理由が,期間の定めのある建物賃貸借契約にて賃貸人からの中途解約条項を一般的に無効とする点にあるのか,予告期間を3か月とすることで中途解約条項全体が無効になるとする点にあるのか,定期建物賃貸借の特殊性に着目して無効とする点にあるのか,明らかではない。ただ,いかなる理由にせよ,前記のとおり結論に異論はあり得るものと考えられる。

## 6 実務上の対応

本判決の考え方がどこまで一般化できるかは疑問であるが,無用なトラブルを避けるためにも,仲介業者が強行法規に違反する特約を設けることに対する警鐘として参考になるものである。

【森下　寿光】

# 第2章

## 管理・運営

## 第1節

## 建物・設備の瑕疵（契約不適合責任），所有者（工作物）責任

### ＊本節の趣旨＊

　建物は，様々な設備やシステムを備えていて，それらの不具合は当然問題になる。不具合によって，誰かが損害を被った場合の損害賠償責任の所在，修繕義務の所在などが問題になるが，施工者，所有者，管理者，賃借人，使用者，第三者と様々な当事者の立場により，法的には瑕疵（改正民法では契約不適合），所有者責任（工作物責任），債務不履行，不法行為などいくつかの法的構成があり，それらが輻輳して主張されることもある。また，状況によっては別途刑事責任が問われることもある。

　もっとも，法律構成は異なっても，事象としての事実は同一であり結論が大きく変わることはあまりないと考えられるので，本件での分類は法的な分類よりも，事象に注目し，実際の紛争の時に，事実の類似性をもとに参考にしてもらうことが有益と考え，分類した。

　第1節では，主に建物や設備自体に不具合があると考えられる事例のうち，基本的には所有者（賃貸人）あるいは設計者，施工者等の責任となるものを中心に紹介する。

*178* 第2章 管理・運営 第1節 建物・設備の瑕疵(契約不適合責任), 所有者(工作物)責任

## 第1 建物に起因する責任

### 47 構造設計の瑕疵についての設計者の刑事責任
#### ――コストコ事件

東京高判平成28年10月13日（平成28年(う)第536号）
東高刑時報69号142頁, D1/DB28243903

**争点**

　大規模スーパーマーケットの建物につながる駐車場スロープが, 東日本大震災に被災して崩落した事故において, 同スロープの構造設計を担当した一級建築士が, 自らの構造設計が前提としていた建物とスロープの接合方法につき, 意匠設計の担当者に対し確実に伝えて内容を把握するよう適切に配慮するべき業務上の過失の有無

## 判決の内容

### ■事案の概要

　A社は, アメリカに本社を持つ会員制スーパーマーケットを営業する日本法人である。同社は, 東京都町田市内に店舗を出すことを計画し, 平成13年4月頃, 米国の設計会社（B社）との間で, 同店舗建物（以下「本件建物」という）に関する建築設計・監理業務契約を締結した。B社は, 日本のC社との間でさらに設計工事監理業務委託契約を締結したが, C社は意匠設計を専門としていたため, D社に構造設計と構造に関わる部分の工事監理を委託し, 設備設計とその工事監理をE社に委託していた。

　本件建物は, 1階床面積が1万 m$^2$ を超える大型建築物であり, 車路スロープが地上部分北側と3階南側, 3階北側と4階南側を結ぶ構造であった。

　この車路スロープの構造等に関して, C社及びD社の代表取締役（d）ら, 当初から関与していた設計担当者らの間では, 本件建物とともに, ブレース付ラーメン構造とし, ガセットプレートのみで本件建物と接合させ, 車路スロープの床スラブは本件建物の床スラブと切り離す構想を共有していた。この構想に関して, C社が作成した意匠図の中の矩形図（以下「本件矩形図」という）には, 車路スロープと床スラブが切り離されて図示されていた。しかしながらdが作

成した構造図には，反対に，床スラブが排水溝のもとで連続しているような記載があった。

　C社は，平成13年12月13日に，本件矩形図を添付せずに町田市へ建築確認申請を行い，翌年1月8日付で確認済証の交付を受けた。

　ところが，A社の建築計画の担当者は，経費削減と工期短縮のため，本件建物と車路スロープをブレース付ラーメン構造からラーメン構造に変更することを計画し，これに伴う構造設計業務を一級建築士であるYに依頼した。そして，前記担当者は，dに対し，Yに構造変更をさせると伝えるとともに，従前dが作成した構造図を修正する形でYの構造計算に基づく構造図を作成するようdに依頼した。

　Yは，従前の設計を，車路スロープと本件建物の床スラブを連続させるものと理解していた。Yは，構造計算の開始後，本件矩形図にも目を通したが，本件建物と車路スロープを別建物とする前提としか受け取れないおかしな図面であると考えたものの，特に対応をとらなかった。Yは結局，車路スロープと本件建物の床スラブを連続させるものとして構造計算を行い，C社に対し，自ら作成した変更後構造計算書と変更後構造図を示した。C社は，平成14年1月25日に前記構造変更に関する変更確認申請を行い，その後，確認済証の交付を受けた。

　本件建物の施工業者F社は，C社が作成した本件矩形図を設計図書として受け取り，車路スロープと本件建物とは床スラブで接合しない設計であると判断した。そして，車路スロープと本件建物とはガセットプレートのみでピン接合され，車路スロープから本件建物に車が出入りする部分の接合部の床スラブは接合しない内容で施工を行った。

　平成23年3月11日，東日本大震災が発生し，本件店舗付近は震度5弱から5強程度の揺れに襲われ，これにより本件建物の柱と車路スロープが崩落した。これにより，2名が死亡した。

　崩落の主たる原因は，本件建物の柱と梁の接合部のガセットプレートにその耐力を上回る地震力がかかり，これが破断したことである。

　以上の事実関係をもとに，原審は，Yについて，意匠設計担当者であるdに対して，本件建物と車路スロープの接合部を床スラブにより接合する前提で構造設計をしたことを確実に伝え，その内容が正確に把握できるように適切に配慮すべき業務上の注意義務があったにもかかわらずこれを怠ったなどとして，業務上過失致死罪の成立を認めた。これに対しYが控訴をした。

## ■判決要旨

破棄自判・無罪。

Ｙは，自らの設計内容を変更後構造計算書及び変更後構造図を示すなどして意匠設計担当者らに伝えている以上，本来，設計担当者間の伝達はそれでまかなわれるはずのものである。したがって，それだけでは足りず，Ｙの設計内容を他の設計担当者らが正確に把握できるようにするため，一般の取扱いを超える措置を講ずるなどの適切な配慮をしなかったことが過失の内容になるというのは，特段の事情がない限り，通常にわかに想定し難い。

もっとも，通常ではない特段の事情，例えばＹが作成した変更後構造図や変更後構造計算書の内容に疑義があり，それのみでは内容を正確に把握し難いというような事情があればそれを補足する配慮義務が生じ得る。また，変更後構造図を踏まえても，なおそこに示された施工をしないこと（スラブを接合しないこと）が想定されるとして配慮義務を尽くすべき事情があり，それについてもＹが予見可能であったとするならば，やはり配慮義務が生じることも考え得る。

しかしながら，本件で，このような通常でない特段の事情があるとは認められない。Ｙが本件矩形図を見ておかしな図面だと感じていた点についても，本件矩形図が建築確認申請時に提出されていなかった趣旨は，構造設計の内容と異なるから除外されたものと理解するのは自然といえるから，本件矩形図は，構造設計の見地からは除外すべき図面であるとＹが理解したのは，一般的に相当な判断といえる。

以上のとおり，変更前構造図や変更前構造計算書の記載内容からすると，本件矩計図があることを踏まえても，Ｙにおいて，自らが関与する前の設計担当者間で，スラブを接合しない前提があったことを認識できる余地は乏しい。しかも，Ｙは，自ら作成した変更後構造図や変更後構造計算書でスラブを接合することを示している以上（これに対する他の設計担当者の具体的な対応状況を踏まえても），さらに配慮義務を果たさなければ，従前の設計担当者の間で本件接合部のスラブを接合しない設計構想があることにより，今後もＹが設計した構造図と異なり，スラブを接合しない施工をする危険があると予見できるような状況にあったものとみるには無理がある。

## 解　説

原判決は，構造設計を担当する一級建築士であるＹは，構造耐力上の安全性を脅かす要因については，これを除去するための十分な措置を講じるべき高度

〔47〕東京高判平成28年10月13日（平成28年（う）第536号）　　*181*

の注意義務が課されているとした上で，施主の意向や建物の用途，仕様に沿って建築全般と仕上げ詳細図を意匠図として作成する意匠設計との間に齟齬が生じた場合には，その解消のため，相手方に対して齟齬を指摘し，協議をすべき義務があると判示した。

　これに対し，本判決は，前記協議義務の存在を正面から認めず，むしろ，前記**判決要旨**記載のとおり，構造設計担当者が行うべき設計担当者間の伝達は，特段の事情がない限り，構造計算書と構造図を示して自らの設計内容を示すことで足りるのだという前提に立っている。そして，本件では，構造図を踏まえてもなお，そこに示した施工をしないことが想定でき，それが予見可能であったというような特段の事情の存否について詳細な検討を行い，結論としてその存在を否定している。

　ところで，最一小決平28・5・25（刑集70巻5号117頁【本書判例48】）は，本件と同様に，工作物（温泉施設）において発生した死亡事故に関して，設計施工の過程における部門担当者（設計部門）の他部門（施工部門）に対する情報伝達義務の過失が問われた刑事事件であるが，本件と異なり業務上過失致死罪の成立を認めた。

　この最判を本件と比較すると，次の点が指摘できよう。前記最判は，建設工事を請け負った同一の建設会社の担当者間の情報伝達義務が問題となっている一方，本件は，別の組織に属する設計担当者（設計士）に対する情報伝達義務が問われ，しかも被告人は，当初の設計段階には関与しておらず，構造変更段階において新たに依頼されたという事情があること，最判において罪責が問われた設計部門の担当者は，問題となった水抜きバルブの開閉状態の変更を指示することによって，安全性を確保するために必要な作業を自ら作出したという事情がある一方，本件の被告人には，自ら危険性を招来させた行為をしたという事情がなく，かえって，本件建物と車路スロープをガセットプレートのみで接合されているという現実の状況は，一般的には採用され難いものであったため，被告人がこれを想定することは決して容易なものではなかった。

　もっとも，本件の被告人が，車路スロープと本件建物の接合に関して自己の想定が正しいのか疑問を持つ契機があったことは否定できない。そうすると，本判決の考え方を前提としても，民事上の過失も否定されるとは直ちに言い難いと思われる。

**【加唐　健介】**

*182* 第2章 管理・運営 第1節 建物・設備の瑕疵(契約不適合責任), 所有者(工作物)責任

# 48 温泉施設の爆発事故における 設計担当者の情報伝達義務 ——松濤温泉シェスパ事件

最一小決平成28年5月25日(平成26年(あ)第1105号)
刑集70巻5号117頁, 判時2327号103頁, 判タ1434号63頁

### 争 点

ガス抜き配管内で結露水が滞留してメタンガスが漏出したことによって生じた温泉施設の爆発事故について, 設計担当者に結露水の水抜き作業に係る情報を確実に説明すべき業務上の注意義務があるか

## ▌ 決定の内容

### ■事案の概要

本件は, 東京都渋谷区内の温泉施設において, 温泉水から分離処理されたメタンガスが, ガス抜き配管での結露水の滞留によって漏出して引火爆発したために, 従業員らが死亡負傷した事案における刑事事件である。

Yは, 不動産会社から温泉施設の建築工事を請け負った建設会社の設計部門に所属し, 当該温泉施設の衛生・空調設備の設計業務を担当した者である。

当該温泉施設においては, 井戸口から温泉水を汲み上げた後, ガスセパレーターでメタンガスを分離させ, 温泉槽で一時貯蔵し, 機械室に温泉水を供給するとともに, ガスセパレーターないし温泉槽に取り付けられたガス抜き配管を通してメタンガスを屋外に放出する構造をとっていた。

しかし, ガス抜き配管の横管には結露水がたまる構造になっており, 放置するとガス抜き配管が閉塞するおそれがあったため, 横管の下部に, 水抜きバルブ付の水抜き配管が取り付けられ, 適宜バルブを開いてたまった結露水を排出する仕組みが設けられていた。

Yは, 上記設備を含む温泉一時処理施設を単独で設計しており, 建設会社の施工担当者に対して, バルブを通常開いておくことを示す記載(「常開」)のあるスケッチを送付したものの, それが結露水の排出を目的とする旨の説明は行わなかった。その後, 下請会社の担当者の指摘を受け, 同人に対し水抜きバルブを「常閉」に変更するよう指示した。これによって, 水抜き配管からの結露水の水抜き作業が必要になったが, 建設会社の施工担当者に対し, 指示の変更

〔48〕最一小決平成28年5月25日（平成26年（あ）第1105号）　　*183*

をした事実や水抜き作業の必要性について説明をしなかった。

　以上の事実関係をもとに，Ｙは情報伝達（説明）義務違反の過失があったとして，業務上過失致死傷罪に問われた。

　第1審・控訴審ともにＹを有罪としたので，Ｙが上告した。

■**決定要旨**

　上告棄却（Ｙ有罪）。

　下記の①から③の事情から，Ｙが水抜き作業の意義や必要性等に関する情報を同じ建設会社の設計担当者を通じ，あるいは自ら直接，不動産会社の担当者に対して確実に説明し，メタンガスの爆発事故が発生することを防止すべき業務上の注意義務を負う立場にあったと認定し，その注意義務を怠った点についてＹの過失を認めた。

① 　Ｙが建設会社においてガス抜き設備を含む温泉一次処理施設の設計担当者であり，職掌上，同施設の保守管理に関する留意事項を施工部門に対して伝達すべき立場であった。

② 　自ら，ガス抜き配管に取り付けられた水抜きバルブの開閉状態についての指示を変更し，結露水の水抜き作業という新たな管理事項を生じさせた。

③ 　バルブに係る指示変更とそれに伴う水抜き作業の意義や必要性を施工部門に対して的確かつ容易に伝達することができた。これによって，爆発の危険の発生を回避することができた。

# ■ 解　説

　本決定は，温泉施設におけるメタンガスの爆発事故について，温泉施設の建設工事を請け負った建設会社における設計担当者において，発注者に対する直接又は間接に，保守管理に必要な情報を説明すべき業務上の注意義務の有無について判断したものである。

　本決定の特色として，㋐建設会社という組織内における設計担当者の情報説明義務の不履行という不作為の過失が問題となっていること，㋑爆発の機序に関する予見可能性がなかったこと，㋒施工担当者から発注者に対して水抜き作業の必要性について適切に説明することを信頼することが許されるといういわゆる「信頼の原則」に基づく弁護側の主張をいずれも排斥している点が挙げられる。

　㋐については，組織内の担当者の不作為の過失が問題となった最高裁の判断として，明石花火大会歩道橋事故事件（最一小決平22・5・31刑集64巻4号447頁），トラック欠陥放置事件（最三小決平24・2・8刑集66巻4号200頁），明石砂浜陥没事

件（最一小決平26・7・22刑集68巻6号775頁）等が挙げられるが，情報説明義務の不履行について最高裁が判断したものとして，本決定は新規性がある。また前記判例においては，被告人の地位や職責に加え，その職務遂行状況の実態等の諸事情，結果発生への危険性，それに対する支配や管理性などの事情を考慮して組織内の担当者の不作為の過失の有無を判断しているが，本件では，①Ｙが職掌上施工部門の担当者に対し，施工部門の担当者が発注者に保守管理について的確な説明がされるよう，設計上の留意事項を伝達すべき立場であったことに加え，②Ｙ自らが水抜きバルブの開閉状態について指示を変更し，水抜き作業という新たな管理事項を作出させたこと，③Ｙが施工部門に対し水抜き作業の意義や必要性を伝達することは容易であったことを指摘している点が重要と思われる。

　(イ)については，弁護人は，排気ファンが停止していたためにガスが滞留したこと，また，排気ファンの異常を知らせる警報ブザーが鳴らなかったなどの事実関係を前提に予見可能性を争ったのに対し，本決定は，水抜き作業に関する情報伝達を怠ることによってメタンガスの爆発事故が起こることは予見できたとして排斥している，加えて，本判決の補足意見で触れられているが，システムの全体像としては，ガス抜き配管設備が本来的なメタンガス排出装置として想定され，排気ファンや警報ブザーは，二次的・三次的に設けられた予防措置であると理解できること，そしてＹがそのようなシステムの設計担当者であった点も判断のポイントとなったと思われる。

　(ウ)については，本決定は，Ｙが施工担当者に対し水抜き作業の意義や必要性に関して十分な情報を伝達しておらず，施工担当者の発注者への説明を信頼する基礎が欠けていたとして排斥している。ここでも，Ｙが前記水抜き配管設備を軸とするシステムを設計しておきながら，自ら水抜きバルブを「常閉」に変更するよう指示し，水抜き作業が必要な事態を作出させたということが重く判断されたと思われる。

　すなわち，本決定は，メタンガスの発生という，人の生命身体に対する重大な事故につながる危険因子が生じることが不可避な施設において，Ｙは，重大な事故の惹起を防止する安全対策を設計面において担当した者であり，その安全対策の中心として設計されている機能に問題が生じ得る事情が判明したにもかかわらず，施工部門の担当者にすらその改善の必要性を伝達しなかった以上は，他の担当者による適切な説明への信頼を理由に責任を免れることは相当ではないという結論に至ったものと解することができよう。　**【加唐　健介】**

〔49〕東京地判平成23年3月25日（平成20年（ワ）第8696号，同第22925号，平成21年（ワ）第3317号）　*185*

## 49　賃貸人の耐震改修義務
### ——パルコ事件

東京地判平成23年3月25日（平成20年（ワ）第8696号，同第22925号，
平成21年（ワ）第3317号）
ウエストロー2011WLJPCA03258028

### 争 点

　耐震性能に問題がある店舗建物について，賃貸人が適切な耐震改修工事を行わないなどして賃借人をして使用収益ができない状態に陥らせた場合の，賃貸人の債務不履行の成否

## 判決の内容

### ■事案の概要

　東京都渋谷区に所在し，ショッピングセンターとして使用されていた建物（以下「本件建物」）につき，前所有者であるA法人は，昭和50年12月，本件建物のうち自己が営業に使用していた一部を除いた部分を，期間を定めずに，Xに対して賃借し，さらに，Xは，同日，A法人の承諾を得た上で，同部分について，Y₁との間で賃貸借契約を締結した。同賃貸借契約においては，Y₁が自己の責任で転貸等をすることができることが定められていた。Y₁は，昭和50年12月5日から，上記賃借を受けた部分につき，小売業者のテナントとの間で出店契約を締結するなどして，ショッピングセンター事業を営んでいた。

　そうしたところ，本件建物の設計・施工会社であるY₂は，平成16年6月，Y₁の管理会社の依頼を受け，本件建物のコンクリート圧縮強度診断及び耐震診断を行い，同年10月，本件建物につき「地震の振動及び衝撃に対して倒壊し，又崩壊する危険性が高い」との耐震診断書を作成した。

　Y₂は，この報告を踏まえ，同年12月，耐震補強工事が可能であることを前提に，Xに対し，補強計画の概要と補強費用の概算を示した。

　その後，XとY₁との間で，賃料改定及び耐震補強工事等の費用負担の問題について協議が行われたが，平成18年8月になって，Xから本件建物の建替えの提案がなされ，同年10月には，建替えの方針を再度検討するよう求めるとともに，耐震改修工事実施を前提に賃料の増額請求がなされた。

　その後も，Xは，耐震補強工事を前提とした検討ではなく，テナントの即時

186　第2章　管理・運営　第1節　建物・設備の瑕疵(契約不適合責任), 所有者(工作物)責任

退去と建替えの実施を求める姿勢を譲らなかった。これに対し, Y₁やY₂は, 平成19年4月頃から, さらなる耐震診断の実施を提案したが, Xは, いったん同意したものの拒絶した。さらにXはマスコミの取材に応じた結果, 複数の週刊誌で本件建物が耐震不足である等の記事が出ることになった。

これに対し, Y₁は, 同年12月末日までに, すべてのテナントの退去を完了させて営業を休止した。

ところで, Xは, 平成19年3月頃から, 第三者の調査会社をして, 予備調査を併せて合計4回, 本件建物の柱, 梁, 壁, 床スラブ等からコアを採取してコンクリートの強度調査を行った。これに対して, Y₁及びY₂は, 本件建物の健全性が損なわれるなどとして懸念を表明していた。

Xは, 訴外A法人から債権譲渡を受け, 平成20年4月に, コンクリートの強度不足によって本件建物を取り壊さざるを得なくなったこととして, Y₁に対し基本協定書の債務不履行等を理由として, Y₂に対し, 工事請負契約の債務不履行, 瑕疵担保責任及び不法行為等を理由に損害賠償請求及びY₁に対し賃貸借契約の不存在確認請求を提起した (第1事件)。

これに対し, Y₁は, Xに対し, 耐震補強工事を拒否し, また, いたずらに危険性を煽ることにより本件建物を使用できない状態に陥らせたことによる賃貸借契約上の債務不履行等を理由に損害賠償を請求した (第2事件)。

その他, Xから本件建物の一部を賃借していた者2名も, X及びY₂に対し, 本件建物の強度不足又は耐震性能不足により賃借権を喪失したとして, 債務不履行又は不法行為を理由に損害賠償を請求した (第3事件, 第4事件)。

### ■判決要旨

裁判所は, Y₂に対する請求については, 本件建物の完成日が昭和50年12月5日頃, Xに対する引渡し日が昭和51年1月7日頃であることから, いずれも時効消滅又は除斥期間の経過を理由に棄却した。

次に, 賃貸借契約の不存在確認については, 以下の①から④の理由で, 遅くとも現在までに賃貸借契約は当然に終了していると判断した。

① 本件建物に使用されたコンクリート圧縮強度が設計基準強度には達しておらず, 新耐震設計法に照らすと, 本件建物は耐震性能を保有していないということになる。しかしながら, 本件建築当時の建築基準法が求めていた基準を下回っていたとは認められないから, 本件建物は既存不適格建物である。

② そして, 平成16年10月には, Y₂が具体的な耐震補強の方法を提案し,

〔49〕東京地判平成23年３月25日（平成20年（ワ）第8696号，同第22925号，平成21年（ワ）第3317号）　　*187*

その工事費用の見積も提出していたことから，同時点では，経済的に見ても補修による方が建替えよりも優位であったことが認められる。

③　しかしながら，その後，XがY₁・Y₂から提案を受けた耐震補強工事の実施を拒否し，コンクリートの圧縮強度に関する２度の予備調査，２度の本調査を実施して，その過程で，柱，梁，構造壁から多数のコンクリートコアを採取した。この結果，現在の本件建物の躯体の耐力は大きなダメージを受け，現在は，耐震改修工事には多大な費用を要し，経済的にみても解体して建て直すことが適当な状態に陥っていて，本件建物の危険性は決して軽視できないものであり，多数の顧客が来店することが予定されている商業施設として利用するのは社会通念上不可能である。

④　Xは危険を回避するための耐震補強工事を行おうともせず，マスコミを通じて一方的に同建物の危険性を喧伝していた。

裁判所は，前記①から④の事実に加え，Y₁やY₂が大量のコア抜きが本件建物の健全性に影響を及ぼすとの懸念を示したにもかかわらず，Xが大量のコア抜きを伴う調査を強行したことを指摘し，賃借部分を使用収益し得ない状態に立ち至らせたことが使用収益させる義務の違反になるとして，XのY₁に対する賃貸借契約上の債務不履行の成立を認めた。

そして，Xから本件建物の一部を賃借していた者についても，Xの賃貸借契約上の債務不履行の成立を認めた。

## ■　解　説

賃貸借契約において，目的物を使用収益させる義務は賃貸人の中心的義務である（民601条）。そして，賃貸人が自ら賃借人の使用収益を妨げた場合，賃貸人は債務不履行責任を負うとされている。

もっとも，目的物が使用収益できる状態にあるか否かは，賃貸借契約の目的や建物の用途や状況等に照らして社会通念をもとに個別具体的に判断することになるところ，この事例判断として本判決は参考となるものである。

特に本件は建物の安全性が問題になっているところ，当該建物は建築当時は建築基準法に違反してはいなかったが，使用されたコンクリートの圧縮強度が設計基準強度に達しておらず，新耐震設計法に照らすと，耐震基準を満たしていない（いわゆる既存不適格）という問題がある。

新耐震設計法は，昭和55年の建築基準法施行令の改正によって昭和56年６月１日以降の建物について導入され数十年から数百年に一度の確率で起こる大規

模な地震を受けても建築物を崩壊させないことを目的としている。したがって，仮に，新耐震設計法に照らした耐震基準を満たしていないとしても，直ちに建物が倒壊のおそれがあるとは認められないと考えられる。さらに，かかる建物が，商業施設に供されている場合であっても，耐震補強工事によって，前記耐震基準を満たす程度まで回復させることが可能な場合は，使用収益させる義務が履行不能にいたっているとはいえないと考えられる。

　しかし，本判決はそれがさらに進んで，賃貸人が適切な耐震補強工事を行うことなく多数のコンクリートを抜き安全性に悪影響が生じた場合には，履行不能になり得ることを認めたものである。また，安全性確保のための対処法として賃貸人が不適切な判断に固執している場合，さらに，多数の顧客が利用する建物については，安全性に関する外部への発信等によって，顧客の不安が増大することによる事業上の悪影響，賃貸人の態度等の主観的要素も考慮して，使用収益義務が履行不能になったと認定したことについても着目すべきと思われる。

　なお，本判決では除斥期間の経過等を理由に認められなかったが，請負契約の担保責任について，改正前民法においては売買契約とは異なる請負契約固有の条項が多数規定されているが，改正民法では，瑕疵担保責任と債務不履行責任を契約不適合として統一的に解する契約責任の立場から，売買の売主の担保責任と実質的に揃えられ，562条の買主の追完請求権，564条の損害賠償責任及び解除権が559条で準用されていることに留意されたい。

　平成25年に建築物の耐震改修の促進に関する法律が改正され，病院，店舗，旅館等の不特定多数が利用する建築物及び学校，老人ホーム等の避難に配慮を必要とする人が利用する建築物のうち大規模なものなどについて，所有者は耐震診断を行い報告することが義務付けられ，行政はその結果を公表することとなっている。現在は本件建物のような場合に，行政が耐震不足の事実を公表することとなる。

【加唐　健介】

〔50〕東京地判平成25年３月29日（平成18年(ワ)第20474号，平成20年(ワ)第1829号）　　　*189*

## 50　店舗屋上施設工事の債務内容と　履行不能の判断　──ドン・キホーテ事件

東京地判平成25年３月29日（平成18年(ワ)第20474号，平成20年(ワ)第1829号）

判時2194号43頁

### 争 点

　店舗建物の屋上に設置されたジェットコースターが店舗建物に異常な振動を与える場合に，同施設の製作・設置等を内容とする請負契約に基づく完成義務が履行不能になるかどうか

## ┃　判決の内容

### ■事案の概要

　Ｘは，東京都港区の地上８階地下１階の鉄骨造建物において日常品雑貨の販売店舗を営業している会社である。

　Ｘは，当該建物の屋上にジェットコースターを設置することを計画し，遊戯施設の設計・製造を業とするＹとの間で，平成15年12月９日，本件遊戯施設の製作を代金４億9500万円で依頼する旨の契約を締結（以下「本件第一契約」という）し，その後，平成16年10月頃から12月頃，Ｙが本件遊戯施設を取り付け施工する契約を締結した。

　Ｙは，本件遊戯施設について，平成16年９月に，構造評定を取得したほか，防災評定，建築確認を順次受けた。その後，本件遊戯施設は，平成17年10月に据付けが完了し，同年11月４日から試運転調整が開始された。

　ところが，同年11月16日に，本件遊戯施設の試運転が行われたところ，本件建物内にいたＸの従業員や買い物客らが振動や騒音を感じた。また，隣接ビルからも苦情が寄せられたため，Ｘ及びＹの従業員らにおいて同ビルの３階及び４階における振動を確認した。このため，試運転は中止された。その後，同月22日にも試運転が行われたが，間もなく，Ｘからの申入れにより中止された。

　Ｘは，Ｙにおいては，本件遊戯施設を運転したとしても，少なくとも本件店舗建物について限りなく振動を感じない程度に止めなければならない債務を負担していたところ，それが履行不能になったとして，平成18年９月，訴状にお

いて本件各契約を解除し、Yに対し既払金の返還及び本件遊戯施設の設置に伴い支出した費用及び解体撤去費用を請求する本訴を提起した。

これに対し、Yは、本件各契約の残代金の支払を求める反訴を提起した。

■**判決要旨**

本訴請求認容。反訴請求棄却。

まず、本件遊戯施設の運転により発生した本件店舗建物の振動の有無及びその程度につき、裁判所は、複数の解析結果を総合し、本件遊戯施設の運転により、本件店舗建物では、少なくとも3階以上では90％以上の人が振動を感じ、かつ、屋上階における振動の程度は震度3に相当するものであった旨認定した。

次に、このような振動の改善可能性の有無及び本件遊戯施設の仕事完成義務が履行不能（追完不能）となったか否かについて、裁判所は、既設の防振ゴムのほか、Yの主張する防振スプリングユニット、AMDのいずれも、有効適切な振動軽減策とは認められないとし、その他具体的に有効な振動軽減策が提案されたとは認められていないとして、現時点で本件建物における振動を改善できる可能性があるとは認められないと判示した。

さらに、裁判所は、仮に、振動を軽減できる方策が客観的に存在し、物理的に債務の履行が可能であったとしても、机上の検討において想定しておくべき振動を想定することなく、本件遊戯施設の製作、設置を進め、振動の発生が明らかになった後も、振動の性格や程度を正しく理解していなかったというYの対応ないし態度を指摘し、遅くとも本訴請求の提起の段階においては、Yから適切な振動軽減策を提案されることは完全に期待できなくなっていたというべきであるから、この時点でYの仕事完成義務の不履行は社会通念上債務不履行になったものというべきであるとした。

これに対し、Yは、構造評定の取得にあたって、外部のA社に検討を委託し、同社から本件店舗建物の居住性に問題がない解析結果を報告していること等を理由に過失がないと主張したが、裁判所は、前記解析の前提に誤りがあること、A社はYの履行補助者であること、また、A社の解析に誤りがあったとしても、Yの不適切な説明に起因するものであることを理由に、Yの主張を排斥した。

また、裁判所は、本件遊戯施設の製作契約と設置並びに運転調整に係る契約を全体として一個の請負契約を構成すると認定した。

以上から、裁判所は、Yの、本件遊戯施設が本件店舗建物に振動を生じさせないように調整すべき債務について債務不履行があり、社会通念上未完成部分を追完できないとした上で、本件遊戯施設を他に転用することは極めて困難で

〔50〕東京地判平成25年3月29日（平成18年（ワ）第20474号，平成20年（ワ）第1829号）　　*191*

あるという理由から，製作という既施工部分と設置という未施工部分は不可分であり，Xが既施工部分のみの給付を受ける利益はないので，Xは本件各契約全体を解除できると結論付け，Xの主張を全面的に認めた。

## ■　解　　説

### 1　紛争の概要

本件は，被告が，原告との請負契約に基づき，原告の店舗建物の屋上にジェットコースター（以下「本件遊戯施設」という）を製作・設置したところ，試運転をした段階で，本件建物に異常な振動が発生し，結局，稼動にいたらなかったという事態をめぐる紛争である。

### 2　被告の負う債務の内容

本件の特色は，問われている本件遊戯施設の問題が，本件遊戯施設の稼動そのものの不具合ではなく，それが稼動することによって，設置された建物に振動を与えるという点にあることを，いかなる債務の不履行と評価できるかをまず検討しなければならないことにある。

この点につき，原告は，財団法人日本建築センター（以下「建築センター」という）から適法に構造評定を取得しなければならない債務，本件遊戯施設を運転したとしても，本件建物を一切振動させない債務，少なくとも，限りなく振動を感じない程度に止めなければならない債務等を主張していた。

これに対し，裁判所は，①本件遊戯施設が本件建物の営業時間中に稼動させることが当然に予定されていたこと，②本件建物には多数の来客が想定されていたこと，③構造評定取得の過程で，建築センターから，本件建物の居住性に関して追加検討するよう指示されたこと等の事情を述べた上で，被告には，「本件遊戯施設が本件建物に振動を生じさせないように調整すべき債務」（以下「本件振動調整債務」という）があるとした。

もっとも，一切の振動を認めないのは現実的でない。裁判所は，①本件遊戯施設が稼動した際，本件建物の3階以上の階では90％以上の人が振動を感じること，②屋上階での振動は震度3以上に相当することを認定した上で，本件振動債務の不履行を認めており，この事実認定と評価も参考になろう。

### 3　履行不能の判断

次に債務の履行不能の判断も問題となる。通説によれば，債務の履行不能とは，単に物理的不能を言うのでなく，社会生活における経験法則又は取引上の通念に従えば，債務者が履行を実現することについてもはや期待可能性がない

ことを意味する。本件でも，振動を改善できる可能性の客観的・技術的な可能性のみならず，被告が振動の発生を想定せずに本件遊戯施設の製作設置を進めたこと，その後も振動の性格や程度を正しく理解しなかったこと等の「被告の対応ないし態度」を指摘し，本権提訴の段階で，被告から適切な振動軽減策を提案されることは期待できなくなっていたと認定している。

【本書判例49】においても見られるが，建築物に問題が発生した場合に，適切な対応によって改善可能であったものの，一方当事者が技術的に不正確な理解や不適切な判断に固執することによって，修繕等の債務が履行不能にいたったと認定される例がある。相手方の指摘にも耳を傾け，謙虚に検討し，必要に応じて柔軟に対応する姿勢が事態の悪化を食い止めることにつながることもあろう。

### 4 外部業者への検討依頼について

最後に，被告は，本件建物の居住性の検討を業者に依頼し，当該業者から肯定的な解析結果を得たことをもって過失がないと主張したが，裁判所はこれを排斥した。外部の業者に技術的な検討を委託する場合に，提供した前提事実や資料に誤りがあったり不十分であったりする場合も多いので，注意する必要があろう。

【加唐　健介】

## 51 壁面吹付アスベストの工作物責任

大阪高判平成26年2月27日（平成25年(ネ)第2334号）
判タ1406号115頁

### 争点

　1　壁面に吹き付けられたアスベストが露出している建物が民法717条1項の「工作物の設置又は保存に瑕疵があること」に該当するか否か
　2　同建物の所有者兼賃貸人が民法717条1項の「占有者」に該当するか否か

---

## 判決の内容

### ■事案の概要

　Xらは，文房具の販売等を業とする小規模会社B社の取締役であって，B社が建物の所有者兼賃貸人であったC社から賃借していた本件建物内において，店長として稼働していた亡Aの相続人である。

　なお，Yは，吸収合併によりC社から権利義務を承継した会社である。

　本件建物は，昭和45年1月21日に建築確認を受け，そのころ完成した未登記建物であり，一辺が8～9mの方形をしており，室内の高さは約5mである。天井端から約1.1m～3.2mの幅で，クロシドライト（青石綿）を25％含有している吹き付け材が約3mの厚さでむき出しのまま施工されていた。

　C社は，昭和45年3月2日に，B社に対し，本件建物を賃貸した。

　亡Aは，昭和45年3月頃から平成14年6月頃まで本件建物において勤務し，同年7月3日に，悪性胸膜中皮腫の確定診断を受け，平成16年に，入院先の病院で自殺した。

　Xらは，亡Aが長年にわたり，本件建物の壁面に吹き付けられたアスベスト粉塵を吸引した結果，悪性胸膜中皮腫にり患し，病気を苦に自殺のやむなきにいたったと主張し，Yに対し，民法717条1項の工作物責任等を根拠に損害賠償を請求した。

　以上の事実関係に対し，差戻前控訴審（大阪高判平22・3・5（平成21年(ネ)第2519号））は，亡Aが本件建物で勤務を開始した昭和45年3月以降について建物の設置又は保存に瑕疵があったと判断したが，上告審（最二小判平25・7・12裁判集民244号1頁）は，科学的な知見や一般人の認識等に鑑み，本件建物のような

建築物の壁面に吹付け石綿が露出していることをもって，当該建築物が通常有すべき安全性を欠くと評価されるようにいたったのはいつの時点からであるかを証拠に基づいて確定する必要があるなどとして，原審に差し戻した。

■**判決要旨**

原判決変更（請求一部認容）。

### 1 「土地の工作物の設置又は保存の瑕疵」について

吹付け石綿を含む石綿の粉塵に暴露することによる健康被害の危険性に関する科学的知見及び一般人の認識並びに法令上の規制の在り方を含む行政的な対応等は，時とともに変化していることを鑑みると，Yが土地工作物責任を負うのは，人がその中で勤務する本件建物のような建築物の壁面に吹付け石綿が露出していることをもって，当該建築物が通常有すべき安全性を欠くと評価されるようになった時点からであると解すべきである。

そして，昭和62年中に全国紙で相次いで吹付けアスベスト暴露の危険性を報道し，これに呼応して各地で吹付けアスベストの除去工事が行われることになったこと，建設省が同年11月に建築基準法令の耐火構造の指定から吹付けアスベストを削除したこと，環境庁・厚生省が昭和63年2月に都道府県に対し，吹付けアスベストの危険性を公式に認め，建物所有者への指導を求める通知を発したこと等の事実関係のもとでは，遅くとも上記通知の発せられた昭和63年2月の時点では，建築物の吹付けアスベストの暴露による健康被害の危険性及びアスベストの除去等の対策の必要性が世間一般に認識されるようになったとして，本件建物は通常有すべき安全性を欠くと評価されるようになったというべきである。

### 2 「占有者」について

民法717条1項の「占有者」とは，物件法上の占有概念に基づく占有を有する者に限らず，被害者に対する関係で管理支配すべき地位にある者をいう。本件で，Y社が賃貸借契約において必要があるときに本件建物に立ち入り必要な措置をとる権限がある一方で，修繕義務を負っていたこと，吹き付け材の経年劣化等によりアスベスト粉塵が飛散する状態になっていたことに鑑みると，Y社は建物賃借人の従業員に対する関係で「占有者」に該当するというべきである（なお，本判決はB社が「占有者」に該当することも否定していない）。

## ■ 解　説

本件は，アスベストにより悪性胸膜中皮腫に罹患して死亡した男性の遺族が，

建物所有者に対して提起した初めての民事損害賠償請求訴訟とされる。

## 1 「瑕疵」が肯定される時期について

民法717条の「土地の工作物の設置又は保存の瑕疵」の解釈については，占有者や所有者の注意義務違反とする義務違反説（主観説）と，占有者や所有者の行為を要求せず，その予見可能性や回避可能性を問わない客観説とが対立している。判例・通説は後者の客観説を採用しており，最高裁も，瑕疵を，「通常有すべき安全性の欠如」と定義している。

それでは，工作物が裁判時において通常有すべき安全性を欠いていると評価される場合，その所有者が過去のいかなる時点で発生した事故についても，民法717条1項の工作物責任を負うのか。差戻控訴審はそのように理解しているようであるが，差戻前上告審はこれを否定した。客観説を採用したとしても，通常有すべき安全性の有無は，規範的な評価がされ，どの時期までの事情を考慮して評価するかによって変化するものであることを認めたのである。最高裁は，その理由として，アスベストの健康被害の危険性に関する科学的な知見及び一般人の認識ならびに行政的な対応は時と共に変化していくこと，を指摘する。このように「認識」を瑕疵の成否の判断材料にしていることについて，主観説との関係が問題となるが，最高裁はあくまで「一般人の認識」を問題にしているのであって，土地工作物の所有者らの主観（予見可能性）を問題にしたものではない点に相違があると説明される。

本判決は，上記差戻前上告審の判示を受け，壁面に吹き付けられたアスベストが露出している建物が通常有すべき安全性を欠くと評価されるようになったのは，遅くとも昭和63年2月頃であると判断した。昭和63年2月は，環境庁・厚生省が都道府県に対して吹付けアスベストの危険性を公式に認め，建物所有者への指導を求める通知が発せられた時期である。本判決は，この時期を基準とした理由を明確に述べていないが，前記のとおり，最高裁は，一般人の認識や行政的な対応の変化を指摘していることからすると，所管する省庁が自治体に対して公式の通知を出していることを重視したものと考えられる。

## 2 建物賃貸人の「占有者」該当性について

次に，本判決は，民法717条1項の「占有者」は，被害者との関係で管理支配すべき地位にある者も含まれると解した上で，本件の建物賃貸人であるY社も「占有者」に該当すると判示した。本判決は，Y社が，管理上の必要に応じて本件建物の立入りや修繕の権限を有している事情を指摘するものの，建物賃貸人一般が「占有者」に該当するとまでは読み取れないと思料する。

最後に，本判決は，前記昭和63年２月頃からのアスベスト暴露と中皮腫発症，そして自殺との因果関係についても証拠に基づいて丹念に検討していることも指摘しておく。

【加唐　健介】

〔52〕東京地判平成29年３月31日（平成26年(ワ)第15039号）　*197*

## 52 石材取付工事における施工業者の安全配慮義務

東京地判平成29年３月31日（平成26年(ワ)第15039号）
判タ1441号134頁

争 点

　建物の共用部分である外壁や玄関庇の石材取付工事について，施工業者の注意義務違反があり，建物としての基本的安全性を損なう瑕疵があるか

## ■ 判決の内容

### ■事案の概要

　Xは本件建物の管理組合の管理者であり，Yは，本件建物の売主であるZとの請負契約に基づき，マンションである本件建物を施工した建築業者である。

　Xは，Yの施工した本件建物の共用部分である外壁及び玄関庇の石材取付工事につき，Yが建物としての基本的な安全性が欠けることのないように配慮すべき注意義務を怠り，これによって，本件建物には，建物としての基本的な安全性を損なう瑕疵があると主張して，Yに対し，不法行為による損害賠償請求権に基づき，上記瑕疵の補修工事費用等合計4568万1956円の支払を求めた。

　これに対し，裁判所は，Yの不法行為（注意義務違反）の内容に照らして合理的といえる補修方法に要する費用約620万円の限度で請求を認めた。

　なお，本件訴えの提起に先立ち，XはZを被告とし，次いで，Zは，Yを被告とし，石材取付工事につき，瑕疵修補請求の訴えを提起しており，Xは，本件の当初の請求において，Zをも被告とし，上記瑕疵の他に，本件建物のタイル貼り工事の施工にも瑕疵があったと主張し，その補修費用相当額等の損害賠償も請求していた。これら３件の事件は，併合審理され，民事調停に付されたが，本件と併合された上記各事件の全部並びに本件のうちZ社を被告とする部分の全部及び株式会社Yを被告とする部分のうち上記タイル貼り工事の施工上の瑕疵の補修費用相当額の損害賠償を請求する部分に係る部分について，調停が成立したため，Xの請求は上記のとおりとなった。

### ■判決要旨

　相当程度の重量物（約１kgないし約16kg）である本件外壁石材を，１階分の階高以上の高低差をもって通行人の上に落下し得るような場所の躯体に取り付け

198　第2章　管理・運営　第1節　建物・設備の瑕疵(契約不適合責任), 所有者(工作物)責任

る行為自体が，外壁石材の剥落により居住者等の生命又は身体に対する高度の危険性を内在するものである。

したがって，施工者は，本件外壁石材の躯体への取付工事について，外壁石材が剥落・落下して，居住者等の生命又は身体を危険にさらすことがないように配慮すべき注意義務，すなわち，剥落等防止措置義務を負う。

ところで，取り付けられた石材等の外壁材は，経年劣化等が生じ，いずれは剥落・落下することも間違いのないところではあるものの，どのような取付方法をとればどの程度の期間は当該外壁材の剥落・落下が生じないのかに関する客観的な科学的知見は見当たらず，少なくともどの程度の期間は剥落・落下しないような措置を講ずべきであるといった一律の基準が存するわけでもない。

しかしながら，本件外壁石材のような外壁材を1階分の階高以上の高低差をもって通行人の上に落下し得るような場所の躯体に取り付ける場合に関しては，多数の施工の経験，実績等を踏まえつつ，外壁材の剥落・落下の防止のための一般的合理的施工方法が一定程度確立されており，多くの施工者が，当該一般的合理的施工方法に則して施工を行ってきた結果，外壁材の剥落・落下が皆無になることはないものの，少なくとも一定期間は居住者等につき外壁材の剥落・落下の危険からの安全が確保されてきた。

したがって，本件外壁石材のような外壁材を1階分の階高以上の高低差をもって通行人の上に落下し得るような場所の躯体に取り付ける場合に関しては，①一般的合理的施工方法に則しているときには，原則として，剥落等防止措置義務の違反はない，②一般的合理的施工方法に則していないときには，原則として，当該義務の違反がある，ただし，②の場合も，③実際にとられた施工方法が，一般的合理的施工方法と同等又はそれ以上の効用を有すると認めることができるならば，上記義務を怠ったということはできない。

本件外壁石材取付工事については，実施された施工方法が，金物の設置がないなど一般的合理的施工方法に則しておらず（②該当），一般的合理的施工方法と同等又はそれ以上の効用を有するともいえない（③非該当）。

したがって，Yには，剥落等防止措置義務違反があり，居住者等の生命又は身体を危険にさらすことがないように配慮すべき注意義務の違反が認められる。

## 解　説

建物の所有者から，直接契約関係にない建物の設計者・施工者に対する損害賠償請求について，設計者・施工者は，建物としての基本的な安全性が欠ける

ことがないように配慮すべき注意義務を負い，この義務を怠ったために建築された建物に建物としての基本的な安全性を損なう瑕疵があり，それにより居住者等の生命，身体又は財産が侵害され，又は当該瑕疵の性質に鑑み，これを放置するといずれは居住者等の生命，身体又は財産に対する危険が現実化することになる場合には，当該設計者・施工者は，不法行為の成立を主張する者が上記瑕疵の存在を知りながらこれを前提として当該建物を買い受けていたなど特段の事情がない限り，これによって生じた損害について不法行為による賠償責任を負う（最二小判平19・7・6（平成17年（受）第702号）民集61巻5号1769頁（以下「平成19年最判」という），最一小判平23・7・21（平成21年（受）第1019号）裁判集民237号293頁（以下「平成23年最判」という））。

　上記平成19年最判及び平成23年最判の判断方法については，建物としての基本的安全性能を損なう瑕疵の有無の判断基準として，明確な一般的水準が認められる場合には，妥当な判断を導くことができるものの，一般の水準が必ずしも明確でない場合には，安定的で妥当な判断を導くことができないのではないかとの問題点が指摘されてきた。本件においても，裁判実務上一般的水準が比較的確立しているタイル貼り工事（高嶋卓「外壁タイルの瑕疵と施工者の責任」判タ1438号48頁参照）部分については，民事調停において和解が成立しているが，石材取付工事部分については，Yがこれを拒否し，和解が成立しなかったものと思われる。

　本判決は，このように工事の一般的水準が必ずしも明確でない石材取付工事について，石材の重量や取付位置に着目し，少なくとも，生命，身体又は財産に対する危険性を内在するような工事については，一般的合理的施工方法に則していない場合には，特段の事情がない限り，剥落等防止措置義務を怠った注意義務の違反があると判示し，平成19年最判及び平成23年最判の示した注意義務の具体的内容や，その立証責任に関する1つの考え方を示した点において，実務上はもちろん，理論面においても参考となるものである。

　なお，改正民法で新設される724条の2において，人の生命又は身体を害する不法行為については時効が5年となるが，必ずしも生命身体にまで危険が及ぶとまではいえないタイル貼り工事の場合と異なり，使用された石材の高さや重量，設置場所などを認定した上で，生命，身体又は財産に対する危険性を内在するような工事と判示しており，時効について，5年の適用のある事案であると思われる。

【松村　武志】

200 第2章 管理・運営 第1節 建物・設備の瑕疵(契約不適合責任),所有者(工作物)責任

## 第2 設備に起因する責任

### 53 老人ホームでの転倒事故における 施設運営者の安全配慮義務

東京地判平成27年3月6日(平成26年(ワ)第1460号)
D1/DB29025494

**争点**

老人ホームでの見学者の転倒事故において,施設運営者に,利用者や来訪者の安全を確保する措置を講ずべき義務を怠るなど安全配慮義務違反が認められるか

## 判決の内容

### ■事案の概要

Yの運営する老人ホームに見学に訪れたX(事故当時61才)は,浴室の脱衣所入り口にある高さ約15cmの段差を踏み外して転倒し,負傷した。

そこで,X及びXの配偶者である夫らは,上記事故が発生した原因は,Yが適切な転倒防止の措置を講じなかったためである旨主張して,Yに対し,不法行為責任(民709条)に基づき,治療費や慰謝料等の損害賠償及び遅延損害金の支払請求をした。

これに対し,裁判所は,Xが,廊下から脱衣所に入る際,当該段差について注意喚起を受け,なんら段差を問題とせず脱衣所に入室していること,床面の色彩,模様及び素材等から,段差上部の脱衣室と,段差下部の廊下の区別が一目瞭然であったこと等を根拠に,Yは,Xが浴室見学の短時間の間に,注意喚起を失念して転倒することを予見することは,困難であったとして,Yの不法行為責任を否定し,請求を全部棄却した。

### ■判決要旨

Xは,本件段差について注意喚起されて本件施設3階の脱衣室に入り,数分間浴室の説明を受け,その後脱衣室を退室するため,本件段差を下りる際に,本件段差を踏み外して本件転倒場所で転倒した。

Yは,本件施設が老人ホームであるという性質から,高齢者が利用すること

が想定され，訪問者も高齢であることが多いと想定されることから，その運営上，利用者や来訪者の安全を確保する措置を講ずべき義務を負っていたというべきである。

廊下から脱衣室に入る際に，本件段差を上り，本件段差を認識したときは，脱衣室から廊下に出る際には，通常，段差を認識しているものであること，脱衣室及び廊下のそれぞれの床面の色彩，模様及び素材等から，どこまでが脱衣室で，どこからが廊下であるかの区別も一目瞭然であること，脱衣室を歩いている間に注意が拡散する程，脱衣室内の歩行距離が長いともいえないこと，Xが事故当時61歳で高齢とはいえず，認識及び身体能力等に特段問題があったと認められないことなどにかんがみると，脱衣室に入る際，被告従業員から本件段差について注意喚起を受けて，これを乗り越えて脱衣室に入室した以上，Xは，脱衣室を退室する際にも，本件段差の位置を理解し段差を認識して下りることは十分に可能であり，そうすることが期待できるものであったといえる。

これに加えて，Xは，その住所，年齢から推察するに，単に社会見学の類として本件施設を見学したものではなく，近い将来老人ホームである本件施設を利用するかもしれないとの認識の下で，本件施設を見学したといえ，本件施設の使い勝手，危険な箇所及び利便性等について相当程度注意を払っていたものと考えられる。そして，Xを案内していたYの従業員も，その様な認識でXを案内していたものといえる。

そうしてみると，脱衣室に入室の際に，Yの従業員がXに対し，注意喚起している以上，Xは，本件段差を念頭においていると考えられたことから，退室時にXが段差を失念して足を踏み外して転倒することまで予見ができたということは困難といえるし，予見できたとしても，本件段差について注意喚起することにより転倒を回避する措置をとったといえるのであるから，Yには安全配慮義務違反等の過失を認めることはできない。

## ▌ 解　説

### 1　本判決の意義

ビルなどの建物施設の不具合により，転倒・転落事故が起きた場合において，当該施設の管理者に対し，安全措置を怠った過失による不法行為責任（民709条），あるいは，土地工作物の設置又は保存に瑕疵があったとして土地工作物責任（民717条）に基づき，損害賠償請求がなされる場合がある。

安全措置を怠った過失が認められるためには，まったく安全措置を施してい

ないなどの例外的場合を除き，具体的注意義務の発生原因事実，すなわち不審事由があったことの主張立証が通常必要となるが，転倒・転落事例においては，転倒や転落の予見可能性を基礎づけるため，当該対象者の転倒直前の異常挙動や，過去に当該対象者に軽微な転倒事故，いわゆるヒヤリハット事例があったことの主張立証が必要となる。

本事案において，裁判所は，Yの従業員により，Xに対し，浴室の更衣室の入室の際，段差の注意喚起がされたこと，これによりXが段差を問題とせず入室したことを主な理由として，Xの主張を排斥しているが，これは，Xが入居者ではなく，単なる見学者で，YにおいてXの転倒歴等を把握している立場になく，転倒直前の異常挙動など不審事由がまったく存在しなかったことによるものと考えられる。

また，裁判所は，Yの過失判断において，床面の色彩，模様及び素材等から，段差上部の脱衣室と，段差下部の廊下の区別が一目瞭然であったことや当該更衣室の広さ，見学時間の長さ等，施設の客観的性状を総合考慮してYに過失がなかったと判示している。Xにおいて，明示的に土地工作物責任の主張はなされていないものの，実質的には，Yの土地工作物責任を否定するもので，Xの主張を徹底的に排斥しているものといえる。

本判決は，事例判断ではあるが，近時増加する高齢者施設における転倒事故の責任否定事例として，実務上参考になる。

## 2　その他転倒事故に関する近時の参考判例

### (1)　参考判例①（東京地判平25・10・25D1/DB29026502）

サッカーワールドカップの関連映像を放映し，飲食を提供し，関連グッズ等を販売するカフェとして開店準備中であった建物の屋外階段を降りる際，滑って転落し負傷したXは，建物の所有者，建物を賃借して当該カフェを開店準備中であった賃借人であるYらに対し，当該屋外階段には設置又は保存に瑕疵があり，Yらには同階段の管理上の注意義務違反があるとして，不法行為に基づく損害賠償として，総額2078万円余及び遅延損害金の支払を請求した。

土地工作物の設置又は保存における瑕疵とは，「工作物が，その種類に応じて，通常予想される危険に対し，通常備えているべき安全性を欠いていること」をいい，工作物の客観的性状，すなわち，当該工作物の構造，用法，場所的環境及び利用状況，事故当時の社会一般の認識等の事情を総合考慮した上で，通常予想される危険の発生を防止するに足りるものであるか，個別具体的に判断される（潮見佳男『基本講義債権各論Ⅱ不法行為法〔第2版〕』136頁，能見喜久＝加藤

新太郎編『論点体系判例民法(8)不法行為法』317頁〔下村信江〕，最二小判平25・7・12判タ1394号130頁，【本書判例56】参照）。

本事案において，裁判所は，上記判断枠組みに従い，当該屋外階段の形状，建築基準法への適合性，店舗自体開店前の準備中であったことなど詳細に検討した上で，Xの主張を排斥し，請求を全部棄却した。

(2) **参考判例②**（東京地判平26・4・25D1/DB29026957）

Yが経営するスポーツクラブの会員であったX（事故当時75才）は，スポーツクラブの施設内にある浴室で転倒して左大腿骨頸部を骨折した事故について，浴室内でシャワーを使用していた女性によるシャンプー液の混じった泡の多い湯水が足元に流れてきたことにより転倒したと主張し，Yは，Xとの間のスポーツクラブ会員契約に付随する安全配慮義務として，会員たるXについて施設内で転倒等の事故が発生することを予防するために必要な対策をとる義務があるにもかかわらずこれを怠った，具体的には，浴室内のカランごとにパーティションを設置する義務，埋め込み方式のシャワーを設置すべき義務，すのこを設置する義務などを怠ったと主張して，Yに対し，債務不履行による損害賠償請求権に基づいて，損害合計630万1401円及び遅延損害金の支払を求めるとともに，上記浴室内の通路及びシャワー設備の状況が通常備えるべき安全性を欠いており，土地の工作物の設置又は保存に瑕疵があったと主張してY及びスポーツクラブの建物所有者に対し，民法717条1項に基づいて，上記と同額の損害金及び遅延損害金の支払を求めた。

これに対し，裁判所は，転倒の態様が不明確であること，浴室内が濡れた状態であることやシャンプー水が浴室内に流れてくることは，利用者にとって容易に想定でき，会員として5年間週1回のペースで利用していたXにおいても容易に想定可能であったと認定し，シャンプー水が流れてきたことのみをもって転倒したとは考えがたいと判示し，Xの主張する各義務違反とXの転倒の間の因果関係を否定し，Xの義務違反や土地工作物の設置又は保存の瑕疵の検討に立ち入ることなく，Xの請求を全部棄却した。

**【松村　武志】**

204　第2章　管理・運営　第1節　建物・設備の瑕疵（契約不適合責任），所有者（工作物）責任

## 54　結露を原因とする 映画館の天井崩落事故に関する 空気清浄機製造メーカーの製造物責任

東京高判平成26年3月25日（平成25年(ネ)第7014号）
D1/DB28221387

### 争点

　1　映画館に導入された空気清浄機について，冬季に劇場内の相対湿度を70％まで上昇させることが，結露の原因であり，製造物責任法3条の「欠陥」にあたるか

　2　Yらが，Xの劇場の全てにおいて結露が発生しない空気清浄器を開発する義務を負っていたか

　3　Yらが，納入する空気清浄機について，Xのすべての劇場に適合する安全なものであることを調査説明する義務や，結露発生の可能性及びその影響対策を調査説明する義務を負っていたか

## 判決の内容

### ■事案の概要

　全国の劇場で多スクリーン型映画館を運営する法人であるXは，空気清浄機を開発し，Xとの間で，試作機器導入契約及び同機器のメンテナンス契約を締結した空気清浄機製造会社及びその関連会社であるYらに対し，同機器には劇場の安全性を確保できない欠陥があったとして，各契約の錯誤無効を主張して不当利得返還請求をするとともに，債務不履行等に基づき，総額4億9059万2119円の損害賠償を請求した。

　原審は，導入した本件機器の稼働に伴い加湿効果が生じるものの，これをもって重大な欠陥に当たるということはできず（**争点**1），全国にあるXのすべての劇場において大量の結露水による不具合を発生させない機器の開発義務がYらにあったともいえない（**争点**2）とした上で，冬期に劇場内の相対湿度を最大で70％程度まで上昇させる加湿効果が本件機器にあることはXに説明済みであったから，加湿効果についての錯誤がXにあったとはいえないと判示した。

　また，本件機器と劇場との適合性及び安全性に関する問題点の有無を調査説

〔54〕東京高判平成26年3月25日（平成25年（ネ）第7014号）　　*205*

明する義務や，結露発生の可能性及びその影響について調査説明する義務がYらにあったともいえない（**争点3**）として，Xの本訴請求をすべて棄却した。

　Xは，これを不服とし，空調機器メーカーの業界では，冬季で温度が22度の場合，相対湿度が40％から50％を超えると加湿過多となり，不快感をもたらすだけでなく，カビや結露を発生させるおそれがあることから，相対湿度は40％から50％を上限とすることが常識であるなど，本件機器の欠陥に関する主張等を補充し控訴したが，控訴審は，後記判決要旨の通り，Xの補充主張を含め，Xの主張は理由がないとして，控訴を棄却した。

■**判決要旨**

## 1　争　点　1

　本件機器は，冬季の暖房運転の際に劇場内の相対湿度を最大70％まで上昇させることがあるという程度のものであり，相対湿度を40％から70％の範囲に定めるビル衛生管理法の特定建築物の維持管理に係る基準や，X自身の換気設備の室内環境基準の範囲内であり，通常有すべき安全性を有しているというべきであるから，民法上の瑕疵や製造物責任法上の欠陥があるとはいえない。

　Xの特定の劇場において発生した相対湿度が70％を超えるという事態は，外気の湿度自体も高かった日のことであるから，相対湿度の上昇が本件機器の加湿効果だけを主な原因とするものであったとまでは解することができない。

　そもそも，結露の発生は，空気中の水分が水蒸気として存在することができなくなる限界の温度（露点温度）に達するか否かによるのであって，室内の湿度や温度以外にも，外気の温度や湿度，建物の構造や材質，断熱性能や換気性能等によって左右されるものである。

　したがって，外気温等の条件次第では本件機器による加湿効果も相まって結露が発生するということ自体は否定できないものの，そうであるからといって本件機器に結露を生じさせる欠陥があるということにはならないと判断するのが相当である。

　また，Xは，空調機器メーカーの業界では，冬季における相対湿度は上限を40％から50％にすることが常識となっているとも主張し，これに沿う証拠として，Xの劇場に設置されていた空調機器のメーカーの従業員の証言も存在する。

　しかし，本件機器の導入以前，Xの劇場である「A」の中間季（梅雨）の相対湿度は約60％から約80％であったことや，「B劇場」の夏季の相対湿度が，約55％から約75％であったことに照らすと，同従業員の証言は容易に採用することができず，その他の証拠によっても，冬季における相対湿度が50％を超え

206　第2章　管理・運営　　第1節　建物・設備の瑕疵(契約不適合責任),所有者(工作物)責任

ることになる空気清浄器には直ちに欠陥があるとまでは認めることができないから,Xの上記主張も採用することができない。

## 2　争点2

本件機器は,防菌,防カビや脱臭を目的とする空気清浄機であり,室内の温度や湿度を調節する空調機器ではなく,空気の清浄効果に付随して加湿効果もあるというに止まるものであり,しかもある程度の加湿効果自体はむしろ好ましいものと評価されるのである。

他方,室内の空気に含まれる水分が露点温度を超えて結露を発生させるか否かは,室内外の湿度や温度,建物の構造や材質,断熱性能や換気性能等によって左右されるものであり,Xの劇場は北海道から九州まで全国各地に点在しており,所在地域の気候も異なる上,建物の構造,断熱性能や換気性能等も異なることは容易に推認できるところ,これらについての情報が本件各契約の締結に当たりYらに提供されたと認めるに足りる証拠はないから,通常想定される一般的な断熱性能,換気性能を有する建物における加湿効果についての安全性を超えて,全国各地に点在し,断熱性能や換気性能も異なる建物にあるXの劇場のすべてにおいて結露が発生しない安全性が確保された空気清浄器を開発する義務をYらが本件各契約に基づき負担していたとは解することができない。

## 3　争点3

Xのすべての劇場において結露を発生させることのない安全性が確保された本件機器を開発する義務をYらが負っていたとは解することができない以上,本件機器がすべての劇場に適合する安全なものであることを調査説明する義務や,結露発生の可能性及びその影響や対策を調査説明する義務がYらにあったとはいえない。

## ■　解　説

### 1　本判決と製造物の「欠陥」について

ビルなどの建物に設置された製造物の不具合に起因し,損害が発生した場合において,製造メーカーに対し,設置された製造物の欠陥により損害を被ったとして製造物責任法3条に基づく損害賠償請求がなされる場合がある。

本事案は,全国の劇場で多スクリーン型映画館を運営する法人が,導入した空気清浄機の欠陥により結露が生じ,劇場の天井崩落事故が起きたと主張して,製造物責任法3条などに基づき,当該空気清浄機の購入代金の返金や,損害の賠償など,総額4億9059万余の支払を求めた事案である。

〔54〕東京高判平成26年3月25日（平成25年（ネ）第7014号）　*207*

　製造物責任法3条にいう「欠陥」は，同法2条2項において，「当該製造物の特性，その通常予見される使用形態，その製造業者等が当該製造物を引き渡した時期その他の当該製造物に係る事情を考慮して，当該製造物が通常有すべき安全性を欠いていることをいう。」と定義されており，製造物の構造，用法，場所的環境及び利用状況等諸般の事情を総合考慮して具体的個別的に判断される。

　このような客観的性状からの総合考慮に基づく判断枠組みは，民法717条1項の工作物の設置・保存の瑕疵（【本書判例51・56・58】参照）や国賠法2条1項の営造物の設置又は管理の瑕疵（【本書判例55】参照）の判断枠組みと同様のもので，どのような場合に瑕疵が認められるかは，工作物責任や製造物責任の各裁判例も参考となる。

　本判決では，空気清浄機は，劇場内の相対湿度を最大70％まで上昇させるものであるが，当該相対湿度の数値は，ビル衛生管理法の特定建築物の維持管理に係る基準の範囲内にとどまることや，結露は，劇場内の相対湿度の上昇のみによって生じるものではなく，室内外の湿度や温度，建物の構造や材質，断熱性能や換気性能等によって左右されるものであることなどを総合考慮し，当該製造物が通常有すべき安全性を欠いているとはいえないとして，Yの主張を排斥した（争点1）。

　また，Xは，空気清浄機の導入契約において，既設の空調設備に導入する空気清浄機を適合させるとの条項が存在したことから，Yは，すべての劇場において結露を発生させることのない安全性が確保された機器を開発する義務があり（争点2），すべての劇場に適合する安全なものであることを調査説明する義務や，結露発生の可能性及びその影響や対策を調査説明する義務がある（争点3）と主張した。

　しかしながら，裁判所は，結露が，室内外の湿度や温度，建物の構造や材質，断熱性能や換気性能等によって左右されるものであることを前提に，Xから，Yに対し，全国各地に点在するXの劇場について，これら結露の発生を左右する数値データが何ら提供されていないことを主な根拠として，Xの主張を排斥した。

　上記に記載したとおり，結露の発生防止は，単なる室内相対湿度の管理にとどまらず，建物全体の総合的管理の問題である。

　空気清浄機の製造メーカーに過ぎず，建築施工会社でないYに対し，Xの主張するような高度な義務を課すべきでないことは当然のことであり，結論とし

ても妥当な判断といえよう。

## 2　その他製造物責任に関する近時の参考判例

### (1)　参考判例①（東京地判平23・2・9判タ1360号240頁）

学童保育クラブに設置されたトイレブースの開き戸型ドアの隙間に低学年の小学生が指を挟まれた事故につき，施設の管理者に代わり当該小学生に保険金を支払った保険会社から，トイレブースの製造会社に対し，製造物であるトイレブースに製造物責任法上の欠陥があったとして，求償金支払請求がなされた事案である。

裁判所は，通常有すべき安全性の有無は，本来の用法に従った使用を前提とした上で，危険発生の可能性があるか否かによって判断するのが相当であると述べ，本件事故は本来の用法とは異なる用法により生じたものであり，通常予見される使用形態ともいえず，本来の用途に従って使用する限り指詰め事故発生の危険性はなく，本件トイレは通常有すべき安全性に欠けているとはいえないとして，製造物責任法上の欠陥を否定し，請求を棄却した。

### (2)　参考判例②（神戸地判平25・10・30 D1/DB28222439）

エレベーターの急停止により傷害を負ったXが，エレベーターの製造会社に対し，当該エレベーターには，製造物責任法上の欠陥があった，あるいは当該製造会社には，安全性確保義務違反があったとして，製造物責任法3条及び民法709条に基づき，損害賠償請求がなされた事案である。

裁判所は，製造会社について，事故原因を詳細に検討した上で，当該製造会社は，エレベーターの安全性を確保，維持できるよう部品等を選択し，設計，製造しなければならない義務を負うというべきところ，これを怠り，エレベーターに不具合を生じさせて通常有すべき安全性を欠いたエレベーターを運行させたとして，製造会社に対し，安全性確保義務違反による不法行為責任（民709条）を認めた。

また，エレベーターの管理会社に対しては，品質管理義務違反による不法行為責任（民709条）を，建物所有者に対しては工作物責任（民717条）を認めた。

なお，裁判所は，当該エレベーターについて，製造物責任法上の欠陥の存在は否定したものの，総合考慮により通常有すべき安全性を欠くと判示しており，実質的には，製造物責任法上の欠陥を認めたものと評価可能である。

【松村　武志】

〔55〕横浜地判平成24年7月17日（平成22年(ワ)第764号）　*209*

## 55　集中豪雨と市の雨水施設の瑕疵

横浜地判平成24年7月17日（平成22年(ワ)第764号）
ウエストロー2012WLJPCA07179002

争　点

市の設置する雨水施設について，国家賠償法2条1項の規定する営造物の設置又は瑕疵があるといえるか

## 判決の内容

### ■事案の概要

地下駐車場がある店舗を経営していたXは，大雨時，同駐車場に雨水が流入して自動車水没による損害を被ったことから，溢水した水路を管理していた地方自治体であるYに対し，同水路内に堆積した落ち葉等を除去して雨水が氾濫しないよう管理すべきであったにもかかわらずこれを怠った過失があり，設置又は管理の瑕疵があるとして，雨水施設を管理する地方公共団体であるYに対し，国家賠償法1条1項及び2条1項に基づく損害賠償として，総額513万円余及び遅延損害金の支払を求めた。

これに対し，Yは，定期的に水路等の清掃を行い落ち葉を除去していたことや，12月の降水量としては異常であり，予測不可能であったなどとして，責任を負わないと主張したが，裁判所は，後記**判決要旨**の通り，本件溢水は水路における落ち葉等の堆積を原因とすると認められ，Yは溢水可能性があることをおよそ想定できなかったとはいえず，溢水が不可抗力とは認められないから，本件水路は通常有すべき安全性を欠いており，管理の瑕疵があるとしてYの責任を認め，一方で，Xは，普段から浸水対策等を講じてしかるべきであったとして，過失相殺の規定を類推適用し，過失割合を5割として過失相殺をして，合計145万円余及び遅延損害金の支払を命じ，その余の請求を棄却した。

### ■判決要旨

本件池及び本件水路は，雨水流出抑制施設として，流出する雨水の量を抑制し，雨水を雨水管に流す施設であると認められる。

その管理に当たっては，降雨時に流出量が抑制され，雨水が雨水管に適切に流れるよう管理することが求められるが，平成18年12月26日〜同月27日，本件雨によって運ばれた落ち葉が堆積して本件スクリーンが詰まり，雨水が雨水管

に流れず，これが本件公園の外に溢れ出て，全量ではないとしても，歩道沿い
に流れ，本件地下駐車場に流れ込んだことが認められる。

本件水路内に落ち葉が入らないよう柵等を設けたり，本件水路内の落ち葉を
夜間でもこまめに除去したり，本件水路内の本件スクリーン付近などにゴミの
塞ぎ止めの網などを設置していれば，雨水が溢れ出る事態は生じなかったと考
えられ，上記ゴミの塞ぎ止めの網については現に本件浸水の後に設けられてい
ることなどにも照らすと，Yにおいて，これらの対策を講じることは可能であ
り，かつ容易であったと認められる。

本件浸水が生じた平成18年12月26日から同月27日までにかけての降水量は，
12月としては前例のないものであったが，他の月には，これを大幅に上回る降
水量を何度も記録しており，12月にそれだけの降水量があれば，落ち葉の堆積
状況が他の月と大きく異なることから被害の状況が異なることは明らかである
上，同月26日夜の段階で大雨洪水警報も発令されていたから，水が溢れ出す可
能性があることをおよそ想定することができなかったとまでいうことはできな
い。したがって，不可抗力によるものとは認められない。

以上からすると，本件水路は，通常有すべき安全性を欠いていたと認められ，
管理の瑕疵があると認められる。

## ■ 解 説

国賠法2条1項の規定する営造物の設置又は管理の瑕疵とは，営造物が通常
有すべき安全性を欠いていることをいい（最一小判昭45・8・20裁判集民100号343頁），
営造物の設置又は管理に瑕疵があったとみられるかどうかは，当該営造物の構
造，用法，場所的環境及び利用状況等諸般の事情を総合考慮して具体的個別的
に判断される（最三小判昭53・7・4裁判集民124号217頁）。

このような客観的性状からの総合考慮に基づく判断枠組みは，民法717条1
項の工作物の設置・保存の瑕疵（【本書判例51・56・58】参照）や，製造物責任法
3条の製造物の欠陥（【本書判例54】）の判断枠組みと同様のものとされ，どのよ
うな場合に瑕疵が認められるかは，工作物責任や製造物責任の各裁判例も参考
となる（潮見佳男『基本講義債権各論Ⅱ不法行為法〔第2版〕』136頁，能見喜久＝加藤新
太郎編『論点体系判例民法(8)不法行為法』317頁〔下村信江〕）。

本判決は，上記判断枠組みに従い，雨水施設の構造や排水能力，施設周辺の
街路樹の状況や落ち葉清掃の状況などを総合考慮した上で，季節的に想定外の
集中豪雨であったなどとする市の主張を排斥して，営造物の管理の瑕疵（国賠

2条1項）を認め，損害賠償につき一部認容した。

　本判決は，事例判断であるものの，近時気候変動により増加しているにもかかわらず，保険契約上自動車保険適用外となることが多い季節外れの集中豪雨に起因する自動車の水没事故について，雨水施設の管理者である市の責任を一部肯定した点で，参考になる事案である。

【松村　武志】

*212* 第2章 管理・運営 第1節 建物・設備の瑕疵(契約不適合責任), 所有者(工作物)責任

## 56 ビルの窓からの転落における 建物設置管理者の土地工作物責任

東京地判平成27年1月19日 (平成25年(ワ)第17647号)
ウエストロー2015WLJPCA01198003

### 争点

**1** 転落原因は何か (誤って, 窓から転落したといえるか, 同僚による故意の突き落としや自殺の可能性はないか)

**2** 本件窓が通常備えるべき安全性を欠いたといえるか (本件窓の設置・保存に瑕疵があるといえるか)

**3** 過失相殺の割合

## 判決の内容

### ■事案の概要

亡Aの相続人であるXらは, ビルの6階にある居酒屋で行われた勤務先の懇親会に参加していた亡Aが, 同居酒屋の宴会場の床上高さ49cmの位置にある窓から転落して死亡したのは, 居酒屋を経営するYらの設置保存の瑕疵ないしは過失によるものであると主張して, Yらに対し, 民法717条1項又は715条に基づく損害賠償請求として, 合計7745万円余及び遅延損害金の支払を求めた。

裁判所は, 後記**判決要旨**のとおり, 亡Aが本件窓から転落した原因は, 亡Aが懇親会終了後, 何らかの事情によって本件窓に近づき, 誤って転落したものと推認すべきである (**争点1**) ところ, 本件窓は, その形状, 位置等から, 注意力や反射速度, 運動能力が低下した酔客が何らかの原因で転落する危険を有するものといわざるを得ず, 手すり等の転落防止措置がとられていない以上, その設置・保存に瑕疵がある (**争点2**) と認定した上で, 亡Aの逸失利益及び死亡慰謝料について7割の過失相殺をして (**争点3**), 合計2256万円余及び遅延損害金の支払を命じ, その余の請求を棄却した。

### ■判決要旨

#### 1 争点1

本件において, 本件懇親会における亡Aの着座位置を特定できる証拠はなく, また, 同人が本件窓から転落するにいたった経緯を特定できる客観的な証拠はない。

〔56〕東京地判平成27年1月19日（平成25年（ワ）第17647号）　*213*

　もっとも，①第三者（同僚）による故意による突き落とし，②亡Aの意思による自殺など，他の転落原因の可能性を検討すべき事情も認め難いというべきであり，亡Aが本件窓から転落した原因は，亡Aが本件懇親会の終了した後，何らかの事情によって本件窓に近づき，誤って転落したものと推認すべきであり，それ以外の事由により転落した可能性は想定し難い。

## 2　争点2

　本件ビルの6階にある本件店舗は，居酒屋の営業のために使用されることが予定されており，本件店舗において飲食をする客の中には，相当に酒に酔った（場合によれば酩酊した）客もいるであろうことは当然に予想されるものであり，本件懇親会においてもそうであったように，宴会の料理として干し物を七輪で焼くなどによって室内に煙が充満して空気が汚れたり，飲酒のため室温を暑く感じたりする客が出ることも想定でき，こうした客の中には宴会場に設置された窓を開放しようとする者があることも予想できたというべきである。

　そこで，このように酔客による開閉が予想される窓であることを前提に，本件窓が通常備えるべき安全性を欠いたものと認められるかについて検討するに，本件窓は，縦横147cmの四角い形状で，畳から約49cmの位置に窓の下枠が位置しており，窓枠と垂直になるまで回転し，窓が開いた状態における開放部分の最大幅は約90cmであったというのであるから，注意力や反射速度，運動能力が低下した酔客が何らかの原因で転落する危険を有するものといわざるを得ないもので，手すり等の転落防止措置がとられていない以上，本件窓を含む本件店舗には，その設置・保存に瑕疵があると認められる。

## 3　争点3

　本件において，亡Aは，本件懇親会終了後に，本件窓から転落した事実に鑑みれば，亡Aは本件懇親会において相当程度飲酒をし，酩酊状態において本件窓から転落したものであると推測される。また，本件窓の床からの高さや，本件窓の形態から，本件窓を開放し，あるいは開放された本件窓に近づく行為自体が，相当に危険なものであることを認識できたと認められる。

　したがって，Aの行動が本件事故の発生に相当に寄与していると認めざるを得ないから，7割の範囲で過失相殺をするのが相当というべきである。

## ■　解　説

　ビルなどの建物の施設の不具合に起因し，転倒・転落，共用部からの漏水等により損害が生じた場合について，民法717条1項の工作物責任として建物の

設置・保存の瑕疵があると主張し，損害賠償請求をする訴訟が見受けられる（【本書判例51・58】参照）。

本事例は，窓からの転落による負傷・死亡事故について，もともと床面から約85cmの高さに設置されていた窓が，居酒屋の宴会場の設営工事を行ったために49cmの高さとなったことに起因して引き起こされたと思われることから，転落事故の遺族らから，飲食店の経営者に対し，民法717条1項の工作物責任として建物の設置・保存の瑕疵があるとして，損害賠償請求がなされた事案である。

土地工作物の設置又は保存における瑕疵とは，「工作物が，その種類に応じて，通常予想される危険に対し，通常備えているべき安全性を欠いていること」をいい，工作物の客観的性状，すなわち，当該工作物の構造，用法，場所的環境及び利用状況，事故当時の社会一般の認識等の事情を総合考慮した上で，通常予想される危険の発生を防止するに足りるものであるか，個別具体的に判断される（潮見佳男『基本講義債権各論Ⅱ不法行為法〔第2版〕』136頁，能見喜久＝加藤新太郎編『論点体系判例民法(8)不法行為法』317頁〔下村信江〕，最二小判平25・7・12判タ1394号130頁）。

本判決で，裁判所は，転落時の詳細な状況は不明であったものの，アルコールの提供を伴う飲食店では，注意力などが低下した酔客が，誤って窓に上半身から寄りかかったり，暑さのために窓を開けた際，誤って落下することは容易に予想できたことを指摘した上で，窓の大きさや形状，設置された高さ，転落防止柵等の設備がなく，十分な注意喚起がないことなどを総合考慮して，設置・保存に瑕疵があると認定した。

本判決は，過失相殺7割と大きく減額されているものの，転落時の詳細な状況が不明であるにもかかわらず，民法717条1項の工作物責任を肯定し，転落事故訴訟の裁判例に責任肯定の1例を加えるものとして，実務上参考となる。

【松村　武志】

〔57〕東京地判平成25年8月19日（平成23年（ワ）第15798号，平成24年（ワ）第6809号）　　*215*

## 第3　エレベーター・エスカレーターに起因する責任

### 57　6階建て事務所ビルのエレベーター不具合と賃貸借契約の帰趨

東京地判平成25年8月19日（平成23年（ワ）第15798号，平成24年（ワ）第6809号）

LEX/DB25514391

### 争　点

　サブリース目的で賃借した建物について，そのエレベーターが建築確認を得ておらず使用できなかった場合に，賃貸人の債務不履行責任が成立するか

## ■ 判決の内容

### ■事案の概要

　Xは，不動産のサブリース業務，宅地建物取引業務，建築・内装工事等の請負業などを目的とする株式会社であり，Yは，総合リース業，運輸及び倉庫業を目的とする株式会社である。

　Yは，昭和49年9月30日に新築された6階建てのビル（以下「本件ビル」という）を所有していたが，このビルは，建築確認を得ておらず，検査済証も発行されていなかった。Yは，平成20年までは，別の賃借人に本件建物を使用させていたが，平成19年5月頃から新たな入居者を探していて，平成19年から平成20年にかけて，本件建物に大掛かりな改修工事を実施した。この際，本件建物に設置しているエレベーターについても業者に依頼して改修を実施した。その後のメンテナンスも同じ業者に依頼していた。

　Xは，平成22年4月頃，仲介会社から本件建物の紹介を受けた。Xは，この仲介会社を通じて，本件建物の建築確認申請に係る証明書を入手し，それと同年6月28日に実施したY代表者との面談等を通じ，本件建物につき建築確認を得ていないことは承知した。なお，この面談の際，Yは，本件エレベーターについて，「最近改修をして，カゴ部分（人が乗る部分）を入れ替えた」旨説明をした。

　XとYは，平成22年9月17日，本件建物につき，Xが第三者との間で定期建

物賃貸借契約を結びサブリースに供することを目的とし，定期建物賃貸借契約を締結した。

また，同日，Ｙは，Ｘに本件建物の内装工事を注文し，平成23年2月1日までに，この請負代金合計1272万5000円をＸに支払った。

平成22年12月下旬から平成23年1月上旬にかけて，本件建物に設置されたエレベーターに不具合が生じた。Ｘが，同年2月ころ，江東区都市整備部建築課に確認したところ，本件建物のみならずエレベーターにつき建築確認を得ていない違法なものであることから，平成22年1月に国土交通省から発出された通知もあるので，このまま使用することはできない旨の指摘を受けた。

Ｘは，Ｙ代表者と面談後の，平成23年3月，Ｙに対し，本件建物及び本件エレベーターを適法かつ安全なものにするように求めるとともに，これができない場合には本件賃貸借契約を解除する旨通知し，同年4月，Ｙに対し，本件建物を明け渡した。

これに対し，Ｙは，平成23年8月，Ｘに対し，本件請負契約を解除する旨通知した。

以上の事実経過をもとに，Ｘは，Ｙに対し，本件賃貸借契約の債務不履行等を理由とする損害賠償を求める本訴を提起し，Ｙは，Ｘに対し，本件請負契約の履行不能解除に基づく原状回復として，支払済みの請負代金等の支払を求める反訴を提起した。

■**判決要旨**

本訴請求一部認容。反訴請求棄却。

賃貸借契約に当たっては，特約のない限り，貸主が契約目的に沿って使用できる状態にして目的物を引き渡し，その状態を維持すべき義務があるところ，本件建物は6階建てであり，賃貸借契約の目的が事務所等の用途で転貸することにあることを前提とする限り，エレベーターの使用は必須であり，Ｙは本件エレベーターを使用可能な状態にして引き渡し，その状態を維持すべき義務がある。

本件建物全体について建築確認を得ていないことをＸが認識していたとしても，本件建物が建築以来長期間使用継続されていた状況を踏まえれば，使用が制限される場面を直ちに想起し難いとして，賃借するという判断は十分に成り立つし，エレベーターの使用が必須な建物について，最近改修したと説明した貸主が，実際に使用が困難であることを看過して漫然と賃貸することは通常想定し難いから，Ｘにおいて本件エレベーターについても使用が不可能であるこ

〔57〕東京地判平成25年8月19日（平成23年(ワ)第15798号，平成24年(ワ)第6809号）　*217*

とまで認識すべきであったとは当然いえない。

　よって，Yには，債務不履行が成立する（Yにおいて履行不能であるという主張立証はない）。

　もっとも，Xの主張する損害賠償のうち，本件賃貸借契約期間中に支払った電気水道料金以外は認められない（転貸による賃料収入に係る逸失利益については，一定の入居率を確保することが必要であるところ，実際には転借人との賃貸借契約にはいたっていないなど，その立証が十分でない）。

　また，Xは，本件建物について建築確認を得ていないことを承知しており，本件エレベーターについても建築確認の関係を調査していれば，その使用に支障が生ずるおそれについても認識可能だったといえ，Xが宅地建物取引主任者を擁することなどに鑑み，Xには2割の過失相殺が認められるべきである。

　反訴請求について，本件請負契約は，目的を達することができず社会通念上履行不能になったものとみるべきであるが，その責任は専らYにあるものと解するのが相当である。よって，民法536条2項に基づき，既に支払を受けた請負代金につきYに対し返還義務を負わない。また，Xが自己の債務を免れたことによって利益を得たと認めるに足りる証拠はない。よって，反訴請求は認められない。

## ■　解　説

　本判決の特色としては，建物賃貸人につき，賃貸借契約に基づき，賃借人に対し，エレベーターを使用可能な状態にして本件建物を引き渡し，その状態を維持すべき義務があったことを認めた点が挙げられる。本件建物が6階建てであること，賃貸借契約の目的が事務所等の用途により転貸することにあること等の事情を挙げて，本件建物を使用するためにエレベーターの使用は必須であると認定している点は参考になる。

　次に，原告が，本件建物が建築確認を得ていないことを認識していた点の評価である。裁判所は，建築確認を得ていない建物が賃貸借の目的とされることは珍しいことではない旨の証言を引用するなどして，賃借人が，原告が建築確認を得ていないことを知っていたからといって，エレベーターの使用が実際上不可能であることを当然に認識すべきとはいえないと判断した。これに加え，本件においては，賃貸借契約締結交渉中に，賃貸人が最近エレベーターを改修したなどと説明していたこと，本件建物は建築以来長期間使用されていたなどの事情を指摘している。

218　第2章　管理・運営　第1節　建物・設備の瑕疵(契約不適合責任),所有者(工作物)責任

　最後に,損害論について,本判決は,賃料相当分の逸失利益に係る主張を認めなかった。被告との賃貸借契約を締結してから約6か月間,テナント募集の営業活動をしていながら,具体的な賃料等の契約条件を定めた入居申込みが3件だけで,実際に賃貸借契約締結にいたった者はいないこと等から,サブリース賃料を上回る収入を得られる十分な入居率を確保できる蓋然性があったとまではいえないとしている。本判決に照らすと,逸失利益の賠償が認められるためには,賃貸借契約解除の時点で,サブリース賃料を上回る収入が得られるテナントとの賃貸借契約が現実に締結されていることまでは不要であるが,少なくとも営業活動期間に応じた申込みの状況等に照らして,これらのテナントとの賃貸借契約締結の蓋然性が認められる必要があると考えられる。

【加唐　健介】

〔58〕東京高判平成26年1月29日（平成25年（ネ）第3142号）　　*219*

## |58| エスカレーターの<br>製造物責任及び工作物責任

東京高判平成26年1月29日（平成25年（ネ）第3142号）
判時2230号30頁

### 争 点

　1　商業ビルで飲食していた者が，ビル内の下りエスカレーターの手すりに乗り上げ，転落して死亡した事故について，エスカレーターの製造業者の製造物責任の成否
　2　ビルの共有者，管理者の土地工作物責任

## ▌判決の内容

### ■事案の概要

　Xらは，昭和38年生まれの男性Aの両親である。
　Aは，平成21年4月8日，東京都港区所在の商業ビル2階で営業している飲食店において職場同僚らと会食した。
　その後，Aは，当該飲食店を出て，そのほぼ正面に位置する1階への下りエスカレーター（以下「本件エスカレーター」という）と飲食店との間の通路で集合写真を撮影した後，本件エスカレーターの乗り口がある方向を一瞥した後，本件飲食店の方向に向き直り，本件エスカレーターに背を向け，臀部付近を本件エスカレーターの進行方向（下り方向）に向かって右側の移動手すりの折り返し部分に接触させ，体重をかけて後ろ向きに寄りかかる体勢になった後，これに乗り上げてまたがるような状態になり，その後，本件エスカレーターの下り方向に運ばれながら，身体が本件エスカレーターの内側に向けて手すりに腰掛ける体勢になり，身体のバランスを崩して本件エスカレーター外側の吹き抜けから1階床に転落した（以下「本件事故」という）。
　Aは，翌日未明，本件事故の際の頭部打撲による頭蓋内損傷により死亡した。
　ところで，本件エスカレーターと同機種のエスカレーターは，平成4年から平成21年4月までに国内だけでも7000台以上，製造，設置されており，本件エスカレーターと同様の素材や形状の移動手すりも広く普及していたことがうかがわれる。しかしながら，利用者の身体が移動手すりと接触してその摩擦によってこれに乗り上げるという事故は報告されていない。

Ｘらは，本件ビルの共有者の１人でビルを管理運営するＹ₁社及び本件ビルを別の共有者から賃借してＹ₁社に管理運営を委託しているＹ₂社に対し，民法717条１項の土地工作物責任，本件エレベーターを製造したＹ₃社に対し，製造物責任法３条の製造物責任に基づき，損害賠償を請求した。

これに対し，第１審はＸらの請求をすべて棄却したので，Ｘらが控訴した。

■**判決要旨**

控訴棄却。

### 1 通常有すべき安全性

本件事故は，意図して，移動手すりに接近し，身体の背面側の中心線をその折り返し部分に接着させ，後ろ向きにこれに寄りかかるという，エスカレーターの本来の用法とは大きく異なるＡの行動の結果として発生したものである。

本件エスカレーターは，その本来の用法に従った利用を前提とする限り，移動手すりに利用者の身体が乗り上げるという事態が生じるとは認め難く，通常有すべき安全性を欠くものとはいえない。

### 2 使用方法に対する予見義務について

また，一般的に，エスカレーターは，幼児から老人まで老若男女を問わず不特定多数の者の利用に供されるものであって，その中には，判断能力，運動能力の不十分な者や，飲酒等によって判断能力や注意力の低下した者も含まれるものの，同種のエスカレーターは広く利用されていて，その中には判断能力等の不十分な者も多数含まれると考えられるが，本件事故と同様の事故が報告されていない。さらに，エスカレーターの本来の用法に従った利用をする限りにおいて，一時的に移動手すりに寄りかかったり，よろけて体重を預けるということがあったとしても，移動手すりとの摩擦によって利用者の身体が移動手すりに乗り上げるという事態は生じなかったことが窺える。

よって，ＹらにおいてＡのとった行動をとる者がいることを予見して，本件エスカレーターを設置，保存すべきであったということはできない。

## ▌ 解 説

土地工作物責任について定める民法717条１項が要件として掲げる土地工作物の「設置又は保存の瑕疵」とは「通常有すべき安全性」を欠いているというのが通説的見解であり，同時に，国家賠償法２条１項の営造物責任における「設置又は管理の瑕疵」と同趣旨とされる。

本件のように，問題となった工作物が，本来の用法ではない方法で使用され

たときに事故が発生した場合について，国家賠償法2条1項については最三小判昭53・7・4（民集32巻5号809頁）というリーディングケースが存在する。同判決は，「営造物の通常の用法に則しない行動の結果事故が生じた場合において，その営造物として本来具有すべき安全性に欠けるところがなく，右行動が設置管理者において通常予測することのできないものであるときは，右事故が営造物の設置又は管理の瑕疵にあたらない」とする。すなわち，①営造物を本来の用法に従って使用する限り危険がなく，②通常予測し得ない異常な方法で使用して事故が生じた場合には設置管理者は責任を負わないというものである。この準則は，民法717条1項の工作物責任にも妥当する。

　本判決も前記準則にしたがって判断したものであるが，その判断の方法について，それぞれ次の部分が参考になると思われる。

　まず，①本来の用法に従って使用する場合の「危険性」について，どの範囲で検討する必要があるかという問題がある。本判決は，本件の事故の端緒となった，「手すりに利用者の身体が乗り上げるという事態」が，本来の用法を前提とした場合，通常想定ができないと判断している。これによると，占有者又は所有者側は，請求者（被害者）側が主張する事故の機序において，工作物が被害者との関係でどのような状況（事態）になったことが事故の端緒となったかを分析し，本来の用法に従って使用した場合にそのような状況（事態）にはならないことを主張立証すれば良いことになろう。

　また，②通常予測し得ない異常な使用といえるかに関して，本判決は，当該エスカレーターと同機種が相当多数製造設置され，しかも，利用者の中には判断能力等の低下している者も相当数含まれていると考えられるにもかかわらず，これまで同様の事故報告がないことを指摘しており，重視しているようである。このような観点も，同種の事案においての立証活動や事前の対策において参考となると思われる。

【加唐　健介】

## 第2節

## 清掃・修繕等管理責任

### ＊本節の趣旨＊

　第1節が，建物や設備自体の不具合を中心にしたものであるのに対し，第2節では建物自体の不具合ではなく，その維持，管理上の責任となるものを中心に紹介する。この場合に責任を問われる者は，所有者に限られず，ビル運営に関わる様々な立場の当事者となることがある。第1節と同様，状況によっては刑事責任を問われる場合もある。

　このような争いでは，各当事者にどのような義務があり，どの程度履行すれば義務を果たしたことになるのか，が重要になる。抽象的な文言よりも，事例における事象や事実が重要になり，似たような論点でも事実の違いによっては結論が異なることもあると思われるので，法律の解説よりも事実の紹介に重点を置いて紹介する。

〔59〕東京地判平成23年8月9日(平成21年(ワ)第28806号)　*223*

## 第1　清　　掃

### 59　オフィスビル廊下での転倒事故における清掃業者の責任

東京地判平成23年8月9日(平成21年(ワ)第28806号)
判時2123号57頁

**争点**

　清掃業社のモップがけ中に利用者が転倒した事例において，清掃業社の過失は認められるか

## 判決の内容

### ■事案の概要

　清掃業社であるＹ社の従業員が，オフィスビル（以下「本件ビル」という）の廊下をモップ掛けしていたところ，本件ビルで働く会社員Ｘがその廊下で転倒した。

　Ｘは，本件ビルにおいて水を撒く清掃を行うにあたっては，清掃中の札を掲げる等，通行人の安全と事故防止の為の配慮をする義務があるにもかかわらず，Ｙがこれを行わなかったために転倒して全身打撲の傷害を受けたと主張し，治療費，後遺障害慰謝料等の計286万1206円の支払を求めた。

　上記請求にかかる過失の有無を認定する前提として，Ｘの転倒の態様ないし経緯が争いになった。すなわち，Ｘは，当時，廊下は水で濡れており，約2ｍにわたり床を滑り，体が宙に浮いて数度にわたり床に叩いつけられたと主張したのに対し，Ｙは，モップ掛けをしている従業員の背後から現れたＸがモップをまたいで転倒した，と主張した。

### ■判決要旨

　請求棄却（確定）。

　Ｘが主張する事故態様の証拠としてはＸの供述のみである。そしてその供述は，本件通路の状況については濡れていたという一点を除いては一貫しておらず，またその主張する転倒の態様も通常考え難いものであること，Ｙ側の主張する事故態様は当日Ｙ側が作成した事故報告書以来一貫していること，Ｘはそ

の上司がXの転倒直後に本件通路の立入りを規制した等と主張するが当該上司がこれと異なる証言をしていること等から，信用できない。

そうすると，XはY側の過失を証明できておらず，立証責任に従い，Xの請求は認められない。

## 解　説

本件は，清掃中の通路において利用者が転倒した事例において，事故の態様及び経過についての利用者側の供述の信用性を排斥して過失を否定した事例判断である。

一般にビルの管理者側には，利用者に対し十分に安全性の確保された施設を提供すべき注意義務があると考えられる。ここで要求される安全性は，ビルの利用態様や想定される利用者の属性等によって異なってくるであろう。安全確保が不十分な場合には，一般不法行為法における過失や，工作物責任（民717条）における設置又は保存の瑕疵が認められることになる。

本件は，建物の占有者や所有者ではない清掃業社の責任が問われた事件である。そのため，工作物責任ではなく一般不法行為として構成されている。この場合も，清掃作業によって生じる転倒の危険に応じて事故を予防する対応が求められることになると考えられるが，その求められる対応内容を画す前提として，本件事故当時の床の状況及び転倒の態様が争われ，Xの供述（陳述書や法廷証言など）の信用性が問題となった。

ここで，供述の信用性を判断するにあたっては，一般に，客観的証拠との整合，供述経緯，供述内容の変遷の有無及びその合理性，供述内容それ自体の合理性，虚偽供述の動機等が判断の指標になると考えられている。本件においては，X側の供述には不合理な変遷があることが指摘されているのに対し，Y側の供述は事故当日以来一貫していることが評価されているが，これは，事故当日にYがXの勤務先に提出した事故報告書や，8日後に作成された始末書を受けての認定である。

ところで本件では，事故報告書に「本日，弊社のミスにより人的災害を起こしてしまった事に対し深く反省すると共にお怪我をされてしまった社員様には心よりお詫び申し上げます。」との文言が記されていた。しかし，こうした記載があるからといって直ちに法的責任が認められるであるとか，あるいはYが過失を認める旨を述べていたといった評価をされるわけではない。本件においても，Yの担当者は裁判において，かかる記載はYの責任を認めたものでは

なく，客先との関係で清掃委託業務契約を解約されないようビル管理業界の慣行に従ってお詫びの意味を作成した旨を証言し，裁判所もかかる証言が不合理とまではいえないとして是認している。事故初期対応時に謝罪する事について，一時，米国連邦証拠規則における伝聞例外規定を前提に事故当時に謝罪を口にしないこととする指導準則が本邦にも輸入されたが，本件は我が国の訴訟では謝罪の言葉と法的責任は直結するものではないことを示す一例ともいえよう。なお米国においても各州で連邦証拠規則の伝聞例外規定を修正するいわゆる「アイムソーリー法」の制定が広まっている。

　施設利用者の転倒事故についての裁判例としては，大規模小売店施設の雪で凍った外階段で発生した転倒事故について約50％の過失相殺をした上で105万円の賠償を認めた札幌地判平11・11・17（判時1707号150頁）がある。

　また，駅ビル飲食店街の通路に付着した油等によって生じた転倒事故について，工作物責任に基づき，後遺症慰謝料や逸失利益等により約2260万円の賠償を認めた東京地判平13・11・27（判時1744号82頁）がある。当該事例において地裁は，転倒した通路は足下を注意しなければならないような場所ではないとして過失相殺を認めなかった。駅ビル側は，転倒者が当時67歳であったことから骨粗鬆症による素因減額も主張したが，地裁はこれを否定している。事故時点における骨粗鬆症の証拠がないことが直接の理由ではあるが，地裁が仮に骨粗鬆症であったとしても事故との間に因果関係がないとして減額を否定する部分は，個体差としての身体的特徴を超える疾患について素因減額を認める最三小判平8・10・29（民集50巻9号2474頁）との間で議論の余地があろう。

　本件は，これら不特定多数の老若男女が出入りする施設についての裁判例と異なり，オフィスビルにおける転倒事故についてのものである。本件ではモップ掛けをする際に注意の看板を出す等の行為は行われていなかったようであるが，例えば児童が出入りするような施設であれば，利用者のより不用意な行動を想定した危険予防が求められるであろう。

**【笠間　哲史】**

*226* 第2章 管理・運営 第2節 清掃・修繕等管理責任

## 60 トイレ詰まりへの高圧洗浄後の漏水における 洗浄業者の責任（否定例）

名古屋高判平成27年5月14日（平成26年（ネ）第392号，同第601号）
判時2268号45頁

### 争 点

トイレないし下水配管詰まりに対して高圧洗浄を行ったが奏功せず，施工の約1時間後に階下の店舗天井部分から相当量の水がしたたり落ちた事例において，高圧洗浄と漏水の間に因果関係があるか

## ■ 判決の内容

1審（名古屋地判平26・3・27判時2268号50頁）は因果関係を肯定し，高圧洗浄を行った業者に対し1100万円の賠償を命じたが，高裁は因果関係を否定して請求を棄却。上告棄却（最一小決平28・6・16（平成27年（オ）第1186号，同（受）第1489号）D1/DB28263737）。

### ■事案の概要

本件ビルは平成11年10月に竣工した建物であるが，平成21年4月26日，5階の一区画で営業する店舗の洋式トイレの水が流れなくなったことから，5階店舗経営者は，給排水設備の設計・施工等を行う業者であるY社に対し，配管の詰まりを解消する作業を依頼した。同日午前にはYの従業員が，ラバーカップがついた器具を便器内に押し引きして水圧をかけて詰まりを解消する作業を行ったところ，洗面所の方から音が聞こえ，詰まりは解消しなかった。そのため，Yの従業員は，便器の配管よりも先の汚水配管が詰まっていると判断し，管理会社に高圧洗浄の施工を提案し，5階店舗経営者がこれを依頼した。

そこでYは，バッテリー式高圧洗浄機を使用して高圧洗浄作業を実施したが，午後5時30分頃から午後6時30分頃までの約1時間ほど作業を行っても詰まりが解消しなかったので，Yは作業を中止した。

Xは本件ビルの4階で韓国クラブを営業していたが，同日午後7時30分頃から，4階店舗天井部分から全面的に相当量の水がしたたり落ちてきた。

本件の配管は，まずトイレから約1.5m伸びた40A（外径48.6mm）の配管が，100A（外径114.3mm）の配管に直角に接続する。そこから8m下流で別の100Aの配管と直角に接続しているが，その接続までの途中約3.5mの位置に，当時

〔60〕名古屋高判平成27年5月14日（平成26年（ネ）第392号，同第601号）　　*227*

使用していない40A の配管が接続し，床下に埋設されていた（以下「本件床下配管」という）。漏水の翌日に本件建物5階の床下を開けてみると，本件床下配管の開口部に蓋がなく，約65cm 離れた位置に外れた蓋が転がっていたほか，開口部の周囲には大量の汚物やトイレットペーパー等が堆積している状況であった。その汚物等の量は，清掃に使用したウエスやゴミ等も含むが，約55ℓ に上った。

　同月28日にスコープで調査したところ，前記の配管の先の別の配管との接続箇所に汚物が詰まっていることが判明し，これを除去した。

　Xは，Y及び5階店舗経営者を共同被告として，共同不法行為を理由に，改装工事費用等の損害賠償金1815万円及び遅延損害金の支払を請求した。1審は，5階店舗経営者の過失は否定したものの，施工業者たるYについては，「汚水配管内に噴出された水の量と吸引した水の量とを比較したり，作業による効果も見極めつつ，作業時間を慎重に吟味したりするなどして，作業開始後に作業をどの程度継続すべきか（あるいは作業を中止すべきか）を慎重に検討すべき義務があった」が，Yの従業員がこれらを行わず漫然と作業を続けたとして過失を認めた。また，このように高圧洗浄作業を漫然と続けた結果，本件床下配管の開口部の蓋が外れ，水が漏出したものと認定し，因果関係を認め，Yに1100万円及び遅延損害金の支払を命じた。Yが控訴。

■**判決要旨**

　本件床下配管の開口部の蓋は，本件事故前に外れていた可能性を否定できず，本件の高圧洗浄によって蓋が外れて汚水が漏出したものとは断定できない。また，仮に高圧洗浄により同開口部から水が漏れ出したとしても，その水量は200ℓ 弱程度と認められ，かつ，その多くは本件建物のスラブ等により吸収されたと考えられるから，本件のような大規模な漏水を起こしたとは考え難い。したがって，本件の高圧洗浄によって本件漏水が発生したとは認められないから，Xの請求には理由がない。

　すなわち，開口部周辺に堆積していた汚物が，清掃に使用したウエス等を含むとはいえ55ℓ に上り，他方で本件トイレから本件床下配管までのパイプ内容積が33.1ℓ に過ぎないことからすれば，これら汚物は本件事故以前から相当程度の期間をかけて堆積していったと考えられる。また，仮に高圧洗浄によって蓋が外れたのだとすればそれによって詰まりが解消したかのような変化が生じたはずである。そうすると，本件開口部の蓋は高圧洗浄以前から外れていたことが推認される。

また，高圧洗浄による噴出水量を作業時間から，吸引水量を作業時に捨てた水の量からそれぞれ推認すると，流出した水量は約200ℓ弱程度と認められる。他方，5階床面の下には初期の床面が，その下にはH型鋼，デッキプレート及びコンクリートからなるスラブがあり，そのコンクリートの給水量はスラブの小区画につき223.5ℓ，本件店舗全体で1010ℓある。そうすると，仮に漏水があったとしてもその多くはスラブ等に吸収されたと考えられ，大規模な漏水を起こしたとは考え難い。

# ■ 解　説

本件は，トイレの詰まりに対して行った高圧洗浄作業によって漏水事故が生じたとして，施工業者に対して損害賠償を請求したものである。なお，Xは5階店舗経営者を共同被告としたが，1審は，5階店舗経営者が専門業者たるYに作業を依頼していること等から過失を否定した。

本件は，漏水事故に際しての清掃業者の責任に関する事例判断の1つであるが，地裁がYの責任を認めたのに対し，高裁は因果関係を否定して責任を認めなかった点で，事実認定の参考となり得る。

すなわち，地裁は，未使用配管の蓋が本件の高圧洗浄作業によって外れ，これによって漏水したと認定した。これに対し高裁は，その蓋は本件の高圧洗浄作業前から外れており，また，その開口部から漏水したとしてもスラブ等で吸収されて大規模な漏水にはならないはずであるから，本件の漏水とは因果関係がないとしたものである。

確かに，開口部周辺に大量の汚物等が堆積していた状況に鑑みれば，本件高圧洗浄作業以前から蓋が外れていたとの認定は合理的である。しかし，そうであれば以前より床下スラブ等への漏水がありスラブのコンクリートが吸水していたとも考えられ，吸水能力のすべてが本件高圧洗浄時の漏水時に発揮されたことを前提に因果関係を否定した高裁の事実認定には疑問なしとしない。

トイレの詰まりに起因した漏水についての裁判例としては，他に東京地判平26・4・17（（平成25年(ワ)第16885号）LEX/DB25519062），東京地判平20・1・15（（平成17年(ワ)第25872号）ウエストロー2008WLJPCA01158008）があるが，これらは占有者や所有者を被告とした事件である。漏水事故による損害の費目としては，天井クロス等貼替費用等の修繕費用，逸失利益等の営業損害が考えられるが，これらに加え，汚水の浸水事故である点等に鑑みて，慰謝料ないし財産以外の損害の賠償が事業用建物においても認められる場合がある。【笠間　哲史】

〔61〕東京地判平成28年1月27日（平成25年(ワ)第21884号）　*229*

## 61 従業員の止水忘れによる漏水事故と 取締役の責任（否定例）

東京地判平成28年1月27日（平成25年(ワ)第21884号）

### 争点

　飲食店従業員が厨房の水道を出したまま退店し，シンクの排水不良も相まって階下に漏水した事例において，取締役は賠償責任を負うか

## 判決の内容

### ■事案の概要

　Y社は本件ビルの2階で焼き鳥店を営業していたが（以下「本件店舗」という），平成25年5月22日，本件店舗の従業員が閉店後に厨房の水道の水を出しっ放しにしたまま退店してしまった。さらに，本件店舗のシンクの排水にも問題があったことから，同日深夜から早朝にかけてシンクの水が溢れ出て，X社が経営する1階サンドウィッチ店の天井に浸水し，店舗に水が落ちるという事故が発生した。

　そこでXは，Y社に対し使用者責任に基づき内装設備工事費，休業損害等計2264万1990円の損害賠償を請求するとともに，Y社の代表取締役Y₁，取締役Y₂及び同Y₃（以上3名を合わせて「取締役ら」という）に対し，会社法429条に基づき，損害賠償（会社と連帯債務）を請求した。すなわちXは，Y社取締役らが排水不良を放置したこと及び退店時に水は止めるという基本的な従業員教育を怠ったことについて，取締役としての職務懈怠及びそれについての重過失がある，と主張した。

### ■判決要旨

　Y社に対する請求一部認容（1738万6714円），取締役らに対する請求棄却。

　「水道の水を出したままにしない」というのは退店に際しての基本事項であり，本件漏水事故はそのような基本的な事項を怠ったために生じたものである。

　しかし，これまでに本件店舗において，こうした基本的事項の不履行によるトラブルが無いこと，年1回程度，オーバーフローを含む本件店舗全体のパイプ等の高圧洗浄作業を行っていたことからすれば，取締役らに，職務懈怠がありそれについて重大な過失があるとはいえない。

230　第2章　管理・運営　第2節　清掃・修繕等管理責任

# ■ 解　説

## 1　取締役の責任

　本件は，従業員の不注意によって生じた漏水事故について，取締役の第三者に対する損害賠償責任（会社429条）が問われた事案である。

　役員等は，その職務を行うについて悪意又は重大な過失があったときは，これによって第三者に生じた損害を賠償する責任を負う（会社429条1項）。個々の取締役の権限は会社の規模や組織形態等によって異なるが，同項の責任はたとえ名目的取締役であっても適用を免れないものの，実際の権限に応じて職務懈怠や過失，因果関係が否定されることも多い。

　本件においては，本件店舗を直接に管理監督していたのは代表取締役であるY₁であり，取締役Y₂，Y₃はY₁の子であり，Y₃は平成24年に取締役に就任する以前は本件店舗でアルバイトとして勤務していたという。

　本件では，従業員の不注意による止水忘れとシンクの排水不良の放置という2つのミスが重なったことで漏水事故が生じていることから，これら2点について取締役らに職務懈怠及びそれについての重大な過失があったか否かが問題とされた。

　このうち従業員の教育については，従業員が起こした交通事故の事例において，道交法上当然に負うべき通常の注意義務を怠ったものであるとして取締役の職務懈怠を否定した裁判例がある（東京地判平23・10・4交民集44巻5号1257頁）。他方，従業員の違法ないし不適切な行為が常態化している場合には，これを監督し是正しなかったことについて取締役の従業員に対する指導監督義務違反の職務懈怠が認められている（千葉地判平22・1・28判時2076号144頁など）。本件の止水忘れは，そもそも不在時に水道の蛇口を閉めるのは一般常識に属する事柄であるから，仮にこれが常態化していたとすれば従業員教育についての職務懈怠が認められる可能性はあるものの，そうでない限りは特にこの点の従業員教育を行わなかったとしても職務懈怠にあたらないであろう。

　シンクの排水不良については，Y社においてはY₁が本件店舗の管理監督の任を負っていたことは争いがなく，排水設備に関し職務を遂行していたかどうかが問われる。判決は，「年1回程度，オーバーフローを含む被告店舗全体のパイプ等の高圧洗浄作業を行っていた」ことを根拠に，職務懈怠ないしその重大な過失を否定した。なお判決のいうオーバーフローとは，水を貯めることのできる設備において，予定した水面よりも水かさが上がって溢れることを防ぐ

ために予定水面の上の高さに設置する溢水管（オーバーフロー管）を指すものと思われる。

ビルの管理に関し取締役個人の責任が追及される例は少ないものの，小規模の事業体では取締役が現場実務を担っていることも多く，法的には請求が認められ得る場合も少なく無いであろう。本件は取締役らに対する請求が認められなかった事例であるが，職務懈怠ないし過失の構成について実務上の参考となる。

## 2　損害の認定

本件では，物的損害1245万9492円，休業損害及び逸失利益334万7222円並びに弁護士費用158万円の合計1738万6714円の請求が認められている。この物的損害のうち，厨房機器買換費用については減価償却が行われたのに対し，内装設備工事費については全面改装の予定がなかったとして減価償却を否定した。また，内装工事費の算定にあたっては，訴訟係属中に自庁調停に付し，専門家調停委員を含む調停委員会が相当な金額を算定したのであるが，その前提となる単価等については，Xがフランチャイズ店であることから指定業者において指定建材等を用いて修理することもやむを得ないとして，X提出の見積書の金額が用いられたようである。損害額の算定における考慮要素の参考になる。

【笠間　哲史】

*232*　第2章　管理・運営　第2節　清掃・修繕等管理責任

## 62 コバエの発生と 貸主の債務不履行責任及びその内容

東京地判平成24年6月26日（平成22年（ワ）第23038号）
判時2171号62頁

### 争点

**1**　1フロアをコールセンター事務所として賃貸している建物においてコバエが繰り返し発生したことについて，貸主の債務不履行責任が認められるか

**2**　上記債務不履行責任に基づく損害賠償の範囲と，損害額の立証が困難な場合における裁判所の相当額の認定（民訴248条）

**3**　信頼関係の破壊が認められなかった場合の解除の意思表示の帰趨

## 判決の内容

### ■事案の概要

Xは，テレマーケティング事業（顧客からの委託に基づくテレホンアポイントによる営業代行）等を営む株式会社であるところ，Yから東京都内のビルの地下1階部分（以下「本件建物」という）を借りて平成19年6月1日に引渡しを受け，同年7月1日に同所をコールセンター事務所として使用を開始した。

しかし利用開始から間もなく，居室内にコバエが常時飛び回るようになった。同年8月23日，本件建物のビル管理業社から委託を受けた清掃業社が，発生源と考えられる本件建物地下の汚水槽の消毒等を行い，状況は一時収束したものの，翌平成20年4月頃にコバエが再び発生し，夏頃には大量発生した。そのためXは，ゴミ箱の運用の変更，観葉植物の処分，窓を開けないなどの対策を実施したが，効果はなかった。同年8月に清掃業社が汚水槽内の薬剤散布処理等を行ったが，しばらくするとコバエがまた発生する状況であった。同年10月，コバエが伝ってくることを防ぐため汚水槽内の壁，天井に防水剤を塗布すること等が検討され，同工事は実施時期についてのX側の希望を受け年末年始の休暇中に実施された。

翌平成21年4月末にまたコバエが飛び始めたことから，翌5月には汚水槽内の消毒殺虫等を実施した。同月，Xが依頼した調査会社がコバエの発生には本件建物の構造的な要因があると指摘した。管理会社は，調査会社の指摘は事実と異なると判断したものの，指摘を踏まえて同年6月6日，本件汚水槽に原因

〔62〕東京地判平成24年6月26日（平成22年（ワ）第23038号）　　*233*

があることを前提に，流し台下へのトラップ設置等の対策を講じた。その後は
コバエの発生は認められない。

　上記の平成21年6月の工事について，管理会社は同年5月29日にXに説明し
たが，Xが納得せずYからの謝罪を求める等した。そこで同年6月14日，Yの
担当者らがXを訪れ，謝罪とともに工事の内容等について報告した。

　しかるにXは，翌7月7日，Yに対し解除の意思表示を行い，同年8月には
損害賠償を請求し，10月29日に本件建物を明け渡した。

■**判決要旨**

　賃貸人であるYには，本件建物を事務室としての使用という賃貸目的に従っ
た使用ができるよう維持，管理する賃貸借契約上の義務がある。本件では，汚
水槽の機能や構造に起因するコバエの発生により，Xの従業員が不快感を持つ
とともに事務に集中できない等の支障や，コバエ対策等の余分な事務が増え，
さらに窓の開閉禁止等により本件賃貸借契約の目的に沿った利用が一定程度妨
げられる事態が生じていたから，Yの債務不履行が認められる。

　債務不履行と相当因果関係のある損害として，Xが依頼した調査会社の調査
費用157万5000円の他，事務の支障による労働時間の増加やコバエ対策等の有
形の経済的損害として250万円，従業員や顧客の不快感等の無形の損害として
200万円の計607万5000円の損害を認めた。

　他方，賃貸借契約の解除については，管理会社が苦情のたびに消毒等に努
めたことや平成21年6月6日の工事の後はコバエが確認されていないことから，
解除を認めるに足るだけの信頼関係が破壊されていたということはできないか
ら，認められない。なお，Xの解除の意思表示の理由については，これに先立
ってXが別件新規事業のために別件不動産を借りたものの新規事業を断念した
ため，新規賃借建物があることで本件建物賃借の必要性が低くなっていたこと
が指摘されている。

## ▮　解　　説

　本判決は，コバエの発生に関して判決までいたった点で珍しい事例判断であ
り，損害額の認定について特に参考となる。

### 1　使用収益させる義務及び債務不履行の具体的内容

　本判決は，賃貸人たるYはコールセンター事務所という賃貸目的に従った使
用ができるよう本件建物を維持，管理する義務がある，との一般論を述べた
上で，具体的な支障そのものを摘示して，「本件賃貸借契約の目的に沿ったX

234　第2章　管理・運営　　第2節　清掃・修繕等管理責任

の利用が一定程度妨げられる事態が生じていたことが認められるのであるから，本件賃貸借契約上の債務に不履行があったというほかない」と認定した。結果責任に近い認定を行っているものであり，使用収益させる義務の違反についての損害賠償請求における主張立証の考え方として興味深い。他方で消毒等の措置を行ってきたことを評価して解除までは認めておらず（後述），対処療法的な措置の意義と限界を考える際に示唆を与えるものといえよう。

　なお，本件のコバエ発生の原因が汚水槽の機能や構造にあったと認定されており，瑕疵担保責任（民559条・566条，改正民562〜564条）や貸主の修繕義務（民606条）と構成することも可能かと思われるが，この場合も損害賠償請求や解除をなし得る。

### 2　損害賠償の範囲と，損害額の立証が困難な場合

　裁判所は，本件の損害として，事務の支障による労働時間の増加やコバエ対策等について経済的損失を認めたのであるが，これらがその性質上損害額の立証が極めて困難であるとして，X主張金額の約20分の1として，250万円の損害額を認定した。

　損害額は，原則的には賠償を請求する側が証明しなければならない。しかし，損害が生じたことは明らかであるが，損害の性質上その額を立証することが極めて困難な場合には例外的に，裁判所が相当な損害額を認定することができる（民訴248条）。「損害の性質上」要件により当該事案特有の事情による立証困難は除外されるが，適用例として，逸失利益，過大費用の発生，動産損害その他の積極損害，慰謝料等の無形損害が挙げられる。

### 3　信頼関係の破壊が認められなかった場合の解除の意思表示の帰趨

　本件では，管理会社が苦情のつど消毒等に努めたこと，対策工事の実施時期はXの要望を受けたものであること，解除の意思表示前の対策工事の後はコバエの発生が収まっていたことから，信頼関係が破壊されるというには足りないとして債務不履行解除は認めなかった。

　その上で本件では，Xの解除の意思表示を，本件賃貸借契約における期間内解約特約に基づく解約申入れとして扱い，同特約に従って6か月分の賃料・共益費等を返還敷金から控除したYの処理を認め，また，Xの請求のうち転居費用についての賠償請求を認めなかった。

【笠間　哲史】

# 第2　修繕・点検

## 63 修繕義務不履行下における 賃借人の損害軽減義務と「通常の損害」

最二小判平成21年1月19日（平成19年(受)第102号）
民集63巻1号97頁，判時2032号45頁，判タ1289号85頁

### 争 点

賃貸人が修繕義務を履行せず不動産を使用収益できない場合において，賃借人が営業損害の賠償を請求するにあたり，賃借人が他の不動産で営業再開するなどの損害回避軽減措置をとらないことは考慮されるか

## 判決の内容

### ■事案の概要

本件は，店舗用建物の浸水事故について，借主が，貸主を被告として，修繕義務の不履行を理由に損害賠償を請求し，貸主が解除を理由に建物の明渡しを求める反訴を請求した事件である。

中小企業等協同組合法に基づく事業協同組合Yは，昭和42年に地上5階建地下1階建の店舗用建物（以下「本件ビル」という）を建設し所有した。Xはカラオケ店などの経営を業とする株式会社であり，平成4年，Yと賃貸借契約を締結して本件ビル地下1階に入居し，カラオケ店営業を開始した（以下「本件店舗部分」という）。なお，契約は1年ごと更新であるところ，平成7年3月までの契約期間満了時には，継続に関する協議が成立しなかったが，その後もXがカラオケ店営業を継続した。同年10月には，YはXに対して解除の意思表示をしたが，その後も賃料の授受や本件店舗部分の不具合相談等は継続していた。

本件ビルでは平成4年頃から本件店舗部分への原因不明の浸水が頻発していたのであるが，平成9年2月12日，本件ビル地下1階の浄化槽室排水ピット内排水ポンプ不良により汚水が噴き出し，本件店舗部分が床上30〜50cmまで浸水した（以下「本件事故」という）。また，同月17日にも同様の浸水事故が発生した。これらの浸水事故により，Xは本件ビルにおける営業を行えなくなった。

Yは，同月18日，Xに対して，本件ビルの老朽化等を理由として本件賃貸借

契約を解除し明渡しを求める意思表示をした。なお，Ｘは同年４月から翌平成10年３月までの賃料を供託した。

Ｘは，平成10年５月27日，本件事故によるカラオケセット等の損傷について3711万6646円の保険金の支払を受けたが，その後も本件店舗部分での営業再開の見込みが立たないことから，平成10年９月14日，Ｙ及びその代表者を被告として，修繕義務の不履行を理由に逸失利益等の損害賠償訴訟を提起した。これに対しＹは，平成11年９月13日，解除の意思表示とともに明渡しを求める反訴を提起した。

なお，平成９年１月，調査会社により大規模改装に向けての調査が実施されたが，その報告書によれば老朽化により大規模な改装と設備の更新が必要とされたが，直ちにこれらを行わなかったからといって当面の利用に支障が生じるものではなかった。

## ■判決要旨

原審（名古屋高判平18・10・16民集63巻１号123頁）はＹに対し，Ｘの請求期間終期まで４年５か月分の営業損害3104万2607円の支払を命じ，Ｙからの明渡し請求を棄却した。

これに対し最高裁は，原判決のうちＹに支払を命じた部分について，民法416条１項にいう「通常生ずべき損害」の範囲をさらに審理させるため，原判決を破棄して差し戻した。

すなわち，①(i)平成４年９月頃以来頻発する原因不明の浸水，(ii)築30年と老朽化し大規模な改装と設備の更新が必要とされていたこと，(iii)本件事故直後にはＹが契約解除と明渡しを求める意思表示を行い，約１年７か月後にはＸが損害賠償訴訟を提起していたという事情のもとでは，仮にＹが修繕義務を果たしても，Ｘがその後も長期にわたって本件賃貸借契約を継続したとは必ずしも考え難い，②本訴提起時には本件店舗部分での営業再開は実現可能性が乏しくなっていた，③カラオケ店は本件店舗部分以外でも営業可能であり，保険金の支払により再びカラオケセットを整備するための資金の相当部分を取得していた。

そうすると，遅くとも本件本訴提起時点においては，Ｘがカラオケ店の営業を別の場所で再開する等の損害を回避又は減少させる措置を何らとることなく本件店舗部分における営業利益相当の損害のすべてを請求することは条理上認められず，かかる営業利益のすべてを民法416条１項の「通常の損害」として請求することはできない。

## 解　　説

　本件は，修繕義務違反を原因として営業損害の賠償の請求が可能であること
を前提としつつ，損害回避減少措置がなかったことを理由に一定の時期以降の
損害賠償の範囲を制限した最高裁判例である。事例判断であるものの，最高裁
が，債権者の不作為により損害賠償額の減額を認めたものであるから，行動準
則としても裁判上の主張としても本判決の影響は大きい。

　本判決の特徴の１つは，賃借人の損害軽減措置について，民法416条１項の
「通常の損害」の枠組みで判断したことである。これは，本判決が示す理屈が
Ｘと直接契約関係にないＹの代表者に対する請求にも及ぶための構成であると
の指摘がある。

　損害の拡大についての債権者の関与は，従来より過失相殺（民418条）の対
象となると考えられてきた。なお，改正民法418条は「損害の発生若しくは拡
大」に関して債権者に過失があった場合にも過失相殺が為されることが明記さ
れたが，これは従来の判例学説を明文化したものである。

　本判例については，最高裁が損害軽減義務を認めたと紹介するものもあるが，
一般化には慎重であるべきと指摘するものもあり，その射程を慎重に見極める
必要がある。なお，最高裁はあくまで請求が条理によって許されないと述べる
のであって，損害軽減「義務」ないし義務違反という表現は避けている。

　第一に，本判決は条理を導くにあたり，賃貸借契約の継続可能性，借主の営
業再開の実現可能性，代替地での営業再開の容易性の３点を摘示している。損
害軽減措置の不実施を不利益に扱う条理が現れるのは，一定以上の個別具体的
な事情があるときに限られていると考えられる。

　第二に，本判決はあくまで営業利益「すべて」の請求を制約するものであり，
損害軽減措置を取り得た時期以降の営業損害を請求できること自体は否定して
いない。

　第三に，本判決は債務不履行責任に関する判断である。判例上，民法416条
は不法行為法にも類推適用されるが，合意の介在しない不法行為において被害
者側に適用される条理は，契約責任の場面における条理とは自ずから異なるで
あろう。

　もっとも，本判決後，損害軽減義務を積極的に用いる下級審裁判例も見られ
る。例えば，原発事故による仕入先工場の操業停止による売上減少について東
京電力に賠償を求めた事例において，原子力損害の賠償に関する法律の適用に

際し，地裁は，被害者たる原告に損害軽減義務を認めて，逸失利益を請求できる期間を原発事故後1年間に限定した（大阪地判平27・9・16判時2294号89頁）。

損害軽減義務の法理は英米法圏では一般的に承認されているものであり，我が国も加入するウィーン売買条約（国際物品売買契約に関する国際連合条約）第77条にも規定されている。また，損害軽減義務については本邦においても暗黙の裡に存在してきた原理だとみる見解もある。

そうであれば，債務不履行責任を追及する側であっても損害軽減義務を念頭に行動しておくことが望ましく，また，かかる義務については予め明示的に合意しておくことも考えられよう。

【笠間　哲史】

〔64〕東京地判平成24年7月25日（平成23年(ワ)第6836号，同第21953号） *239*

## 64 飲食店における下水臭と修繕義務

東京地判平成24年7月25日（平成23年(ワ)第6836号，同第21953号）
LEX/DB25495898

争点

1 悪臭の発生と修繕義務違反
2 使用収益の不能と賃料の消長
3 飲食店における営業不能と損失
4 （反訴関係）損害賠償請求権が未払賃料額を上回る状況での賃料未払解除

## 判決の内容

### ■事案の概要

Xは，平成22年6月22日，飲食店（居酒屋）営業を目的として，本件ビル1階の一部について賃料月額36万円（滞納2か月で無催告解除を認める特約あり）でYと賃貸借契約を締結し，同年8月末オープンを目指して，同月1日から，内外装工事や雇い入れた従業員への調理研修を実施した。

同年8月末頃，Yは，本件ビルの地下1階の店舗から汚水臭気が発生しているという連絡を受け，業者に調査を依頼した。その後，数次にわたり，原因不明のまま本件店舗内を含む本件ビル内外で様々な調査と対策措置を講じたが，同年11月25日，汚水槽の逆止弁不備により汚水の放流が5割程度にとどまっていること及び3階浴室内天井裏の通気管破損を発見し，後者についてテープで補修を行ったところ，ようやく本件悪臭がほとんど除去されるにいたった。

この間Xは，10月15日には仮オープンを行い関係者を呼び飲食を提供したものの悪臭のため来客が飲食をほとんどしない状況であったが，上記措置による悪臭の改善を受けて11月26日から本格的に営業を開始した。

Xは，平成22年7月分及び8月分（7月末払い）の賃料は支払ったものの，9月分以降については悪臭の発生を理由として賃料を支払わなかった。Xは翌23年2月28日，内容証明郵便をもって，806万8205円の損害賠償請求権があるとしてこれを自働債権として未払賃料債権と相殺する旨の意思表示をした。他方Yは，同年7月8日送達の反訴状により，賃料不払いを理由として本件契約を解除する旨の意思表示をした。

## ■判決要旨

### 1 悪臭の発生と修繕義務

　本件悪臭は糞尿の臭気も感じさせる下水臭であり，これが発生している状況下では飲食店業を営むことは著しく困難であるから，使用目的を飲食店（居酒屋）とする本件賃貸借契約の目的を達成することができない状況であった。

　したがってYは，これを除去した平成22年11月25日までの間，修繕義務を怠っていたといえる。なお，Yはそれまで原因調査及び措置を講じていたが，結果として本件悪臭の除去が遅れた以上，修繕義務違反は免れない。

### 2 使用収益の不能と賃料の消長

　Yの修繕義務違反によりXは本件賃貸借契約の目的を達成できなかったから，民法536条の類推適用により，Xは平成22年9月1日から本件悪臭がほぼ除去された同年11月25日までの賃料支払義務を負わない。

### 3 飲食店における営業不能と損失

　営業開始が遅れた2か月分の人件費（ただし代表者の役員報酬を除く）171万9326円，使用できなかった仕入れ及び2か月分の電話代等のインフラ費用95万5042円の計267万4368円が，相当因果関係ある損害として認められる。

　代表者の役員報酬は，本件店舗以外にも多様な事業を行っていることから控除する。仕入れのうち食用油や酒代は，賞味期限が長く悪臭解消後も使用でき，文房具や電源配線費用も悪臭解消後も使用できるから，これらも相当因果関係がない。

　逸失利益について，Xは平成22年11月26日から翌23年1月31日までの49営業日における売上金合計から経費を差し引いた額から1営業日あたりの平均利益を算出し，これに平成22年8月31日から11月25日までの予定営業日70日を乗じた414万4837円を逸失利益と主張した。しかし，上記基準期間の売り上げのうち400万円はご祝儀的な「プレミアムコース」の売り上げであり，逸失利益の基準とすべき通常の営業からの売り上げではないからこれを除外する。そうすると基準期間は経費が売り上げを上回るから，逸失利益は認められない。

### 4 （反訴関係）損害賠償請求権が未払賃料額を上回る状況での賃料未払解除

　Xは，上記のとおり267万4368円の損害賠償請求権を有し，平成23年2月28日に相殺を援用したところ，同時点の未払賃料債務は合計114万円であるから，この相殺でXの残債権は153万4368円となる。

　その後，Yが平成23年7月8日送達の反訴状により解除の意思表示をするまで144万円の賃料が未払いとなっており，この解除には解除事由があり，また

〔64〕東京地判平成24年7月25日（平成23年(ワ)第6836号，同第21953号）　*241*

Xが平成23年1月分以降の賃料を一切支払っていないことに照らすと，Xに153万4368円の損害賠償請求権があることを考慮しても，信頼関係を破壊するに足りない特段の事情は認められず，本件解除は有効である。

# 解　　説

## 1　悪臭の発生と修繕義務

本件は，飲食店について下水臭により賃貸借契約の目的が達成できなかったと判断した裁判例であり，賃貸借における使用収益を契約目的に即して判断した例として参考になる。

また，本件のYは，悪臭を認識した後，様々な手段を講じたのであるが，結果的に悪臭が改善されなかったことから，悪臭が改善されるまでの全体について修繕義務の不履行を認めた。

## 2　使用収益の不能と賃料の消長

本判決は，賃貸人の修繕義務不履行により賃貸借の目的の全部が使用不能であったことについて，民法536条1項を類推適用して，使用収益が可能となるまでの賃料債務を免れるとした。

修繕義務違反の場合，これが履行されるまでは賃料の支払を拒むことができるとされるが（大判大10・9・26民録27輯1627頁），これはあくまでも同時履行の抗弁権に基づくものであり，賃料債務自体は発生する。

しかし本判決では，単に支払を拒絶できるとするのみではなく，民法536条1項の類推適用により使用不能期間中の賃料を免れるとした点に特徴がある。同種の判断をした裁判例として，震災により建物が損壊し最終的に解除された事例についての大阪高判平9・12・4（判タ992号129頁）がある。

民法536条1項は，危険負担についての債務者主義，すなわち当事者双方に帰責性なく一方の債務が履行不能になった場合に，債務者は「反対給付を受ける権利を有しない」と規定して反対債務も消滅することを定めた条文であった。改正民法536条1項はこれを債権者は「反対給付の履行を拒むことができる」との規定に改めており，改正民法の下では反対債務は当然に消滅するものではないが，債務者主義をとる点は同様である。

他方，改正前民法611条1項は建物の一部が滅失した場合の賃料減額請求権を定めていたが，改正民法611条は，滅失に限らず使用収益不能になった場合には賃料が当然に減額されることとした。改正民法611条が使用収益不能から回復した場合に賃料額も元に戻るとの趣旨をも含むものだとすれば，改正民法

の下では611条によって処理されることも考えられる。

### 3　飲食店における営業不能と損失

本判決は，飲食店における損害について，営業再開後も使用可能な食材や機器については損害として認めなかった一方，ランニングコストに属するものについてはこれを認めたものであり，具体的な損害額の算定にあたり参考になる。

営業損害については，ご祝儀的な売上げを収入から除外した上で，赤字を理由に損害額をゼロと算定している。営業損害を主張する際の，算定の基礎とする時期の選択に際して参考となろう。

### 4　（反訴関係）損害賠償請求権が未払賃料額を上回る状況での賃料未払解除

本件賃貸借では2か月の滞納で無催告解除を認める特約があったところ，Xが営業再開後も賃料を支払わなかったため，Yがこれを解除した。Xは滞納賃料額を上回る損害賠償請求権を有していたのであるが，裁判所はこれを考慮しても信頼関係を否定すべき特段の事情があるとはいえないとして，解除を有効としている。同種の状況下において随時に相殺の意思表示をする必要があるという教訓として，参考となる。

なお，相殺には遡及効があるが（民506条），賃貸借契約が適法に解除された後に解除原因たる未払賃料を受働債権とする相殺を行っても，解除の効力には影響がない（最二小判昭32・3・8民集11巻3号513頁）。

【笠間　哲史】

## 65 再委託先の不備により
## 元契約解除と入札制限を受けた場合の損害

東京地判平成28年12月12日（平成26年(ワ)第13353号）
LEX/DB25550255

### 争 点

1 注文書の交付なき再委託業務委託契約の成否
2 再委託先の過失により一定期間の取引停止措置を受けた場合の損害の範囲

---

## 判決の内容

### ■事案の概要

　建築工事の企画，設計，監理等を業とするＸは，国立大学法人Ａ大学から，一般競争入札を経て，平成21年7月21日，代金1018万5000円で，大学関係施設の特殊建築物等定期報告及びコンサルタント業務（以下「本件業務」という）を受注した（以下「元契約」という）。本件業務の具体的な内容は，①建築基準法12条1項の規定による現地調査及び特殊建築物等定期調査報告，②同条3項の規定による現地調査及び建築設備定期検査報告，③これらの報告書の行政庁への提出である。

　Ｘは平成19年にＡ大学の同種業務を受注しＹに再委託したことがあったので，本件業務の入札に際してはＹに本件業務の再委託報酬額の見積りを依頼し，平成21年4月25日までにＹから提出された見積額を前提に元契約の報酬額を算定して入札して，平成21年7月17日に本件業務を落札した。同日，Ｘの担当者がＹの担当者に電話で「うちが落札したのでよろしくお願いします。」と伝えると，Ｙの担当者は「わかりました」と答えた。

　しかし，Ｙは本件業務を期限までに行わなかった。これによりＸは，Ａ大学から元契約を解除された他，Ａ大学から半年間，建設工事を除く物品の購入，製造及びその他の契約に関する一般競争入札参加，指名競争契約における指名並びに随意契約における業者選定をいずれも停止する措置を受けた。また，文部科学省からも，半年間，同様の取引停止措置と，設計コンサルティング業務についての指名停止措置を受けた（Ａ大学及び文科省のこれら措置を合わせて「本件指名停止措置等」という）。

244　第2章　管理・運営　第2節　清掃・修繕等管理責任

　そこでXは，元契約の解除及び本件指名停止措置等がYの再委託契約上の債務不履行によるものであるとして，Yに対し，①元契約の得べかりし利益（元契約の業務委託料とYへの再委託料の差額），②元契約の違約金，及び，③本件指名停止措置等の期間に得べかりし利益の損害賠償を請求した。

■**判決要旨**

　一部認容（①元契約の得べかりし利益，②違約金相当額，③指名停止期間中に受注が確実に見込まれていた1件についての得べかりし利益）。

## 1　再委託契約の成否

　平成21年7月17日の担当者間の電話でのやり取りにより，見積書を前提とする受発注の意思を表明し，Yが549万1500円で本件業務を行う再委託契約が成立したといえる。

　この点Yは，①注文書の交付をもって本件再委託契約が成立するとの黙示の合意があった，②業務内容，履行期間，業務委託料等の契約の要素が決定されていない，として契約が成立していないと主張するが，①についてはXYの担当者間でこれまでに20件中9件で注文書を交付せずに契約を締結・履行してきているし，②については見積時点で対象建物の一覧等が交付されており，また，Yが以前にも同種業務を履行したことがあるから，本件業務内容の主な内容は明らかにされていたといえる。

## 2　損害額

　元契約の違約金，及び，Xが元契約についてA大学から支払を受けるべき代金とYへの業務委託料を差し引いた額は，Yの債務不履行と相当因果関係を有する損害に当たる。

　本件指名停止措置等の期間に得べかりし利益について，Xは，措置前3期の国立大学関係受注業務の1か月あたりの粗利平均額に，本件指名停止措置期間である6か月を乗じた4902万8424円額を請求する。しかし，これら受注業務には一般競争入札によるものも含まれており，その受注の蓋然性について的確な立証が無く，同程度の受注が見込まれたとは推認できない。

　もっとも，国立大学法人Bの設計業務については，プロポーザル方式による受注者選定に参加を表明し，1番候補に決定した旨連絡を受けていたものを本件指名停止措置等を理由に辞退したものであり，本件指名停止措置等がなければこれを受注できることはほぼ確実であった。そこで，2番候補であった会社の受注額2310万円に，措置3期前から直近までの6期分の平均粗利率46.5％を乗じた1074万1500円を，Yの債務不履行と相当因果関係を有する損害と認める。

# 解　説

## 1　業務委託契約の成立時期

　本判決は，見積書の授受はあるが契約書や注文書の授受が無い事案について，従前の取引実態や本件の事実経過を検討して契約の成立を認めた事例判断である。契約の成立時期が曖昧な事案において参考となろう。

　契約は，原則として申込み（内容を示して契約締結を申し入れる意思表示）とこれに対する承諾の意思表示によって成立する。この意思表示は原則として口頭でもよいが，一部の契約類型では書面の作成や物の交付等，契約の成立に一定の要件が課されている。これらは改正民法522条によって明文化された。

　もっとも，最終の意思表示は書面をもってすることが契約締結交渉段階で明示的にせよ黙示的にせよ合意されている等の事情があれば，そのような書面が成立するまでは契約が成立しない。例えば，東京高判平20・1・31（金判1287号28頁【本書判例2】）は，調印予定日を事前に合意していた高額の賃貸借について，契約書作成にいたらなかったことから契約の成立を否定した。

　また，契約が成立するには主要な条件が定まっている必要がある。東京地判平26・9・16（LEX/DB25521651）は，店舗用建物賃貸借について建物正面のデザインを協議して決定することが約されていた事案においてこれが未確定であったことを理由に賃貸借契約の成立を否定した。

## 2　損害額（逸失利益）

　本判決は，国立大学法人等の入札等が一時制限された事例において，受注が確実といえるものについてのみ損害賠償の請求を認めた事例判断であり，競争入札にかかる事業の逸失利益を考える上で参考となる。

　債務者が債務の本旨に従った履行をしないときは，債権者はこれによって生じた損害の賠償を請求できる。損害賠償の範囲は履行利益（債務が履行されれば得られたはずの利益）であるから，債務不履行のために失った他者との契約による利益も，損害賠償の対象となる。

　もっとも，本件指名停止措置等によりXが喪失したのはあくまでも入札の機会であり，入札しても実際に落札できなければ利益は生じない。本判決はこの点を捉え，受注の蓋然性についての的確な立証なしにこれまでの受注率を前提とする逸失利益は認められないものと判断したものであり，受注の蓋然性の立証いかんでは認められる損害（賠償）の範囲が変わった可能性がある。

【笠間　哲史】

*246*　第2章　管理・運営　第2節　清掃・修繕等管理責任

## 66 賃貸借建物の避難通路に関する条例違反を是正する責任の所在

東京地判平成21年8月31日（平成19年(ワ)第34980号）
判タ1327号158頁

### 争点

　賃貸借建物について避難通路確保に関する東京都建築安全条例違反があった場合，その是正について一義的な責任を負うのは賃貸人か賃借人か

## 判決の内容

### ■事案の概要

　Xは，おにぎりのテイクアウト販売を行う店舗の開店を企図し，平成19年8月23日，Y₂社の仲介によりY₁からY₁所有の本件建物（5階建）の1階部分を賃借する賃借契約を締結し，同日，本件建物の引渡しを受けた。

　ところが，Xが一級建築士に依頼して内装工事の設計を完成させ，同年10月26日に消防署に相談及び申請に赴いたところ，消防署から，防火区画（避難経路）について既存のシャッターが使用できないことが東京都建築安全条例（以下「都条例」という）違反にあたり，改善されない場合は建築主事からの改善指導が予想される，との指摘を受けた。

　Xがこれについて当該一級建築士等と協議した結果，10月28日，約300万円を要する防火シャッター設置か，数十万円を要する網入りガラス設置か，という2通りの対応策が示された。Xは，これを受けてY₁との協議を求めたが，Y₁がたまたま国外にいたことから，同月30日，X及びY₂の担当者らで打合せが行われ，XはY₂の担当者に対し，Y₁の意向を確認するよう要請した（判決はこれを催告と認定）。Y₁は，翌31日，Y₂の担当者を通じて，工事金額も大きいことから見積り等で確認したい，11月5日に帰国した後に対応すると回答した。これに対しXは，Y₂の担当者に，今後はXで対応するから動かなくてよいと申し向けた。そして11月12日，XはY₁に対し，本件建物が都条例に違反し弁当店として使用できないがY₁が何ら補修のための措置を講じていないとして，債務不履行に基づく解除の意思表示をした。

　その後Xは，Y₁に対して債務不履行解除に基づく原状回復請求又は錯誤無効を理由として，支払済みの賃料等の返還を求めるとともに，Y₁，Y₂に対し

〔66〕東京地判平成21年8月31日（平成19年(ワ)第34980号）　*247*

て債務不履行に基づく損害賠償請求として，店舗改装の設計料等の賠償を求める訴えを提起した。これに対しY₁は，消防署の査察時に不備についての指導がなかったこと等を根拠に本件建物の都条例違反を争った他，本件賃貸借契約書の「スプリンクラー，火災報知器等，消防法上必要な工事を行う場合，（中略）その費用はXが負担する」等の文言を根拠に，Xがみずから必要な改装工事を行って使用する旨が合意されていたとして，修繕義務を争った。

**■判決要旨**

　Y₁に対する請求一部認容，Y₂に対する請求棄却。

　本件の不備は建築基準法及び都条例上のものであるから，消防署の査察において指摘がなかったからといって，都条例に違反していないことにはならない。

　そして，都条例は建物の3階以上の居住者の避難経路を確保するために設けられた規定であり，特段の事情がない限り，その適合性を確保すべき責任は建物所有者が負っているから，賃貸建物の所有者兼賃貸人は，特約がない限り，かかる適合性を確保する義務を負っている。

　本件賃貸借契約において改装工事における消防法上の工事をXの負担とする規定は，Xが本件建物の現状に変更を加える工事を行う場合について定めたものであり，既存の問題に適用されるものではない。むしろ本件契約上，共用設備についてY₁の修繕義務を定める条項が適用されるものであるから，本件不備の改修工事をXの負担とするような特約は無く，所有者兼賃貸人であるY₁が修繕義務を負うものである。

　もっともXは，改修案を示して改修を催告した後，Xが得ていた工事見積書をY₁に見せることもなく全く連絡をとらずに解除の意思表示をしたのであるが，仮にXが本件解除前にY₁に連絡をとり工事業者の見積りを示すなどして協議していれば解除までいたらなかった蓋然性が認められるから，最終的にY₁による債務不履行に生じた点についてXにも過失があることから，2割の過失相殺を行う。

　なお，本件不備が一級建築士も消防署からの指摘まで気付かないものであるから，宅建業者として仲介したY₂に善管注意義務違反は認められない。

　また，本件不備はY₁の費用負担で改修を行えば適合性に問題はなくなるから，要素の錯誤には当たらず，債務不履行の問題にとどまる。

　損害額について，Xが本件建物を排他的に支配していたことから賃料にかかる損害は生じていない。礼金及び保証会社への保証料を日割りで計算した額に前記の通り2割の過失相殺をした額が損害と認められる。他方，保証金は契約

248　第2章　管理・運営　第2節　清掃・修繕等管理責任

終了後返還されるものであるから，過失相殺せず全額を返還するべきである。

## ■　解　　説

　本件は，避難通路の確保の規制に違反している建物の賃貸について，その是正を図る責任が原則として賃貸人側にあると判断した裁判例であり，事例判断ではあるが，修繕義務の分担について参考となる。

　本件で問題とされた東京都建築安全条例8条1項は，建築基準「法又はこの条例の規定により主要構造部を耐火構造としなければならない建築物で，地階又は三階以上の階に居室を有するものは，避難階における直通階段から屋外への出口に至る経路のうち屋内の部分（かっこ内略）を，道路まで有効に避難できるように，屋内の他の部分と耐火構造の壁又は……防火設備……で区画しなければならない。（ただし書略）」と定めている。本件建物は5階建てであってY1が5階に居住していることから，避難階である1階にある本件賃貸借部分は，都条例による規制を受ける。

　本判決は，上記の都条例に対する適合性を確保する責任が建物所有者にあると判断したものであるが，その根拠として，かかる規定が本件賃貸借部分というよりも建物上階居住者の安全確保のためのものであることを認定している。もしこれと異なり，専ら賃貸借部分が利害関係を有する法適合性が問題とされた場合には，賃借人にかかる責任が課せられる余地はあり得るだろう。一例として用途地域による指定に関し，東京地判平7・12・26（判夕928号166頁）は，第一種住居専用地域において店舗としての使用目的で賃貸借契約がなされた事案において，区長からの使用禁止命令により賃貸借契約が履行不能になったとして契約の終了を認めたが，これは借主において予見可能だったとして損害賠償請求は認めなかった。

　なお，行政法規違反は必ずしも契約の無効原因となるものではないと考えられている。本件賃貸借契約も，修繕により使用可能となるから錯誤無効にあたらないと判断された。

　本件のような弁当屋と修繕義務を扱った裁判例としては，水漏れについての修繕義務違反を理由とする損害賠償請求について，水漏れの程度について立証が不十分であり収益にどの程度の障害を及ぼすか不明であるとしてこれを棄却した東京地判平25・1・31（LEX/DB25510397）がある。

【笠間　哲史】

〔67〕大阪地判平成21年9月28日（平成20年（わ）第2167号）　　*249*

## 67　ジェットコースターの死傷事故における経営会社取締役らの刑事責任
### ——エキスポランド事件

大阪地判平成21年9月28日（平成20年（わ）第2167号）
裁判所HP

**争点**

　1　経営会社の取締役総括施設営業部長（Y₁）及び施設営業部長（Y₂）に，部下職員をして，コースターのボギー先端軸をボギーアームから取り外させ，探傷検査を実施させる注意義務が，条理上，又はコースターの法定定期検査上，存在するか

　2　Y₁及びY₂は，上記1の法定定期検査上の注意義務を認識しつつ，法定定期検査を不当に延期させて，注意義務を怠ったといえるか

　※　なお，上記1において，そのような注意義務が条理上Y₁及びY₂に存在することについては，検察官及び弁護人の間に争いはないが，解説上の便宜のため，掲記した。

## 判決の内容

### ■事案の概要

#### 1　当事者

　被告会社は，遊園地の経営等の事業を行い，同遊園地において，建築基準法及びその関係法令の定める定期検査（以下「法定定期検査」という）並びにその報告を要するものとして市長が指定した遊戯施設であるジェットコースター（以下「本件コースター」という）を所有し，平成4年3月から運行して一般の乗客の利用に供していた。

　被告人Y₁は，被告会社の取締役総括施設営業部長として，同部の所管する本件コースター等の遊戯施設の運行管理，点検及び保全修理等の業務全般につき総括的に掌理し，本件コースター等の遊戯施設の法定定期検査の決裁に関しては被告会社の他の取締役らから実質的に一任されていた。

　被告人Y₂は，被告会社の施設営業部長として，同部の所管する本件コースター等の遊戯施設の運行管理，点検及び保全修理等の業務全般につき統轄していた。

#### 2　本件コースターの状況

250 第2章 管理・運営 第2節 清掃・修繕等管理責任

本件コースターにはA号とB号という2つの編成車両が存在し，その車輪装置は，「ボギー先端軸」という部位によって「ボギーアーム」という部位に結合されており，これらとともに，各車体台を支える機能を果たしていた。ボギー先端軸はボギーアームから取り外すことが可能な構造であった。

鑑定によれば，平成18年11月末頃には，A号の2両目客車に装着された左側ボギー先端軸のボギーアームとの取付部分付近に，外縁から約20mmの深さに達する目視可能な疲労亀裂が生じていた。もっとも，ボギー先端軸をボギーアームと結合させたままの状態では，この疲労亀裂を確認することは不可能であった。しかし，後記の本件事故が発生するまで，被告会社において，ボギー先端軸をボギーアームから取り外して検査されたことは一度もなく，疲労亀裂に気付いた者はいなかった。

### 3 法定定期検査の実施延期

本件コースターについては，建築基準法令上，年1回の法定定期検査を実施することが要求されていた。本件コースターの法定定期検査の報告書の提出期限は，毎年3月18日とされており，平成18年度の法定定期検査の実施期間は，遅くとも平成18年12月18日から平成19年3月18日までの間であった。

被告会社は，平成18年11月頃，新たな遊戯施設の建設を計画した。平成19年1月頃，$Y_2$は，$Y_1$に対し，この計画の都合上，本件コースターの分解検査は先送りにすることを報告し，$Y_1$は，それが少なくとも同年4月以降となるという意味であることを知りながら了承した。そして，$Y_2$は，施設営業部技術課長に対し，本件コースターの定期検査報告書の作成を指示し，A号の分解検査はゴールデンウィーク明けにすると指示した。同課長は，本件コースターの分解検査は実際には実施していないのに，同年1月30日にすべて検査を行った結果，異常がなかった旨を記載した虚偽の定期検査報告書を作成した。$Y_2$が$Y_1$の決済を得た上で，同報告書を，同年2月16日頃，全日本遊園施設協会関西支部へ提出した。

### 4 本件事故の発生

平成19年5月5日，乗客20名を乗車させたA号が，軌道上を走行中，前記2両目客車左側のボギー先端軸が破損したことにより，2両目客車の左側車輪装置を車体から脱落させて同客車を脱輪させ，同客車を左方に傾斜した状態で走行させたため，乗客1名が死亡，12名が傷害を負う事故が発生した。

なお，本件事故については，$Y_1$及び$Y_2$の業務上過失致死傷罪のほか，被告会社，$Y_1$，$Y_2$及び前記課長を被告とする建築基準法上の虚偽報告罪が問題

〔67〕大阪地判平成21年9月28日（平成20年（わ）第2167号）　*251*

となっているが，本稿では業務上過失致死傷罪についてのみ取り上げる。

■**判決要旨**

**1　注意義務違反について**

**⑴　条理上の注意義務**

判決は，①平成12年頃から本件コースターの不具合が発生するようになっていたこと等から，本件コースターの経年劣化の進行が外部的にも明らかとなっていたこと，②経年劣化の状況については，Y₁及びY₂に報告されていたこと，③本件コースターは走行中に非常に大きな荷重がかかるものであって，とりわけボギー先端軸は，構造上，車体の荷重が最もかかる部品であり，金属疲労が生じやすい状況であったこと，及び④Y₁及びY₂の職務内容からすれば，Y₁及びY₂は遅くとも平成18年11月末時点で，A号のボギー先端軸に亀裂が生じている可能性を認識でき，これを放置すれば来園者の生命身体に危険が及ぶことを容易に予見できたとした（予見可能性）。

また，ボギーアームからボギー先端軸を取り外すことは比較的容易で，被告会社にはこれを取り外すための工具も存在しており，目視による検査でも亀裂を発見することはできたとし，さらに，磁粉探傷検査を実施すれば亀裂が生じていたことは容易に判明し，本件事故の発生を防止することができたとした（結果回避可能性）。

上記を前提に，Y₁及びY₂には，遅くともボギー先端軸に前記のような大きさの亀裂が発生したと推定される平成18年11月末頃以降本件事故発生時まで，法定定期検査の際であるか否かにかかわりなく，条理上，部下職員をして，A号のボギー先端軸に亀裂等が生じていないかを，ボギー先端軸をボギーアームから取り外させて探傷検査を実施させることによって確認し，その結果に基づき，ボギー先端軸の補修ないし交換等を行い，本件事故の発生を防ぐ注意義務があり，これを怠った過失があるとした。

**⑵　法定定期検査の一内容としての注意義務**

また，JIS規格においては，「車輪軸」について1年に1回以上の探傷試験を実施することが要求されているが，建築基準法においては具体的な検査方法等についてまでは定めがないところ，Y₁及びY₂が，法定定期検査の一内容として，ボギー先端軸をボギーアームから取り外させ，探傷検査を実施させる注意義務を負っていたかが争点となった。

これについて判決は，まず，遊戯施設の法定定期検査においては，JIS規格に従ってこれを実施することは，業界内の共通認識であり，実務上，確立した

252　第2章　管理・運営　第2節　清掃・修繕等管理責任

慣行として定着していたと認定した。

　そして，JIS規格上の「車輪軸」には，ボギー先端軸も該当するとし，Y₁及びY₂には，前記条理上の注意義務と重畳的に，法定定期検査においても，ボギー先端軸をボギーアームから取り外させて探傷検査を実施させること等により，事故の発生を未然に防止すべき注意義務があったのに，これを怠った過失があるとした。

### 2　Y₁及びY₂の認識について（法定定期検査実施延期との関係）

　判決は，Y₂が，ボギー先端軸がJIS規格上の「車輪軸」に該当するという認識を有していたことまでを認定するには合理的な疑いが残るとした。Y₁については，これらの点に関する知識はY₂よりも相当低かったと認定し，Y₁についても，ボギー先端軸が「車輪軸」に当たるとの認識を有していたとまではいえないとした。結果として，法定定期検査を延期させたこと自体は，Y₁及びY₂の過失行為とはならないとした。

### 3　宣　告　刑

　Y₁及びY₂共に，禁錮2年（執行猶予4年）及び罰金40万円に処された。

## ■　解　　説

### 1　業務上過失致死傷罪

　業務上必要な注意を怠り，よって人を死傷させた者については，業務上過失致死傷罪（刑211条）が適用される。業務上過失致死傷罪の法定刑は，5年以下の懲役若しくは禁錮又は100万円以下の罰金とされ（刑211条），過失傷害罪・過失致死罪（刑209条・210条）よりも，重い法定刑が定められている。業務上の作為又は不作為により他人に損害を与えると，民事上の賠償責任のみならず，刑事上も重い責任を負うこととなるため，注意が必要である。

### 2　犯情におけるY₁及びY₂の認識の評価

　本件においては，Y₁及びY₂に，コースターのボギー先端軸をボギーアームから取り外して，探傷検査をする注意義務の違反があり，業務上過失致死傷罪が成立すること自体については争いはなかったが，そのような探傷検査はコースターの法定定期検査の内容を構成し，法定定期検査上の義務となるのか，そして，Y₁及びY₂はあえてこれを怠ったといえるのかという点が，犯情の点において争点となった。

　結果としては，上記のような措置・検査は法定定期検査上の義務でもあるとされたが，Y₁及びY₂は，法定定期検査でそのような検査を行うべきという

ことの認識までは有しておらず，あえてこれを怠ったものではないという認定となり，量刑判断においてもその点が考慮された。

この点，業務者・管理者としては，たとえ一定の検査等の実施義務が法令上明確に定められておらず，又は殊更それを怠ったといった事情がなくても，「条理上」，注意義務違反が導かれ，責任を免れ得ない可能性があるという点につき，注意すべきである。

### 3　シンドラーエレベータ事件

公共住宅内の事案であるが，エレベーターの点検義務違反について業務上過失致死罪が争われた事件を，参考までに紹介する。

エレベーターのブレーキライニングという部品の異常摩耗が原因で，エレベーターのかごが停止階で停止せずに上昇し，その結果平成18年6月3日に発生した死亡事故について，エレベーター製造会社であり平成16年4月1日から平成17年3月31日までエレベーターの保守点検業務を受託していた会社甲の保守担当課長，平成18年4月1日以降エレベーターの保守点検業務を受託していた会社乙の代表取締役ら3名について，業務上過失致死罪の成否が争われた。

原審（東京地判平27・9・29判タ1423号334頁）では，ライニングの異常摩耗は，遅くとも乙が点検を行った平成18年5月25日時点で発生・進行していたと認定し，それ以前に異常摩耗が発生していたことは認定しなかった。その結果，甲の保守担当課長は無罪となり，乙の代表取締役ら3名は有罪となった。

しかし，有罪とされた乙の代表取締役ら3名については，控訴審（東京高判平30・3・14D1/DB28262309）において，乙が点検を行った平成18年5月25日の時点ではライニングの異常摩耗が発生・進行していなかった可能性があり，そうだとすると，乙の担当者がライニングの異常摩耗の発生・進行に気付いて必要な措置を講じることはあり得ず，本件事故を回避できたとはいえないとして，全員無罪とされた（なお，甲の保守担当課長については，検察官が控訴をしたが棄却された（東京高判平30・1・26D1/DB28260985））。

本件とは異なり，設備の異常の発生時期について争いがあり，この事実認定の相違によって，原審と控訴審で判断が分かれた事例である。

【髙杉　謙一】

〔本判決の評釈〕
・　上田正和・刑ジャ24号87頁

254　第2章　管理・運営　第2節　清掃・修繕等管理責任

## 第3　安全配慮義務

# 68　犬走り部分における
# 管理会社の安全を確保すべき注意義務

東京地判平成25年5月1日（平成24年(ワ)第3732号）
ウエストロー2013WLJPCA05018001

**争　点**

1　管理会社が管理する建物の犬走り部分に設置された植木鉢の設置状況につき，管理会社の安全を確保すべき注意義務の違反があるか

2　植木鉢につまずいて転倒した歩行者に過失は認められるか

## 判決の内容

### ■事案の概要

Yが管理する建物（以下「本件建物」という）に入居する会社に勤務していたXは，本件建物の犬走り部分（以下「本件通路」という）を夜間に通行したところ，本件通路に設置されていた植木鉢（以下「本件植木鉢」という）につまずいて転倒した。Xはこれにより，右肩腱板損傷及び肩関節周囲炎の傷害を負った。Xは，本件植木鉢は本件通路を通行する者にとって視認困難な状況にあり，Yに安全管理に係る注意義務違反があるとして，Yに対し，不法行為に基づく損害賠償を求めた。

### ■判決要旨

#### 1　注意義務違反について

本件通路における本件植木鉢の設置位置及び植物の高さも含めた本件植木鉢の高さからすると，本件通路を北から南に通行する歩行者にとっては，十分な照度が確保されていれば，本件植木鉢のおよそ半分程度を視認できる状態にあった。

そして，再現調査における本件事故現場付近の本件事故当時の照度測定結果，本件事故当時に本件建物1階東南部分の入居者は本件通路に面する部屋を消灯していた事実，本件事故当時の本件通路周辺の外灯の点灯状況からすると，夜間に本件通路を北から南に通行する歩行者にとっては，本件植木鉢付近の照度

それ自体がかなり低いものであった上，これらの照明が逆光になり，本件植木鉢の北側部分は影になり視認しにくい状況であった。本件植木鉢の形状や重量などにも照らして考えれば，本件植木鉢は，夜間に本件通路を北から南に通行する歩行者が，本件植木鉢につまずいて転倒する危険のある状態で設置されていたものというべきである。

そうすると，本件通路を管理するとともに，本件植木鉢を設置していた被告には，本件通路及び本件建物付近の安全を確保すべき注意義務の違反がある。

### 2　Xの過失について

本件植木鉢は全く視認できない状態にあったわけではなく，Xにおいて十分な注意を払って歩行していれば未然に本件事故を防ぐことも可能であったといえること，一般に，歩行者としては，夜間に照明が乏しく視認困難な状態の下では，通常の明るさが確保された状態よりも足元の安全を確認しながら注意して歩行すべきであるところ，Xは，普通の速さで歩いたこと等の事情を総合して考慮すると，YとXの過失割合は，6対4と認めるのが相当である。

## ■　解　　説

### 1　総　　論

本件においては，管理会社には，管理する建物付近の安全を確保すべき注意義務があることを前提とした上で，犬走り（建物の周囲や軒下の石や煉瓦，コンクリート，砂利等で敷き固めた部分（株式会社彰国社編『建築大辞典〔第2版〕＜普及版＞』94頁））に設置された植木鉢の設置状況について，管理会社の注意義務違反があるかという問題において，植木鉢の視認困難性が主な争点となっている。

そして，本判決は，本件植木鉢の設置された位置，高さ，形状，重量のほか，本件事故当時の周囲の照度や外灯の点灯状況を詳細に認定した上で，本件植木鉢の視認困難性を導き，管理会社であるYに注意義務違反があったと結論づけている。

### 2　注意義務の前提（予見可能性）

#### (1)　歩行者の通行が予想されるか

一般に，過失責任（注意義務違反）が成立するには，損害発生に対する予見可能性が必要であるとされる。商業施設における階段上の氷により客が転倒した事件（札幌地判平11・11・15判時1707号150頁・判タ1063号147頁）においては，商業施設の所有者及び管理者の責任について，「多数の顧客の出入りが予想される商業施設を提供・管理している場合に，歩行者に自己責任があるからといって，

通常予想される態様で施設を利用する歩行者に対し，その安全性を確保した施設を提供するとともに安全性を確保できるように施設を管理すべき注意義務があることを否定することはできない」と判断されている。

### (2) 本件通路の利用態様

本件においては，本件通路（犬走り）が，歩行者が通行するものとして予想されていたかどうかが問題となり得る。この点について，Yは，第1審（本判例）において，本件通路は，建物の維持管理上の必要以外には使用する場所ではなく，一般人はもとよりテナント関係者の通行を予定した箇所ではないとしつつ，実際には本件建物に勤務する者や一般人が犬走り部分を通行することがあったことは認めている。本判決においては，本件通路の利用態様につき，特段言及することなく，被告の注意義務違反を認定している。

本件の控訴審（東京高判平25・8・7判例集未登載）では，Yは，そもそも本件植木鉢は，本件通路を北から南に通行する歩行者が歩道に出ないために設置してあったものであるため，歩行者が歩道に出た際に転倒しないようにする注意義務はないと主張した。これに対して裁判所は，本件建物を管理するYが，本件通路を北から南に通行する歩行者が歩道に出ることを禁止していたとの事実を認めるに足りる的確な客観的証拠はなく，むしろ，本件通路は，本件建物の正面玄関が閉まった後は，時間外出入口から本件建物の南側の歩道に出るための通路として使用されていたと認定し，Yは不法行為責任を免れられないとした。

### 3 分 析

本件においては，本件通路の歩行者の通行を管理者が禁止していたことが認められないこと，むしろ歩行者が通行している実態があったことから，Yの本件通路を安全に管理する注意義務が認められているといえる。通路を管理する管理者が，明確かつ客観的に通路の通行を禁止していた場合や，通路の利用実態いかんによっては，異なる結論が導かれる可能性があると思われる。

そして，管理者の注意義務違反が認められる場合，利用態様から導かれる利用者側の責任は，過失相殺の中で評価されることになる。

管理者としては利用を禁止したい場所においても，管理態様や利用実態によっては，管理者の責任が認定される事例として，本件は参考となる。

【髙杉　謙一】

〔69〕東京地判平成29年1月20日（平成26年（ワ）第291号，同第29173号）　　*257*

## 69　管理委任契約が締結されているマンションの一室から窓ガラスが落下した場合の責任主体

東京地判平成29年1月20日（平成26年（ワ）第291号，同第29173号）
D1/DB28250674

### 争点

1　管理委任契約が締結されているマンションの一室から窓ガラスが落下し，路上にいた者が負傷した場合，マンション管理組合，所有者，管理委任を受けている会社は，民法717条の「占有者」に当たるか
2　窓の設置又は保存に関する瑕疵の有無及び内容
3　窓の維持管理に関する過失の有無及び内容

## 判決の内容

### ■事案の概要

　強風の日に，マンションから落下した窓ガラスの破片が路上にいたXの肩に当たり負傷したとして（以下「本件事故」という），Xは，マンションの区分所有者全員で構成される権利能力なき社団である管理組合Y1，窓ガラスが落下した部屋（以下「本件部屋」という）の区分所有者であるY2，及びY2との間で本件部屋について管理委任契約（以下「本件管理委任契約」という）を締結していたY3に対し，工作物責任（民717条）又は共同不法行為に基づく損害賠償請求を求めた。

　Y1の管理規約においては，窓ガラスは共用部分とされ，区分所有者に対し，専用使用権が設定されていた。また，同管理規約においては，「区分所有者から専有部分の貸与を受けた者は，その区分所有者が専用使用権を有しているバルコニー等を使用することができる。」と定められていた。

　Y2は，本件事故当時，本件部屋には居住しておらず，Y3と本件管理委任契約を締結していた。本件管理委任契約においては，Y3が，本件部屋につき，「機能管理，保全管理，衛生管理及び営繕業務」，「賃借人の募集，選択，賃貸契約の締結履行，条件変更，更新，解除等の契約管理」等を行うこととされていた。

　また，Y3は本件部屋の鍵等をY2から預かっていた。

　本件事故のあった日は，激甚災害に指定されるなど全国的に被害をもたらし

た台風が上陸していた。

　Yらは，いずれも自らが民法717条の「占有者」に該当することや，窓の設置又は保存について瑕疵があること，及びYらに窓の維持管理について過失があること等を争った。

■**判決要旨**

## 1　Yらは民法717条の「占有者」に当たるか

　本件窓は管理規約により共用部分とされる一方，本件部屋の区分所有者であるY2に専用使用権が設定され，通常の使用に伴う管理は同人がその責任と負担で行うこととされており，鍵等もY3が保管していたのであるから，Y1は本件窓の占有者とはいえない。

　また，本件事故当時，本件部屋に入居者はおらず，Y3において本件部屋の鍵等をY2から預かり，本件部屋の管理に当たっていたことからすれば，Y3は管理規約上の「区分所有者から専有部分の貸与を受けた者」に当たり，本件部屋を直接占有していたというべきであり，Y2は間接占有者である。Y3は，Y2と締結していた本件管理委任契約は主として賃借人の募集及び賃貸借契約の管理と賃料等の徴収管理が目的であり，本件部屋に入室するのは原則として顧客の現地案内のときである旨を主張する。しかし，本件管理委任契約においては，本件部屋の機能，保全，衛生管理等も目的として掲げられていること，Y1やY2はY3を介さず本件部屋に出入りすることはできなかったといえること，本件事故直前にも本件部屋に出入りがあり，Y3又はY3から鍵を借り受けた者が本件部屋を解錠したといえること等に照らすと，上記認定を左右するものではない。

## 2　窓の設置又は保存の瑕疵と維持管理に関する過失について

### (1)　窓の設置の瑕疵について

　本件事故当時，本件窓のガラスが網入りであったか否かが争われているが，窓ガラスの写真を見ると，ガラスの破片に格子状の模様が見えており，少なくとも網入りでなかったとは断定できない。

　本件窓ガラスが破損して落下した機序そのものを直接裏付ける証拠はないが，本件事故当時台風による強風が吹いていたこと，本件窓の回転軸が外れていたこと等に照らすと，本件窓の鍵が閉まっていなかったために折からの強風で開閉を繰り返し，その衝撃で本件窓の回転軸が外れたり，ガラスが割れるなどしたものと推認できる。

　XやY3は本件窓の設置そのものに瑕疵がある旨を主張するが，本件窓が破

〔69〕東京地判平成29年1月20日（平成26年（ワ）第291号，同第29173号）　*259*

損した直接の原因は鍵を閉めていなかったことと解され，他方で本件窓の設置方法等が本件事故にどの程度寄与したのか不明というほかない。本件事故当時の本件窓のガラスの規格は不明であり，網入りである可能性もあるから，本件窓の設置そのものに瑕疵があったとは直ちに認め難い。

### (2) 窓の保存の瑕疵と過失について

本件事故の原因を施錠の点に求めるとすると，かかる不作為をもって「保存の瑕疵」といえるのか，疑問の余地もなくはない。しかし，本件窓の占有者には，とりわけ強風時には本件窓を施錠してその破損を防ぐ注意義務があるといえるから，本件窓が施錠されていなかったのは，占有者であるY₃の過失と言い得る。

上記のとおり施錠忘れがある以上，Y₃は直接占有者の免責を主張できる立場にない。

工作物責任の占有者の意義を，工作物の瑕疵から生ずる損害の発生の防止を期待される者であると解しても，共用部分である本件窓の設置そのものに瑕疵があるのであれば，Y₁が管理規約の条項に照らして交換や修理をすべきであったといえるが，かかる事情は認められないから，Y₁が占有者に当たることにはならない。

施錠忘れについて，本件部屋に出入りしていたわけでもないY₁やY₂に何らかの過失が想定できるものではないし，強風時に施錠すべきことは常識に属することであり，不動産管理を業とするY₃に対し，施錠を促す義務があるともいえない。

### 3　結　　論

裁判所は以上のとおり争点につき判断をして，XのY₃に対する請求の一部を認容し，Y₁及びY₂に対する請求は棄却した。

## ▌　解　　説

### 1　工作物責任（民717条）について

民法717条1項は，土地の工作物の設置又は保存に瑕疵があることによって他人に損害を生じたときは，その工作物の占有者が一次的に賠償責任を負担し，占有者が損害の発生を防止するのに必要な注意をしたときには，二次的に所有者が賠償責任を負担すべきとしている。

本件では，本件部屋の管理委任を受け，鍵等を保管していたY₃を直接占有者とし，Y₃に管理を委任していたY₂は間接占有者であるとした。管理組合

であるY₁は占有者とはされなかった。

## 2　直接占有者と間接占有者がある場合

判例（最三小判昭31・12・18民集10巻12号1559頁）は，間接占有者も民法717条にいう「占有者」に含まれるとしている。そして，間接占有者は直接占有者が民法717条1項にいう「損害の発生を防止するのに必要な注意義務」を尽くしたときに限り，所有者に先立って，責任を負担するという考え方があり，同旨の裁判例（福岡地小倉支判昭47・8・28判タ283号172頁等）も存在する。本判決も，施錠忘れという過失のある直接占有者であるY₃は免責を主張できないとし，間接占有者であるY₂の工作物責任を否定している。

また，工作物責任にいう占有者の意義は，危険責任の原理という工作物責任の趣旨から，工作物を事実上支配し，その瑕疵を修補し得て損害の発生を防止し得る者を占有者として認定すべきという有力な考え方も存在する（【本書判例71】参照）。本判決は，このような考え方に則っても，窓の設置自体に瑕疵は認定されない以上，管理組合であるY₁が窓を交換又は修理すべきであったとはいえず，Y₁は占有者とはならないと判断した。

## 3　マンションの共用部分の占有者

本判決は，窓は共用部分に該当することを前提とした上で，管理組合の民法717条1項の占有者性を排斥する理由として，①Y₂に専用使用権が設定されており，通常の使用に伴う管理は同人がその責任と負担で行うこととされていること，及び②鍵をY₃が預かっていたことを挙げている。

この点，そもそもマンションの共用部分につき，管理組合に民法717条1項の占有者性を認めることができるのかという問題があり，肯定説（稲本洋之助＝鎌野邦樹『コンメンタールマンション区分所有法〔第3版〕』72頁）と否定説（区分所有者全体が占有者となるとする，区分所有法の立法担当者の見解（濱崎恭生『建物区分所有法の改正』141頁））が存在するところである。近時の裁判例でも，「管理責任があるところに占有があるとはいえない」として，管理組合の占有を否定するもの（東京高判平29・3・15判タ1453号115頁）と，「管理組合は，区分所有者から共有部分について管理を任されており，損害の発生を防止するのに必要な注意を直接に払うことができる地位にあるといえることから，民法717条1項にいう『占有者』に当たると解するのが相当である。」として，これを認めるもの（東京高判平30・7・4 D1/DB28263620）とがある。

## 4　瑕疵と注意義務違反

工作物責任における瑕疵とは，工作物が通常有するべき安全性を欠いている

ことをいう。ここで，瑕疵の有無の考察は，安全性を維持すべき行為義務の違反の有無の考察と重なり得るところであり，また，占有者の場合は，損害の発生を防止するのに必要な注意をしたことを立証したときには免責がされることから，本判決においては，窓の保存の瑕疵と維持管理の過失の有無の検討を併せて行っているものと思われる。

　そして，本判決は，本件部屋の管理委任を受けていたＹ₃の責任のみを認め，管理組合であるＹ₁及び区分所有者であるＹ₂の責任は認めなかった（なお，本判決は，台風という自然力との競合により結果が発生したことによる賠償額の減額も認めなかった）。

　本判決は，管理組合，マンション一室の区分所有者，その管理委任を受けた不動産業者という複数の関係者が登場する事故で，誰が損害賠償義務を負担すべきかが問題となる場合に，鍵の保管状況や管理規約及び管理委任契約の内容から，責任を負担すべき占有者を認定した参考になる事例である。

【髙杉　謙一】

262　第2章　管理・運営　第2節　清掃・修繕等管理責任

## 第4　賃借人（テナント）の責任

### 70　賃借人（テナント）の管理過失による致傷事件の刑事責任

札幌地判平成26年10月9日（平成24年（わ）第498号）
LLI/DBL06950555

争点

事故の予見可能性

## 判決の内容

### ■事案の概要

本件は，建物の賃借人である古書店において，書棚が転倒し，女児Aら2名が死傷した事故が発生した。この事故により，同店を経営する会社の取締役Yが業務上過失致死傷罪で起訴された。

この事件の争点は，書棚の転倒の原因とYの過失の存否である。具体的には，前者につき，書棚の転倒の原因がAら被害者の行為（Yの弁護人の主張によると，書棚に接触したことや書棚の棚板に乗ったこと）に起因するものであったのか，それとも外力が加わらず，書棚が自重に耐えられなかったことかが争われた。また，後者については，事故の原因が被害者の行為に起因せずに転倒したことを前提として，それを被告人Yが予期できたのか，という点が争点となった。

### ■判決要旨

まず，裁判所は，被害者Aの証言等をもとに，書棚の転倒の原因が，書棚に接触する，書棚の棚板に乗るなどの被害者Aらの行為に起因したものではなく，書棚の自重に耐えれなかったことであったと認定した。

次いで，被告人Yの過失については，次のような認定を行った。すなわち，①書棚の形状（本件書棚は，高さが約210cm，奥行きが約15cmのものであるが，底部にアジャスターがついており不安定なものであったこと），②書棚同士の連結方法（背中同士にして並べていた書棚の間に隙間が存在していたことを認識していたのに，連結していなかったこと），③書棚の使用状況（書棚周囲の通路の幅が狭く，平積みにされた書籍が書棚からはみ出し，かつ，書籍が書棚に目一杯に詰め込まれており，日ごろから書籍が落下

することが日常的に起きていたこと），④書棚の転倒する危険の認識可能性（背中合わせの書棚同士の間の隙間の存在を知っており，現に書棚前面側への傾きが生じていたことから本件書棚が転倒する危険を認識できたこと），⑤同業他社の状況（本件書棚と同型又は類似の書棚を使用している他社では背中合わせにした書棚同士を1組ずつ個々に連結しており，そのような措置を講じなければ，背中合わせにした書棚同士の間の隙間が広がり，書棚が前面側に傾いて転倒する危険があることを認識していること）の事実認定を行い，Yは，書棚が転倒する危険を認識できたから，その安全性を確認し，背中同士の書棚を固定するなどして転倒の防止措置をとるべきだったのに，これを怠ったとして，Yの過失を認定した。

## ■ 解　説

### 1　事故が発生した場合のテナントの刑事責任

　建物内の内装や設備は，建築の効用を高める反面，その管理が不十分であると事故の原因ともなり得る。特に商業施設では，設備の種類も数も多く，その管理には，細心の注意を払う必要がある。建物内の事故としては，火気の管理の不備から発生する火災事故や雨天時の後に雨水で床を濡れたままに放置したことに起因して発生する利用者の転倒事故，本件裁判例のように，設備が転倒することで発生する事故などが典型である。

　このような建物内での事故の原因がテナントの不十分な管理にある場合，テナントは，被害者から民事責任（損害賠償責任）の追及を受けるほか，業務上過失致死傷罪（刑211条。5年以下の懲役若しくは禁錮又は100万円以下の罰金）といった刑事責任を問われることもある。

　業務上過失致死傷罪は，法人を処罰する規定はないから，テナントが企業である場合には，刑事責任を問われるのは，その役員や従業員ということになる。火災事故などで企業が責任を問われたケースでは，通常，管理権原者（消防法8条参照，平成24年2月14日付け消防予第52号）とされる代表取締役のほか，防火管理者（消防法8条1項）になっている役職員や施設管理を担当する役職員などが刑事責任を追及されている。

　軽微な怪我や被害者との示談が成立している場合には，起訴猶予となったり，通常の裁判よりも簡略化された手続で行われる略式裁判で罰金が課されたりすることもあるが，本裁判の事案のように，悪質又は重大な法令違反があった場合，重大な後遺障害が残るような怪我を生じさせた場合，死亡者を発生させた場合には，検察官によって起訴され，正式裁判を請求されることもある。

量刑は，火災の事例ではあるが，■図表のようなものとなっている。

### 2　過失の認定

　業務上過失致傷は，業務上，必要な注意を怠ったことで，人に怪我をさせた場合や死亡させた場合に，成立する。

　このうち，業務とは，社会生活上の地位に基づき反復継続して行う行為であって，生命身体に危険を生じ得るものをいい（最二小判昭33・4・18刑集12巻6号1090頁），企業が事業を行っている設備に起因して発生した事故の場合，業務性が否定される可能性は低い。最も重要な争点は，過失の有無であり，本裁判で

### ■図表　火災の事例における量刑

| 事件名 | 被害の概要 | 量刑 |
|---|---|---|
| 千日デパートビル火災事件 | 昭和47年5月13日午後10時頃，大阪市南区の「千日デパートビル」の3階売場部分で，夜間工事中に出火，客ら118名が死亡，42名が負傷する火災事故となった。 | ・ビルの防火管理者：禁錮2年6月（執行猶予3年）<br>・キャバレーの管理権原者：1年6月（執行猶予2年）<br>・キャバレーの防火管理者：1年6月（執行猶予2年） |
| 川治プリンスホテル火災事件 | 昭和55年11月20日午後3時頃，栃木県川治温泉の「川治プリンスホテル」の旧館婦人風呂外壁の壁間に工事作業中の切断機の炎が入って出火，宿泊客ら45名が死亡，21名が負傷する火災事故となった。 | ・代表取締役：禁錮2年6月（執行猶予3年）<br>・経営管理業務を担当していた同代表取締役の妻：禁錮2年6月（実刑） |
| ホテルニュージャパン火災事件 | 昭和57年2月8日午前3時すぎ頃，東京都千代田区の「ホテルニュージャパン」の9階の客室で，同室宿泊客のタバコの不始末から出火，宿泊客32名が死亡，24名が負傷する火災事故となった。 | ・代表取締役：禁錮3年（実刑）<br>・防火管理者の支配人：禁錮1年6月（執行猶予5年） |
| ホテル大東館火災事件 | 昭和61年2月11日午前1時47分頃，静岡県賀茂郡のホテル大東館別館山水1階パントリー内北壁付近から出火，宿泊客ら24名が焼死する火災事故となった。 | ・ホテルの管理権原者：禁錮2年（実刑）<br>・防火管理者：禁錮1年（執行猶予3年） |
| 長崎屋尼崎店火災事件 | 平成2年3月18日午後0時30分ごろ，長崎屋尼崎店4階カーテン売場から出火，買物客等15名が焼死，2名が負傷する火災事故となった。 | ・店長：禁錮2年6月（執行猶予3年）<br>・防火管理者：禁錮2年6月（執行猶予3年） |

も中心的な争点になっている。

　一般に，過失とは，法令や条理などによって課される注意義務に違反したことであるが，具体的には，被害や事故という結果を予見でき，かつ予見すべきだったのに確認を怠っていた場合（予見義務違反）や被害の発生という結果を回避でき，かつ回避すべきだったのに必要な措置を怠っていた場合（結果回避義務違反）のいずれかが認められれば，過失が認められる。

　このような過失は，事故の原因となった設備等の形状，その管理状況，その日常の利用状況，事故前に同種の事故やトラブルの有無などの外形的な事実から，判断されることになる。本裁判例でも，書棚の形状，書棚の固定状況，日ごろの利用状況，これまでの転倒の可能性の認識等の事実認定を行い，書棚の傾きなどが存在していたこと，日ごろより書籍が落下していたことから，書棚が将来転倒し，人を怪我させることを知り得たのに，十分な確認や措置を怠った点で経営者の過失を認めている。このような事実認定からは，日ごろの継続的な管理が重要であることを痛感させられる。

【岡崎　行師】

266　第2章　管理・運営　第2節　清掃・修繕等管理責任

## 第5　転貸人（ML）の責任

### 71 定期建物賃貸借契約兼管理受託契約（MLPM契約）が締結されている建物の工作物責任における占有者

東京地判平成24年2月7日（平成22年（ワ）第18541号，同第28020号，平成23年（ワ）第7189号）

判タ1404号200頁

### 争点

　1　定期建物賃貸借契約兼管理受託契約が締結されている建物における工作物責任の占有者（民717条1項）は誰か

　2　建物の占有者が漏水事故の発生を防止するのに必要な注意（民717条1項ただし書）をしたか

## 判決の内容

### ■事案の概要

　信託銀行であるX₁は，信託を受託して所有する建物（以下「本件建物」という）について，X₂を賃借人として定期建物賃貸借契約兼管理受託契約（以下「本件MLPM契約」という）を締結した。

　また，X₁は，損害保険業者であるYとの間で，本件建物につき，X₁を被保険者として，賠償責任保険契約を締結し，保険料を支払った。この保険契約においては，保険金額は1億円とされ，保険事故は被保険者が他人の身体の障害（障害に起因する死亡を含む）又は財物の滅失，き損若しくは汚損について法律上の損害賠償責任を負担することとされ，被保険利益は他人に損害賠償責任を負担することによる消極財産の増加とされていた。

　X₃は，本件建物の信託受益権者から本件建物の内外装改修工事一式を請け負っていた会社で，下記本件事故発生当時，本件建物の屋上については工事を完了し引渡済みであったが，屋上の塔屋内には事務所スペースを設置していた。

　そして，豪雨により本件建物の屋上から階下への雨水の漏水が発生し，本件建物の4階部分にX₂より転借して入居していたテナントの内装等が汚損した

〔71〕東京地判平成24年2月7日（平成22年（ワ）第18541号，同第28020号，平成23年（ワ）第7189号）　*267*

（以下「本件事故」という）。X₁は，工作物の所有者の責任（民717条1項ただし書）に基づいて，上記テナントに対し約1億1500万円を損害賠償として支払った。

その後，X₁はYに対し保険金を請求したが，保険金の一部である1100万円しか支払われなかったため，残額8900万円等の支払を求めて提訴した。X₂はこの事件に補助参加した。

これに対し，Yは，本件建物の占有者はX₂又はX₃であり，X₂又はX₃は本件事故を防止するのに必要な注意を怠っており，X₁は本件事故による賠償責任を負担しないとして，保険金残額の支払義務を争い，また，X₁に対し既に支払った保険金1100万円の返還を求める反訴を提起した。

X₃は，Yが本件事故の責任がX₃にあると主張していることから，Yに対し，本件事故につきYがX₁に対して負担する保険金支払債務について，民法717条3項に基づく求償債務が存在しないことの確認を求めた。

■**判決要旨**

### 1　工作物責任の占有者について

### ⑴　X₂について

民法717条1項の土地の工作物の占有者とは，工作物を事実上支配し，その瑕疵を修補して損害の発生を防止し得る者をいう。

X₂は，本件 MLPM 契約上，本件不動産の賃借人であり，かつ保守管理者としての全責任を負い，下水溝，排水溝等に支障を来さないよう常に善処しなければならないとされていたこと，下請会社をして，本件建物内を1日1回巡回させ，屋上のルーフドレン付近は月に1回清掃させていたことからすると，本件事故の原因となった土地工作物としてのルーフドレン周辺を含む排水プールの占有者であったと認められる。

本件 MLPM 契約上，X₂は本件建物の賃借人であってもその賃借は転貸を目的としており，経済的利益及び損失の一切はX₁に帰属することとされ，本件建物の修繕等はアセット・マネジャー及び信託受益者に対する貸付人（レンダー）の承諾を要するなどX₂の権限は厳しく制限されていても，本件建物の屋上が転貸の対象となっていることをうかがわせる証拠はないし，民法717条1項の土地の工作物の占有者は事実上工作物を支配していれば足り，経済的利益や損失の帰属がないからといって占有者ではないということはできない。また，修補についても，アセット・マネジャー及び貸付人の承諾を得る必要があるとしても，その承諾を受けてX₂において修補することが可能であり，X₂が占有者であることを否定することはできない。

268　第2章　管理・運営　第2節　清掃・修繕等管理責任

### (2)　X₃について

　X₃は，屋上塔屋内の事務所スペースについては引き続き工事上の便宜のため借り受けていたが，本件建物の屋上については本件事故前に工事を完了し，引渡し済みであったのであるから，上記ルーフドレンを含む排水プールの占有者であったとは認められない。

### 2　X₂が本件事故の発生を防止するのに必要な注意をしたかについて

　X₂は，下請会社をして，本件建物内を1日1回巡回させ，屋上のルーフドレン付近については月に1回清掃させていたことが認められる。しかし，本件事故のあった前日の巡回については，ルーフドレンにビニール等の巻き付きがないかどうかの確認がされたという認定まではできない。

　そして，本件事故日における降雨量より多い降雨は，過去にも複数回記録されており，予想できないものではない。さらに，本件事故後，ルーフドレンの周りにビニール等が巻き付かないよう網かごを設置しており，このような対策は容易に採り得ることでもあり，その対策がされていれば，本件事故は発生しなかったのではないかとも考え得る。

　そのため，X₂に過失がなかったとの認定をすることはできない。

### 3　結　　論

　裁判所は，X₁の請求を棄却し，Yの請求を認め，X₃の請求については，Yが保険金支払債務を負担しない以上，YがX₃に求償債権の存在を主張することはありえず，確認の利益がないとして，訴えを却下した。

## ■　解　　説

### 1　工作物責任の「占有者」とは

　民法717条によれば，土地の工作物の設置又は保存に瑕疵があることによって他人に損害を生じたときは，一次的にはその工作物の占有者が賠償責任を負うが，占有者が損害の発生を防止するのに必要な注意をしたときには，所有者が賠償責任を負担するものとされている。工作物責任の趣旨は，他人に対して危害を与えるような物を占有又は所有する者は，その物から発生した損害を賠償すべきという危険責任の原理に基づいていると考えられている（北河隆之＝柳憲一郎『判例にみる 工作物・営造物責任』3頁〔北河隆之〕）。

　最三小判昭31・12・18（民集10巻12号1559頁）は，ここにいう占有者には，間接占有者（賃貸人等）も含まれるとする。直接占有者と間接占有者があるときには，まず直接占有者の責任が問われ，直接占有者が損害の発生を防止するの

〔71〕東京地判平成24年2月7日（平成22年（ワ）第18541号，同第28020号，平成23年（ワ）第7189号）　*269*

に必要な注意をした場合に，間接占有者が責任を負うとする考え方がある（【本書判例69】参照）。

　一方，工作物責任の趣旨から，工作物を事実上支配し，その瑕疵を修補し得て損害の発生を防止し得る者を占有者として認定すべきという有力な考え方も存在する（東京高判昭29・9・30民集10巻12号1567頁。前掲最判の原審）。最三小判平2・11・6（裁判集民161号91頁）は，液化石油ガスの消費設備に関し，保守，管理及び操作に関し直接的・具体的な支配を及ぼしていたとして，ガス供給者を占有者として認定しており，このような考え方をとっているとも考えられる。

　本判決は，後者の考え方を採用した上で，本件MLPM契約の内容，本件建物の管理実態等から，賃借人兼管理受託者であるX₂を，工作物責任を負担すべき占有者であると認定した。また，占有者に経済的利益や損失が帰属しないことや，占有物の修補に一定の制約が存することは，占有者性を否定することにはならないと判断している点も参考になる。

### 2　「損害の発生を防止するのに必要な注意」について

　本判決では，屋上排水プールのルーフドレンにビニール袋等が巻き付き，排水能力が限定される→排水プールに水が溜まる→排水プール底面から41cmの高さにあった側壁天端部分の亀裂に雨水が達し，漏水したという機序により本件事故にいたったと認定されている。

　占有者が責任を免れるには，損害の発生を防止するのに必要な注意をしたことを立証する必要があるが，この免責を得ることは著しく困難であるとされる（加藤一郎編『注釈民法⑲債権⑽』315頁〔五十嵐清〕）。

　本件でも，事故の原因となった屋上のルーフドレン付近は月1回の清掃をしており，本件事故の前日にも屋上を巡回していたというのであるが，ルーフドレンにビニール等の巻き付きがないかどうかを確認した事実が認定できないこと等により，X₂の免責は認定されなかった。

　工作物の占有者には損害発生防止にいたる具体的な行為をなす高度な注意義務が課せられているといえ，管理受託者としては留意すべきである。

【髙杉　謙一】

〔本判決の評釈〕
・　小沢征行・金法2007号4頁
・　金森健一・信託フォーラム6号135頁
・　水野信次・銀行法務21 784号80頁

270　第2章　管理・運営　第2節　清掃・修繕等管理責任

## 72　建物の無断転貸人が転借人に対し 共用部分の維持管理につき負う義務

東京高判平成27年5月27日（平成26年(ネ)第2432号）
判時2319号24頁

### 争　点

1　建物の無断転貸人は，転借人に対し，共用部分を適切に維持管理し使用させる義務を負うか

2　汚水の溢水事故により転貸借契約は履行不能により終了したか

3　中途解約の場合に保証金の返還額を減額する特約は本件において適用があるか

## ▐　判決の内容

### ■事案の概要

　Yは，A及びBが所有するビル（以下「本件ビル」という）の1階及び2階の店舗部分（以下「本件店舗部分」という）を賃借していた（以下「本件賃貸借契約」という）。

　そして，平成22年6月30日，YはXに対し，使用目的を飲食店舗（イタリアンジェラートの販売）として，本件店舗部分を定期賃貸借契約（以下「本件転貸借契約」という）により転貸した。本件転貸借契約には，同契約が1年未満の中途解約により解約された場合には保証金の50％が，3年未満の中途解約の場合には保証金の30％が保証金の返還額から控除される旨の特約（以下「本件保証金特約」という）が存在した。

　本件転貸借契約は，A及びBの承諾を得ていない，無断転貸であり，Xもそのことを認識していた。

　平成23年10月12日，本件店舗部分の1階厨房の床の排水口から汚水が逆流し，厨房が汚水で溢れるという事故（以下「本件事故1」という）が発生した。また，同年11月1日に，同様の事故（以下「本件事故2」という）が発生した（以下，本件事故1と本件事故2を併せて「本件各事故」という）。本件各事故はいずれも，本件ビルの共用部分にある排水管が詰まったことに原因があると考えられた。

　平成24年3月17日，X及びYは，本件店舗部分をXが明け渡したことを確認した（以下，この明渡しを「本件合意明渡し」という）。

〔72〕東京高判平成27年5月27日（平成26年（ネ）第2432号）　*271*

　Xは，Yに対し，本件転貸借契約の債務不履行による損害賠償及び保証金等の合計約1億円の支払を求めて提訴した。

　原審（東京地判平26・3・25LEX/DB25518702）は，Yの債務不履行を認めず，本件に本件保証金特約の適用があることを認め，保証金の一部である約2800万円の限度で請求を認容した。これに対し，XY双方が控訴した。

■**判決要旨**

## 1　建物の無断転貸人の転借人に対する共用部分を適切に維持管理し使用させる義務について

　本件賃貸借契約において，本件ビルの排水管の共用部分は，Yが独占占有して使用できる目的物とはされていないが，本件建物部分を支障なく使用できるためには，本件ビル内の排水管の共用部分が，逆流等の不具合を起こさないように管理されており，これを必要な範囲で共同で使用できることが必要不可欠といえることに照らすと，賃貸人（A及びB）は，共用部分を適切に維持管理して賃借人に使用させる契約上の義務を負っていたものということができる。そして，本件転貸借契約においても，上記の事情があることに変わりはなく，転貸人（Y）は，本件賃貸借契約において賃貸人が負っているのと同様の程度において，排水管の共用部分を適切に維持管理して転借人（X）に使用させる契約上の義務を負っており，転借人はそのように求める権利を有していたものというべきである。

　賃貸借契約と転貸借契約の内容が食い違い，あるいは転貸借について賃貸人の承諾がないことによって，賃貸人に対して十分に責任を問うことができない場合であっても，その結果は，そのような転貸借契約を締結し，あるいは賃貸人の承諾を得なかったことにより転貸人が負担するリスクの1つとして，転貸人が甘受すべきものといわざるを得ない。

　以上のことは，転借人が上記承諾がないこと等の事情を知っていた場合であっても，転借人がそのリスクを負担することを相当とする特段の事情がない限り，変わらないものというべきところ，本件において，かかる特段の事情を認めるに足りる証拠はない。

　Yは，本件各事故の発生前に，排水管の共用部分について，定期的に詰まり具合を調査し，これを清掃させるなど，その詰まりを防ぐ手立てを尽くしたことは何ら窺われない。そうすると，Yは本件転貸借契約における貸主の義務を履行せず，これにより本件各事故が発生したものと認められ，本件各事故の発生について債務不履行責任を負うというべきである。

## 2 本件転貸借契約は本件事故2により履行不能となったか（本件転貸借契約の終了原因）について

本件事故2の発生後においては，使用目的を飲食店舗とする本件転貸借契約を継続させることは，Ⅹにとって事実上不可能な状況にあったと認めることができる。

しかし，賃貸借契約の目的物について滅失ないしそれに類する使用不可能な状況が生じた場合とは異なり，本件店舗部分については，その使用が物理的に不可能となっているわけではなく，Ｙにとって，再発防止策を講じて店舗として使用させることは本件事故2の発生後も可能な状況にあったことに照らすと，本件転貸借契約を終了させるとのⅩの意向がＹに示されていない段階で，本件転貸借契約を継続させることがⅩにとって事実上不可能な状況になったという事実のみを捉えて，本件転貸借契約に基づくＹの債務が社会通念及び取引観念に照らして不能となったと評価することはできない。

また，ⅩがＹに対し，本件合意明渡し前に，本件転貸借契約を終了させる意思表示をした事実も認められない。

以上によれば，本件転貸借契約は，本件事故2の発生によっては終了せず，本件合意明渡しによって終了したものと認められる。

## 3 本件保証金特約の適用について

本件保証金特約による保証金返還額の控除は，転借人側の事情で中途解約された場合に転貸人の空室損料を補償する趣旨と解される。

本件においては，Ｙの債務不履行が原因となってⅩが本件合意明渡しをすることを余儀なくされたのであるから，本件保証金特約の一部控除の規定の適用はないものと解すべきである。

## 4 結　論

裁判所は争点につき以上のとおり判断して，請求認容額を約6900万円に増額した。

なお，本判決に対しては上告受理申立てがされたが，上告不受理となっている。

## ▌解　説

## 1 賃貸人の使用収益をさせる義務

### (1) 共用部分の維持管理

賃貸人は，賃借人に対し，目的物を使用収益させる義務を負い（民601条参照），

目的物の修繕義務を負う（民606条）。ビルやマンションの一室を賃貸の目的とした場合に，共用部分の利用に障害があるとき，共用部分は賃貸の直接の目的となっていないことから，賃貸人は賃借人に対し，いかなる義務を負うかが問題となる。この点につき，本判決は，共用部分の使用は賃貸借契約の目的を達成するために必要不可欠であるから，賃貸人は賃借人に対し，共用部分を適切に維持管理し使用させる義務を負うとした。

そして，このことは，転貸借も賃貸借である以上変わりはなく，転貸人は同様の義務を転借人に対し負担するとした。転貸人もあくまで賃借人に過ぎないことから，転貸人自身が共用部分を直接修繕等をする権限がなく，かつ，転貸人が賃貸人に対し修繕を求めてもこれが履行されない場合，転貸人は賃貸人と転借人の間で板挟みになることがあり得る。本判決は，そのような事態は，転貸人は転貸のリスクとして甘受すべきであるとしている。そのような場合には，転貸人としては賃貸人に対し，債務不履行責任を追及することを検討することになる。

### (2) 無断転貸であることや無断転貸であることの転借人の認識の影響

無断転貸であっても，賃貸借契約であることには変わりなく，それのみを理由として直ちに転貸人の義務の範囲が軽減されることにはならない（石田剛・私法判例リマークス56号48頁）。

では，無断転貸であることを転借人が認識していた場合はどうか。Ｙは，Ｘが本件転貸借契約が無断転貸であることを認識していたことを理由として，Ｙとしては所有者に対し適切に情報提供をし，点検・修理等の対応を求める義務を負うにとどまり，所有者が適切に対応をしなかった場合まで責任を負うものではないと主張し，原審はこの主張を認めた。これに対し本判決は，転借人が無断転貸であることを認識していても，特段の事情のない限り，転貸人の義務はそのように軽減されはしないとの結論をとった。本判決も，転借人がリスクを負担することを相当とする特段の事情があれば，異なる結論となる可能性を残している。転借人が無断転貸であることを認識して合意した内容に，転貸人の負担を軽減する合意が含まれているような場合には，原審のような結論にもなり得ると考えられる。

### 2 転貸借契約の終了原因

賃貸借契約の目的物が滅失したり，効用を失ったときは，賃貸借契約は履行不能となり，当然に終了する（最三小判昭32・12・3民集11巻13号2018頁，民条文無し，改正民616条の2で新設）。履行不能には，目的物滅失の場合だけでなく，社会通

念上の不能の場合も含まれると解される。

　本件においては，本件転貸借が本件各事故により社会通念上履行不能となったかが問題となるが，この点についても原審と控訴審で判断が分かれた。原審は，飲食店における汚水の逆流事故という事故態様に鑑み，本件転貸借契約は本件事故2により社会通念上履行不能となったと判断した。これに対し本判決は，Xの営業継続が事実上不可能となったにとどまり，社会通念上の履行不能にまではいたっていないと判断した。

### 3　本件保証金特約の適用

　本件保証金特約の適用についても，原審と本判決とで結論が異なった。原審は，本件保証金特約により返還される保証金が減額されることを認めたが，本判決は，本件保証金特約は転借人側の事情により中途解約された場合にのみ適用されるとして，未払賃料等を控除した残額全額の返還を命じた。

　本判決は上記のとおり，本件転貸借契約は履行不能により当然終了となったのではなく，また，債務不履行解除がされた事実も認めず，本件合意明渡しにより終了したと認定しているのであるが，本件保証金特約の適用の判断にあたっては，Yの債務不履行に起因して本件合意明渡しにいたっていることを捉えて，その適用を制限しており，この点も注目に値する。

【髙杉　謙一】

〔73〕東京地判平成27年１月22日（平成24年（ワ）第8820号，平成25年（ワ）第12810号）　*275*

## 73 賃貸物件の共用部分である下水管の詰まりで発生した溢水事故について転貸人が転借人に対して負う責任

東京地判平成27年１月22日（平成24年（ワ）第8820号，平成25年（ワ）第12810号）

判時2257号81頁

### 争　点

1　本件事故の原因及び転貸人の債務不履行責任の有無
2　賃貸借契約上の免責条項の適用範囲
3　転貸人（会社）の取締役らの不法行為責任

## 判決の内容

### ■事案の概要

　Xは飲食店舗を経営する会社である。Y₁は商業ビル・商業施設の開発・賃貸借及び運営管理等を目的とする会社で，信託銀行から，信託銀行が所有する建物（以下「本件物件」という）を賃借していた。そして，Y₁は，本件物件の１階の一部屋（以下「本件建物」という）を，使用目的を飲食店舗と定めて，Xに対し転貸していた（以下，この転貸者契約を「本件賃貸借契約」という）。Xは，本件建物で，飲食店（以下「本件店舗」という）を営んでいた。

　平成22年10月22日，本件店舗の営業中，本件店舗のトイレから汚水が溢れ，店内が水浸しになるという事故が発生したため，Xは同日の営業を中止した。

　また，翌23日にも，営業中に同様の事故が発生し，Xは営業を中止した（以下，この２回の溢水事故を併せて「本件事故」という）。

　Xは，本件事故は本件物件内の共用施設である共用下水本管（以下「本件共用下水本管」という）が詰まったことが原因で発生したと主張し，Y₁には本件建物を飲食店舗として完全な状態で使用収益させる本件賃貸借契約上の債務不履行があるとして，店舗修繕費，汚損した物品相当額，営業逸失利益等の損害賠償請求をした。

　また，Xは，Y₁の代表取締役であったY₂，及びY₂の配偶者であり，かつてY₁と同様の商号で同一の本店所在地に本店を置いていた別会社（以下「A」という）の代表取締役であるY₃に対し，共同不法行為に基づく損害賠償請求と

して，同様の請求を行った（以下，Y₁，Y₂及びY₃を総称して「Yら」という）。

Yらは，本件事故は，Y₁が管理する共用下水配管部の問題ではなく，本件店舗の床下の下水配管に異物が詰まって発生したものであり，Y₁に責任はない等として，争った。

また，Yらは，本件賃貸借契約には，貸主は，諸設備等の故障等により生じた借主の損害について，貸主の故意又は重大な過失に基づくものを除き，一切責任を負わない旨の規定（以下「本件免責条項」という）があることを理由として，本件事故の責任をXに対し負わないと主張した。

## ■判決要旨

### 1 本件事故の原因及び債務不履行責任の有無

本件事故後，本件共用下水本管の洗浄作業を行った業者が配管内に油脂の固まりが存在することを確認したこと，また別の業者が後に本件共用下水本管を調査したところ，数か所に配管の約80％が詰まる程の油脂の固まりが存在することを確認したこと，他方，本件店舗の枝管部分では油脂の固まりは確認されなかったこと等からすると，本件事故の原因は，本件共用下水本管が油脂の固まり等によって詰まり，同本管を流れる排水が逆流したことにあると推認することができる。

そして，本件共用下水本管は本件物件の共用設備であり，これを維持，管理する責任は，信託銀行から本件物件を賃借し，各テナントに転貸していたY₁にあるというべきである。Y₁は，本件共用下水本管を上記原因により詰まらせ又はその詰まりを解消しなかったことにより本件事故を生じさせたことについて，本件賃貸借契約に基づきXに本件建物を使用収益させる債務の履行を怠ったものとして，債務不履行責任を負うというべきである。

Yらは，Y₁は平成21年3月，同年7月及び平成22年4月に本件共用下水本管の清掃等を行っており，必要な管理を行っていたとして，債務不履行責任はない旨主張する。しかし，仮に，Yらの主張を前提としたとしても，Y₁が最後に本件共用下水本管の清掃等を行ってから本件事故が発生するまでに約半年間が経過していることからすれば，Y₁が本件共用下水本管の維持，管理を適切に行っていたと認めることはできない。

### 2 本件免責条項の適用範囲

本件免責条項は，免責がされる場面として「天災，火災，盗難その他の事故又は諸設備の故障等により」借主に損害が生じたときと規定されているところ，本件免責条項は，天災，火災，盗難等の不可抗力的な事由により借主に損害が

〔73〕東京地判平成27年1月22日（平成24年（ワ）第8820号，平成25年（ワ）第12810号）　*277*

生じた場合を想定しているものと解され，本件事故のように貸主側の義務違反が明らかな場合にも適用されると解することはできない。

### 3　Y₂及びY₃の責任

Y₂がY₁の代表取締役の地位にあるからといって当然に本件建物の設備を正常に機能させるべき管理上の注意義務を負うとはいえない。

Xは，Y₃がY₂と共にY₁及びAを支配し，本件物件の経営にも実質的に深く関与していたなどとして，Y₃には本件建物の設備を正常に機能させるべき管理上の注意義務がある旨主張するが，そのような事実を認めるに足りる証拠はない。

XはほかにY₂及びY₃が上記注意義務を負うこととなる具体的事情を主張しないから，Y₂及びY₃が上記注意義務を負うとのXの主張は，理由がない。

### 4　結　論

裁判所は争点につき以上のとおり判断して，Y₁の債務不履行責任を認め，XのY₁に対する請求の一部を認容し，Y₂及びY₃に対する請求は棄却した。

## ▎　解　説

### 1　賃貸物件の共用部分の不備等を原因とする転貸人が転借人に負う責任

賃貸人は，賃借人に対し，目的物を使用収益させる義務を負い（民601条参照），目的物の修繕義務を負う（民606条）。転貸借契約も賃貸借契約である以上，転貸人は転借人に対し，同様の義務を負う。

賃貸物件の共用部分の不備等を原因とする転貸人が転借人に対して負う責任につき争われた裁判例としては，他に【本書判例72】が存在する。当該事例は，事故が共用部分の不備等を原因として発生したことを前提に，転貸人は転借人に対して共用部分を適切に維持管理し使用収益させる義務を負うかという点が争われた事例である。それに対し，本件では，転貸人であるY₁は本件物件全体を賃借し，共用部分にY₁の管理が及んでいた点については争いがない。そのため，本件事故の原因が共用部分の不備等に基づくものなのか，Y₁の帰責性に基づくものなのかが主要な争点となっている。

本判決は，本件事故は，本件共用下水本管が油脂の固まり等によって詰まって発生したものであると認定したため，Y₁の債務不履行責任が認められた。Yらからは，本件事故の原因は，本件店舗から流された異物によるものである，本件店舗がグリストラップ（厨房等から出される排水の油脂分を除去する装置）の設置が十分でなかったためであるとの反論がされたが，いずれも認定されなかっ

278　第2章　管理・運営　第2節　清掃・修繕等管理責任

た。

　また，Y₁が本件事故の約半年前に本件共用下水本管の清掃等を行っていて
も，Y₁が適切に維持管理を行っていたことは認定できないとした。

### 2　免責条項の適用範囲

　損害賠償責任につき，免責条項を設けることは，私的自治ないし契約自由の
原則により認められ，公序良俗又は信義則に反しない限りは有効であるとされ
る。もっとも，故意・重過失がある場合の損害賠償責任を免責する条項は無効
であると考えられ，一定の事件類型の元では，軽過失の場合の免責も否定され
ると考えられている（奥田昌道編『新版注釈民法⑽Ⅱ債権⑴債権の目的・効力⑵』218頁
〔北川善太郎＝潮見佳男〕）。もっとも，具体的事案に免責条項の適用があるかどう
かを検討するにあたっては，まず，契約当事者が当該免責条項を設けた趣旨を
考慮して，当該免責条項の内容及び射程を確定すること，とりわけ，故意・重
過失の場合は免責の対象から除外するものとなっている条項の場合には，この
作業が必要であるとされる（奥田編・前掲226頁〔北川善太郎＝潮見佳男〕）。

　本件免責条項においても，故意・重過失に基づく賠償責任は免責の対象から
除外されているところ，本判決は，本件免責条項が適用される場面を，規定の
文言から，天災，火災，盗難等の不可抗力的な事由により借主に損害が発生し
た場合に限られると，適用場面を制限して解釈した。結果として，Y₁の債務
不履行が故意又は重過失に基づくものとの判断を待たずに，Y₁の責任が認定
されており，免責条項の設定にあたっては注意を要するといえる。

### 3　取締役の責任

　会社が取引において債務不履行責任を負担しても，当該会社の取締役が，取
引の相手方に対し，直ちに何らかの責任を負うことにはならない。会社と取引
をして損害を被った第三者が，当該会社の取締役に対し責任を追及する構成と
しては，会社法429条1項に基づく責任と，一般不法行為（民709条）に基づく
責任を追及する方法があり，これらは別個の両立し得る責任であると解されて
いる（最大判昭44・11・26民集23巻11号2150頁）。

　本件では，Xは，一般不法行為責任をY₂及びY₃に対し請求しているものの，
中心的争点とはされなかったように窺われ，Y₂及びY₃の注意義務の発生根
拠となる具体的事情が主張されず，これらの請求は棄却されている。

【髙杉　謙一】

# 第3節

## 警備・盗難

### ＊本節の趣旨＊

　ビルや業務用施設における管理業務には，建物設備の維持管理，清掃等の業務に加え，警備業務も含まれる。一定規模以上の管理会社では，警備業の免許を有しているところも多く，ほとんどのビルや業務施設では，機械及び人員警備を利用している。警備業務における注意義務の内容と，どの程度の履行が要求されるのかについて参考となる事例を紹介する。

280　第2章　管理・運営　第3節　警備・盗難

## 74　駐車場の冠水事故における マンション管理会社の 注意義務違反と免責特約

東京地判平成25年2月28日（平成23年（ワ）第30820号）
ウエストロー2013WLJPCA02288004

### 争点

　1　駐車場の冠水事故の発生に際し，緊急出動要員が到着までに時間を要したことについて，管理組合から管理業務の委託を受けていた管理会社に，入居者に対する注意義務違反があったといえるか
　2　上記1の到着遅延について，不可抗力等による免責規定が適用されるか

## 判決の内容

### ■事案の概要

　本件は，東京都江戸川区所在のマンション（以下「本件マンション」という）の区分所有者であるXが，本件マンションの機械式駐車場の地下ピット（以下「本件駐車場」という）に自己所有の自動車（以下「本件自動車」という）を駐車していたところ，台風による本件駐車場浸水事故（以下「本件事故」という）により本件自動車を廃車とせざるを得なくなったことから，マンション管理会社であるYに対し，Yが何ら浸水防止措置をとらなかったことがXに対する不法行為に該当するとして，不法行為に基づく損害賠償として代替自動車を取得するための費用等の支払を求めた事案である。

　Yは，本件マンションの管理組合（以下「本件管理組合」という）との間で，管理委託契約（以下「本件管理委託契約」という）を締結し，また，24時間管理を実施するための遠隔管理業務契約（以下「本件遠隔管理業務契約」という）を締結していた。本件遠隔管理業務契約では，機械式駐車場排水槽満水警報（以下「満水警報」という）の発報があった場合には，警備業法（及び東京都公安委員会規則）で設定された時間（25分）内に，Y及びYが委託する警備会社の要員を派遣して，異常の確認と応急処置をとることとされていた。また，緊急やむを得ない場合には，Y及び警備会社は必要と認める措置をとることができるとされていた。

　24時間管理体制であることについては，「24時間体制の管理会社が受信した情報により対応しますので，マンションの管理事務室が無人の時でも安心で

す。」として，本件マンションの重要事項説明書においても説明されていた。また，本件マンションの分譲業者とともにYの名称が記載された「ご入居説明書」でも，本件マンションでは管理員による管理のほか，24時間監視を行い，異常事態に備える体制となっている旨の説明がされていた。

本件遠隔管理業務契約においては，「天災地変（洪水等の自然災害）その他不可抗力の場合の損害」や，「局地性の豪雨等により，特定地域において緊急対応事案が同時に多発したり，道路事情が悪化する等して，乙（Y）若しくは乙（Y）の指定する警備会社のパトロール員が通常の時間内に対象施設に到着することができないことにより発生した損害等」については，Yは賠償責任を負わない旨の免責規定があった。

Yは，本件マンションの満水警報の発報を受信した際，他のマンションでも発報が相次いで対応に追われていたため到着が遅れたのであるから，本件遠隔管理業務契約上の免責規定が適用される旨主張した。

## ■判決要旨

### 1　管理会社の注意義務の内容と注意義務違反の有無について

Yは，本件管理組合との間で本件遠隔管理業務契約を締結し，満水警報の発報があった場合には，警備業法で設定された時間（25分）内に要員を派遣して必要措置をとることを約し，本件マンションの入居者に対しては，入居説明の際に24時間の監視により異常に備えているとして安心感を与えていたのであるから，入居者との関係でも，上記契約のとおり緊急出動義務を負っていたというべきである。

本件事故当日の15時23分，本件マンションの満水警報が発報したが，Yの履行補助者である警備会社の要員は，上記契約に違反して1時間5分後に本件マンションに到着し，その間に本件駐車場が冠水して，本件自動車が水没した。本件事故当日は，14時29分から15時36分までの間に8件の発報があったとはいえ，満水警報の発報があった時点で，過去に冠水被害のあった本件マンションを優先してより早く現場に到着し，土嚢を積んだり，機械式駐車場の本件自動車を引き上げるなどの対策を講じれば，本件事故は防げたと解される。したがって，このような対策をとらなかったYは，Xに対する不法行為責任を免れないというべきである。

### 2　免責規定の適用の有無について

本件事故までの約6年間において，本件事故時の降雨量より多い1日の降雨量を記録した日が6日，一時間降雨量も本件事故時のものを超える日が3日あ

ったことからすると，本件事故が「天災地変（洪水等の自然災害）その他不可抗力」によって発生したものとはいえない。

また，本件事故当日は1時間余の間に8件の発報があったことから，「緊急対応事案が同時に多発」したといえないこともないが，過去に冠水被害のあった本件マンションを優先してより早く現場に到着するなどの対応が必要であったというべきで，そのような対応を行ってもなお「通常の時間内に対象施設に到着することができない」場合に該当するとは認められない。「道路事情が悪化」したことを認めるに足りる証拠もない。

したがって，本件について，本件遠隔管理業務契約上の免責規定が適用されると認めることはできない。

## ▌　解　　説

### 1　管理会社の注意義務について

#### (1)　入居者に対する注意義務について

本件は，マンションの入居者が，管理組合と管理委託契約等を締結している管理会社に対し，不法行為責任を追及するものであり，管理会社が入居者に対しいかなる注意義務を負うのかが問題となったものである。

この点について，本判決は，Yは管理組合と本件遠隔管理業務契約を締結していたことに加えて，重要事項説明書や入居説明書により，管理会社による24時間の監視により異常に備えている旨の説明を行い入居者に対し安心感を与えていたことを挙げて，Yは入居者との関係でも，本件遠隔管理業務契約上の義務と同様の緊急出動義務を負っていたと判断した。

#### (2)　管理会社の注意義務の内容について

本判決は，緊急出動義務の内容として，過去に冠水被害のある本件マンションに優先して駆けつけるべきであったと判示している。すなわち，複数の発報が相次いだ場合でも，漫然と要員を派遣するだけでは緊急出動義務を果たしたことにならず，過去の被害に照らして，本件マンションについては他の発報に優先して要員を派遣させる義務があったとされている。

本件事故当日は14時29分から15時36分までの1時間余に8件の発報があり，その中でも本件マンションの発報が15時23分と遅かったことからすれば，他の警報に優先して本件マンションに駆けつけるべき義務があったとする本判決は，緊急出動義務の内容について厳しく解釈したものであるといえ，管理会社としては注意を要する。

このほか，Xは，Yの義務として，浸水が予想される場合に被害回避措置の必要等を通知する義務や土嚢設置義務があると主張したが，本件管理委託契約上に明確に規定されていないとして認定されなかった。

## 2 免責規定の適用について

### (1) 本件遠隔管理業務契約上の免責規定

本判決は，Yが主張した免責規定の適用について，いずれも否定している。

この免責規定における1つ目の免責事由は，天災地変（洪水等の自然災害）その他不可抗力である。本判決では，本件事故から過去約6年間における降雨量と比較した上で，本件事故当日を上回る降雨量が複数回あったことから，上記免責事由には該当しないと判断された。

2つ目の免責事由は，局地性の豪雨等による緊急対応事案が同時に多発して通常の時間内に対象施設に到着することができなかったことである。本判決では，1時間余の間に本件マンションを含む8件の警報を受信しているが，過去に冠水被害のあった本件マンションに優先して駆けつけるべきであったことを念頭に，これにも該当しないと判断された。

免責条項の適用に関しては，適用対象を制限的に解釈したり（【本書判例73】参照），免責される過失責任の範囲を限定したりして（【本書判例75】参照），適用が否定されることがあるが，本判決では，当該免責規定が定める免責事由への本件事故の該当性自体が否定されたものである。

上記1(2)と同様，免責事由の判断においても，管理会社にとっては厳しい解釈がされたものといえる。

### (2) 駐車場使用契約と本件管理委託契約上の免責規定

上記の他，Yは，Xと管理組合の間の駐車場使用契約上の免責規定及び本件管理委託契約上の免責規定の適用も主張したが，本判決は，Yの不法行為責任は本件遠隔管理業務契約上の義務を根拠とするものであることを理由として，これらの主張も排斥した。

## 3 関連する裁判例

本事例では，警報機器が正常に作動したことが前提とされているが，警報機器が在宅モードのままで盗難事故の際に作動せず，警備会社の責任が争われた裁判例として，東京地判平7・11・27（判タ918号160頁）がある。この裁判例では，モード設定の異常が認定されないこと，原告の警報機器の点検依頼が不十分であったことから，警備会社の責任が否定されている。

【髙杉　謙一】

284　第2章　管理・運営　第3節　警備・盗難

## 75　盗難事故における警備会社の債務不履行と免責特約

東京地判平成29年6月14日（平成26年（ワ）第15245号）
ウエストロー2017WLJPCA06146011

### 争点

**1**　盗難事故の発生に際し，警備会社が異常確認や警備機器の作動に時間を要したことについて，警備契約における債務不履行があったといえるか

**2**　警備契約における債務不履行がある場合でも，警備会社は高額商品に関する免責特約によって免責されるか

## ┃ 判決の内容

### ■事案の概要

　本件は，Xの経営する中古ブランド品店（以下「本件店舗」という）において発生した盗難事故（以下「本件事故」という）により，盗難品，毀損品及び什器並びに弁護士費用について合計4146万8935円の損害が生じたとして，Xが，Y₁（Xとの間で警備請負契約を締結する警備会社。以下，同契約を「本件警備契約」という）に対して，債務不履行による損害賠償を求めるとともに，Y₂（本件警備契約の付帯保険として，Y₁との間で，Xを被保険者とする動産総合保険契約を締結する損害保険会社。以下，同契約を「本件付帯保険」という）及びY₃（Xとの間で動産総合普通保険契約を締結する損害保険会社）に対して，保険金の支払を求めた事案である。

　本件警備契約には，Xが主として宝飾・貴金属等の高額商品の販売・保管等することを業としている場合，Xは当該高額商品の損害をてん補するために，自己の責任と費用負担で必要な保険を付保するものとし，当該高額商品に係わる損害についてはすべてXの付保する保険により処理するという条項（以下「本件高額商品特約」という）が存在した。

　本件事故においては，犯人らが本件店舗のあるビルに侵入しようとしてから同ビルを退去するまでの時間は約3分間であった。Y₁のコントロールセンターは，本件店舗からの異常信号を受信してから，約1分後に，遠隔操作により本件店舗内に白煙を噴射し，侵入者を威嚇し視覚を遮断する警備機器（以下「本件警備機器」という）を作動させたが，それは既に犯人らが退去してから約40秒後のことであった。

## ■判決要旨

### 1　警備契約における債務不履行の有無について

　本件警備契約においては，Y₁が本件店舗の防犯や盗難等の被害発生の防止一般そのものについて責任を負うものではないが，Y₁が不法侵入者などの異常を画像，音声等により監視するための警報機器を本件店舗に設置の上，コントロールセンターにおいて本件店舗からの異常信号を受信した際には，管制員が同信号を確認し，侵入者の違法行為を認識した場合には，本件警備機器を作動させたり，警察機関に通報して緊急出動を要請する等して，必要な緊急対処をする義務を負う旨が定められている。そして，当該義務については，異常信号の趣旨，管制員の監視の目的に照らせば，異常信号を受信後，管制員が契約物件から受信する画像，音声等をチェックして，侵入者の違法行為が明らかであった場合に，本件警備機器を遅滞なく作動させることとしている。

　本件では，Y₁は，本件店舗からの異常信号を受信しており，その画像等を確認していれば違法行為の発生が明らかになっていたにもかかわらず，コントロールセンターの管制員は，遅滞なく本件店舗からの受信画像等を確認することなく，別の有人物件の対応を優先させ，その結果，本件店舗からの異常信号を受信してから約1分後，かつ，犯人らが立ち去った約40秒後に初めて本件店舗からの画像等を確認して違法行為を認識し，本件警備機器を作動させていることから，この点において履行遅滞による債務不履行があったといえる。

### 2　本件高額商品特約の適用について

　Xは，Y₁に債務不履行がある場合には本件高額商品特約が適用されないと主張する。

　しかし，本件警備契約は損害保険契約ではないため，Y₁がXに対して損害賠償責任を負うのは債務不履行があった場合であり，本件高額商品特約は，高額商品の場合に例外的にY₁が責任を負わないとしたものであるから，Y₁に債務不履行のない場合のみに適用されると解することはできない。

　また，Xは，本件高額商品特約は，事業者であるXの利益を一方的に害するもので，信義則又は公序良俗違反として無効であると主張するが，本件高額商品特約の存在によって，Y₁は，高額商品に関する過大な損害賠償リスクを回避して，一律に保険による処理にかからしめることで，高額商品を扱う物件とそうではない物件との警備料金に有意な差を設けることなく，警備料金を安く抑えることができ，契約の相手方もそのメリットを享受しているといえるから，本件高額商品特約が直ちに合理性を欠くものとはいうことができない。

286　第2章　管理・運営　第3節　警備・盗難

しかし，本件付帯保険においては，Y₁の故意又は重過失によって生じた損害については保険金が支払われない旨が定められており，Y₁の債務不履行に故意又は重過失がある場合，Xは，Y₁からもY₂からも補償又は保険金の支払も受けられない事態が生じることになる。これはXの利益を一方的に害し，他方でY₁を一方的に利する結果となるため，本件高額商品特約は，Y₁の債務不履行に故意又は重過失が存在する場合には適用されないと解すべきである。

そこで検討すると，本件店舗からの異常信号の受信時，同異常信号受信前の1分間に4件の物件から異常信号を受信しており，管制員は別の有人物件からの異常信号に対応中であったが，有人物件では人の生命身体の危険も考えられるため，その対応を優先させることに合理性がないとはいえない。管制員が有人物件の対応終了後に本件店舗からの受信画像等を確認して所定の作業を行っていること，また，本件では，本件店舗を管轄する地域におけるY₁の契約物件数などのコントロールセンターの規模，同地域を担当する管制員の数，特定の地域が対応に追われている場合の応援態勢の構築の有無，平時の異常信号の受信数などを総合したY₁の待機態勢に問題があったことは明らかでないことに鑑みれば，本件店舗からの受信画像の確認ないし本件警備機器の作動の遅れに故意又は重過失があったと認めることはできない。

したがって，Y₁の債務不履行に故意又は重過失が認められない以上，本件高額商品特約が適用されて，Y₁は免責される。

### 3　結　　論

裁判所は以上のとおり争点につき判断し，Y₁に対する請求は棄却した（なお，Y₂及びY₃に対する請求は一部認容した）。

---

# 解　　説

## 1　警備会社の義務内容と債務不履行

本件においては，異常信号を受信した警備会社が，どのくらいの迅速性で対応をすべきか，が問題となっている。本判決は，異常信号の趣旨，管制員の監視の目的に照らして，遅滞なく本件警備機器を作動させる義務が警備会社にはあるとし，侵入窃盗が犯行遂行に要する時間は決して長くないことを鑑みれば，侵入を認識できる画像等が送信されてから約1分後にこれを確認するのでは，遅滞の責任を免れないとした。

本件事故の異常信号の受信前に，1分間に4件の物件からも異常信号を受信しており，その中の1件は有人物件からの異常信号であり，管制員はこれに先

に対応中であったという事情がある中でも，約１分の対応の遅れにより債務不履行自体は認定されており，警備会社に要求される対応のレベルは高いといえる。もっとも，結論としては後記のとおり重過失まではないとし，特約による免責を認めている（なお，警備会社の緊急出動が遅れた事案に関し，【本書判例74】参照。また，店舗における盗難事故に関し，警備会社が設定した警備機器のセンサーの感度に問題があったとして警備会社の債務不履行責任が認められた事例として，名古屋地判平２・３・１判時1366号102頁）。

## 2 本件高額商品特約について

### (1) 有効性

本件高額商品特約は，高額商品に係わる損害についてはすべてＸの付保する保険により処理するというものであるので，Ｙ1の責任を免除する免責条項の一種である。

免責条項が有効であるためには，その内容に合理性があるものでなければならず，その合理性を検討するにあたっては，対価的合理性が１つの基準となると考えられる（加藤一郎「免責条項について」加藤一郎編『民法学の歴史と課題』258頁）。

高額商品に関する賠償責任を常に警備会社が負担するとすると，そのコストは警備料金に跳ね返り，料金の高額化を招く可能性がある。本判決も，本件高額商品特約は，高額商品の賠償については一律に保険による処理にかからせることで，警備料金を安価に設定することができ，契約者にとってもメリットがあること，すなわち対価的合理性があることを指摘して，本件高額商品特約は有効であると判断している。

### (2) 適用範囲（免責される過失の程度）

免責条項は，債務者に故意又は重過失がある場合には適用されず，債務者に軽過失がある場合の適用については，事例的判断によっては適用が否定される可能性があると解されている（奥田昌道編『新版注釈民法⑽Ⅱ債権(1)債権の目的・効力⑵』218頁〔北川善太郎＝潮見佳男〕，【本書判例73】参照）。

本判決は，本件高額商品特約は，高額商品の場合に限定して免責を定めた特約であるため，Ｙ1に債務不履行がある場合に一律に適用がないとすることはできないとしつつ，Ｙ1に故意又は重過失がある場合にも適用があるとすると，本件付帯保険の免責条項（保険契約者であるＹ1の故意又は重過失によって生じた損害については保険金は支払われないとの条項）の存在により，ＸはＹ2からも保険金が得られず，全く救済されないことになってしまうことを指摘し，Ｙ1に故意又は重過失がある場合には適用されないとした。

### (3) 適用範囲（不法行為責任は対象となるか）

　なお，Ｘは，本判決の控訴審（東京高判平29・12・6ウエストロー2017WLJPCA12066009）において，Ｙ₁の責任原因として不法行為責任を追加した。

　控訴審判決は，本件高額商品特約においては，免責の対象を「高額商品に関わる損害」としか規定していないこと及び特約の趣旨からして，不法行為責任をも対象とするものと理解することが，当事者の合理的意思に合致するとして，不法行為責任についても本件高額商品特約による軽過失免責を認めた。

　上記の点に関する最高裁判例としては，宅配便の運送人の賠償限度額を定める責任限度額の定めにつき，不法行為責任も対象とすることが当事者の合理的意思に合致すると判断した最一小判平10・4・30（判タ980号101頁）がある。本判決もこれと同趣旨のことを述べたものであるといえる。

【髙杉　謙一】

## 第4節

# 火　　災

## ＊本節の趣旨＊

　建物にとって，火災の問題は非常に重要である。ビルや業務用建物は，防火建築物であることがほとんどであるが，不特定多数の者が出入りすることから消防法上も厳しい規制を受けている。火災についての責任の考え方は，法律的にも民法，借地借家法，失火法等により複雑である上，行政法規としても建基法，消防法，その他条例等，多くの規制があるため，その点を考慮して責任の範囲と所在について考えることになる。

　また状況によっては，所有者や管理者の業務上過失などの刑事上の責任が問題になることもある。【本書判例70】の火災事件における，刑事責任の量刑の例を併せて参考にされたい。

290　第2章　管理・運営　第4節　火災

# 第1　賃貸人の責任

## 76　火災事故における建物所有者の土地工作物責任

大阪高判平成28年1月28日（平成27年（ネ）第1575号）
LLI/DBL07120055
　　原　審：神戸地判平成27年3月27日（平成21年（ワ）第1938号）
　　　　　　LLI/DBL07050187
　　上告審：最二小決平成28年6月24日（平成28年（オ）第712号，同
　　　　　　（受）第909号）
　　　　　　LLI/DBL07110105

### 争点

建物所有者は，賃貸した建物の管理権限を有するか。また土地工作物責任（民717条1項）における占有者にあたるか

## 判決の内容

### ■事案の概要

#### 1　本件について

本件は，平成19年にカラオケ店において発生した火災によって，一酸化炭素中毒により死亡した被害者の相続人であるXらが，①本件火災を発生させた従業員Y1，②本件建物の所有者で本件建物の賃貸人であるY2，③本件建物が所在する地方公共団体であるY3市に対して被害者の逸失利益，慰謝料等の損害を請求したものである（他の請求は本稿では割愛する）。

#### 2　Y1

原審は，本件火災の原因を，Y1がなべのサラダ油を加熱させたまま放置したことと認定した。またY1が客への避難誘導や消火活動，119番通報をしなかったことを理由に，Y1には重過失があるとして，民法709条による損害賠償責任を認めた。

#### 3　Y2

原審は，本件建物に関する状況を以下のとおり認めた。すなわち，本件建物

を賃借したAは、本件建物において釣具店やコンビニエンスストアを経営した後、平成元年頃からカラオケ店の営業を開始したが、本件建物の用途変更に関する届出をしなかった（建築基準法違反）。また、Aは、本件建物2階部分の窓の内側からベニヤ板とクロスを、天井に石膏ボードを貼り付けるなどした（このため、本件火災発生時、消防署員が建物へ進入するのが困難になった）。

本件建物は防火対象物であるところ、消防法17条1項で定める設置対象物（消火器等の消火器具、非常ベル、誘導標識等）が設置されておらず、また同法8条により防火管理上必要な業務を行わせるために防火管理者を選任して届出をしなければならなかったが、この措置はとられなかった（消防法違反）。

ところで、Y2とAとの賃貸借契約においては、本件建物の使用に伴う火災予防等はAが自己の責任で行うこと、Y2が本件建物の管理上必要がある場合にはAにその旨通知して、本件建物内に立ち入り、点検し、適宜その処置を講ずることができること及び緊急かつやむを得ないときには、Y2がAへの通知をすることなくそれらの措置を講ずることができることなどを合意した。

以上の認定を前提として、裁判所は、消防法17条の設置対象物の設置義務者及び同法8条の措置を講ずべき者はカラオケ店を経営するAと認定し、建築基準法違反の点も防火責任を負っているAの責任であると判断し、Y2は本件建物の違法状態を除去する義務はなく、民法709条の責任は負わないとした。

また、民法717条1項の占有者には間接占有者を含むとしながらも、Y2が本件建物の管理を義務付けられておらず、本件建物及び附属設備の保守点検、維持管理は賃借人であるAの責任において行うものとされ、Aは火災予防等の一切を自己の責任で行わなければならないものとされていること等から、Y2が賃貸借契約に基づいて有する防火防災上の上記権限は二次的、補充的なものと解され、Y2が本件建物から発生する危険を管理支配する地位にあったとまでは認められないとして、Y2は占有者にはあたらないと判断した。

### 4　Y3市

原審は、Y3の規制権限不行使が著しく合理性を欠くといえるためには、本件建物が消防法令や建築基準法令に違反し、消火や避難のための安全性を欠き、本件カラオケ店の利用客の身体、生命が危険にさらされていることを認識予見し、又は認識予見できたことが必要と解されるとした。そして、本件建物の外観、消防職員による本件カラオケ店の私的使用、青少年センターによる調査等から、Y3が本件建物の具体的危険性を認識又は認識できたとはいえないとして、Y3の責任を否定した。

292　第2章　管理・運営　第4節　火災

この原審の判決に対して，Xらが控訴したのが本件判決である。

■**判決要旨**

　裁判所は，原審を変更してY2の責任を認めた（Y1及びY3の判断は維持）。

　裁判所は，賃貸借契約に関して，Y2は緊急かつやむを得ないときには，Y2がAへの通知をすることなく本件建物内に立ち入り，点検し，適宜その処置を講ずることができること，Aが無断で現状変更工事等を行った場合には，賃貸借契約を解除できるだけでなく，当該工事の中止も求めることができることから，Y2が，本件建物の危険の管理，支配をAにすべて委ねているとは到底解されないとした。むしろ，Y2に立入権や工事の中止権限，契約解除権が留保されていることからすれば，Aに劣らない管理権限を有していたものといえる。またこのような管理権限をY2が留保したのは，Y2が本件建物の最終的な管理責任を負っていることを前提に，その義務を適切に果たし得るようにするためと解するほかない。以上の認定から，Y2は民法717条1項の占有者にあたるというべきであるとして，損害賠償責任を有すると認めた。

　本判決の上告は棄却され，確定した。

## 解　説

　本件は，消防法，建築基準法に違反した建物の火災により，少年3名が死亡した大変痛ましい事件である。原審は，建物所有者かつ賃貸人Y2は，土地工作物責任（民717条1項）における占有者ではないとしたが，控訴審では一転して占有者と認定し，損害賠償責任を認めた。

　なお，本件火災で重傷を負った被害者が，Y1，A，Y2及びY3市に損害賠償を請求した別事件（神戸地判平25・4・26LLI/DBL06850322）では，Y1，A及びY2の責任を認め，Y3市の責任は否定した。

　当該事件では，裁判所は，AとY2の賃貸借契約上，Y2は，本件建物の保全，防火，防災その他本件建物の管理上必要のあるときは，予めAに通知してから，本件建物内に立ち入り，これを点検し，適宜その処置を講ずることができ，Aは異論なくY2に協力しなければならないとしていたことから，Y2にも本件建物の防火防災上の管理権限があったものとした（Aに消防法及び建築基準法上の義務があってもY2の管理権限は排除されない）。さらに，Y2の代表者は本件建物がカラオケ店に用途変更されていたことを認識していたのであるから，上記の権限に基づき用途変更の届出及び消防用設備等の設置の状況を確認することは容易であり，本件瑕疵を認識する機会は少なからずあった。以上のとおり，Y2

は本件建物の間接占有者として賠償責任を負う（民717条1項）と認めた。

　本件判決で述べているように，建物所有者は，建物の最終的な管理責任を負っているのであるから，建物の安全管理を漫然と賃借人に任せることなく，適切に責任を果たすことが求められている。

　なお，本件において，裁判所は，民法717条1項の責任は，危険な工作物を占有又は所有する者はその結果生じる損害について責任を負うべきであるという危険責任の原理に立脚するものであることに鑑みれば，失火責任法により責任が軽減されることはないと付記している。

【和久田玲子】

294　第2章　管理・運営　第4節　火災

# 77 防火地域における建物に関する賃貸人の義務

東京地判平成24年8月29日（平成22年（ワ）第24803号）
判時2169号16頁

### 争点

　防火地域における建物を目的とする賃貸借契約において，賃貸人の建物を使用収益させる義務の具体的な内容

## 判決の内容

### ■事案の概要

　X₁は，昭和61年からナイトクラブを経営する目的で本件建物の所有者であるYから4階部分を賃借した。本件建物の北東側外壁（隣接建物との間）には，1階から5階まで木製型枠（合板のベニア板材と木製角材を井桁状に組んだもの）が残置しており，この型枠は押さえ金具により固定されていた。

　平成21年9月，本件建物の北東側に隣接する建物の3階の足場に堆積していたゴミくずから出火し，本件建物外壁に残存している型枠等を介して，本件建物の開口部から建物内部に延長した。なお出火原因は特定されていない。

　本件火災によって，X₁のナイトクラブが全焼し，X₁のママであったX₂がクラブ内に置いていた物品も焼損した。そこでX₁は債務不履行責任に基づき，X₂は土地工作物責任に基づき，Yに対して損害賠償請求を行った。

　Yは，木製型枠が残置していても建築確認を受けていること，消防当局の検査においても不備として指摘されていないこと，近隣にも同様に型枠が残存している建物が散見されていることを主張して，債務不履行責任及び土地工作物責任を否定した。

### ■判決要旨

#### 1　債務不履行責任について

　裁判所は，債務不履行責任を判断する前提として，Yの義務について以下のとおり判断した。すなわち，X₁とYとの間の賃貸借契約によれば，Yは，建物及び附属設備の維持保全に必要な修繕を行う義務を負っている。そうすると，Yには，賃貸借契約上，X₁に対して，単に建物を使用収益させる義務だけではなく，建物が通常備えるべき防火及び消防に必要な設備，性能を有する状態で使用収益させる義務があるとした。

その上で，本件建物と隣接建物との間の壁面に木製型枠が残存していたことは，本件建物の防火性能を著しく落としていたと判断した。

裁判所は，Ｙの反論に対して，①建築確認は，設計上，防火に必要な設備の一応の基準を満たしていたかの目安とするものの，建築確認の申請の際，木製型枠の存在は申告されていないこと，本来なされるべきモルタルリシンの吹き付けがなされた形跡がないという実態から，建築確認がなされたことは，実際に建築された本件建物の防火性能を見るに当たってさして重視できないと判示した。

また，本件建物が防火地域に立地していたことに注目し，防火地域内の建物は，建築基準法上，耐火建築物であることが要求されるため，主要構造部である壁は耐火構造とする必要があるが，むきだしの木材は耐火構造の要件を満たさないとした。これを前提に木製型枠が建物壁面に密着し，社会通念上取り外しも不可能というほどの状況であれば，建物の貸主が負うべき防火設備，性能を維持する義務の履行の有無の判断においては，壁面の一部と見るべきであるとした。

②消防当局の検査等については，木製型枠の危険性を指摘したものはないものの，建物壁面に密着させ，社会通念上取り外しも不可能というほどの状況下で木製型枠が本件建物の防火性能を著しく損なっているのは容易に看取できるのであり，画一的な行政法令上の基準によらざるを得ない消防当局の検査等で指摘がなかったことを以て防火性能に不備がなかったとはいえないとした。

③近隣の建物にも同様の型枠を残置させている物件があることも事実であるが，防災上の不備として認識されていることがうかがわれるとして，Ｙの主張を否定した。

以上の事情から，裁判所は，Ｙには賃貸借契約上負っていた本件建物の防火性能を維持すべき義務を著しく怠る債務不履行があり，これについて過失があったと認定した。

## 2　土地工作物の設置又は保存の瑕疵について

土地工作物である本件建物の立地状況について，裁判所は，建築基準法上の防火地域に立地しており，建物が密集して一度火災が発生すると，隣接する建物等から延焼の危険が高く，建物内部の設備に延焼して，内部にいた者も避難に支障を生じる可能性がある等火災に関する危険性が高い地域であることを前提に，土地工作物の設置又は保存の瑕疵の有無の判断に当たっても，隣接する建物から容易に延焼したり，建物内部に延焼したりしない構造，設備を有して

いたかどうかを検討基準とするべきと判示した。

その上で，土地工作物の設置又は保存の瑕疵の有無の判断に当たっては，木製型枠と本件建物壁面は一体のものとして捉えるべきであるから，木製型枠の存在が本件建物の防火性能を著しく損なっていたと認定した。

以上により，Yは，土地工作物である本件建物について，通常備えるべき防火構造を備えることを怠ること著しく，設置又は保存の瑕疵があり，重大な過失があったと認められるとして，X₁，X₂の損害賠償請求を認めた。

■ **解　説**

賃貸借契約において，賃貸人は賃貸借の目的物を使用・収益させる義務を負う。目的物が使用・収益できる状態でない場合は，賃貸人は修繕義務を負う（民606条1項）。

本件では，建物が賃借人が使用・収益できるような防火設備，性能を維持しているかどうかが問題となった。裁判所は，防火設備，性能の判断にあたり，本件建物が防火地域に立地していることに着目している。

防火地域とは「市街地における火災の危険を防除するため定める地域」（都計9条21項）であって，建築基準法において具体的な規制がなされている。そして，防火地域にある建物は耐火建築物でなければならないところ（建基61条），裁判所は本件建物が耐火建築物ではないと判断し，賃貸人が，建物が通常備えるべき設備，性能を有する状態で使用収益させる義務を怠ったとして債務不履行責任を認めたものである。

また，土地工作物責任（民717条1項）も債務不履行責任と同様の判断基準を用いた。

なお，本件では，店舗の造作，絵画，衣装，バッグ等物品の他従業員への休業手当，顧客への補償，休業損害や損害調査費用等も損害として認めている。

賃貸人が賠償すべき損害の範囲については次の判例が参考となる。

これは賃貸人の失火により借家に損害を与えた事案であるが，賃借人がその賃借部分に設置，保管している物（賃貸借の目的の範囲内に限る）を，賃貸人が損傷して賃借人に損害を与えることのないように賃貸部分を管理する義務が賃貸人にはあるとして，賃借人が賃借部分に設置，保管していた家具や衣類等に生じた損害についても損害賠償義務が及ぶとしたものである（東京地判昭51・4・15判時839号91頁）。本件もそれを踏襲したものといえる。

【和久田玲子】

〔78〕東京地判平成28年8月19日（平成27年（ワ）第27373号）　*297*

## 第2　賃借人（テナント）の責任

## 78　賃借人の失火と債務不履行責任の範囲

東京地判平成28年8月19日（平成27年（ワ）第27373号）
D1/DB29019897

争点

1　賃借人が失火により債務不履行責任を負う場合の損害賠償の範囲
2　債務不履行責任と賃貸借契約における原状回復義務（通常損耗による損害）
との関係

## 判決の内容

### ■事案の概要

　Xは，平成7年，本件マンションをYに賃貸したが，賃貸借契約書には原状回復義務として，「Yが故意又は過失により，本件マンションに破損，汚損，故障その他の損害（通常の使用に伴い生じた損耗を除く）を生じさせたときは，賃貸人の承諾のもとに，Yの費用負担で，本件マンションを原状回復しなければならない」と定められていた。

　Yは，平成27年2月に本件マンションのリビングにて煙草の火の不始末による火災を発生させた。本件マンションは，本件火災によって使用できなくなったため，Yは同月28日をもって本件マンションを退去し，XY間の賃貸借契約は終了した。

　Xは，Yに対して，賃貸借契約の債務不履行（原状回復義務違反，善管注意義務違反）に基づき，原状回復費用及び原状回復工事期間の賃料相当額及び新たな賃借人に火災を告知することによる逸失利益（火災を告知することで賃料を減額しなければならないとする損害）の損害賠償を請求した。

　Yは，①本件マンションは築造から46年を経過し，また，Yが入居してから退去するまで19年以上住み続けており，壁のクロス，フローリング，襖，流し台といった部分については，国土交通省住宅局の「原状回復をめぐるトラブルとガイドライン〔再改訂版〕」において想定されている経年変化の年数を経過しているのであるから，これらはXにおいて負担すべきものであり，見積書に

298　第2章　管理・運営　第4節　火災

は経年変化・通常損耗によってXが負担すべきものが含まれていること，②Yが原状回復義務を一部履行していることを主張して，Xの請求を否定した。

**■判決要旨**

　裁判所は，まず，本件マンションの状態について以下のように認定した。①本件マンションは，平成23年10月の時点でいわゆるゴミ屋敷の状態であり，平成27年にYの荷物の撤去作業を行った時点においても，押し入れ，床面，風呂場やキッチンにおびただしい量のごみが詰め込まれていた。②Yが退去後，トイレの台座は抜け落ち（Yの置いた荷物の重さに耐えきれず破損したものと考えられる），床面のタイルが著しく破損していた。③キッチンは床面のフローリングがはがされ，汚されたままとなっており，キッチンとリビングとの間を仕切る引き戸はガラスが破損していた。④バルコニーとリビングを仕切る窓の上に開けられた通気口の網戸は破損し，リビングの壁には穴を補修した跡が複数あった。⑤風呂場において，風呂場とキッチンを仕切るドアのガラスがなくなっており，床面や壁面の表面がはがれ，浴槽の蛇口は錆び付いて使用できず，浴槽の汚れも著しかった。

　その上で，裁判所は，本件火災が発生したのはリビングであるから，以上の設備の破損は，本件火災とは関係なく，Yによる不適切な手入れ又は用法違反が原因であるとした。

　そして，Yの通常使用による損耗であるとの主張について，裁判所は，Yは本件火災前の劣悪な使用方法及び本件火災により，通常使用により生じる程度を超えて設備を汚損又は破損したと判断した。そして，ガイドラインの考え方が本件に及ぶか否かにかかわらず，Yは通常使用していれば賃貸物件の設備等として価値があった物を汚損又は破損したのであるから，設備が本来機能していた状態に戻す工事を行う義務があるというべきであるとした。

　また，Yの原状回復工事を一部履行したとの主張については，原状回復義務の一部を履行したのは，玄関ドアの補修工事に過ぎないと判断して，Xの請求を認めた。

　なお，裁判所は原状回復工事期間の賃料相当額の損害を認めたが，火災の告知による賃料減額損害については立証不十分として認めなかった。

# 　解　説

## 1　失火責任法と債務不履行責任

　失火者は，軽過失の場合，失火責任法により不法行為責任を負わない。しか

しながら，従来，借家人の失火により賃貸借の目的物が損傷した場合は，借家人は，不法行為責任を負わない場合であっても，賃貸借契約に基づく債務不履行責任を負うと考えられている（大判明45・3・23民録18輯315頁）。これは，火災は，借家人の予想不能なほど損害の範囲が甚大となる可能性があり，不法行為責任を負わせるのが酷であるところ，債務不履行責任は損害が確定されているので，借家人は自らの過失による損害賠償責任を負うべきであるとの考え方による。

本件も，この考え方に従い，賃借人が債務不履行責任を負うことに争いはない。

## 2　債務不履行責任の範囲

賃借人は失火により目的物の原状回復義務を負うが，賃貸人が得られるべき逸失利益も損害となると考えられる。

最高裁は，建物の賃借人の失火により建物を全焼させた件の損害について，土地上の建物が朽廃，滅失するまでこれを所有するという目的でされた土地の使用貸借の借主（建物の所有者）が，契約の途中で（建物の滅失により）当該土地を使用できなくなった場合，土地使用に係る経済的利益の喪失による損害が発生する。そして，この経済的利益は建物本体のみの価格には含まれないので，借主は，本件建物の焼失による損害として，焼失時の本件建物の本体の価格と本件土地使用に係る経済的利益に相当する額の合計額を建物賃借人に請求することができると判断した（最三小判平6・10・11判時1525号63頁）。

本件において，裁判所は経済的利益の喪失として原状回復工事期間の賃料相当額を損害としたが，新たな賃借人に対して火災を告知することによる賃料減額分は立証不十分とした。

なお，賃貸借契約終了時の原状回復については，賃貸人・賃借人間でトラブルになることが多い。本件でYが引用しているが，国土交通省住宅局の「原状回復をめぐるトラブルとガイドライン〔再改訂版〕」を参考にされたい。

【和久田玲子】

300　第2章　管理・運営　第4節　火災

## 79 借家人の失火と 賃貸借契約における信頼関係の破壊

東京地判平成22年3月1日（平成21年（ワ）第2886号）
ウエストロー2010WLJPCA03018011

### 争 点

借家人が失火した場合，賃貸借契約における信頼関係は破壊されるか

## 判決の内容

### ■事案の概要

Xは，平成12年，本件建物の1階部分を居酒屋を営む目的で法人Y₁に賃貸し，Y₁の代表者であるY₂は，賃貸借契約に基づくY₁の一切の債務につき連帯保証した。賃貸借契約にはY₁が契約に定める義務を履行しない場合は，Xが本件契約を無催告解除できる旨が定められていた。

なお，本件建物の2，3階部分にはXとXの親族が居住していた。

平成20年1月，Xは，Y₁が設置した換気設備が不十分であるために，居酒屋営業に伴う煙・悪臭により，本件建物2階部分に居住するX家族の生活に支障が生じているとして，換気設備の改善を要求した。

平成20年4月，居酒屋の換気設備付近で火災が発生し，駆けつけた消防職員により消火された。

同年12月，Xは，Y₁に対し，本件火災がY₁の善管注意義務違反により発生したことを理由として，本件契約を解除する意思表示をした。さらに，XはY₂が本件建物に寝泊りしたとして本件建物の使用目的違反，Y₁による信頼関係破壊を理由に本件契約解除の意思表示をした。

そして，XはY₁らに対して，本件建物の明渡し，使用相当損害金及び本件建物の原状回復費用を請求した。

### ■判決要旨

裁判所は，火災の発生原因について，以下のとおり判断した。すなわち，Y₂の妻は，その身体の障害により車いすを常用している状態であったが，Y₂が日中は運送業に従事していたため，本件建物における居酒屋営業のための調理を1人で行うのが常であった。本件火災は，妻がてんぷらを調理中に電話のために手を放していたところ，鍋の油に火が入り，その炎が台所に設置された

換気設備周辺の油分に引火したものとした。そして，火災による被害について，換気設備周辺の火は，本件建物の壁に伝わり，壁の内部に使用された木材が炭化するなどしたと認定した。

裁判所は，この認定を前提として，本件火災はY₁の履行補助者である妻の重大な過失により発生したもので，その結果も軽微なものとは到底言い難いとし，Y₁は本件建物の賃借人として，本件建物の管理につき善管注意義務を負うことはいうまでもないところ，本件火災の発生につき，Y₁には重大な義務違反があったと判示した。

また，本件火災に先立つ事情として，本件建物にY₁が設置した換気設備は適切に配管が設置されておらず間隙が存在したために，当該間隙から煙が2階部分に進入し，その結果本件ビルの2階部分にX家族らの受忍限度を超える煙等が充満することがあったものと認められ，Xがたびたび改善措置を要求したにもかかわらず，Y₁が排気ダクトの出口部分に金網を設置したのみであり，前記配管等につき確認をした形跡は窺われないとした。

裁判所は，上記2点を認定したうえで，XとY₁との間の信頼関係は完全に破壊されたと判断した。そして，本件解除は，無催告解除であることを考慮しても有効なものというべきであり，本件契約は解除がされた平成20年12月に終了したこととなるとした。そして，Xの本件建物の明渡請求及び使用相当損害金の請求を認めた。

裁判所は，原状回復費用に関しては，通常損耗に係る部分が含まれる可能性があることを理由に，X主張の6割を認めた。

# 解　説

## 1　信頼関係破壊による解除

賃貸借契約においては，賃貸人・賃借人間の信頼関係が破壊されたことによる解除が認められている。これは2つの側面があり，賃借人の債務不履行があっても信頼関係を破壊しない些細な不履行では解除できないとする考え方と，債務不履行といえなくても信頼関係が破壊されるにいたれば解除できるとする考え方である。

本件において裁判所は，火災の原因がY₁の履行補助者による過失（てんぷら油への引火）であったことや，Xの換気設備の改善要求をY₁が拒否していたことをもって，信頼関係が破壊されたと認定し，契約の解除を肯定した。この認定は妥当なものと思われる。

## 2 出火原因が不明な場合の裁判例

火災においては，具体的な出火原因が不明であって，直ちに出火が賃借人の責任とは断じ得ないケースもある。

出火原因が不明な場合の裁判例として以下の2例がある。

賃借人の移動ラーメン販売車が駐車していたガレージから出火し，建物が全焼し，賃貸人の妻が死亡した事案において，裁判所は，当該車両が積んでいたガスコンロ周辺付近が出火場所とはしたが，出火原因は認定できないと判断した。しかしながら，賃借人の支配領域内から出火したことを考慮すれば，本件火災は賃借人の善管注意義務違反という債務不履行によって発生したと判示した裁判例がある（東京高判平16・2・26金判1204号40頁）。

また，ワンルームマンションにおける火災で，具体的な出火の原因が不明ではあるが，賃借人のPCのモデムとルーター付近から出火したと判断して，賃借人の債務不履行責任を認定した裁判例がある（東京地判平26・6・16D1/DB29041607）。

## 3 債務不履行に基づく損害賠償の範囲

本件では，Xが請求した原状回復費用に通常損耗による損害が含まれているとして，裁判所は請求額の6割を認定した（賃借人による原状回復の範囲については【本書判例78】を参照）。

賃借人の失火によって賃借部分以外にも損害が発生した場合，賃貸借契約上の債務不履行と相当因果関係がないとして，賃借人の損害賠償義務を否定した判例がある（大阪地判昭54・7・20判タ394号121頁）。前掲東京高判も，賃借人の債務不履行責任を前提に，賃貸人の妻の死亡について，賃貸人自身の固有の慰謝料及び葬儀費用は認めたが，死亡した妻の逸失利益や慰謝料等については認めなかった。これも債務不履行と相当因果関係がないとされたものであって，大阪地判と同様の考えによるものと思われる。

【和久田玲子】

〔80〕東京地判平成20年 7 月 2 日（平成15年（刑わ）第794号）　　*303*

## 第3　消防法上の責任

## 80　雑居ビルで発生した火災における刑事責任
### ——新宿歌舞伎町ビル火災事件

東京地判平成20年 7 月 2 日（平成15年（刑わ）第794号）
判夕1292号103頁

**争 点**

　雑居ビルで発生した火災で死傷者が発生した場合，建物所有会社の役員やテナント経営者は刑事責任を負うか

## ┃判決の内容

### ■事案の概要

　平成13年，東京都新宿区歌舞伎町に所在する雑居ビルにおいて，3 階のエレベーターホール付近から発生した火災が，本件ビルの階段やエレベーターホールに置かれていた大量の物品に燃え広がった。そのため，一酸化炭素を含む多量の火煙が 3 階及び 4 階の各店舗内に急速に流入した。これにより，3 階店舗（マージャンゲーム店）では17名，4 階店舗（クラブ）では27名が焼死ないしは一酸化炭素中毒死し，避難時に外に飛び降りるなどして 3 名が負傷した。

　本件火災により，業務上過失致死傷罪で本件ビルを所有する会社の実質的な経営者であるY1 及び同会社の代表取締役でありY1 を補佐していたY2，3 階店舗を転借し同店舗を経営していたY3，3 階店舗の店長であったY4（防火責任者）及びY3 を補佐し，その指導監督のもと同店舗の業務全般を処理していたY5，4 階店舗を賃借し同店舗を経営していたY6 がそれぞれ起訴された。

### ■判決要旨

### 1　本件について

　裁判所は，Y1（禁錮 3 年執行猶予 5 年），Y2（同），Y3（同），Y4（同 2 年執行猶予 4 年），Y6（同 3 年執行猶予 4 年）に業務上過失致死（傷）罪を認めた（Y5 は無罪）。

　裁判所は，それぞれの被告人の過失を検討するにあたり，本件ビルの階段やエレベーターホールにおける大量の物品の放置状態こそが本件火災の大本の原因をなしているとし，かような物品の放置状態を解消するとともに，防火戸が

*304* 第2章 管理・運営 第4節 火災

自動的かつ正常に閉鎖するよう維持管理していれば，どの被告人の関係においても，本件の結果発生は防げたとみられるとした。そして，これを前提として，各被告人について過失を検討した。

## 2 防火管理上の注意義務の帰属主体

裁判所は，本件ビルが消防法8条1項に規定されている複合用途防火対象物とされていたことに加え，当時の本件ビルの所有，管理及び使用の形態を考慮すると，本件ビル全体については，その所有会社が事業主として消防法8条1項が規定する防火管理上の注意義務の帰属主体となり，当該会社の経営においてその注意義務を履行すべき義務を負うとした。3階及び4階においてはそれぞれの店舗経営者が，事業主として同項が規定する防火管理上の注意義務の帰属主体となると同時にその注意義務を履行すべき義務を負う（防火管理者が選任されていた場合，防火管理者において適切に防火管理業務を行っているか，あるいは，防火管理業務を行っていると信頼してよい状況があれば，経営者は防火管理上の注意義務の履行を免れる）と判断した。

本件においては，ビル所有会社，3階店舗，4階店舗の各経営者は，いわば危険源となる本件ビル及び各店舗区画を支配管理するものとして，いずれも消防法8条1項が規定する本件ビルの「管理について権原を有する者」（管理権原者）にあたり，消防法や建築基準法上の措置を講じただけでは事足りず，法令上の規定の有無にかかわらず，結果が発生しないように可能な措置を講ずべき義務があるというべきであると判断した。

## 3 予見可能性

裁判所は各被告人の本件ビルの状態に関する認識について以下のとおり認定した。$Y_2$ は，本件火災発生時までに本件ビルにたびたび足を運んでいたことから，階段には本件ビルのテナントから出された物品が所狭しと置かれているであろうことの認識があった。また，本件ビルの消防用設備の維持管理については，所有会社においては共用部分だけ行えばよいとの考えを持っており，改修工事を行ったのは共用部分のみであり，消防署による立入検査結果で種々の不備があると指摘されていたが，積極的に改善に向けた措置を講じようとしなかった。

$Y_1$ も，たびたび本件ビルに足を運び，階段等にテナントから出された物品が置かれている状況を現認していた。また，消防用設備の改修工事の見積書や消防署の立入検査結果が所有会社に送付されていたことから，消防用設備が正常な状態で管理されていないことを容易に予見することが可能であったといえ

〔80〕東京地判平成20年7月2日（平成15年(刑わ)第794号）　　*305*

る。

　Y₄は3階店舗の店長として，従来から店舗従業員が大きなゴミ袋を含めて大量の物品を日常的に置くなどして本件ビルの階段やエレベーターホールを物置代わりなどに利用していたこと，消防署の立入検査によって感知器が店内に設置されていないと指摘されたこと等が認められる。他方Y₃は，社長ないしは経営者として関わってきた中で，3階店舗の上記事情は分かっていたが，感知器は本件ビルのオーナーにおいて設置すべきもので，テナントが設置する必要はないとの考えから，何ら措置を講じようとしなかったことが認められる。

　Y₆は，4階店舗が本件ビルの階段に日常的に大量の物品を置き，エレベーターホールにはアコーディオンカーテンを設置してきた状態にあったことを認識していたこと，排煙窓の存在を知りながら，その機能を阻害する機材を自らないし人に指示して店内に設置したこと，本件ビル所有会社から消防用設備の整備点検等を促す書面の送付を受けたことにより，4階店舗の消防用設備について点検するきっかけが与えられたもので，その適切な管理を怠っている状態についても容易に予見が可能であったと認められる。

　裁判所は，上記認定に基づき，被告人Y₁，Y₂，Y₃，Y₄及びY₆に，本件死傷結果の予見可能性があったものと認めた。

### 4　結果回避可能性及び結果回避義務

　Y₁及びY₂については，物品を出したテナントの関係者を指導するなどして物品撤去の措置を講じさせるか，期限を指定してテナント関係者が措置を講じない場合はビル所有会社が自らその措置を講じることが可能であったし，テナント専用部分といえども，本件ビルのような複合用途防火対象物においては，共同防火体制を整えることが必要であること（消防法8条）を理由にして，テナントの関係者を指導するなどしてそれらの措置を講じさせることが可能であったと認められる。

　Y₃は3階店舗の関係者をして，物品の撤去や煙感知器を改善して火災発生を有効に感知する状態にしたり，防火戸が自動的かつ正常に閉鎖するように維持管理する措置をとったりすることは可能であったと認められる。なお，Y₄については物品の撤去の可能性は認めたが，その他は経費等の関係で実現可能性がなかったとした。

　Y₆については，物品の撤去とアコーディオンカーテンの撤去の可能性があると認めた。

　加えて，前記**2**のとおり，各被告人は消防法上の管理権原者又は防火責任者

306　第2章　管理・運営　第4節　火災

であるから，裁判所は$Y_1$，$Y_2$，$Y_3$，$Y_4$，$Y_6$に結果回避義務の懈怠があったと認めた。

　なお，裁判所は，$Y_5$について，3階店舗の経営サイドに位置しながらも，基本的には$Y_3$を補佐するだけで，同店を経営する上での裁量は，重要事項については与えられていなかったと判断して，無罪とした。

## ■　解　　説

　本件火災は死者44名，負傷者3名という多数の犠牲者を出した大惨事であり，大きく報道されたため，記憶している方も多いであろう。本判決は，ビル所有会社の経営者や各テナントの経営者等に火災による刑事責任を認めたものである。

　本件火災をきっかけに消防法が改正され，防火対象物の防火安全対策が推進され，消防署の立入検査時間制限を廃止するなどしたが，その後も消防法違反により悲惨な火災事故は発生している（【本書判例76】参照）。

　ところで，火災によって雑居ビル内のキャバレーで多数の死傷者を出した千日デパートビル火災事件（大阪高判昭62・9・28判タ655号59頁）の量刑は，火災拡大防止義務，適切な避難誘導義務等が行われていなかったとして業務上過失致死傷罪を認め，ビルの防火管理者（ビル所有会社の管理課長）が禁錮2年（執行猶予3年），キャバレーの防火管理者（支配人），キャバレーの管理権原者（経営者）が禁錮1年6か月（執行猶予2年）であった。

　ビル火災による業務上過失致死傷罪の量刑は，被告人の立場によるが，概ね禁錮1年から3年であり，執行猶予がつくことが多い。しかし，ホテルニュージャパン火災事故（東京地判昭62・5・20判時1244号36頁・判タ648号110頁）の代表取締役（禁錮3年），川治プリンスホテル火災事故（宇都宮地判昭60・5・15判時1154号68頁・判タ557号106頁）の実質上経営管理を掌握していた代表取締役の妻（禁錮2年6か月）は実刑判決を受けており，裁判所の厳しい姿勢がうかがわれる。

【和久田玲子】

〔81〕東京地判平成20年10月20日（平成19年（ワ）第12297号）　　*307*

# 81 消防法4条に基づく立入検査と消防署長の裁量の範囲

東京地判平成20年10月20日（平成19年（ワ）第12297号）
判時2027号26頁

## 争点
消防法4条に基づく立入検査に関する消防署長の裁量権とその合理的な範囲

## 判決の内容

### ■事案の概要

X₁は，ビルの地下1階でスポーツ教室を経営していたところ，A消防署は平成17年7月にX₁に対して，消防法4条1項による立入検査を実施し，X₁の代表取締役であるX₂に対し立入検査結果通知書を送付して，立入検査により判明した本件店舗の違反指摘事項（防火管理者未選任，消防計画未作成等）を通知して，同年8月15日までに改修状況及び改修計画の報告を求めたが，X₂は同期日までに改修報告書を提出しなかった。

なお，消防法4条1項による立入検査とは，火災予防のために必要があるとき，消防職員が関係箇所に立ち入り，消防対象物の位置，構造，設備及び管理の状況を検査し，関係者に質問するものである。

X₂は，その後，A消防署から何の指導もなかったことから，平成18年8月に都議会議員であるBに対し，改修報告書を提出していないのに1年以上何の指導もなく不合理である等，Aの立入検査等に問題があるとする内容のメールを送信した。これを受けてB都議は，A消防署を管轄する行政庁であるYの消防庁等に問い合わせを行ったので，A消防職員らはB都議に対して，X₁への立入検査や指導の経緯等を説明した。

ところで，平成18年10月，A消防職員は，X₁が入居するビルの各テナント部分及び共用部分の立入検査を行ったが，X₁店舗は不在であったため検査が行えなかった。そこで，A消防職員らは，X₁店舗の営業時間である午後6時過ぎにX₁店舗を訪問して，X₂に立入検査の立会いを依頼したが，X₂は事前連絡がなかったこと，インターフォンで連絡せずに直接店舗のドアを開けたこと等が非常識であるとして，立入検査への協力を拒否した。

A消防職員は，同年11月に立入検査の事前連絡を行ったところ，X₂は立会

308 第2章 管理・運営 第4節 火災

検査を拒否した。A消防職員らは，同年12月にも立入検査の事前連絡を行ったところ，X₂からの回答がなかったので，立入検査を実施するためにX₁店舗を訪れ，X₂に立会いを依頼したが，X₂は立入検査を拒否した。

以上の事情から，X₁及びX₂は，①X₁店舗に対する立入検査は平成17年7月に既に実施されており，違反指摘事項の改修状況を確認するには，X₂に資料の提出又は報告を求めることで足りるから，立入検査等を実施する必要はないこと，②平成17年7月の立入検査及びその後の改修を求める行為は行政指導に当たるので，東京都行政手続条例33条1項に基づき，その趣旨等を記載した文書を交付する義務があるにもかかわらず義務を果たしていないので，本件立入検査は正当性も必要性もないこと，③X₂がB都議に行った消防行政への告発に対する報復と制裁を目的とされたものであること，④立入検査の事前連絡がなく，X₂を長時間拘束してX₁の営業を妨害した点で相当性が欠如していることを主張して，立入検査並びに立入検査への立会依頼は必要性や正当性がなく，X₁の営業を妨害し，X₁及びX₂の信用を棄損し，X₁の本件店舗の占有を侵害したとして，国家賠償法1条1項に基づき，A消防署を管轄するYに対して慰謝料等の支払を求めた。

## ■判決要旨

裁判所は，消防法上の火災予防の措置として，資料提出の命令，報告の要求あるいは立入検査のいずれを実施するかは消防署長の合理的裁量に委ねられていることを前提として，①X₂が期限から1年以上も改修報告書提出を怠っており，違反状態の継続の有無等を確認する必要があったこと，②前回検査時から1年以上経過しており，変更の有無を含めて現状を確認する必要があったことから，立入検査の必要性，正当性を認めた。そしてX₂に対して再度資料の提出を命じても，奏功しない可能性も否定できないところであるから，A消防署長の判断に裁量の逸脱はなかったと認めた。

また，③立入検査及び違反指摘事項の改善を求める行為は行政指導に当たるとしたが，A消防職員は立入検査に際し，東京都行政手続条例33条1項所定の説明を行ったと認めた。

④立入検査の方法の相当性に関して，裁判所は，消防法には事前連絡及び時間制限を定めた規定はないが，本件店舗に対する営業時間中の立入検査は，X₁の占有する私的な経済活動の領域に立ち入り，Xらの自由を一部制限するものであるから，X₁の業務をみだりに妨害しないよう，慎重な配慮が求められる（消防法4条3項）として，事前に連絡をした上で，希望の日時を確認して

実施するのがより望ましかったことは否定できないとした。

しかし，立入検査と検査の立会いがX₁の業務に支障を生じるほどの影響を与えるとまでは考え難いと述べた上で，実際に立入検査を実施する場合，通常建物の所有者に事前連絡するだけで，各店舗への個別の事前連絡をしておらず，実施すべき防火対象件数は年間300件ないし400件に上ることから，計画通りに立入検査を実施するにはこのような方法によって各店舗に協力を求めることもやむを得ないと認定した。

本件においても，X₁の業務等に支障を与えるような違法なものであったということはできないし，A消防署員らがX₂を長時間拘束してX₁の営業やX₂の信用に影響を与えたということはできないと判断して，国家賠償法上違法であることは理由がないと判断して，Xらの請求を否定した。

## ▌ 解　説

火災はいったん発生すると，広範囲に拡大して，甚大な人的，物的損害が生じる可能性があるため，火災の予防は社会において重要な関心事である。

消防法4条1項では，火災予防のために必要があるときは，立入検査ができる旨が定められており，この立入検査は消防長又は消防署長の権限とされている。

本件は，火災予防を目的とした立入検査の実施について，消防署長に合理的な裁量があるとした上で，裁量の逸脱がなかったと認めたものである。

本判決の判断は合理的であり，実務においても参考になると思われる。

### ■参考

消防法4条1項
　消防長又は消防署長は，火災予防のために必要があるときは，関係者に対して資料の提出を命じ，若しくは報告を求め，又は当該消防職員（消防本部を置かない市町村においては，当該市町村の消防事務に従事する職員又は常勤の消防団員。第5条の3第2項を除き，以下同じ。）にあらゆる仕事場，工場若しくは公衆の出入する場所その他の関係のある場所に立ち入つて，消防対象物の位置，構造，設備及び管理の状況を検査させ，若しくは関係のある者に質問させることができる。ただし，個人の住居は，関係者の承諾を得た場合又は火災発生のおそれが著しく大であるため，特に緊急の必要がある場合でなければ，立ち入らせてはならない。

【和久田玲子】

*310*　第2章　管理・運営　第5節　ビル管理業務の労働問題

---

### 第5節

## ビル管理業務の労働問題

---

### ＊本節の趣旨＊

　ビルや業務施設の管理においても AI の導入が進んでいくであろうが，人手に頼る業務であることは当面はかわらないであろう。365日，24時間の管理，バックヤードでの設備点検，修繕や清掃という業務では，危険を伴う作業も多く，管理会社として労働問題は重要である。管理業務の特性が事案に反映されている事例を紹介する。

〔82〕仙台高決平成25年2月13日（平成24年（ネ）第92号）　*311*

## [82] 警備員の仮眠・休憩時間の労働時間該当性
### ──ビソー工業事件

仙台高決平成25年2月13日（平成24年（ネ）第92号）
労判1113号57頁

争 点

警備員の仮眠・休憩時間は労働基準法上の労働時間にあたるか

## ▌ 決定の内容

### ■事案の概要

警備の請負等を目的とする株式会社をY，警備員として勤務していた者をXらとし，Xらが，仮眠・休憩時間とされていた時間について労働時間に該当すると主張し，労働契約（主位的）又は不当な賃金支払拒否を理由とする不法行為による損害賠償請求権（予備的）に基づき，適正な賃金と実際に支払われた賃金との差額相当の賃金の支払等を求めた事件の控訴審である。

原審では，仮眠・休憩時間中の警備員が実際に業務に従事したことがあったことをもって，仮眠・休憩時間も全部労働時間に当たると判断し，Xらの請求を大筋で認め，未払賃金及び遅延損害金の支払を求める限度で各300万円超の支払額を認容した。

これに対しYが控訴したところ，控訴審は，仮眠・休憩時間が一般的，原則的に労働時間とは認めることはできないが，仮眠・休憩時間中に実際に実作業に従事した分については時間外労働として，支払う義務があるとして，原判決を変更し，数百円から約2000円の支払額を認容した。

### ■決定要旨

実作業として従事していない仮眠・休憩時間とされている時間帯であっても，労働からの解放が保障されていない場合には，労働者は使用者の指揮命令下に置かれているとして，労働基準法上の労働時間に当たり，使用者に賃金の支払義務が生じる。

もっとも，仮眠・休憩時間中に実作業への従事が義務付けられていなかったと認める事情がある場合には，労働者は使用者の指揮命令下に置かれているとは評価できず，労働基準法上の労働時間に当たらない。

本件では，仮眠・休憩時間中に実作業への従事が義務付けられていなかった

と認める事情があるため，仮眠・休憩時間が一般的，原則的に労働時間とは認めることはできないが，仮眠・休憩時間中に実際に実作業に従事した分については時間外労働として，使用者はこれに相当する賃金を支払う義務がある。

## ■ 解　説

「労働時間」とは，「労働者が使用者の指揮命令下に置かれている時間」をいう（最一小判平12・3・9労判778号8頁〔三菱重工業長崎造船所事件〕）。

警備員の仮眠・休憩時間の労働時間性について争われた大星ビル管理事件（最一小判平14・2・28民集56巻2号361頁）では「不活動仮眠時間であっても労働からの解放が保障されていない場合には労基法上の労働時間に当たるというべきである。そして，当該時間において労働契約上の役務の提供が義務付けられていると評価される場合には，労働からの解放が保障されているとはいえず，労働者は使用者の指揮命令下に置かれているというのが相当である。」と判示しており，同判例の枠組みの中で個々の実情から労働時間性の判断をする裁判例は数多く見られる。

本件は，ビルの管理会社において，警備員の「仮眠・休憩時間」が労働時間にあたるかが争われた事案であるが，仮眠室が守衛室と壁1枚隔てた隣ではあるものの，仮眠室に電話や警報装置等は設置しておらず，守衛室の対応内容までは聞こえず，仮眠時には守衛室から離れた地下のシャワー室でシャワーを浴びてから就寝用の服に着替え布団を敷いて就寝していたこと，4名から5名の警備員が配置され，就寝中には交替で他の警備員が役務の対応をしていたこと，使用者等から仮眠・休憩時間中の役務対応をするよう指示されていなかったこと，実際に対応した際は時間外労働として賃金の支払をするものとされていたこと，実際の対応も8か月間に1回程度と少なかったこと等の事情をもって労働時間性を否定した。

他方，同じく警備員の仮眠時間及び休憩時間にかかる労働時間性が争われたイオンディライトセキュリティ事件（千葉地判平29・5・17（平成27年(ワ)第1447号）労判1161号5頁）では，警備員が1名体制であり，仮眠室が防災センター内の警備員控室であること，仮眠時間中に防災センターを離れることが許されていなかったこと，仮眠時に寝巻きに着替えることがなかったこと，緊急時には対応することが求められていたこと，8か月間に4回程度の出動回数があったことをもって，仮眠・休憩時間を労働基準法上の労働時間と認めた。

労働者に十分な仮眠・休憩時間を確保することは，未払賃金の問題のみにと

どまるものではない。万が一労働者に健康上の深刻な問題が生じるような事態となれば，企業の信用やブランド価値の低下を招く深刻な問題となり得ることは，過去の労働事件などの例から胆に銘じておかなければならない。

事業者には，労働契約法5条により，労働者の生命，身体等の安全を確保すべき安全配慮義務が課せられており，労働基準法108条及び同法施行規則54条により，労働者ごとに，労働日数，労働時間数，休日労働時間数，時間外労働時間数，深夜労働時間数といった事項を適正に記入しなければならず，また，賃金台帳にこれらの事項を記入していない場合や，故意に賃金台帳に虚偽の労働時間数を記入した場合は，同法120条に基づき，30万円以下の罰金に処されるものとされている。

事業者は，仮眠・休憩時間が労働時間に当たらないようにし，安全配慮義務及び労働時間把握義務を遵守するとともに，想定外の未払賃金の発生を防ぐべく，①就業規則及び労働者との契約上，仮眠・休憩時間に労働の義務がないことを明記することにとどまらず，②実際の現場において仮眠・休憩時間中の警備員が業務から離れられる体制を整備すること，すなわち具体的には(i)人員の確保（交代で仮眠・休憩ができる体制を作る），(ii)仮眠・休憩時間中の行動の自由の確保（仮眠室が警備員室から独立しているか，仮眠室から自由に離れることを認めているか，仮眠時の着替えをさせているか，布団での就寝をさせているか），(iii)現場関係者の意識（仮眠・休憩時間中の対応を義務だと認識していないか）の見直しをする必要がある。

また緊急時に労働者が仮眠・休憩時間を返上して対応をせざるを得ないことがあれば，労働者が対応に要した時間及び内容を速やかに把握して記録し，時間外労働としての割増賃金の支払を忘れずにしておくことが必要である。

この他，厚生労働省は「労働時間の適正な把握のために使用者が講ずべき措置に関するガイドライン」において，ア「使用者の指示により，就業を命じられた業務に必要な準備行為（着用を義務付けられた所定の服装への着替え等）や業務終了後の業務に関連した後始末（清掃等）を事業場内において行った時間」，イ「使用者の指示があった場合には即時に業務に従事することを求められており，労働から離れることが保障されていない状態で待機等している時間（いわゆる「手待時間」）」，ウ「参加することが業務上義務づけられている研修・教育訓練の受講や，使用者の指示により業務に必要な学習等を行っていた時間」については労働時間に当たるとの判断を示しているため，人事労務の担当者としては一読しておく必要があろう。

【丸尾はるな】

*314* 第2章 管理・運営 第5節 ビル管理業務の労働問題

## 83 ビル管理会社における セクハラ，パワハラと法的責任

大阪地判平成21年10月16日（平成20年(ワ)第5038号）
裁判所 HP

### 争点

1 従業員がハラスメントを行った事例において，使用者であるビル管理会社に民法715条1項の使用者責任が認められるか

2 従業員がハラスメントを行った事例において，被害にあった従業員から苦情を受けたにもかかわらず会社代表者が必要な措置を講じなかったとして，ビル管理会社に会社法350条の法的責任が認められるか

## ▋ 判決の内容

### ■事案の概要

ビル管理会社Y₁の従業員Xは，従業員Y₂からセクシャル・ハラスメント（以下「セクハラ」という）の被害にあったと主張し，さらに従業員Y₃からパワー・ハラスメント（以下「パワハラ」という）の被害にあったと主張し，Y₂及びY₃に対し不法行為に基づく損害賠償を請求するとともに，不法行為が職場において行われ，事業の執行についてなされたものであるとして，使用者であるY₁に民法715条1項の使用者責任に基づき損害賠償を請求し，かつ，Xからハラスメントの訴えがあったにもかかわらず，Y₁の代表取締役であるAが，従業員Bらに十分な調査を行わせず適切な措置をとらなかったことを理由として，会社法350条の責任に基づき，Y₁に対し損害賠償を請求した，という事案である。Y₁は清掃，保安，警備等を請け負う総合管理業を営み，独立行政法人等の協力を得て多数の障碍者を雇用している会社であった。Xは知的障碍者であり，Y₂は業務責任者，Y₃は専任支援者として，それぞれ知的障碍者の支援等をする立場にあった。

### ■判決要旨

#### 1 セクハラと使用者責任（民715条1項）

Y₂のセクハラについては，Xの背後から体を密着させたこと及びXの腰から臀部付近にかけて触ったことを事実として認定し，かつこれに対するビル管理会社Y₁の使用者責任を認め，Y₂に対し，Y₁と連帯して55万円の損害賠償

の支払義務を認めた。

## 2　セクハラと会社法350条の責任

　Y$_2$のセクハラにつき，ビル管理会社Y$_1$の代表取締役であるAが，従業員Bらに十分な調査を行わせず適切な措置をとらなかったとして，会社法350条に基づき，作為義務違反によってXが被った損害をビル管理会社Y$_1$に負わせ，会社法350条の責任は33万円（慰謝料30万円＋弁護士費用3万円）（ただし，55万円の限度でY$_2$と連帯）の損害賠償の支払義務を認めた。

## 3　パワハラの成否

　Y$_3$のパワハラについては，XがY$_3$から遅刻について厳しく注意されたこと，Xがカウンセラーやジョブコーチとの面談において「Y$_3$が少し高飛車な態度，言葉になる」と相談していたこと，Y$_3$がXのセクハラ被害の主張に対し「セクハラって知ってるの」と配慮を欠く発言をしたことは認めつつも，業務指導の範囲を逸脱したいじめを行ったと認める証拠はない，として，Xの請求を棄却した。

---

## ▌　解　　説

### 1　事業者のハラスメント防止義務

　労働契約法5条では「使用者は，労働契約に伴い，労働者がその生命，身体等の安全を確保しつつ労働することができるよう，必要な配慮をするものとする。」と規定され，使用者の安全配慮義務が明文化されている。労働契約に特段の根拠規定は必要なく，労働契約上の付随的義務として当然に安全配慮義務を負うことを明らかにしたものであり，「生命，身体等の安全」には，心身の健康も含まれるとされている。

　また男女雇用機会均等法11条において，事業主に対し，職場におけるセクハラについて労働者からの相談に応じ，適切に対応するために必要な体制の整備その他雇用管理上必要な措置を講ずる義務が課せられており，これを受け厚生労働省の作成したガイドライン「事業主が職場における性的な言動に起因する問題に関して雇用管理上講ずべき措置についての指針」が存在する。人事労務の担当者としては一通り目を通しておく必要がある。

　さらに本事案では，「使用者は，被用者に対し，信義則上その人格的利益に配慮すべき義務を負っており，セクシュアル・ハラスメントに起因する問題が生じ，これによって被用者の人格的利益が侵害される蓋然性がある場合又は侵害された場合には，その侵害の発生又は拡大を防止するために必要な措置を迅

速かつ適切に講じるべき作為義務を負っているものと解される。」として信義則上の作為義務をも認めた。

このように事業者には，労働契約法5条の安全配慮義務，男女雇用機会均等法11条，信義則上の作為義務等から，労働者の心身の健康を確保するべく，各種ハラスメントの防止のための必要な配慮をすべき義務のみならず，ハラスメントの相談があったときに，侵害の発生又は拡大を防止するために必要な措置を迅速かつ適切に講じるべき作為義務が認められる。

のみならずハラスメントにあたるかどうかは，社会における価値観の変化に伴い変動するものである。事業者としては常に最新の価値観に切り替えていくことを心がけるようにし，10年前，20年前の価値観を労働者に押し付け，作為義務違反となることのないよう気を付けたい。

## (1) パワハラとは

平成24年3月に厚生労働省が作成した「職場のパワーハラスメントの予防・解決に向けた提言」では，職場のパワハラにつき，「同じ職場で働く者に対して，職務上の地位や人間関係などの職場内の優位性を背景に，業務の適正な範囲を超えて，精神的・身体的苦痛を与える又は職場環境を悪化させる行為」と定義する。

業務上必要な指示や注意・指導が行われている場合には該当せず，「業務の適正な範囲」を超える行為が該当する。

具体的には，①暴行・傷害などの身体的な攻撃，②脅迫・名誉毀損・侮辱・ひどい暴言などの精神的な攻撃，③隔離・仲間外し・無視など人間関係からの切り離し，④業務上明らかに不要なことや遂行不可能なことの強制，仕事の妨害などの過大な要求，⑤業務上の合理性なく，能力や経験とかけ離れた程度の低い仕事を命じることや仕事を与えないなど過小な要求，⑥私的なことに過度に立ち入るなど個の侵害，が典型的な6類型として挙げられるが，これに限られないことに注意を要する。

これらは単に上司から部下に対する行為に限られるものではなく，職務上の地位や人間関係といった「職場内での優位性」を背景にする行為が該当するため，職場の人間関係については個別の注意を要する。

## (2) セクハラとは

男女雇用機会均等法11条では，職場におけるセクハラを，①職場において，労働者の意に反する性的な言動が行われ，それを拒否したことで解雇，降格，減給などの不利益を受けること（対価型セクハラ），②性的な言動が行われるこ

とで職場の環境が不快なものとなったため，労働者の能力の発揮に大きな悪影響が生じること（環境型セクハラ）の２つに分類している。

セクハラの行為者は，事業主，上司，同僚に限らず，取引先，顧客なども含まれ，男性女性のいずれも行為者にも被害者にもなり得るほか，異性に対するものだけではなく，同性に対するものも該当し，LGBT の視点も必要となるため，事業者としては広く注意が必要となる。

## 2　事業者の法的責任

### ⑴　使用者責任

民法715条１項は「ある事業のために他人を使用する者は，被用者がその事業の執行について第三者に加えた損害を賠償する責任を負う。ただし，使用者が被用者の選任及びその事業の監督について相当の注意をしたとき，又は相当の注意をしても損害が生ずべきであったときは，この限りでない。」と規定する。従業員が行ったハラスメントが不法行為として違法になる場合，それが「事業の執行について」行われたものと認められた場合，使用者は同条１項ただし書に規定するいわば選任監督上の過失がなかったことについての主張立証がない限り，原則として，従業員と連帯して不法行為責任を負う。この点「事業の執行について」との要件は，広く外形的に判断される（外形標準説）。そのため従業員によるハラスメントを防止することは，事業者にとっても，使用者責任を問われないために必要なことと言える。本事案でも「（セクハラは）勤務時間中に，職場で行われたものであり，Y2の職務と密接な関連を有するものと認めるのが相当であるから，これによってXが被った損害は，Y2が会社Y1の事業の執行について加えた損害にあたるというべきである」と広く会社の責任を認定した。

### ⑵　会社法350条の責任

会社法350条は「株式会社は，代表取締役その他の代表者がその職務を行うについて第三者に加えた損害を賠償する責任を負う。」と規定している。

本事案は，使用者に，被用者の人格的利益が侵害される蓋然性がある場合又は侵害された場合には，その侵害の発生又は拡大を防止するために必要な措置を迅速かつ適切に講じるべき信義則上の作為義務があるとし，「担当者は，Y2から簡単な事情聴取をしただけで，セクシュアル・ハラスメントの存否を確認しないまま，Y2に対しセクシュアル・ハラスメントと誤解を受けるような行為をしないように注意したにすぎず，Aは，Y1の代表者として，担当者に対し，本件セクシュアル・ハラスメントについて十分な調査を尽くさせないま

ま，適切な措置を執らなかった」として作為義務違反を認め，その結果，会社法350条に基づきY₁に損害賠償責任を認めたものであり，ついやりがちな「事なかれ」的な対応に対して警鐘を与えた事案といえる。

事業者としては，厚生労働省の作成したガイドライン「事業主が職場における性的な言動に起因する問題に関して雇用管理上講ずべき措置についての指針」を参考に，対応マニュアルの整備を進めていく必要がある。

なお本件では，知的障碍者を支援すべきY₂のセクハラの他，同じく知的障碍者を支援すべきY₃が「セクハラって知ってるの」と問い返すなど配慮にかける言動をしたことがいずれも認定されている（ただしY₃の言動については違法性なしとされた）。

知的障碍者を雇用する会社であれば，支援者を含めた従業員らが知的障碍に乗じたハラスメントを行う危険性があり得ること，知的障碍の程度によっては被害者の表現力が十分でない場合があること，従業員らと知的障碍者との人間関係によっても被害の実態が事業主まで伝わりにくいことがあることに注意し，公正かつ効果的な事実調査のための工夫をする必要があろう。

**【丸尾はるな】**

〔84〕静岡地沼津支判平成27年3月13日（平成25年(ワ)第34号）　*319*

## 84 高所作業を行うビル管理技術者の休職を必要と認める事情

静岡地沼津支判平成27年3月13日（平成25年(ワ)第34号）
労判1119号24頁

**争点**

1　就業規則「特別の事情があって休職させることが必要と認められるとき」に該当するとして発せられた休職命令の有効性

2　就業規則「身体または精神の障害により業務に耐えられないと認められたとき」に該当するとして発せられた解雇の有効性

## 判決の内容

### ■事案の概要

Xは，建築物総合維持管理等を営む会社Yの従業員であるが，8月に脳梗塞を発症して病院に入院し，同年9月に退院したため復職を希望したが，Yより就業規則に基づき不当に休職命令を発せられたとして，休職命令の無効確認を求めるとともに，休職命令後の解雇が解雇権の濫用により無効であったとして，労働契約上の権利を有する地位確認を求め賃金及び遅延損害金等を求めた事案である。

### ■判決要旨

Xとの面談時，Xが右足を引きずっており，右手の握力が非常に弱かったこと，言動が理解不能で，高所作業を他の従業員に代わってほしい旨申し出があったこと，医師の診断書の提出を拒んだことなどから，同日，YからXに対し，口頭で告げた休職命令は，脳梗塞の後遺障害が復職可能な程度まで治癒又は軽減した旨の医師の診断書が提出されるまでの間休職とする期限の定めなき休職処分であり，就業規則の「特別の事情があって休職させることが必要と認められるとき」に該当する。

Xは，翌年4月11日の検査には身体機能を回復していたものと認められるから，休職させる「特別の事情」が解消しており，就業規則で規定する解雇事由「身体または精神の障害により業務に耐えられないと認められたとき」に該当する事由はないとして，解雇権濫用により休職命令後の解雇を無効とし，4月12日から判決確定の日までの未払賃金及び遅延損害金の支払を命じた。

320　第2章　管理・運営　第5節　ビル管理業務の労働問題

# ■　解　　説

## 1　休職命令の有効性について

　会社は，「労働者がその生命，身体等の安全を確保しつつ労働することができるよう，必要な配慮をするものとする」（労働契約法5条）との安全配慮義務が課せられている。そのため会社としては，従業員の心身に不調が見られる場合には，適切な休職をとらせる必要があるが，労働者に不調の自覚がない場合や休職を希望しない場合などには，休職命令に踏み切らなければならないこともある。

　会社が休職命令を発するには，就業規則に休職命令に関する条項をおくことが必要である。本事例では「特別の事情があって休職させることが必要と認められるとき」との規定があったため，この休職事由の有無が争点となった。

　この点，会社は，安全配慮義務を尽くす必要上，就業規則に規定がなくても，労働者に対して医師の診察を受けるように指示をし，診断書を提出するように指示をすることができると考えられている。念のため「会社が必要と判断した場合には，従業員はすみやかに会社指定の医師の診断を受け，診断書を会社に提出するものとする」等の条項を予め就業規則に定めておく会社もある。

　問題となるのは，従前の業務はできないものの，軽作業などの他の業務ならできる場合である。復職は従前の業務が原則ではあるが，従前の業務ができない場合であっても，「労働者が職種や業務内容を特定せずに労働契約を締結した場合においては（略）当該労働者が配置される現実的可能性があると認められる他の業務について労務の提供をすることができ，かつ，その提供を申し出ているならばなお債務の本旨に従った履行の提供があると解するのが相当である」（最一小判平10・4・9（平成7年(オ)第1230号）裁判集民188号1頁〔片山組事件〕）とする最高裁判決があることから，会社としては他の業務ができないかの検討を要する。

　さらに会社としては，休職命令の適法性や安全配慮義務違反が争われるリスクに備え，休職命令を出すかどうかの判断にあたっては，労働者に対し，医師の診断書等の提出を求めることが必要である。

　休職命令が適法となれば，就業規則等で別段の定めがない限り休職期間中の賃金の支払義務はないが，休職命令が違法となれば，労働者は賃金請求権を失わない（民536条2項，なお改正民536条2項では，「債権者は，反対給付の履行を拒むことができない」との文言に修正されたが，改正後も賃金請求権を行使できることに変更はない

〔84〕静岡地沼津支判平成27年3月13日（平成25年（ワ）第34号）　*321*

ものと解釈すべきであろう）。本事案では，Xはビル管理技術者として，高さ1.8〜2.7mの高所において脚立上に立ち上がって天井に取り付けた蛍光灯や安定器の交換を，ペンチ，圧着ペンチ，ドライバー等の工具を，左右両手を使って行う作業や空調設備の清掃作業に従事していた。

　本事案では，Xから高所作業を他の従業員に代わってほしい旨申し出があったことから，上記最高裁判決に照らせば債務の履行の提供があったようにも思われるが（ただし，労働者が職種や業務内容を特定せずに労働契約を締結した場合），裁判所は，右足を引きずり，右手の握力が非常に弱く，言動が理解不能という脳梗塞の後遺障害と疑われるXの症状をYの担当部長が面談時に現認したことに加え，XがYの指示した医師の診断書の提出を拒んだことをもって「脳梗塞の後遺障害が復職可能な程度まで治癒または軽減した旨の医師の診断書が提出されるまでの間休職とする期限の定めなき休職処分」として，休職事由を認め，平成24年9月26日付の休職命令を有効とした。

　またA医師作成の平成24年10月5日付診断書についても，「就労可能である。」「ただし，就労に伴ういかなる負傷，事故について当院・医師は責任を負いません。」と記載があり，Yが同医師に対して，Xの行っていた高所作業を安全に行うことができるか否かについて質問書を送付したものの，就労に支障がないとの明確な回答がなかったこと，B医師作成の平成24年12月20日付診断書には「右上下肢麻痺はごく軽度となり，機能障害はほとんどない。就労は可能である。」と記載されていたものの，翌25年1月11日に同医師に対し，Xの行っていた高所作業を安全に行うことができるか否かを問い合わせたところ，「脳梗塞後であり，高所作業や自動車運転は安全に行えると保証できない。一目遂行できそうにみえても，病後であり完全な健常人より当然リスクは高い。自己責任あるいは職場の判断（産業医と事務所の決定）としていただきたい。上記文面みますと危険作業と考えられ推奨できない。」との回答があったことをもって，Xには，B医師の回答があった翌25年1月11日ころまでは，脳梗塞の後遺症が残存していたとし，復職可能なほど身体機能が回復している旨の医師の診断書はなかったとして，まずは休職命令を適法とした。

　次に裁判所は平成25年4月11日の身体機能検査では，減点項目がなく満点であったことから，そのころには身体の機能が復職可能な程度に回復していたと推認するのが相当であるとして，「Xから医師の診断書の提出はないものの，同年4月11日ころには休職させる『特別の事情』が解消したと解するのが相当である」と判断した。

## 2 休職命令後の解雇

　会社が労働者の回復状況を確認せず，安易に復職不能と判断して労働者を解雇した場合，解雇権濫用として無効と判断されるおそれがあり，その場合労働者は賃金請求権を失わない（民536条2項）。

　復職不能の判断にあたっては，まず，主治医の診断書の提出を求めることが必要である。なお会社から，会社の業務内容に関する資料等を予め医師に送付したり，質問状を送付するなどし，具体的な意見を聴取するとよい。

　さらに会社に産業医がいる場合，産業医にも意見を求めておく必要がある。

　なお産業医の意見を求める際には，予め主治医に対して「情報提供依頼書」（厚生労働省作成「心の健康問題により休業した労働者の職場復帰支援の手引き」内の「職場復帰支援に関する情報提供依頼書」などが参考になる）を送付し，産業医の判断に資する資料を入手しておくことが望ましい。

　さらに労働者が同意せず主治医が回答しない場合であっても，会社は主治医への問い合わせを行った，産業医に相談した，という事実を残しておくことが，裁判所から解雇権の濫用と評価されないためには必要である。

　本事例では，裁判所は，身体機能の障害がないとする平成25年4月11日の検査結果をもって，このころにはXの身体機能が復職可能な程度に回復していたと判断し，Xから診断書の提出がなくても，むしろ会社側に産業医等と相談の上，Xの回復状態を確認すべき義務があったとして，本件解雇を解雇権濫用として違法と判示した。

　会社としては，これまで複数回にわたり医師にも確認をしてきたことや，期限までに従業員側から復職を認める診断書が出てこなかったことを重視してもらいたいところであろうが，あらためて休職期間を終了させて解雇に踏み切る場合には，より一層慎重な判断が求められることが示された事案といえる。

　ちなみに裁判所は，Xが診断書の提出を渋ったことや，復職を図るために医師作成の診断書を一部ねつ造したり，取引先に対して脅迫的文書を送信するなど，被告との信頼関係に関わる行為をしたことを認定したものの，解雇を正当化する事由とは認めなかったことも注目に値する。

　従業員側の不誠実な対応があると，つい会社側も解雇の結論ありきで交渉を進めてしまうことがあるが，改めて「復職不能」と言い切ることの重大さに立ち返り，判断を裏付ける具体的事実の有無を再度確認する慎重さが必要となろう。特に交渉期間が長引けば，途中で労働者の疾病が治癒したり，身体機能を回復していく可能性が当然あり得るため，過去の診断書だけで判断してはなら

ず，日々判断を更新させていく必要があることに十分注意を要する。

**【丸尾はるな】**

## 第6節

# P M 契 約

### ＊本節の趣旨＊

　不動産業界では，プロパティ・マネジメント（略称PM）という用語が使われる。1990年代のバブル崩壊後に本格的に導入された不動産証券化のもとでの不動産賃貸業においては，貸しビルオーナーが自らビルを管理してきた状況と異なり，所有と経営の分離が進み，不動産経営の専門家に賃貸運営と管理の業務を任せることとなり，その業務を一般にPM業務と呼んでいる。業務受託者はプロパティマネージャーと呼ばれ（こちらもPMと略される），現在では，ビルや業務施設の投資用不動産市場では，一般的な存在である。一般的にテナント側からは「管理会社」として認識されている。

　所有者としての投資家に代わって，投資全体のマネジメントを行うアセット・マネージャー（AMと略される）に対し，PMは，AMの指示のもと不動産の管理・運営を行う。その業務には，不動産の維持修繕，清掃，警備，渉外他事務等の管理運営業務に加え，賃貸収益の確保と維持コストの効率化などの不動産価値を高める業務までも含まれ，所有者に替わって不動産経営を行う業務であり，単に管理や修繕，清掃やリーシングを行うという業務ではないとされている。

　PM業務は，所有者，転貸者であるサブリーサー（SL）又はマスターレッシー（ML）との役割の分担や，業務受託の性格や範囲など，一義的に決まっているものではないことから，合意された業務内容や義務の範囲が争われる場合があり，渉外業務については弁護士法や宅建業法といった法律の規制との区分けが不明瞭なことも多いため，そのような観点で参考になる事例を紹介する。

〔85〕東京地判平成24年12月26日（平成23年（ワ）第23827号）　*325*

## 85 MLPM 契約の合意内容の解釈と報酬の水準

東京地判平成24年12月26日（平成23年（ワ）第23827号）
D1/DB29023477，LEX/DB25499439

### 争 点

**1**　MLPM 契約（後述の本件契約を指す）のうち賃貸借契約にかかる部分の終了後，管理委託契約にかかる部分が存続するか

**2**　**1**において管理委託契約が存続するとして，委託者はその管理委託契約を解除することができるか

**3**　MLPM 契約のうち，管理委託契約に関する報酬の妥当性

## 判決の内容

### ■事案の概要

　本件建物の所有者であるYは，Xを賃借人として，期間を平成6年2月10日から15年間とする転貸条件付き賃貸借契約（本件契約）を締結した。争点にかかわる主な契約条項は以下のとおりである。

① 第1条　（YのXに対する承認事項）

　　第3項　建物の管理をおこなうこと。

　　第4項　建物の管理内容を決定すること。

② 第2条　（契約期間）

　　第3項　本件契約終了時において転貸されている部分は，転借人の明渡しが完了し，それに伴う補修工事が終了した時点で当該部分の本件契約は終了となる。

③ 第6条　（建物の管理）

　　第1項　Xは……転借人のすべての転貸部分の明渡しが終了又は本件契約が解除されるまで，建物の管理にあたるものとする。

　　第2項　Xは，転借人より管理費を徴収するが，本件契約終了部分については，Yから管理費を徴収するものとする。

　Yは，平成20年8月6日（期間満了日の6か月と3日前）にXに対し，平成21年2月9日限り（期間満了日である）本件契約を解約するとの意思表示をした。平成21年2月9日時点ではすべての貸室に転借人がいたが，平成23年1月31日に

1階，平成24年1月11日に4階貸室について転借人との転貸借契約が終了した。

Yは，平成23年2月16日，Xに対しXと転借人との転貸借契約が終了した部分について管理契約を解除するとの意思表示（本件解除の意思表示）をした。

Xは，1階と4階の各転貸借契約終了日から，本件口頭弁論期日までの期間の管理費と遅延損害金を請求した（本件はYからの債務不存在確認訴訟（本訴）に対するXの反訴であるが，本訴は両者合意で取り下げられている）。

## ■判決要旨

### 1 争点1：MLPM契約中の管理委託契約関係の存続

転借人との間の転貸借が終了して，同部分について本件契約が終了したとしても，なおYからXに対する本件建物の管理委託関係は終了せず，Xにおいて本件建物を管理する権限を有し，Yはその管理費を負担する義務を負う。

### 2 争点2：管理委託契約の解除

本件契約第6条は，本件契約の全部が終了するまで，本件建物の管理に関するYの介入を排除することに主眼があると解され，同条は民法651条1項の解除権を放棄する特約と解されるので，Yの本件解除の意思表示は本契約第6条に抵触して無効である。

### 3 争点3：管理委託契約の報酬の妥当性

本件契約第6条の趣旨からすれば，本件契約が終了した部分と存続している部分の管理費の水準は同一になるべきである。

またXが行っている管理の内容は，建物の維持管理に必要な業務のほかに管理を円滑に進めるためのマネジメント・統括的な業務が含まれていると認められる。Yは管理費の額が不当であると主張するが，付加的な要素を持った管理業務であることを考慮すると，不当であることは明らかとはいえない。

## 解　説

### 1 MLPM契約の特性と本件紛争の構造

#### (1) MLPM契約とは

貸ビル業界やファンド業界では，マスターリース（ML）契約とプロパティマネジメント（PM）契約がセットとなっている契約をMLPM契約という。

ML契約とは，契約の性質としては転貸を前提とした賃貸借契約で，建物所有者が実際に利用するエンドテナントに直接貸すのではなく，マスターレッシー（賃借人・転貸人）に賃貸し，賃貸人の業務を委ねることを目的とし，賃料設定は，マスターレッシーが一定の差益を得る場合もあれば，差益を得ないパス

スルー型とする場合もある。

　一方，PM契約は，不動産の経営業務を所有者がプロの運営業者に委託する契約で，契約の性質は，業務内容により委任契約と請負契約のどちらか，あるいはその複合契約である。建物のハード面に関する維持管理等の業務をビルメンテナンス（BM）業務ということもあり，PMとBMを合わせてPBMという場合もあるようだが，このあたりは業界の通称であり，契約の性質は当事者が合意した内容に基づいて決まることは言うまでもない。

　MLとPMは別の業務であり，本来は個別に契約することも可能である。もっとも一棟の建物全体をML契約する場合，賃借人（マスターレッシー）は，建物全体の維持管理を行い得る状態であり，賃貸（転貸）業務は，テナント対応が必須であることから，PM業務と密接な関係があるので，マスターレッシーがPM業務を行うMLPM契約とすることは多い。MLPMを受託したマスターレッシーが，PM業務のみを専門の管理業者に再委託することもあるなど，多様な委託関係が存在する。

### (2)　本件紛争の構造

　本件契約はMLPM契約である。賃貸人は，２つの性格の契約が一体となっている本件契約において，ML契約部分，つまり転貸条件付き賃貸借契約の一部が終了した場合に，MLを解除した部分に関して管理委託契約は存在せず管理費の支払義務がないと主張し，仮にあったとしても賃貸人は管理委託に関する契約を解除（民法651条１項の委任契約の解除権）した，と主張するものである。

　これに対し，判決は以下のように述べてYの主張を排斥した。

　本件契約は転貸の目的で貸主が借主に建物を一括して賃貸し，本件建物の使用収益を委託する代わりに借主から所定の賃料を収受する趣旨で作成された。その契約の特質，及び一棟の建物を分断して管理することが困難であること，賃借人（転貸人）は自らが入居させた転借人がいる限りは従前と同様の管理を提供する必要性を鑑みると，本件契約第６条は，一部が解約されている状態における管理権の所在と管理費の負担を明確にした規定といえる。とすれば，賃貸借が終了した部分についても管理委託関係は終了せず，賃貸人には管理費の支払義務があると判示したものである。

　同様に第６条の規定の趣旨からすれば，本件契約の全部が終了するまで，本件建物の管理に関する賃貸人の介入を排除することに主眼があると解され，同条は民法651条１項の解除権を放棄する特約と解されるから，賃貸人の解除の意思表示は本件契約第６条に反して無効である。

## 2 報酬の妥当性

### ⑴ 賃貸人が払う空室分の管理費の妥当性

まず，ML契約が存在している間は転借人が負担していた管理費について，ML契約が終了し空室になっている当該部分について賃貸人が同額負担すべきか，という点が争われた。判決は，賃借人が他の転借人が存続する限り同一の管理を提供する必要があることから，同額を賃貸人が負担すべきとしている。

MLPMの受託者は，受託業務の報酬を，ML契約が有効な期間は転貸賃料の差額として受け取ることも可能だが，ML契約が終了した場合や賃料差額がないパススルー型の場合は別途報酬を請求するしかないのだから，妥当な判断である。

### ⑵ PM業務の内容と報酬

本件判決では，Xの業務内容は①運用計画の策定，②維持管理業務，③修繕工事及び緊急対応等，④テナントへの対応，⑤諸官庁の届出及び調査の立会，⑥管理報告及び収益性向上のための報告・提案などに大別され，建物の維持管理のための業務の他管理を円滑に進めるためのマネジメント・統括的な業務が含まれると認定している。プロパティマネジメント業務の内容がわかりにくいという方には参考になるだろう。

管理費の妥当な金額は，管理の仕様等によって異なることは自明であるとした上で，本件では上記のとおりXの業務として認定した付加的要素を持った管理業務であることを考慮するべきであると述べる。

実務では，判示のとおり管理の仕様やPM業務の内容はさまざまであり，PM報酬は投資家の最大の関心事である投資利回りにも直結し，激しい価格交渉が行われる。本件では，契約の終了後においてまでも報酬額について争われたものであるが，決して特別なケースとも言えないと思われる。

## 3 本判決の意義

本件は，新しい法的観点はないが，MLPM契約という特殊な契約の終了時の扱いや，PM報酬の妥当性について，契約の性格と規定内容，事業の仕組み等から当事者の意思を認定し，妥当な帰結を導いたものとして実務に参考になる。また，合意事項を契約書に明確に丁寧に記載することがいかに重要であるか，を実感する事例であるといえ，その観点からも実務で参考にされたい。

【永盛　雅子】

〔86〕東京地判平成25年7月19日（平成23年(ワ)第36535号）　*329*

## 86　PM の行う退去促進業務の報酬，及び弁護士法72条との関係

東京地判平成25年7月19日（平成23年(ワ)第36535号）
D1/DB29026243，LEX/DB25513780

争点

1　PM 契約の委託者が受託者に対し，PM 契約と別に退去促進業務を委託した場合の委託報酬支払合意の有無とレンダー承認の停止条件の有無

2　退去促進業務報酬支払を約する契約は，弁護士法72条に違反して無効か

## ┃判決の内容

### ■事案の概要

#### 1　ML 契約，PM 契約及び追加業務委託

Xは，百貨店，オフィス等の施設の総合開発業務を営む日本法人である。Yは，米国の州法に基づき設立され，日本に営業所を持つ法人である。

平成19年6月29日，日本国内で閉店した百貨店の跡地に新設された建物（以下「本件建物」という）の信託を受けた訴外信託銀行が，Yと転貸条件付き賃貸借契約を締結し，さらにYはXの子会社と転貸借契約（以下「本件 ML 契約」という）を締結し，Xの子会社がテナントにさらに転貸借をすることとした。なお，本件建物は受益権化されており，同日本件受益権は，Xが匿名出資する会社から，Yが関与して設立された特別目的会社に売却されている。

同日，訴外信託銀行，Y及びXは，訴外信託銀行を委託者，Xを管理受託者（PM），Yをアセットマネージャー（AM）とする本件 PM 契約を締結した。本件 PM 契約書には，期間が3年であること，3年以内に受益権を売却すること，Xの付加価値向上業務による受益権の収益向上に伴い，受益権の売却価格が265億円を超えた場合は，Xに対しインセンティブ報酬が支払われること，などが記載されていた。

さらに同日，Yはテナントの入替えを図るため，Xに対し，追加業務委託書を締結し，既存テナント20件の合意解約書の取得（以下「平成19年委託業務」という）を1件2000万円で委託した。

#### 2　経　過

①　Xは，平成19年委託業務を完了し，報酬として合計4億円を受領した。

330　第2章　管理・運営　第6節　PM契約

②　Yは，平成20年10月頃，Xの子会社に対し本件ML契約の解約を申入れ，Xに対し本件PM契約において期間内解約事由として定められた賃貸稼働免責基準を下回ったことを理由として，本件PM契約を解除する旨の通知をした。

③　平成20年12月31日をもって，本件PM契約は終了した。

④　本件受益権は平成22年6月29日までとされた売却予定時期時点では売却されていない。Yが，リーマンショックによるマーケット悪化を理由に早期売却を見合わせることとした事情もうかがわれた。

### 3　本件退去促進業務

　Xは，平成19年委託業務遂行中の平成19年12月ないし平成20年1月ころ，本件建物の8階についてテナントを退去させ，8階を一括して賃貸することにより本件建物の価値を向上させること（以下「本件退去促進業務」という）を提案し，YはXに対し8階の7件のテナントの退去交渉に着手するよう指示をした。

　XY間では，本件業務の報酬額及び支払についてYのレンダー承認が必要であることなどのやりとりがなされていた。その間にも退去交渉が進み何件かが退去していったが，結果として一括して新しく借りるテナント交渉は難航し，入居することはなかった。

　XがPM契約終了後に，Yに対して本件退去促進業務の委託契約に基づく報酬約2億円の支払を請求した事案である（その他の請求は省略）。

### ■判決要旨

#### 1　争点1：委託報酬支払合意とレンダー承認

　XY間で，本件業務委託報酬について覚書の作成が試みられたが，Yは支払額や方法等についてレンダーの承認を前提とする旨の回答をして，覚書の確定にいたらなかったことが認められる。本件は，不動産信託を利用したいわゆる資産流動化スキームを前提とする事案であり，このような事案では信託財産の管理運用に係わる意思決定において，受益権者に対して資金の融資を行っているレンダーの意向の確認が必要となることも想定し得るところであるので，レンダー承認の必要性に関する証拠中の部分は信用することができ，退去業務報酬の額や方法等についてはレンダー承認を得ることが前提とされていたと認めるのが相当である。

　そして，レンダー承認が得られていない以上本件報酬支払の合意が成立したとはいえない。

#### 2　争点2：退去促進業務と弁護士法72条

〔86〕東京地判平成25年7月19日（平成23年（ワ）第36535号）　*331*

　Yは，仮に本件報酬支払の合意が存在していたとしても，テナントの立ち退き交渉である退去促進業務は弁護士法72条に違反して無効であると主張しているが，**争点**1の認定の通り，合意の成立が認められないのであるから，**争点**2を検討するまでもなく，Xの請求は理由がない。

## ■ 解　説

### 1　退去促進業務とPM契約の関係

　本件ではレンダー承認が条件であったか否かが争点となってはいるが，判旨でも述べている通り，およそ流動化スキームにおいて受益権者，AM側が出費を図るときにレンダー承認は前提であるのが一般的であり，その点が参考になる事例というわけではない。

　Yの主張にも裁判所の認定にもあるとおり，退去促進業務はもともとPM契約に基づく信託不動産の管理運用業務の内容に含まれ得るものだが，退去促進業務に対して別途報酬を支払うということは，個別の合意が必要になるという点を確認しておきたい。

　本件で問題とならなかった平成19年退去促進業務は，Xの出資する投資会社がY側の特定目的会社に受益権を売却する際に，価格を4億円安くし，その4億円を20テナントの退去の合意書取得費用として買主側のYが，売主側のXに支払うという合意に基づくものであり，純粋な委託契約ではなく一種の売買代金の歩合制後払いのような合意であった。買主のY側は，それにより信託不動産の収益を改善することを狙っていたものであるが，既存テナントの退去後の後継テナントがうまくいかず，収益改善が見込めないことから，本件退去促進業務の検討が始まったものである。

　報酬額交渉の過程では，Xが提示した1億5500万円にテナントへの補償費が含まれるか否かという点や，本件は退去させるだけではなく，後継テナントが入居することを条件としていたのかという点も争われている。本件では請求はすべて棄却されているが，対象テナントや対象貸室が複数である場合に，何件かが明け渡すという部分的成果に対して報酬を一部支払うのか，Y側が自力で退去交渉や後継テナント営業をした場合の報酬はどうするか，などテナント入れ替えによる収益向上業務の内容は一義的でないため，実務では覚書等で正確な合意をする必要がある。

### 2　退去促進業務と弁護士法72条の問題

　残念ながら本件では，この点についての判断はされていない。

不動産の管理業者が賃貸人の委託を受けて，未払い賃料の請求や契約解除，明渡しにかかわる例は少なくない。本件 PM 契約の委託内容にも，「信託建物の賃貸・運用に係る業務」と記載されているが，それが一般的と思われ，弁護士法上の判断は業界の中では関心が高い争点である。

弁護士法72条の「その他一般の法律事件」該当性については，事件性必要説と不要説両論があったところ，一定の考え方を示したのが，最一小決平22・7・20（刑集64巻5号793頁）である。

弁護士資格がない者らが，ビルの所有者の委託を受けてビルの賃借人らと交渉をして賃貸借契約を合意解除し明渡しさせる業務を行ったという本事件において，最高裁は，立退き合意の成否，立退きの時期，立退料の額をめぐって交渉において解決しなければならない法的紛議が生ずることがほぼ不可避であるという事情があれば争いが具体化・顕在化していなくても，弁護士法72条の「その他一般の法律事件」に該当すると判断したものである。

もっとも，退去の意思があるかどうかの単なる意向伺いは法律事務にあたらないのではないか（三浦透・最高裁判所判例解説刑事篇平成22年度149頁），具体的事情に基づく判断により違法性阻却が問題になる余地があるのではないか（三浦・前掲155頁）などの意見もあるようである。

宅建業法違反であっても契約は有効とされる事案と異なり，弁護士法72条違反は，民法90条の公序良俗に反するものとして無効となる（最一小判昭38・6・13民集17巻5号744頁）。なお，72条の「他の法律に別段の定め」に宅建業法等はあたらず，不動産管理業を正当業務行為ととらえることも難しいと一般に考えられている。

不動産管理業者や PM 業者に，これらの基本的知識は必須である。

### 3　本判決の意義

本件は法的な論点として新しいものはないが，特に不動産証券化スキームにおける，PM 契約の周辺プレーヤーたちの生々しい交渉過程や，退去交渉とテナント入替えという収益不動産にとっての重要な戦略が浮き彫りになっており，実務に参考になる。また判決文を一読すると，この業界の具体的イメージがわくと思われるので，興味ある方にはお勧めする。

【永盛　雅子】

# 第3章

## 業務用施設特有の問題

## ＊本章の趣旨＊

本章では，貸室の事務所使用とは傾向が異なる事例を取り上げる。

### 1　看　　板

ビルや業務施設は，営業を目的とするものであるから，顧客の認知を得るための看板がテナントにとって重要であることも多く，ときには看板が使えることが貸室賃貸借の条件となることもある。看板設備や設置場所は，建物の貸室本体とは異なる対象物であるが，貸室賃貸借に付随して利用できる約定とする場合や看板設置場所のみ別途賃貸借をする場合の他，特に何の定めもないまま使用している場合もあるようである。看板設備の管理責任や，使用に関する条件が，貸室ほどにきちんと確認されないこともあり，見落としがちなトラブル要因として事例を紹介する。

### 2　商業施設・ショッピングセンター

顧客がその店舗に訪れることを前提にしていることから，事務所とは異なる賃貸借条件であることが多い。固定賃料ではなく，売上高に比例する歩合制賃料とする場合や，施設運営者が賃貸人の義務に加え，施設全体の販売促進業務を担う場合など，事務所の賃貸借とは異なる論点を紹介する。

### 3　ホ　テ　ル

建物を貸借して営業されることも多い。賃貸借期間が長期であり，用途が限定されて転用が効きにくいことや，ホテル内でさらに別テナントが営業する場合があるなどの特徴があり，それに起因する事例を紹介する。

*336* 第3章　業務用施設特有の問題

# 第1　看板等

## 87　賃貸人による看板の撤去請求と権利濫用

最三小判平成25年4月9日（平成24年(受)第2280号）
裁判集民243号291頁，判時2187号26頁，判タ1390号142頁
原　審：東京高判平成24年6月28日（平成24年(ネ)第1041号）
　　　　LEX/DB25502417
原原審：東京地判平成24年1月19日（平成22年(ワ)第31947号）
　　　　LEX/DB25491403

### 争点

建物所有者である賃貸人が賃借人に対して，建物の外壁に設置した看板の撤去を求めることが権利濫用となるか

## ▌判決の内容

### ■事案の概要

Yは，昭和39年ころから地上4階地下1階の建物（以下「本件建物」という）の地下1階部分（以下「本件建物部分」という）で蕎麦屋を営業しており，遅くとも平成8年までに本件建物部分についての賃借権を得た。当時本件建物の所有者はAであった。Yは，Aの承諾を得て，本件建物の地下1階へ続く階段の入口及びその周辺にある1階部分の外壁，床面，壁面に，店舗の看板，装飾及びショーケース（以下「本件看板等」という）を設置した。

その後，本件建物は，AからBに売却され，平成22年BからXに転売された。その際に作成された売買契約書には，本件建物の賃借権の負担等がXに承継されること，本件建物に看板等があること等が記載されていた。

Xが，Yに対して，所有権に基づき，本件建物部分の明渡し及び賃料相当損害金の支払を求めるとともに，上記看板等の撤去を求めたのが，本件である。

原審は，本件建物部分の賃借権には本件看板等の設置権原は含まれていないとした上で，Xによる本件看板等の撤去請求が権利の濫用に当たるような事情は見受けられないとして，Xの請求を認めた。

これに対して，Yが上告したものである（なお，Xの明渡し及び賃料相当損害金

〔87〕最三小判平成25年4月9日（平成24年(受)第2280号）　　*337*

の請求は認められなかったが，Xは上告審において争わなかった）。

### ■判決要旨

　裁判所は，以下4つの事情を判示した。すなわち，①本件看板等は，本件建物部分における本件店舗の営業の用に供されており，本件建物部分と社会通念上一体のものとして利用されてきたこと，②本件看板等を撤去せざるを得ないこととなると，通行人らに本件建物部分で本件店舗を営業していることを示す手段はほぼ失われることになり，その営業の継続は著しく困難となることが明らかであって，Yには本件看板等を利用する強い必要性があること，③売買契約書の記載や，本件看板等の位置などからすると，本件看板等の設置が本件建物の所有者の承諾を得たものであることは，Xにおいて十分知り得たものであること，④Xに本件看板等の設置箇所の利用について特に具体的な目的があることも，本件看板等が存在することによりXの本件建物の所有に具体的な支障が生じていることもうかがわれないこと，を認定した。

　その上で，裁判所は，上記の事情により，XがYに対して本件看板等の撤去を求めることは権利の濫用に当たるというべきであるとして，Y敗訴部分を破棄した。

## ┃　解　　　説

### 1　看板の設置と借地借家法の適用

　店舗営業においては看板の設置の可否，看板の大きさ等は集客に大きな影響を与える重要な要素である。

　しかしながら，一般的には，テナントの建物賃貸借契約と建物の外壁等に設置する看板の設置契約は別個の契約になっていることが多い（そもそも建物賃貸借の目的に看板設置箇所は含まれていない）。また，看板が設置されるのは外壁の一部であり，借地借家法の「建物」の賃貸借であるということができないため，借地借家法の適用もないと考えられている（ビル屋上の広告塔の設置に関して，大阪高判昭53・5・30判タ372号89頁）。したがって，賃借人にとっては，建物外壁等に看板が設置されているとしても，設置権原には対抗力がないことになる。

　そうすると本件のように建物所有権が移転した場合は，賃借人は看板設置権限を新所有者に対抗できない。このようなことから，看板設置に関しては，建物所有者とテナント間でトラブルになりやすい。

　本件は，このようなトラブルにおいて，看板の設置権原に対抗力がなくても，権利濫用法理によって事実上の保護を認めた事例判決である。

## 2 看板に関する判決例

　区分所有建物内の店舗について賃貸借契約を締結したが，看板の設置には設置以前に建物の管理組合の許可を受ける必要があったにも関わらず，賃貸人がこれを説明しなかったため看板の設置許可がされなかったとして，賃借人が賃貸人に対して損害賠償請求した事例がある（東京地判平28・1・19D1/DB29016412）。結論としては，賃貸人は賃借人に対して看板設置の要件は説明しており，不法行為は認められないとして請求棄却となったが，区分所有建物では看板設置場所は共用部となることも多いため，共用部分の使用に関する事前の許可や管理規約の説明は必要となる。

　また，賃貸人が建物全体を一括して賃借人に賃貸したところ，賃借人が，賃貸人に対して，建物外壁に看板を設置することを禁じることができると判断した判例がある（東京地判平27・12・4 LLI/DBL07031302）。これは，賃貸人が内外の壁についても賃借人に使用収益させる義務を負っており，賃貸人が無断で看板を設置することは賃借権の侵害にあたると判断したものである。

【和久田玲子】

〔88〕札幌高判平成29年6月29日（平成29年（う）第60号）　*339*

## [88]　看板の落下と店舗責任者の管理責任

札幌高判平成29年6月29日（平成29年（う）第60号）
LLI/DBL07220270
　　原　審：札幌地判平成29年3月13日（平成28年（わ）第211号）
　　　　　　LLI/DBL02750174

**争　点**

　店舗が入居する建物に取り付けられた看板に関する店舗責任者の管理責任の
内容

## ▌　判決の内容

**■事案の概要**

　本事案は，建物に取り付けられた店舗の看板が落下し，看板に衝突した被害
者が重傷を負った事件において，店舗の副店長（Y）に対して業務上過失傷害
罪が問われたものである。

　本件店舗の建物は歩道に面しており，本件建物には，高さ約8〜15m付近
の位置に歩道に突き出す形状で突出看板（以下「本件看板」という）が設置されて
いた。本件看板は，支柱と鉄板を介して外壁に固定されていた。

　また，事件当日は，午前11時40分から午後2時までの時間帯に最大瞬間風速
が19.7〜25.4m毎秒の強風が吹いていた。

　事件当日午前11時40分頃，看板の下方にある歩道上に，箱状の部品（高さ
約20cm，長さ32.7〜35cm，幅約18cm，重量2.8kg，以下「本件部品」という）が落下し
ていた。その部品は骨組みの腐食が進み，1つの面のステンレス製板が最大
6.3cmの深さで内側に大きくへこんでおり，落下した周囲には焦げ茶色に腐
食した鉄片や赤茶色調のステンレスの塗膜片が相当量散乱していた。

　Yは，本件部品を確認した上，その周辺や本件建物の外壁全体，周囲のビル
を眺めるなどしたほか，本件建物の屋上に上がり，本件部品の落下場所の真上
辺りから本件建物の外壁を見下ろそうとしたが，縁部の壁が厚かったせいで視
認できなかった。結局異状を発見できなかったため，Yは，本件部品が本件建
物に関わるものではないと判断した。

　しかしながら，事故当日午後1時55分頃，歩道を通行中の被害者の頭部に本
件看板の上部から落下した金属製部品（重量25.7kg）が衝突し，被害者は頸髄損

*340*　第3章　業務用施設特有の問題

傷等の傷害を負った。

　原審は，Ｙは，飲食店の副店長であったところ，本件店舗には店長の肩書を持つ者がいなかったので，実質的な店長として同店の業務を統括する職務を担っており，日常業務の一環として本件建物の設備や機器の点検や管理等に関する責任を負う立場にあったと認定した。

　本件部品は，発見された時点で，その出所や原因が外観から直ちに判明するようなものでなかったが，本件部品の外観上，少なくとも建築構造物の一部を構成する部材であることが容易に想定できる上，上方から落下した蓋然性が高かったことと，本件看板のほぼ真下に所在し，その色合いや質感が本件看板の鉄板枠と類似していること，本件看板が設置されてから30年前後が経過しており，Ｙがそのことをおおむね認識していたことに加えて，強風が断続的に吹き荒れている本件当日の天候を合わせ考慮すれば，本件部品が本件看板から落下してきた可能性を十分具体的に疑うことができ，本件店舗建物からさらに部品が落下するおそれがあることを認識し得たのであるから，予見可能性に欠けるところはなかったと認めた。

　さらに，本件部品の脱落箇所は，本件看板が見える窓を開放して観察するなどすればより的確に把握でき，歩行者に対する注意喚起も，本件店舗建物内に備え置かれていたカラーコーンやコーンバーを設置するなどして十分実施可能であったので，本件のような部品の落下による人の身体の安全に対する危険は問題なく回避することができたと認めた。

　以上から，Ｙについて業務上過失傷害罪を認めた判決に対して，Ｙが控訴したのが本件である。

### ■判決要旨

　控訴審は，原審の認定事実を認めた上で，Ｙが，本件部品が本件看板から脱落したことを把握できなかった原因は，Ｙが本件歩道からの目視や屋上からの確認等を試みただけで，本件建物の本件看板に近い窓からその状況を確認する方法に思いいたらないまま，本件部品が本件看板や本件建物から落下したものでないと軽信して，調査を打ち切ったことにあったとした。また，Ｙとして，本件部品が本件看板から脱落した構成部分であることを認識し得た以上，本件看板の支柱等の他の部品がさらに落下するおそれがあるものと予見することも可能であったと認めた。以上の事情から，裁判所はＹによる部品落下の予見可能性を肯定した。

　また，結果回避義務についても，上記のとおり，本件部品が本件看板と無関

〔88〕札幌高判平成29年6月29日（平成29年（う）第60号） *341*

係であると軽信した結果，Yは危険防止のための何ら措置を講じることなく事態を放置したものであるから，必要な結果回避措置を尽くしたといえないとした。

そして，Yが本件部品が本件看板から脱落した可能性があると思いいたった場合に，直ちに，安全が確認されるまでの危険防止のための応急的な措置として，本件店舗に備えられてあったカラーコーンなどの備品を用いるなどの方法により，本件歩道を通行する歩行者等に対し，本件看板の真下及びその周辺の合理的な範囲について，本件看板の部品が落下する危険の存在を知らせて，同人らの注意を喚起していれば，本件落下事故は容易に防ぎ得たものと認められる。これらの事情から，裁判所は，Yが事故の発生する結果を回避できる可能性がなかったとは到底いえない，とした。

控訴審は，以上のとおり判断して，Yの控訴を棄却した（刑は罰金40万円）。

## ■ 解　説

近年，異常気象による暴風雨，台風等が頻繁に襲来しているが，強風による看板の落下や，落ちた看板が運悪く歩行者に当たって重傷を負わせたニュースなどに接することもある。

本件において，Yは，事件当日の午前中に落ちていた部品が看板のものではないかと疑って屋上からの目視を試みたが，看板を見通すことができなかった。しかし，実際には看板の真上の窓からは看板を確認することができた旨，判決において指摘されている。また店舗内にはカラーコーン等が備え置かれており，歩行者の歩道内への立ち入りを制限することも容易にできたと思われる。

したがって，事故の前兆があった場合に，安全確認や危険回避の方法等の行うべき事柄や手段を明記した「危機対応マニュアル」を整備し，実践するように準備をしておくべきであったであろう。

なお，原審は量刑の理由において，事故の原因は本件看板の著しい劣化であり，本件看板の維持・管理に当たっていた所管部署担当者等の落ち度も重大であると指摘している。店舗責任者のみならず，建物の所有者，占有者においても，建物の点検，管理の重要性が厳しく問われる事件である。

【和久田玲子】

342　第3章　業務用施設特有の問題

## 第2　商業施設・ショッピングセンター

### 89　賃貸人の説明義務（収支予測に関する重要な事項）と施設運営責任

大阪地判平成20年3月18日（平成17年(ワ)第12617号）
判時2015号73頁

**争点**

1　賃貸人の賃借人に対する説明・告知義務
2　複合遊園施設における賃貸人の背信的運営による損害賠償義務

## 判決の内容

### ■事案の概要

　本件は，大阪市（Y₁）が所有する土地につき信託契約を締結した信託銀行らが同土地上に建設した都市型立体遊園複合施設（フェスティバルゲート。以下「本件施設」という）をめぐる事案である。信託契約締結後，銀行の合併等に伴い契約上の地位が別の銀行に承継されているが，便宜上，これらの信託銀行を「受託銀行Y₂ら」と総称する。

　飲食店を経営するXは，受託銀行Y₂らとの間で本件施設の2区画につき賃貸借契約を締結して出店したが，2年目以降本件施設の来場者数は激減し，その後回復しなかった。そのような中，受託銀行Y₂らは東京地裁に信託受託者辞任許可を申請し，その後，Y₁と受託銀行Y₂らとは土地信託契約を合意解除するに至った。

　そこでXは，受託銀行Y₂らに対して，賃貸借契約時の説明・告知義務違反，詐欺的勧誘，賃貸人が使用収益するのに適した状態におく義務としての営業努力義務違反・営業日営業時間維持義務違反，背信的運営を理由として，初期投下費用と累積赤字額を損害賠償請求した。

　本件施設では，賃貸借契約又は営業管理規則により，テナントが自らの判断で営業日や営業時間を変更したり，テナント独自の広告をすることが禁止され，また本件施設が実施する行事，催事，広告についてはテナントが必ず参加しなければならず，開業協力金や販売促進費等も負担しなければならないという厳

しい制約が定められていた。

Ｘは，Ｙ₁に対しても，受託銀行Ｙ₂らとの共同不法行為責任，債務不履行責任（営業努力義務，営業日営業時間維持義務違反）を負うとして，損害賠償等を求めたが，裁判所は，Ｙ₁は本件施設における事業の具体的な内容に踏み込んで「受託銀行Ｙ₂ら」に対する監視，監督をする権限ないし能力を有していなかったとし，Ｙ₁の責任を否定した。本稿では「受託銀行Ｙ₂ら」の責任についての争点を採り上げる。

## ■判決要旨

### 1　説明・告知義務違反について

契約関係に入ろうとする者は，信義則上，互いに相手方に不測の損害を生じせしめることのないように配慮すべき義務を負い，賃貸借契約に際しては，賃貸人になろうとする者は，賃借人になろうとする者が当該物件を賃借するか否かを判断する上で重要な考慮要素であって，賃貸人になろうとする者が知っていたか，又は容易に知り得た事実については，賃借人になろうとする者に対し説明・告知すべき義務を負うと解するのが相当である。

本件のような複合遊戯施設においては，賃借人にとって，遊戯施設全体の集客力及び収益性が自らの営業活動に直結するにもかかわらず，こうした情報は賃貸人側に集中している点や，遊戯施設全体の収益性は賃貸人の事業内容や営業努力等により容易にかつ大きく左右される点に特殊性があり，賃貸人が十分な情報を提供しなかった場合には，出店の可否に関する経営判断について賃借人に全責任を負わせることは当事者間の公平を著しく害するものといわざるを得ない。

本件施設の目的や性質，構造，運営実態，当事者の能力の格差等に照らせば，受託銀行Ｙ₂らには，出店希望者に対し，本件事業の計画や実績など受託銀行Ｙ₂らが有する情報であって，出店者の収益予測に重大な影響を与えるものを十分に説明・告知し，出店希望者が出店の可否の判断を誤ることのないように配慮すべき信義則上の義務があるというべきである。

本件施設は，開業前から，計画通りの賃料収入が見込めないばかりか，建築資金等に充当する予定であった市有地の一部の売却利益も当初の予想を大幅に下回っていた一方で，収入計画を上回る多額の警備費の支出が予定されていたのであって，これらの事情に鑑みれば，受託銀行Ｙ₂らは，本件施設内の賃貸区画を賃借しようとする者に対し，本件施設の収支予測に関する重大な事項としてこれらの事情を説明・告知すべき義務を負っていたということができると

ころ，そのような説明・告知がなされた事実を認めるに足りる証拠はない。

以上を総合すると，受託銀行Y2らには，本件各賃貸借契約締結の際に，詐欺的勧誘があったとまではいえないとしても，契約を締結するか否かの重要な判断材料に関し，説明・告知義務違反があったということができる。

### 2　背信的運営について

事業内容に関する情報を把握している賃貸人が，事業計画が杜撰であり，事業成績が不振であるにもかかわらず，これらを秘して漫然と運営を継続したことにより，賃貸人の営業の影響を受ける賃借人が，賃貸人の営業状況を随時的確に把握することができない結果，退店の判断を含む経営判断を誤り，損害を受けたような場合には，賃貸人は賃借人に対し不法行為に基づく損害賠償責任を免れない。

受託銀行Y2らは，自ら杜撰な運営をし，本件事業の運営状況が芳しくなくなってきたら受託者を辞任する旨の許可申請をしておきながら，Xを含む賃借人にはそのようなことを秘匿していたものであり，このような行為は背信的行為といわざるを得ない。

裁判所は以上のように判断した上で，Xにも相当程度の調査不足，経営判断の甘さがあったとして，7割の過失相殺を認め，損害として初期投下費用及び累積赤字の合計のうち，その3割である合計1億4303万3667円の請求を認めた。

## ▌解　説

### 1　賃貸人の賃借人に対する義務

本件で裁判所は，本件施設の収支見込みは，賃借人になろうとする者にとって，契約関係に入るかどうかの重要な判断材料であったとし，賃貸人には信義則上の義務として，賃貸借契約締結の際，知っていた，又は容易に知り得た事項を説明・告知する義務があったと認めた。このような判断となった背景には，本件施設が立体遊園複合施設であり，Xを含むテナントは専ら当該施設の来場者を対象として営業しなければならず，テナント独自の集客，営業が制約されているといった施設の特殊性が大きく関係している。そして，本件施設の収益見込み等の情報は受託銀行Y2ら側のみが把握しており，本件施設は当初の計画の賃料収入等を得られないことが明らかだったにもかかわらず開業に踏み切ったもので，当初の計画を大幅に上回る警備費が必要であることも受託銀行Y2らは契約当時承知していた（なお，詐欺的な勧誘があったとまではいえないとされている），といった当事者の事情が大きく影響している。

なお，本件でXは，受託銀行Y₂らに対し賃貸人としての営業努力義務違反があったとも主張したが，「賃借人は，本来，自己責任に基づく判断と営業努力により経営を行うもの」であり，「賃貸借契約における賃貸人の本来的義務は，目的物件を賃借人に引渡し，第三者が賃借人の使用収益を妨害していれば，これを排除するという消極的な義務に止まるものと解するのが相当」とされ，営業努力義務については否定されている。

## 2 明渡し，未払い賃料，賃料相当損害金の請求と賃貸人の義務（大阪地判平20・8・28判タ1291号239頁）

本件施設をめぐっては，本件の他にも大阪市が賃料不払等を原因に賃貸借契約を解除してテナントに対し建物の明渡し及び未払い賃料，賃料相当損害金を請求したという事案も存在する（大阪地判平20・8・28判タ1291号239頁）。このケースで賃借人は，大阪市は告知・説明義務及び営業努力義務を怠り，賃貸人としての義務を履行しなかったので，その対価としての賃料支払義務は生じないと主張した。

この点，裁判所は，告知・説明義務は契約締結段階での問題であり，契約締結当時，原告大阪市は契約当事者ではなかったことを理由に原告大阪市は告知・説明義務を負わないとした。

また，営業努力義務の点については，「賃貸借契約において賃貸人が賃借人に対して負う義務は，目的物件を賃借人に引渡し，第三者が賃借人の使用収益を妨害している場合にはこれを排除するという消極的な義務に止まると解するのが相当」と本件と同様の判断をして否定した。

次に，賃料相当損害金に関し，賃借人が当時，他のテナントがほとんど退去し，本件施設が事実上閉鎖状態であったことから，本件施設の利用価値はないとして損害の発生を争ったのに対し，賃料相当損害金は，使用価値それ自体が侵害されたことによる積極的損害であって，当該不動産における得べかりし利益を意味するものではなく，特段の事情がない限り，従前の賃料を基準として算定するのが相当だと判断し，賃料相当損害金として，明渡しまでの最低保証賃料（賃借人の売上げがゼロであった場合の最低賃料）を認めている。

いずれの事案も控訴されているが，賃貸人の義務に関する非常に興味深い事例である。

【吉田可保里】

*346* 第3章 業務用施設特有の問題

## 90 契約時賃料が低廉であった特殊事情を理由とする賃料増額請求

大阪高判平成20年4月30日（平成19年(ネ)第2138号）
判夕1287号234頁

### 争点

借地借家法32条1項の定める経済事情の変動が認められない場合の賃料増額請求と相当賃料額

## 判決の内容

### ■事案の概要

本件は，大阪市内のターミナル駅に近接する商業ビルの賃貸人であるＸがテナントＹに対し，賃料が不相当になったとして，賃料増額改定特約又は借地借家法32条1項に基づき賃料の増額を請求した事案である。

当初賃料額は月額58万3800円で合意されていたところ，本件請求は，月額116万7600円に増額することを賃貸借開始から3年経過後に請求したものであった。Ｙは，賃貸借契約締結時から，増額請求時までに同法32条1項所定の経済事情は増額の要因となるような上昇をしていないとして争った。なお，賃貸借契約締結の際，Ｙが本件建物に移転する前の店舗の賃料と同額とすることを強く希望したため，ＸはＹの希望通りの額を受け入れ，本件建物内の他のテナントよりも低廉な賃料水準とすることに応じたが，その際，ＸはＹに対し本件建物でのＹの営業が軌道にのるであろう3年後には賃料を改定することを要請していたという事情があった。

本件では，賃料増額改定の特約の有無や共同管理費の賃料該当性についても争点となり，いずれについても結論として否定されているが，本稿では，増額請求の当否，相当賃料額の認定に関する争点を採り上げる。

### ■判決要旨

#### 1 借地借家法32条1項に基づく賃料増額請求の当否

借地借家法32条1項は，土地又は建物の賃貸借契約が長期間に及ぶことが多いため，事情の変更に応じて不相当になった賃料を調整し，当事者の衡平を諮ることを目的としたものであるから，同項に基づく賃料増額請求の当否及び相当賃料額を判断するに当たっては，賃貸借契約の当事者が現実に合意した賃料

のうち直近のものをもとにして，それ以降の同項所定の経済事情の変動等のほか，賃貸借契約の締結経緯，賃料額決定の要素とした事情等の諸般の事情を総合的に考慮すべきである。

本件賃貸借契約が締結された平成12年11月から本件増額請求において賃料改定時とされた平成16年2月までの約3年間で，同項所定の土地若しくは建物に対する租税その他の負担の増加，土地若しくは建物の価格の上昇といった経済的事情の変動もなければ，本件ビルの他のテナントの賃料や周辺の賃料相場が特に上昇したという事情も認められない。

しかしながら，本件建物の現行賃料額は，本件ビルの他のテナントの賃料と比較して相当低額であり，これは，Yが従前の店舗から本件建物に移転して営業することとなるため，移転後の営業が軌道に乗るまでに費用や時間がかかるといった諸事情をXが配慮したためである。Yとしても，本件ビルの他のテナントの賃料相場についての認識はなかったとはいえ，Xが当初はYの希望する賃料額を否定していたが，その後の交渉によって希望通りの条件で賃料額が決定したことやYが3年後の賃料改定を要請していたことなどから，本件建物の現行賃料額が本件ビルの他のテナントの賃料と比較して低額であり，XがYの当時抱えていた諸事情を配慮してその希望額に応じたことを認識できたと認められる。

このような現行賃料決定の経緯等を考慮すると，本件増額請求は，借地借家法32条1項の要件を充足すると認めるのが相当である。

### 2 相当賃料額について

もっとも，相当賃料額を判断するに際しては，現行賃料が合意されてから賃料を増額する要因となる経済事情の変動がないことやXとYの間では本件建物の適正賃料額についての認識が一致しておらず，そのため，3年後の賃料改定の際に，本件ビルの他のテナントの賃料水準にするという一致した認識もなかったことを十分考慮する必要がある。

裁判所は，以上のような判断の枠組みを示した上で，相当賃料額につき，Xの提出した私的鑑定（月額116万7600円），Yの提出した私的鑑定（月額61万6000円）をいずれも排斥し，原審裁判所鑑定の結論（月額89万2000円）を修正し，結論として，月額77万8400円の範囲でXの増額請求を認めた。

## ▌ 解　説

### 1 経済事情の変動が認められない場合の借地借家法32条1項要件充足性

348　第3章　業務用施設特有の問題

　借地借家法32条1項本文は「建物の借賃が，土地若しくは建物に対する租税その他の負担の増減により，土地若しくは建物の価格の上昇若しくは低下その他の経済事情の変動により，又は近傍同種の建物の借賃に比較して不相当となったときは，契約の条件にかかわらず，当事者は，将来に向かって建物の借賃の額の増減を請求することができる。」と規定しており，賃料増減額請求事件においては，まずは経済事情の変動が認められるかが争点となるが，その判断においては経済事情の変動のみならず，契約当事者が賃料額決定の要素とした事情，その他諸般の事情が総合的に考慮される（最三小判平15・10・21裁判集民211号55頁参照）。

　本件の原審は，本件増額請求が要件を充足するかどうかにつき，格別の検討をすることなく，本件建物の賃料は経済事情の変動等により不相当になったと判断し，原審が行った鑑定の結果のとおり月額89万2000円への増額を認めていた。しかしながら，本件は賃貸借契約締結時からわずか3年後になされた増額請求であることを考えると，この期間内に，いわゆる経済事情の変動があったことを認めることは困難であったと思われる。

　本件控訴審は，原審の判断を修正し，借地借家法32条1項の規定する経済事情は賃料を増額する方向へ変動したとは認められないとしつつ，契約締結当時，Yの経済事情に配慮して他のテナント賃料より低廉な賃料にしたといった経緯を考慮すると賃料増額請求の要件を満たすとした。この考え方は，上記最高裁の考え方を敷衍するものであって参考になる。

## 2　賃料増減額請求における相当賃料額

　賃料増減額請求訴訟においては，当事者から継続賃料の鑑定評価書が提出されることが多く，審理においても裁判所にて継続賃料額の鑑定が実施されることがほとんどである。

　継続賃料とは，不動産の賃貸借等の継続に係る特定の当事者間において成立するであろう経済価値を適正に表示する賃料をいい（国土交通省不動産鑑定評価基準），新たに賃貸借契約を締結する場合に妥当する賃料（新規賃料）とは異なる条件のもとに試算される賃料である。

　継続賃料の試算過程は，差額配分法，利回り法，スライド法，賃貸事例比較法の4手法によって試算された結果をもとに，最終的に適正な賃料額が判断される。

　本件で裁判所は，当事者がそれぞれ提出した鑑定評価書は採用できないとし，原審裁判所鑑定の結果をもとにそれを一部修正して相当賃料額を結論づけ

ている点が注目される。原審裁判所鑑定は差額配分法97万3479円，スライド法54万6437円，利回り法58万3047円（賃貸事例比較法は採用せず），と試算しそれぞれを8対1対1の割合で加重平均して89万2000円と評価していた。これに対し本件控訴審は，このうち利回り法の試算結果を79万2692円に修正した上で，各試算額をほぼ均等に考慮し，月額77万8400円（坪当たり単価8000円）と結論付けた。本件控訴審はこの点について，原審裁判所鑑定が差額分配法にウエイトを置いた理由は，現行賃料が相当ではないことに集約されるところ，Yには契約締結時点において他のテナントの賃料相場の認識がなく，また当事者には契約3年後に他のテナントと同等の賃料水準にするという認識の一致がなく，そして経済事情の変動も認められないことを総合考慮すると，差額分配法に重点を置くのは相当ではなく，建物価値を反映した賃料水準とするには今後の経済情勢の変動を踏まえ段階的に行われるべきだと判断した。そして最終的に，各試算額を均等に考慮し，相当賃料額を判断するにいたっている。本件は，契約締結の経緯を踏まえ，原審裁判所鑑定の結果を修正した点が参考になる。

【吉田可保里】

*350* 第3章　業務用施設特有の問題

## 91 賃料増額請求権行使による
## 完全売上歩合賃料制から併用型賃料制への
## 変更請求の可否

広島地判平成19年7月30日（平成18年(ワ)第969号）
判時1997号112頁

### 争 点

　賃料増額請求権行使による完全売上歩合賃料制による賃料から併用型賃料制
への変更の可否

## ▌判決の内容

### ■事案の概要

　Ｘは駅ビルの管理運営会社であるところ，平成11年3月31日より当該駅ビル
4階に存する店舗1区画をＹに賃貸した。賃料は，店舗の売上げに応じた歩合
賃料制であり，契約面積3.3m$^2$当たりの月額売上額につき，0円を超え30万円
まではその超えた額に11.8％を乗じた額，30万円を超えた分についてはその超
えた額に5.0％を乗じた額と定められており，これらの額には共益費，販売促
進費が含まれていた。なお，賃貸借期間は3年間であり，期間終了の6か月前
にいずれの当事者からも解約の意思表示をしないときは3年間延長され，以後
もこれに倣うものとされていた。

　Ｘは，平成17年10月20日付けにて，Ｙに対し同年12月分以降の賃料を，最低
保証営業料として月額坪単価3万円，売上歩合営業料として月額売上げの15％，
共同管理費，及び販促費込との賃料に増額するとの意思表示をしたが，Ｙは
これを受け入れなかった。本件は，Ｘが，平成18年6月1日以降の賃料につき，
主位的には月額売上げの15％，ただし最低保証賃料坪当たり3万円であること
の確認を，予備的に同日以降の賃料を坪単価3万円（合計78万990円）であるこ
との確認を求めたものである。

### ■判決要旨

　いわゆる完全売上歩合賃料制によって賃料額が定められている場合であって
も，そのことだけで直ちに借地借家法32条1項の適用が否定されるわけではな
く，同項所定の要件を満たす限り，当事者はその賃料の増減額を請求できるも
のと解される（最一小判昭46・10・14裁判集民104号51頁）。

〔91〕広島地判平成19年7月30日（平成18年(ワ)第969号）　*351*

しかしながら，固定賃料制の場合と異なり，併用型賃料制においては，最低保証賃料によって賃借人の売上が一定の水準に満たない場合であっても，賃貸人は一定の水準の賃料収入を確保できる一方で，賃借人の売上が一定水準を超える場合には，その超えた部分につき一定の歩合賃料の支払を受けられることから，完全売上歩合賃料制の場合と比較して，一方的に賃貸人に有利なものであると考えられ，賃貸借契約後の経済事情の変動等によって，完全売上歩合賃料制ではなく併用型賃料制によらなければ相当賃料への是正がなし得ないとか，賃貸借契約の締結に当たって，当事者間にその後の賃料改定に当たって，完全売上歩合賃料制から併用型賃料制に変更する旨の合意がされていたなどの特段の事情がない限り，借地借家法32条1項ないし賃貸借契約上の賃料改定条項に基づく賃料増額請求において，賃貸人が，一方的な意思表示により，完全売上歩合賃料制から併用型賃料制への変更を求めることはできないと解するのが相当である。

裁判所は以上のように判断し，本件においては，上記特段の事情を認めるにたりる事情はないとし，Xの主位的請求である併用型賃料制への変更を棄却し，予備的請求である固定賃料制による賃料のうち坪単価2万1000円（合計55万2930円）の限度で請求を認めた。

---

## ▌　解　　説

### 1　売上歩合賃料制，固定賃料制，併用型賃料制について

店舗等の事業用建物の賃貸借契約における賃料の取り決め方には，毎月一定額を支払う「固定賃料制」のほか，売上高に一定の割合を乗じた額とする「売上歩合賃料制」，定額制と売上歩合賃料制を併せた「併用型賃料制」といった方法がある。

駅ビルやショッピングセンター等の複合型商業施設へのテナント出店においては，各テナントによる個別の販促活動もさることながら，当該施設の知名度の高さや集客が売上げを大きく左右する。そのため，売上歩合賃料制や併用型賃料制とすることにより，施設側の販促活動による売上げへの寄与を賃料に反映させてテナントと施設との利益分配のバランスを図っているものと考えられる。

### 2　売上歩合賃料制の賃貸借契約への借地借家法の適用

借家法7条（現行借地借家32条）に定める賃料増減額請求が，併用型賃料制を採用した賃貸借契約にも適用があることについては，最高裁判所の判例がある

（最一小判昭46・10・14裁判集民104号51頁）。本事案の判決にも引用されているとおり，最高裁は，建物の賃貸借契約が営業利益分配契約的要素を具有している売上歩合制を採用しているということだけでは，直ちに借家法7条（現行借地借家32条）の適用を否定する理由となるものではない，と判断して賃借人側の上告を棄却し，その結果，売上歩合賃料制であった賃料を固定賃料制による賃料とする変更請求が認められている。この最高裁の事案では，賃貸借契約にて，売上げに乗じる歩合は，経済状態の変動，物価の高低が著しい場合には協議して変更できることが約定されていたにもかかわらず，歩合の割増ではなく，固定賃料制への増額請求が認められているという点が興味深い。

### 3 併用型賃料制への賃料変更請求の可否

本件で裁判所は，売上歩合賃料制から併用型賃料制への変更請求に関し，併用型賃料制の方が一方的に賃貸人に有利であるとの判断をもとに，特段の事情がない限りそのような変更請求はできないと結論付けている。そして，その特段の事情として，契約締結後の経済事情の変動等によって併用型賃料制としなければ相当賃料への是正がなし得ない場合や，契約時に併用型賃料制に変更する旨の合意があった場合を挙げている。

併用型賃料制は，たとえ売上げが0円であったとしても最低賃料が保証されているという点においては賃貸人に有利だとの評価はあり得るが，歩合賃料の上乗せがあり得ることを前提に最低保証賃料を低く設定するようなケースも考えられる。賃料の定め方がいずれの当事者にとって有利かは，売上歩合型賃料制，併用型賃料制のいかんにかかわらず歩合の設定次第と思われ，併用型賃料制の方が「一方的に」賃貸人に有利といえるかどうかについては疑問が残るところである。

【吉田可保里】

〔92〕東京地判平成24年10月15日（平成22年(ワ)第39501号，平成23年(ワ)第13861号）　　*353*

## 92 フランチャイズ契約による店舗の使用貸借契約（あるいは賃貸借契約）終了と原状回復──ほっかほっか亭事件

東京地判平成24年10月15日（平成22年(ワ)第39501号，平成23年(ワ)第13861号）
ウエストロー2012WLJPCA10158012

### 争 点

フランチャイズ契約による建物使用貸借契約終了と原状回復

## ▌ 判決の内容

### ■事案の概要

　Xは，持ち帰り弁当のフランチャイズチェーンを全国展開するフランチャイザーである。Xは，サブフランチャイザーAとの間で埼玉県を対象地域とするエリアフランチャイズ契約を締結し，Aは，Yをフランチャイジーとして Yとの間でフランチャイズチェーンへの加盟店契約を締結し，Yはこの契約に基づき埼玉県内にある弁当屋を経営していた。加盟店契約は，AY間で当初契約したものから一部変更されて更新されているが，①AのYに対するチェーン加盟店の標章等を用いてYが弁当屋を営業することの許諾，②YによるAに対するロイヤリティ，YがAから購入した商材代金，広告宣伝，販売促進費等の金銭の支払，を主な内容とする覚書と，③YがAより店舗となる建物（本件建物），厨房機材や看板等動産（本件動産）を使用貸借することを内容とする使用貸借契約から構成されていた。なお，Aは建物所有者から本件建物を賃借し，それをYに転貸（使用貸借）していた。その後，Xは加盟店契約上のAの地位を承継し，またXはAから本件建物の賃借人兼転貸人の地位を承継し，Aから本件動産を買い受け，XYが直接，加盟店契約の当事者となるにいたった。なお，使用貸借契約では，契約終了時には，その理由のいかんを問わず，Yは自己の責任と費用負担で，建物及び動産を原状に復してXが定める期日までにXに返還することが定められていた。

　本件は，Yが，ロイヤリティ等を支払わず，Xによる支払の催告にも応じなかったため，Xが加盟店契約を解除し，XがYに対し，標章の使用差止め，商材代金の支払，使用貸借契約終了による賃料相当損害金の支払，建物の原状回

*354*　第3章　業務用施設特有の問題

復費用の支払等を求めた事案である。これに対しYは，Xには加盟店契約に基づく指導援助義務違反があったことを理由として累積損失分相当額の損害賠償金，また，加盟店契約締結時に情報提供義務違反等があったとして，初期費用投資額相当額の損害賠償を求めた。

　なおYは，Xによる原状回復費用の請求に対しては，加盟店契約締結当時，Aは既に本件建物にて直営で本件弁当屋を営業していたのだから，直営店として営業されていた店舗のまま返還すれば足り，スケルトンにして返還する義務を負わず，原状回復費用を負担する理由はないと反論している。

　本件の争点は多岐にわたるが，本稿では，店舗の原状回復について中心に解説する。

### ■判決要旨

　裁判所は，Yによる加盟店契約の債務不履行があったと認定し，その結果，Xの請求をほぼ全面的に認めた。加盟店契約による使用貸借契約終了と原状回復についての判断は次のとおりであった。

　一般的に，建物賃貸借契約終了時にその原状に復して明け渡す旨の約定をする趣旨については，明渡し後の建物を有効に活用するため，賃借人が施した内装等を撤去させることにあると解すべきであり，実際にAも建物所有者から店舗建物を賃借していたのであるから，その返還時には内装等を撤去する必要があったと考えられる。そうすると，原状回復の内容は，賃借人及び転借人が加えた内装等を撤去し，いわゆるスケルトンの状態で明け渡すことを示すと考えることが合理的である，YがAよりその直営店が営業されていた状態のまま引渡しを受けたとしても，Yが開店にあたっては新たな内装の施工を省くことができたにすぎず，契約終了時に内装等を撤去することまで免除されていたとは考え難いし，本件でもそのような事情があったとも認められない。したがって，Yは，店舗の内装等を撤去して明け渡す義務を負っていたというべきであるから，Yの主張は採用できない。

## 解　説

### 1　フランチャイズ事業における店舗の賃貸借契約

　フランチャイズ事業とは，フランチャイザーがフランチャイジーに対し標章等を利用し経営ノウハウの提供を受ける権利を付与し，フランチャイジーがそれに対する対価（ロイヤリティ）を支払うという形態の事業である。フランチャイズ事業の取引形態は様々であり，事業を営む店舗についても，フランチャイ

〔92〕東京地判平成24年10月15日（平成22年(ワ)第39501号，平成23年(ワ)第13861号）　*355*

ジーが独自に賃貸人との間で賃貸借契約を締結する場合（大津地判平21・2・5判時2071号76頁など）や，本件のように，フランチャイザーとの間で賃貸借契約を締結して店舗を借り受ける場合等がある。また後者の場合において，貸主となるフランチャイザーと借主フランチャイジーとが，店舗の賃貸借について独立した契約を結ぶ場合もあれば，建物の使用に関する合意を含む包括的なフランチャイズ契約とする場合もある。またこの場合，フランチャイザーに支払う店舗使用の対価，つまり，賃料に相当する額が具体的には明示されず，包括的にロイヤリティに含まれるケースもある。

　本件では，フランチャイザーからフランチャイジーが店舗となる建物と必要な機材とを合わせてフランチャイズ契約によって借りるものとされ，それらの使用の対価は定めずに使用貸借とした上で，フランチャイザー及びフランチャイジー間でロイヤリティの支払を含む包括的なフランチャイズ契約が交わされていた。そのため本件では，建物の使用に関する契約は使用貸借契約と表示されているが，実質的には，フランチャイジーが支払うロイヤリティの一部に建物等の使用の対価が含まれていたと考えることもできる。本件では争点とはなっていないが，使用貸借契約か賃貸借契約かによって，借り手側の地位が大きく異なることはいうまでもなく，フランチャイズ契約において建物使用に関し，どのように合意しておくかは非常に重要である。

## 2　フランチャイズ契約終了時の建物の原状回復

　本件では，Yが本店舗のフランチャイズ契約を締結した際，既に，Aによって当該店舗は弁当屋として営業に供されていた。その後，XがAの地位を承継し，さらにその後にフランチャイズ契約が終了したという経緯であった。

　Yは，原状回復について，契約締結当時の状態，つまり，弁当屋の店舗の状態のままXに明け渡せば足り，スケルトンにするといった原状回復義務は負わないと主張したが，裁判所は，契約当時の意思解釈として，本件契約における原状回復とは，内装等を撤去することだと判断し，スケルトンにするための費用はYが負担すべきとした。裁判所が，建物に関する賃貸借契約において，原状回復に関する約定は，明渡し後の建物の有効活用にあるとし，賃借人が施した内装等を撤去させることがその趣旨であるとした点，また，Aが建物所有者から建物を賃借しており，Aが建物所有者に対して内装撤去を含む原状回復義務を負っていることなどを考慮して，最終的にYが負うべき原状回復義務の範囲を認定した点が参考になる。

**【吉田可保里】**

*356*　第3章　業務用施設特有の問題

## 第3　ホ　テ　ル

## 93　ホテル内テナントの不法行為についての
## 　　ホテルの名板貸し責任

大阪高判平成28年10月13日（平成28年（ネ）第791号）
金判1512号8頁

### 争点

　ホテル内で営業しているマッサージ店の顧客に対する不法行為についての，ホテルの名板貸し責任（会社法9条類推適用の損害賠償責任）の有無

## 判決の内容

### ■事案の概要

　Xは，Y₁が経営する本件ホテルにY₂が出店しているマッサージ店で施術を受けたところ，Y₂の注意義務違反ないしは過失によって，脊髄症を発症し四肢不全麻痺の後遺障害を負った。XはY₂に不法行為責任に基づく損害賠償を求めるとともに，Y₁に対してY₁が本件マッサージ店の営業主体であると誤認される外観を作出しXがこれを信じて施術を受けたことにより後遺障害を負ったことを理由に会社法9条類推適用に基づく損害賠償を求め，これらを認容した一審判決を不服として，Yらが控訴をしたものである。

### ■判決要旨

　裁判所は，本件マッサージ店（Y₂）の営業主体がホテル（Y₁）であると誤認混同させる外観が存在し，ホテルがその外観を作出し，又はその作出に関与しており，Xがこれを信頼して本件施術を受けたときは，ホテルは会社法9条類推適用により損害賠償責任を負うというべきである（最一小判平7・11・30民集49巻9号2972頁参照，以下「平成7年最判」という），と述べた上で以下の検討を行った。

　本件ホテルは，周辺に独立した商業施設がなくホテル客のあらゆる需要をホテル内で実現させる必要があり，ホテルとしての一体性の実現により顧客誘引力を高めていたといえる。そしてホテルのイラストマップや掲示板から見ても，客からはホテルの直営店舗なのかテナントなのか区別がつかない状況であり，むしろ各種施設を備えたホテルであるとの印象や外観を客に与えている。

〔93〕大阪高判平成28年10月13日（平成28年（ネ）第791号）　*357*

以上のとおり本件施術当時，マッサージ店の営業主体がY₁であると誤認混同させる外観が存在したと認められ，そのような外観の存在を基礎づけるイラストマップや案内図等の記載はY₁自体が作出したものであり，Y₁がY₂に是正を求めることができたものである。

したがってY₁は上記外観を作出し，又はその作出に関与したものと評価することができるから，上記外観を信頼して本件マッサージ店を利用して損害を被った者に対して，会社法9条の類推適用により損害賠償責任を負う，として原判決を是認しYらの控訴を棄却した。

## ▍　解　　説

### 1　名板貸し人と同様の責任（商14条又は会社法9条の類推適用）

#### ⑴　本判例が参照した平成7年最判の考え方

スーパーマーケット（甲）の屋上のテナントであるペットショップ（乙）が顧客に販売したペットのオウム菌のため，家族がオウム症肺炎に罹り死亡した事故について，「その営業主体が甲または乙のいずれであるかが明らかにされていない事実関係の下においては……一般の買い物客が乙の経営するペットショップの営業主体は甲であると誤認するのもやむを得ないような外観が存在したというべきであり，外観を作出しまたは作出に関与した甲は，商法23条（現14条）の類推適用により名板貸人と同様の責任を負う」として，顧客が誤認するのがやむを得ない外観がある場合で，その外観作出に責がある施設運営者に，名板貸し責任と同様の責任を認めている。

具体的には①外部にはスーパーマーケットの商標を表示した大きな看板が掲げられ乙のテナント名は表示されていない，②案内板等にもペットショップとのみ表示され，乙名は表示がない，③他の店舗については案内板への表示やテナント名を書いた看板が吊下げられていたが本件ショップにはなかった，④乙は契約場所をはみ出して商品を置き，契約外の場所に「大売出し」の紙を貼っていたが甲は黙認していたなどの事実から，原審では否定した外観の存在を認めている。

もっとも昨今は，施設運営者よりも知名度のあるテナントがショッピングセンター等で営業しているケースもあるので，その場合の判断は検討する余地があるだろう。

#### ⑵　本判例での事実認定

本件判決と同旨の一審では，本件判決要旨に加え，本件マッサージ店はホテ

*358* 第3章 業務用施設特有の問題

ル内の他の施設に混在して存在し簡易なパーテーションだけで区切られただけの施設であり，ホテル名のロゴが記載されたタオルを常備し，マッサージ代金をホテルの宿泊料金と一括清算できるようになっていた等の事情に照らすと，利用客が営業主体をホテル会社である Y₁ と誤認混同することはむしろ当然であると述べ Y₁ に名板貸人と同様の責任を認めている。

　本判例は，平成7年最判に従い判断をしており，新しい判断を示したものではないが，商業施設ではなくホテルの事例として参考に紹介する。ホテルでは宿泊業務以外の種々のテナントが入居しサービスを提供することが多く契約形態も様々である一方，顧客がホテルという一つの建物の中でそのサービス提供者が誰であるかを誤認することは有り得ることであり，ホテル運営にとっては注意すべきポイントといえるだろう。

## 2　ホテルにおけるホテル内テナントに関する他種の紛争事例

　ホテルでは，各種テナントがホテル所有者あるいはホテル運営会社等と出店契約，賃貸借契約又は業務委託契約等を締結し，ホテル利用客にサービスを提供することが多い。そのため本件争点以外にもホテルとテナントで紛争が起こり得るので参考に紹介する。

### (1)　賃貸借契約か業務委託契約かが争われた例 (東京地判平27・9・10D1/DB29013563)

　ホテルが，レストラン業務を委託した運営会社に契約期間が満了したとして明渡しを求めた事案で，運営会社は本件契約は賃貸借契約であるとして正当事由なき明渡請求を拒んだものである。裁判所は，運営会社の対価の支払が売上げの5％となっていて固定したものではなく，業務に必要な施設はホテルが無償で提供していること，提供するメニューの種類や価格，営業時間等を両社の覚書で定めていること，レストランの看板，広告，パンフレット等にはレストランの名前とともにホテルの名前が載せられていること等の事情を総合し，運営会社がレストランを独立して運営することが予定されていたとはいえず，本契約を賃貸借契約とは認められないとした。建物使用権原が賃貸借契約なのか他の契約なのか（例えば，使用貸借契約か業務委託契約か等），賃貸借契約であったとしてもどこまで付随条件として合意されているかは商業施設等でもまま争点になるが【本書判例92】参照），賃料の決め方，敷金の多寡，設備の所有の他，外観（広告，領収書の記載，制服等），指揮命令の状況など基本の考慮要素を検討して総合考慮して判断されている。

### (2)　業務委託終了後の商号使用の差止めが認められた例 (東京地判平27・11・

20裁判所 HP）

業務委託契約による結婚式場，レストラン運営において，当該契約解除後においても運営会社が名刺を所持したまま屋号・名称を使用して予約等を受け，営業等を行っている事実が認められるため，商号の使用差止めが認められた事件である。業務委託の場合は施設経営者の商号で営業することが多いだろうが，契約終了後の使用について争いにならないためには，契約締結時及び終了時の合意が重要である。

(3) **賃貸借契約に付随して販売提携契約が成立するかが問われた例**（東京地判平25・1・22D1/DB29025741〔ホテルニューオータニ事件〕）

ホテル内で賃貸借契約にてスパ，エステティックサロン等を経営していたテナントが，ホテル側と定期借家契約の終了を争った際に，同時に，宿泊客が部屋付でテナントのサービスを受けた際にホテルが代金の収納代行をする部屋付提携契約と，ホテル宿泊とスパ利用をセットとして組み込んだプランを共同販売する宿泊提携契約が各々終了したのか否かが争われた事件である。部屋付提携契約は他のテナントも利用しており，賃貸借に付随してホテル内テナントという地位に基づいて通常実施され独立の契約ではないが，宿泊提携契約は付随契約ではなく独立の契約であると認定されている。

ホテルとテナントは共同して営業を行うことも多いが，特段の交渉や書面もなく始まり終了の際にその点が問題になるため，きちんとした合意をしておく必要がある。

【永盛　雅子】

360 第3章 業務用施設特有の問題

## 94 ホテル用建物の賃貸借契約における 原状回復の範囲

東京地判平成24年10月31日（平成20年（ワ）第24974号，平成21年
（ワ）第15317号）
判タ1409号377頁

### 争点

**1** ホテル用建物の賃借人が通常損耗の範囲に含まれるか否かにかかわらず原状回復義務を負うという特約が明確に合意されたといえるか

**2** ホテルとして使用した建物の通常損耗の範囲はどこまでか

## 判決の内容

### ■事案の概要

ホテル運営業者であるXが，ホテル事業用建物をYから賃借していたが，賃貸借契約を期中解約し明け渡したとして，Yに対し敷金の返還等を求めた訴訟である。Yが返還すべき敷金の額を認定するには，賃借人であるXの原状回復義務の範囲がどこまでであるかが争点となった。なおYは，期中解約は無効であると主張し，反訴にてXの債務不履行による解除及び違約金支払を請求する等争点は多岐にわたるが，その他の争点については説明を割愛する。

当該賃貸借契約には，期中解約条項や承諾なき運営委託禁止などの特約に加え，①Xの責めに帰すべき事由による修繕，更新等はXの負担とする，②X関係者（X，Xの転借人，使用人，宿泊客，訪問客等）の故意又は過失によりY又は第三者に損害を与えた場合，Xはその損害を賠償する，旨の定めがあった。

### ■判決要旨

### 1 通常損耗の範囲についての原状回復義務

賃借人には，賃借物件を原状に復して返還する義務があるが，賃借物件の損耗の発生は賃貸借という契約の本質上当然に予定されているものであるから，賃借人は，特約のない限り賃借人が社会通念上通常の使用をした場合に生ずる賃借物件の劣化又は価値の減少，すなわち通常損耗についての原状回復義務を負わない（最二小判平17・12・16裁判集民218号1239頁，最三小判平23・7・12裁判集民237号215頁【本書判例17】）から，原則としてXは通常損耗の範囲を超える部分についてのみ原状回復義務を負う，として事業用建物についても上記最判の射程

が及ぶとした。

その上で，賃借人に通常損耗についての原状回復義務を負わせるのは，賃借人に予期しない特別の負担を課すことになるから，その旨の特約が明確に合意されていることが必要である（上記平成17年最判）ところ，**事案の概要**記載の①②の記載があるからといって，Xは，X関係者の故意又は過失による損傷につき，通常損耗の範囲に含まれるか否かにかかわらず原状回復義務を負い，これを更新又は交換する義務を負う旨の特約が明確に合意されたとはいえない，として特約の存在を認めなかった。

## 2　ホテル事業用建物の場合の通常損耗の範囲

本件建物は多数の従業員，宿泊客，訪問客等の使用が想定されるホテル事業用の建物（しかも，大型テーマパークに隣接する観光ホテルであり，年少者を含む幅広い年齢層の宿泊客による使用が想定される）で，ホテルの開業以降，約6年間にわたり，現にホテル事業用の建物として使用されてきたことなどを総合考慮して，賃借人であるXが原状回復義務を負う建物部分を限定し，FFE（建物とは別の内装，家具，設備等をいう）については通常損耗の範囲を超えていないと認定した。その上でXが，ガイドラインに基づき一般的な通念や慣行に従って補修見積額や残存価額を算定し，そのいずれか少ない方を基準に工事費用を認定した方法などに不合理な点は認められないと判断して，Xの敷金返還請求額をほぼ認めた。

## ┃　解　　説

賃貸借契約終了時の原状回復義務（民598条・616条）は明文にあるが，通常損耗を除くという原則的考え方は明文にはない判例法理であったので，改正民法621条でこれを明文化することとなった（【本書判例21】参照）。もっともこれと異なる特約を否定する趣旨ではないので，本判例の示した特約の合意の有無は重要な争点となってくる。

本判決は，考え方としては新しいものではないが，ホテル事業用建物についても住宅の事案であった上記平成17年最判の射程が及ぶとした上で，特約が明確に合意されたかを判断し，最後にホテルとして使用した建物の通常損耗の範囲をどう考えるかを示したもので，近年増えているホテル事業の実務にとって希少な事例として参考になる。

**【永盛　雅子】**

362 第3章 業務用施設特有の問題

## 95 ホテル用建物の賃料減額請求の当否と 相当な賃料額

東京地判平成25年10月9日（平成22年(ワ)第47532号，平成23年
(ワ)第23332号）
判時2232号40頁

### 争 点

1 ホテル用建物賃貸借契約において，借地借家法32条1項の賃料減額請求
が認められるための，従前賃料の不相当性
2 相当な賃料額の認定

# ▌判決の内容

## ■事案の概要

　XとYはともに，国内有数の不動産会社である。XとYは，共同で東京都港
区の土地を約800億円で落札し，各2分の1の割合で37階建ての建物を建設所
有し，その上層階（本件ホテル供用部分）を，一般に最高級とされるラグジュア
リーホテル（本件ホテル）の用に供している。

　Yは，本件ホテル供用部分の自己の共有持ち分をXに賃貸し（本件賃貸借契約），
Xは自己の共有持ち分と併せて，訴外ホテル運営会社に本件ホテルの運営を委
託し，平成17年7月からホテルは営業を開始した。

　本件賃貸借契約に定める賃料は，1年目が年額3億円，2年目から年額7億
3491万円（月額約6124万円）である。

　なお反訴にてYは，1年目の賃料は2年目以降と同額であり，3億円との差
額を後日支払う合意があったとして争ったが，その合意は認められていない。

　Xは，本件ホテルの収益悪化により本件賃貸借契約の賃料減額請求権を行使
したとして，平成22年4月1日（第1時点）以降及び平成23年5月1日（第2時
点）以降の各賃料確認を求めたのが本件（本訴）である。

　その他の争点は省略する。

## ■判決要旨

　判決は，平成15年サブリース最判（最三小判平15・10・21民集57巻9号1213頁）を
引用し，賃料減額請求の当否及び相当な賃料の判断に当たっては，衡平の見地
に照らし，借地借家法32条1項に例示列挙された経済的要因以外に，「賃貸借

〔95〕東京地判平成25年10月9日（平成22年(ワ)第47532号，平成23年(ワ)第23332号）　*363*

契約の当事者が賃料額決定の要素とした事情その他諸般の事情を総合的に考慮すべき」であるとし，まず先に相当な賃料額を認定した上で，従前賃料と比較し不相当性を判断した。

① 第1時点の従前賃料は月額約6124万円であるところ，相当賃料額の5490万円（要旨②で後述）とかなりの程度乖離していることに照らせば，公租公課の負担が軽減しているとはいえず，近傍同種の建物の借賃が必ずしも明らかではないことを考慮しても，従前賃料が請求時点では不相当となっていたと認められる。

② 利回り法，スライド法及び差額配分法により得られた各試算賃料はそれぞれが一定の規範性を有し概ね近似していることから，信頼性を有するものと評価し，第1時点の相当な賃料額を，これらの平均値である月額5490万円と認めるのが相当である。

なお，第2時点については，従前賃料不相当の事情の主張・立証がないとして請求を棄却している。

## ■ 解　説

### 1　ホテル賃貸借における賃料の特徴

#### (1)　長期契約

ホテルや映画館など特定用途で，ある程度大規模の施設は，テナントや運営業者が早い段階で企画に参加し，使用側の要望を反映して建設するオーダーメイド方式の賃貸借となることも多い。使用側のオリジナルな要望が反映された建物であることに加え，そもそもオフィスや住宅に比べ他の不動産へ移転することは現実的でないこともあり，契約期間は長期間となり，解約の制限も厳しいことが多い。

#### (2)　歩合賃料

ホテルは，立地や建物の内容も営業収益に直結し経済変動の影響も受けやすいにもかかわらず，(1)の通り賃貸借期間が長いため，賃料の設定は単純な固定賃料でないことが多い。テナントが長期間約束できる固定賃料は必然的に安くなり，賃貸人と折り合わないので，一部又は全部が歩合賃料となるためである。

商業店舗でも歩合賃料が多い点では同様であるが（【本書判例91】参照），契約期間はまちまちである。なお，大規模な百貨店の歩合賃料に付き賃料減額請求が認められた例として，横浜地判平19・3・30（金判1273号44頁）がある。

本件でYは，このような事情にもかかわらず，ホテル営業収益に左右されな

い賃料収入としたいという意向であったことから，Xがサブリースをすること
となっている。

## 2 平成15年サブリース最判の判例法理（本最判が，サブリースでも借地借家法の適用があることを示した点に付き【本書判例35】参照）

本最判は賃料減額請求の当否を決める従前賃料の不相当性の判断において，借地借家法32条1項所定の一般的な経済事情の変動にプラスして，当事者間の契約の締結の経緯に際しての諸般の事情を総合的に考慮するべきことを判示し，その後の賃料増減額請求の新たな法理となっている。

本判決では，この法理に基づき，賃料の合意において，Yの意向に基づきホテル業績の変動を直ちに賃料に反映させることまでは予定していなかったとしてXの主張する収益分析法に基づく算定を排斥すると同時に，とはいえホテル事業の見通しは賃料決定の1つの要素であった，とも認定しYの主張する事業収益を考慮すべきでないという主張も排斥した上で，3のとおり相当賃料額を独自に認定した。

## 3 相当賃料額の認定方法

双方当事者が提出した各意見書は，いずれも同一使用目的で継続して賃貸借する場合の賃料（継続賃料(注1)）を求めたもので，ホテル供用部分の価格を算定した上で利回り法，スライド法，差額配分法から得られた試算賃料を勘案して，相当賃料額を算出している。

裁判所は，これらの判断手法は合理的であるとした上で，一部数値の修正を行い，それらの平均値を相当賃料額として認定した。なお，賃貸事例比較法は比較すべき適切な事例が得られないため採用しないこととしている。

## 4 本判決の意義

本件は，いわゆる賃料増減額請求事案であるが，最高級クラスのホテル事案という特徴に加え，賃料の意見書等も双方合理的なものが提出されており，それを踏まえた裁判所の相当賃料の認定方法には事例的意義がある。

【永盛　雅子】

---

（注1）　不動産鑑定評価の賃料鑑定では，「新規賃料」と「継続賃料」に分けて考える。「継続賃料」とは，不動産の賃貸借等の継続に係る特定の当事者間において成立するであろう経済価値を適正に表示する賃料であり，通常の合理的な市場を前提とする「正常賃料」（新規賃料）とは区別される。

# 第4章

## その他

## ＊本章の趣旨＊

本章では，賃貸借や管理と異なる観点で，その他参考になる事例を紹介する。

### 1 売買又は売買仲介

不動産売買，建設取引の中で，特に貸しビルや業務施設の取引の特性が論点となる事例を紹介する。

### 2 税

不動産賃貸業において，継続的なコストである税，特に固定資産税は，収益上重要なポイントである。建物の形状に特性がある場合の考え方や，住宅や宗教施設など一定の目的に供される不動産は，減税の特別措置があるため，業務施設等でもその適用があるかどうか，については争われることが多い。種々の目的の建物についての事例を紹介する。

## 第1　売買・売買仲介

### 96　商人間の土地の売買における瑕疵担保責任の期間制限と宅建業法の扱い

東京地判平成21年3月6日（平成20年（ワ）第10418号）
ウエストロー2009WLJPCA03068007

**争点**

商人間の土地売買における瑕疵担保責任への商法526条適用の可否

## ■ 判決の内容

### ■事案の概要

　買主Ｘは，売主Ｙとの間で平成18年12月25日，売買代金5870万円にて土地建物の売買契約を締結し，平成19年3月29日，その引渡しを受けた。当該建物は，約30年にわたり新聞販売所として使用されていた建物であった。

　Ｘは，同年11月20日，業者に依頼して本件土地の土壌汚染の概況調査，さらに同年12月13日，表装土地個別調査及びボーリング調査を実施したところ，本件土地の地中0.5m及び1m〜2.5mまでの範囲に指定基準を超過する鉛の土壌汚染が確認された。そこでＸは，当該土壌汚染は民法570条の隠れた瑕疵に該当するとして売主Ｙに対し損害賠償を求めたのが本件である。

　Ｘの請求に対し，Ｙは，引渡し後6か月以内にＸは瑕疵についての通知をしていないので，商法526条1項及び同条2項によりＸは瑕疵担保を請求できないと争った。

　また，売主であるＹは宅地建物取引業者であり，Ｘは不動産売買を業とする有限会社ではあるものの宅地建物取引業の免許は有していなかったため，Ｘは，宅建業者であるＹが売主となる本件売買には宅地建物取引業法40条が適用されるので，民法の規定どおり事実を知った時から1年間は瑕疵担保責任の追及をし得ると主張した。

　本件は，新聞販売所として使用されていた建物と同建物の存する土地の売買契約における土地の瑕疵に関する事例であり，事業用建物そのものに関する事例ではないが，事業者間の不動産の取引に関して非常に重要な事例であるため

〔96〕東京地判平成21年3月6日（平成20年（ワ）第10418号）　*369*

紹介する。

■**判決要旨**

### 1　商法526条の適用について

　原告は，土地の土壌汚染には，商法526条の適用がないと主張する。しかし，商法526条は，その文言上，土地についての瑕疵を除外していないし，商取引における迅速性の確保という同条項の趣旨は，土地等不動産の取引にも当てはまるものである。原告は，土壌汚染などは，容易に発見できないと主張するが，土壌汚染は専門的な調査が必要であるが，引渡しを受けた目的物を調査するだけで発見できるものであるから，他の瑕疵に比しても買主に特別に困難を強いるものではなく，原告の主張は採用できない。

### 2　宅建業法40条と商法526条の適用

　宅建業法40条は，瑕疵担保責任の特約を制限した場合の規定であり，本件のように特に瑕疵担保責任を制限する定めがない場合には適用されない。仮に，適用があったとしても，当該特約がない状態になるだけであり，商人間については，商法526条が適用になることに変わりはないというべきである。

　以上のように判断し，Xの請求を棄却した。

## ▌　解　　説

### 1　商法526条の通知義務

　商法526条は，商人間の売買契約につき，商取引の安定性の要請から買主に対し，目的物を遅滞なく検査することを定め（同条1項），また，検査により売買の目的物に瑕疵があること又はその数量に不足があることを発見したときは，直ちに売主に対してその旨の通知を発しなければ，その瑕疵又は数量の不足を理由として瑕疵担保責任を追及することができず，直ちに発見することのできない瑕疵がある場合において，6か月以内にその瑕疵を発見したときも，同様とするとしており（同条2項），発見までに時間を要するような瑕疵であっても引渡しから6か月以内に瑕疵を発見し直ちに通知をしなければ売主に責任を追及できないことを定めている。

　土壌汚染の調査の実施に当たっては，土地上に建物がある場合は，まず建物を解体撤去しなければならず，調査自体も専門業者によらなければならないため，買主が引渡しから半年以内にこの調査を完了することは，商人とはいえ買主にとって酷であるようにも思われる。本件でもXは，建物の解体には隣接地所有者の承諾を得るのに時間を要し，瑕疵の発見までに時間がかかったことな

*370* 第4章 その他

どを主張したが，このような主張は，期間を徒過したことに正当事由がある場合は除くというような特約がない以上，失当だと判断された。

土地の瑕疵に関し，参考となる判例として，商人間の土地の売買契約において，引渡し後6か月を過ぎて地中に大量の材木片等の産業廃棄物及びコンクリート基礎等が発見された事案で，東京地判平4・10・28（判タ831号159頁）は，売主がコンクリートの一部の存在を認識していたことから，地中に当該コンクリートの一部と一体的なものとして存在しているコンクリート基礎全体の存在を認識していたと推認すべきとし，商法526条3項を適用してコンクリート基礎の撤去費用を損害賠償として認めている。この事例においても，産業廃棄物の存在については，売主が悪意だったとは認められないので，買主は産業廃棄物については請求できないとされている。このケースにおいても地中の障害物に関し，土地の瑕疵に当たることを前提に，商法526条の適用があることが前提とされている。

### 2　民法改正と商法526条

民法の改正に伴い，改正前民法の瑕疵担保責任は，「契約不適合責任」として債務不履行責任に位置づけられることとなるのに伴い，商法526条2項の条文も改正され，「売買の目的物に瑕疵があること又はその数量に不足があること」という規定が，「売買の目的物が種類，品質又は数量に関して契約の内容に適合しないこと」と改正され，改正民法562条1項の文言に統一される。

また，責任の内容についても，改正民法と同じく，代金減額，損害賠償，契約解除に加えて，履行の追完請求が可能となる。

なお，期間制限については，改正民法566条にて「買主がその不適合を知った時から1年以内にその旨を売主に通知しないときは，買主は，その不適合を理由として」契約不適合責任を追及することができないこととされ，これまで1年以内に権利を行使しなければならなかったものが，売主への通知で権利が保存されることになるが，商法の厳格な期間制限は，民法の特則として改正後も維持される。

### 3　宅建業法40条

宅地建物取引業法40条は，宅地建物取引業者に対し，自ら売主となる宅地又は建物の売買契約において，瑕疵担保責任期間を期間についてその目的物の引渡しの日から2年以上となる特約をする場合を除き，民法の規定より買主に不利となる特約をしてはならないと定めている。

これは，不動産取引に精通している宅建業者とそうでない者とが取引をする

場合に，当該取引相手を保護することを目的とするものである。

　この定めは，売買契約に瑕疵担保期間を短縮する特約を設ける場合に適用される制約である。本件では，売買契約において瑕疵担保期間についての特約は設けられていなかったため，この規定は適用されず，また，当然ながら，宅建業者とそうでない商人間の取引であっても，この規定の趣旨に鑑みて商法526条の定める期間制限が排除されることはないと判断されている。

【吉田可保里】

372　第4章　その他

## 97 事業用不動産売買契約における 媒介業者の説明義務の範囲

東京地判平成27年6月23日（平成26年(ワ)第11169号）
判タ1424号300頁

### 争点

　事業用建物及び敷地の売買契約において，買主側の媒介業者に電気設備及び消防用設備に補修を要すべき瑕疵があったことの調査義務及び重要事項説明義務違反が認められるか

## 判決の内容

### ■事案の概要

　有料老人ホームの運営等を業とする買主Yから事業用土地及び建物の紹介を依頼され，3階建事務所とその敷地の売買契約の媒介を行った，宅地建物取引業者である買主側の媒介業者Xが，買主Yに対し，不動産売買の媒介報酬の支払を求めたところ，買主Yが，媒介業者Xに電気設備及び消防用設備に補修を要すべき瑕疵があったことの調査義務及び重要事項説明義務違反があると主張し，支払義務の有無を争った事案。

### ■判決要旨

　補修を要すべき瑕疵があったとしても，売買契約の特約上，物件状況確認書及び付帯設備表の作成・交付を行わず，現状有姿のまま引き渡し，売主は一切の修復義務を負わないとされていた場合には，買主はリスクを考慮した上で価格を決定したものと解されるから，価格決定に影響を及ぼすような修繕事項がある等の場合は別として，通常のメンテナンスの範囲内の修繕・交換等を要する事項については，買主側の媒介業者に調査義務及び重要事項説明義務違反はないとして，Yの主張を認めなかった。

## 解　説

### 1　宅地建物取引業法35条に定める重要事項説明義務

　本条は宅地建物取引業者が当事者に説明すべき内容を規定する。本事案は，同条に記載がない事項であっても，宅地建物取引業者に説明・調査義務が認められることがあるとの判断を裁判所が示したものである。

〔97〕東京地判平成27年6月23日（平成26年（ワ）第11169号）　　*373*

　裁判所は，同条の規定の趣旨を，「宅建業者が購入者等に対し取引物件，取引条件等に関する正確な情報を積極的に提供して適切に説明し，購入者等がこれを十分理解した上で契約締結の意思決定ができるようにするため」のものと判示し，「かかる趣旨からすれば，宅建業者が調査した上で説明すべき程度及び内容は，個々の取引における動機，目的，媒介の委託目的，説明を受ける者の職業，取引の知識，経験の有無・程度といった属性等を勘案して，買主等が当該契約を締結するか否かについて的確に判断，意思決定することのできるものであることを要すると解すべきである」として，「法35条1項各号の列挙事由……以外の事項について直ちに調査・説明が不要と解するのは妥当ではなく，個々の取引における個別的な事情に照らして，個別具体的に検討する必要がある」と解釈し，宅地建物取引業法35条1項各号の規定が制限列挙ではなく，調査・説明義務の有無については個別に判断を加える必要があるものとした。

　裁判所は「電気設備」については「生活や事業を営む上で必要不可欠の設備」とした上，一般的には「（電気設備の）施設の内容はどういうものか，普通の状態で普通の使い方で継続的に使えるものかどうか，その施設が直ちに使えるものかどうか等について調査・説明が行われる必要がある」と判示し，本件建物が「テナントが多数入居する商業ビル」であることから，電気設備が設置されているかは当然調査・説明義務の対象であって，電気設備が通常の使用に耐え得るものであるか否か，直ちに修繕を要する事項があるか否かについては，基本的に調査・説明義務の対象となると判断した。ただし本事案では，特約条項により，物件状況確認書，付帯設備表の作成・交付を行わず，現状のまま引き渡すものとされ，売主に一切の修復義務がない点に鑑み，価格決定に影響を及ぼすような修繕事項がある等の場合は別として，通常のメンテナンスの範囲内の程度の事項についてまで，調査・説明義務を負うものではないとした。

　また「消防設備」については，消防設備が建物の種類，性状等によってはその設置や維持，点検等が求められるものである（消防法17条以下）として，通常は，設置が必要な建物の場合には設置の有無及び維持の状況が買主の意思決定に重要な事項にあたるものとして，買主の属性，経験，取引目的，契約条項等の事情によっては，調査・説明義務が生じるものとした。本件建物は「特定防災対象建築物」に該当することから，消防設備の設置及び維持が，調査・説明義務の対象となるとした上で，特約条項に照らし，電気設備と同様，価格決定に影響を及ぼすような修繕事項がある等の場合は別として，通常のメンテナンスの範囲内の事項については調査・説明義務を負わないと判示した。

374　第4章　その他

　本件においてはさらに，売主側の仲介業者は，買主側に比して調査がより容易であり，かつ売主の瑕疵担保責任等に配慮を要する立場にある等の観点から，調査・説明義務を負うのは一次的には売主側の仲介業者であり，買主側の仲介業者は，主として売主側の仲介業者を通じて説明に必要な情報を得るのが通常とし，売主側の方がより調査・説明義務が重いことを示した点も興味深い。また買主側に複数の仲介業者がいる場合の責任分担について，仲介業者の報酬の多寡，当事者との関係などから，当事者間の合理的意思解釈及び信義則の観点を用いて考察を加えている点も参考となり得る。

## 2　説明義務に関する他の裁判例

　宅地建物取引業者の説明義務については，売買契約に限らず，賃貸借契約の事例においても，裁判所は制限列挙と考えず，個別具体的に判断をしているため注意を要する（東京地判平25・7・22（平成24年（ワ）第31925号）LEX/DB25513887）。

　この事例は，借主が試験会場用として物件を賃借したものの，地下のライブハウスの騒音のために賃貸借契約を解除したという事例であるが，裁判所は，騒音が支障となったことの立証がないことに加え，教育事業を営む借主側に一定の知見等があったことを理由として，借主から特に要望のないかぎり，宅地建物取引業者に地下のライブハウスの騒音についての調査・説明義務はないものと判断した。

　この点仮に，ライブハウスの騒音が真に深刻なものであり，かつ借主側になんらの知見もなかったと認められる事例であったとすれば，宅地建物取引業者に騒音についての調査・説明義務が課せられる可能性も否定できない。

　宅地建物取引業者としては，一般の住宅等と異なり事業用不動産においては，使用目的や方法の個別性があるため，特に当事者の目的や使用方法の特殊性などを念頭において，法令に列挙された事項の調査・説明にとどまらず，取引当事者が判断を誤ることのないように，適切な情報の提供に努める必要がある。

　なお宅地建物取引業者の説明義務として直接判示した事案ではないものの，賃貸不動産を賃借人が入居・使用する状態のままで売買の対象とする場合において，売主側には「賃貸借契約の内容」のみならず，「賃借人の経済状態，賃料の滞納の有無，過去の賃料改訂の経緯」は，「当該不動産をいかなる価格・条件で購入するかを決定する上で，重要な判断材料となり得るものである」として，「売主が……正確な情報を提供しないことや不正確な情報を提供することによって買主の判断を誤らせるおそれがあり，そのことを売主が当然に認識すべき場合等，その作為・不作為が信義誠実の原則に著しく違反するときには，

売主の行為は違法と評価され，不法行為責任を問われることもあり得る」とした事例（ただし，買主の判断を誤らせたとはいえないものとし，信義則違反は認めず，不法行為責任は認められなかった）もあり，参考となる（東京地判平24・11・26（平成23年（ワ）第14622号，同第31267号）判時2182号99頁）。

なお当該事案は，正確には不動産そのものの売買ではなく，信託受益権の売買に関するものであったが，裁判所は，のちに信託契約を終了させ，最終的には不動産の所有権の取得を目的とするものであったことを理由とし，売主側の義務の範囲は，不動産自体を対象とする売買契約と変わらないとの判断をも示した。

### 3 不動産譲渡による賃貸人の地位の移転に関する改正民法の条文新設

賃貸中の不動産が譲渡された場合に，賃貸人の地位が買主に移転することについては，民法上，明文にされていなかったが，新設された改正民法605条の3で，賃貸人の地位を留保する旨の特約がない場合には，「不動産の譲渡人が賃貸人であるときは，その賃貸人たる地位は，賃借人の承諾を要しないで，譲渡人と譲受人との合意により，譲受人に移転させることができる。この場合においては，前条第3項及び第4項の規定を準用する。」と規定し，賃貸人の地位の移転に関する判例法理（最二小判昭46・4・23民集25巻3号388頁）が明文化された。

また，改正民法605条の2第2項では，「不動産の譲渡人及び譲受人が，賃貸人たる地位を譲渡人に留保する旨及びその不動産を譲受人が譲渡人に賃貸する旨の合意をしたときは，賃貸人たる地位は，譲受人に移転しない。この場合において，譲渡人と譲受人又はその承継人との間の賃貸借が終了したときは，譲渡人に留保されていた賃貸人たる地位は，譲受人又はその承継人に移転する」とし，賃貸不動産の信託による譲渡の場合に，信託の受託者（新所有者）が修繕義務や費用償還義務等の賃貸人の義務を避けて，旧所有者に不動産管理を任せたいというようなニーズに応じられるようになった。

【丸尾はるな】

*376 第4章 その他*

# 第2 税

## 98 用途の異なる区分所有建物の固定資産評価の考え方

札幌高判平成28年9月20日（平成28年（行コ）第8号，同第14号）
判自416号24頁

### 争点

用途の異なる区分所有に係る建物の各部分を，個別に評価することは認められるか（地方税法352条1項に違反しないか）。

## 判決の内容

### ■事案の概要

1個の事務所部分（X所有）と32個の住居部分の計33個の専有部分及びその他共用部分からなる区分所有に係る10階建てマンション（以下「本件建物」という）において，本件建物一棟全体に単一の経年減点補正率を適用して按分せず，各部分の用途ごとの経年減点補正率をそれぞれ乗じる方法によったY市の算定方式が地方税法352条1項に反して違法であるなどとXが主張し，Xの審査申出を棄却したY市固定資産評価審査委員会決定の取消しを求めるとともに，国家賠償法1条1項に基づき，Y市及び北海道に対して，Xが過大に納付した税金及び本件訴訟の弁護士費用の合計額並びに遅延損害金の支払を求めた事案である。原審は，Xの主張を一部認めたが，控訴審は，Xの主張を認めず，上告棄却で確定した（最三小決平30・4・10LEX/DB25560384）。

### ■判決要旨

地方税法は，固定資産の適正な価格の算定のための技術的かつ細目的な基準の定めを固定資産評価基準に委任している（最一小判平15・6・26（平成10年（行ヒ）第41号）民集57巻6号723頁参照）。

評価基準は，適正かつ公平な課税の観点等から必要がある場合には，一棟の家屋を部分ごとに区分して評価した上で価格を算定するという例外的な評価方法によることがあり得ることをも定めており，家屋の客観的状況等に応じた適切かつ合理的な評価方法を選択することについて，市町村長に一定の裁量を与

えているものと解される。

　地方税法352条１項は，区分所有家屋を一棟の家屋として評価することを予定しているとはいえるものの，これ以外の評価方法を許容しない趣旨であると解することはできず，市町村長の裁量で，一棟の家屋を部分ごとに区分して評価した上で価格を算定するという例外的な評価方法によって評価しても，違法ではない。

## ■　解　　説

### 1　Xの主張の背景

　不動産を所有する者にとって，固定資産の評価は，毎年の固定資産税及び都市計画税の負担，不動産取得税，不動産登記の登録免許税の額など不動産所有のコストに直結するものであり，万が一誤りが見つかれば，過大に納付した税金の還付や国家賠償請求の対象となることからその関心は大きい。

　課税は国民の財産権（憲29条）に対する制約と考えられており，憲法84条では「あらたに租税を課し，又は現行の租税を変更するには，法律又は法律の定める条件によることを必要とする」と規定し，租税法律主義を採用している。

　この点地方税法352条１項は，区分所有に係る家屋についての固定資産税につき，「当該家屋に係る固定資産税額を当該区分所有者全員の共有に属する共用部分に係る同法第14条第１項から第３項までの規定による割合（専有部分の天井の高さ，附帯設備の程度等について著しい差違がある場合においては，その差違に応じて総務省令で定めるところにより当該割合を補正した割合）によつてあん分した額を，当該各区分所有者の当該家屋に係る固定資産税として納付する義務を負う」と規定し，一棟の建物全体で固定資産税額を算出し，これを按分するものとしている。

　Xは，この地方税法352条１項を根拠として，本件でも一棟の建物として単一の経年減点補正率を乗じて固定資産税を算出し，これを按分にすべきだと主張した。

　経年減点補正率については，事務所用建物よりも住宅・アパート用の建物の方が，年数によっては小さい値が設定されており（固定資産評価基準第２章別表第13非木造家屋経年減点補正率基準表参照），同じ建物であっても住宅・アパート用の建物の方が固定資産の評価額が下がることがあり得る。

　そのため，主に住居として使用される本件建物において，事務所用建物の経年減点補正率ではなく住宅・アパート用の方を適用させることができれば，X

378 第4章 その他

の負担額は下がる。

## 2 裁判所の判断

第1審は，地方税法352条1項の趣旨を，区分所有権は区分所有建物の共有部分と不可分であり，専有部分も各個別の事情を有することなどから，個別に区分所有権を評価することは著しく困難であるとし，法は区分所有建物一棟の価格について予め用途等により区分して評価することを予定しておらず，当該区分所有建物一棟を基本単位として一括評価すべきであることを定めたものと解し，文言及び趣旨から，法律違反を認めた。

ところが控訴審においては，地方税法352条1項の規定上は，区分所有家屋を一棟の家屋として評価することが予定されているものと解されるとしながらも，地方税法352条1項は，区分所有家屋の各部分を個別に評価する方法によることが著しく困難であることから定められたものであることからすれば，同条項が，区分所有家屋の各部分を個別に評価することが現実に可能である場合に，これを許さないものと解することは困難であるとし，また，地方税法は，固定資産の適正な価格の算定のための技術的かつ細目的な基準の定めを固定資産評価基準に委任し，家屋の客観的状況等に応じた適切かつ合理的な評価方法を選択することについて，評価基準を運用する市町村長に一定の裁量を与えているとした。

その上で，地方税法352条1項は，区分所有家屋を一棟の家屋として評価することを予定しているとはいえるものの，これ以外の評価方法を許容しない趣旨であると解することはできない，として法律違反を認めなかった。

もっとも法律租税主義の原則からすれば，地方税法352条1項の文言と異なる課税を認めるのは適切でないとの批判もある。

本事案以外には，14個の建物が相互に連結して構造的にも機能的にも一個の建物として利用されていた旧第1ターミナルビルが，新たなターミナルビルの建設により使用されなくなったとして「需給事情による減点補正率」の適用を巡って争われた事例がある（那覇地判平20・10・28（平成19年(行ウ)第18号）裁判所HP）。

この事例は，各家屋につき個別の評価額を求めることの是非を直接述べるものでないが，裁判所は旧第1ターミナルビルとして使用されなくなったことをもって，「需給事情による減点補正率」を考慮すべきとし，各家屋につき同一の「需給事情による減点補正率」を乗じて計算した上で，各家屋につき個別の評価を行った。

裁判所は，特殊な家屋においては，個別の事情を考慮して評価していることが窺われる。

【丸尾はるな】

380　第4章　その他

## 99　納骨堂の固定資産税非課税要件の該当性

東京地判平成28年5月24日（平成27年(行ウ)第414号）
判夕1434号201頁

**争 点**

固定資産税非課税要件を定める地方税法348条2項3号の「宗教法人が専ら
その本来の用に供する宗教法人法第3条に規定する境内建物及び境内地」の判
断基準

## 判決の内容

### ■事案の概要

納骨堂事業を行う宗教法人Xが，処分行政庁Yに対してX所有の納骨堂等の
土地及び建物に対する固定資産税及び都市計画税の賦課処分の取消しを求めた
ところ，非課税要件には当たらず処分が適法と判断された事案である。

### ■判決要旨

#### 1　地方税法348条2項3号の該当性判断基準

地方税法348条2項3号に規定する「宗教法人が専らその本来の用に供する
宗教法人法第3条に規定する境内建物及び境内地」とは，①当該宗教法人にと
って，宗教の教義をひろめ，儀式行事を行い，信者を教化育成するという主た
る目的のために必要な，本来的に欠くことのできない建物，工作物及び土地で，
同条各号に列挙されたようなものであり，かつ，②当該宗教法人が，当該境内
建物及び境内地を，専ら，宗教団体としての主たる目的を実現するために使
用している状態にあるものをいうと解すべきであり，当該要件該当性の判断は，
当該建物及び土地の実際の使用状況について，一般の社会通念に基づいて外形
的，客観的にこれを行うべきである。

#### 2　本件該当性

本件納骨堂の使用者については宗旨宗派を問わないとされているのみなら
ず，本件建物においては，X以外の宗旨宗派の僧侶等が主宰する法要などの儀
式行事が行われることが許容され，その場合，使用者はXに対して施設使用料
を支払うこととされ，実際にも，それが例外的とはいえない割合で行われてお
り，Xは，訴外会社を通じて使用者を広く募集していることに照らすと，Xが
（本件非課税対象外部分）を，専ら，宗教団体としての主たる目的を実現するため

〔99〕東京地判平成28年5月24日（平成27年(行ウ)第414号）　*381*

に使用している状態にあるとは認められないといわざるを得ない。

# ■ 解　　説

## 1　宗教関連に使用する不動産の課税

地方税法348条は，固定資産税の非課税の範囲を定めている。

宗教法人の営む「墓地」については，地方税法348条2項4号で固定資産税の非課税対象とされている。

本事案は，納骨堂について，地方税法348条2項3号の「宗教法人が専らその本来の用に供する宗教法人法第3条に規定する境内建物及び境内地」にあたらないとして，固定資産税の非課税対象としなかった行政処分庁の判断を肯定した。

今日，都市部への人口流出，墓地管理の負担軽減などの需要から，「墓地」に代わるものとして都市部での納骨堂事業が発展してきている。また都市部において宗教法人が有する敷地の広さに着目し新しい事業を興す例が増えてきている。

本事例は，宗教法人における新事業に利用される土地建物への固定資産税の課税の有無の判断基準を示したものとして注目される。

裁判所は，宗派関係なく広く使用者を募集し，宗派関係なく使用でき，それが例外的な事例でないと評価されるものについては，専ら，宗教団体としての主たる目的を実現するために使用している状態にあると評価し得ないとしている。

裁判所の評価方法からすれば，同じく納骨堂事業であっても，当該宗教団体の信者を主に使用者として想定し，他の宗派の利用は例外的なものに限り認める利用方法であれば，固定資産税の非課税対象となる余地があるとも思われるため，今後の事業展開の方法においては参考となる。

## 2　固定資産評価の方法

なお固定資産の評価は，総務大臣の告示にかかる評価基準に委ね（地方税388条1項），市町村長は，評価基準によって固定資産の価格を決定しなければならない（地方税403条）。

固定資産評価基準（昭38・12・25自治省告示第158号，最終改正：平30・7・2総務省告示第229号）では，家屋の評価につき「木造家屋及び木造家屋以外の家屋（以下「非木造家屋」という。）の区分に従い，各個の家屋について評点数を付設し，当該評点数に評点一点当たりの価額を乗じて各個の家屋の価額を求める方法に

*382　第4章　その他*

よるものとする。」，評点数の付設につき「各個の家屋の評点数は，当該家屋の再建築費評点数を基礎とし，これに家屋の損耗の状況による減点を行つて付設するものとする。この場合において，家屋の状況に応じ必要があるものについては，さらに家屋の需給事情による減点を行うものとする。」とされている。

各個の家屋の価額＝評点数（再建築費評点数・損耗状況減点・家屋需給事情減点）
×1点当たりの価額

　固定資産の課税の誤りについては，①市町村長による価格等の決定又は修正（地方税417条1項），②納税者による「審査の申出」（地方税432条1項），③（固定資産の価格以外の事項に不服がある場合）納税者による審査請求（行政不服審査法2条・3条），④取消訴訟（地方税434条1項）といった是正措置がある。

### 3　その他特徴ある課税判断の例

　固定資産の評価は，固定資産税はもちろん，相続税，不動産取得税，都市計画税等にも影響することから，評価の適否について争う事例は多く見られる。

　取消訴訟において「住宅用地に対する固定資産税の課税標準の特例」（地方税349条の3の2第1項）の適用の可否が争われた事例（東京地判平28・11・30（平成27年(行ウ)第421号）判時2342号33頁）では，「住宅用地に該当するには，専用住宅又は併用住宅の『敷地の用に供されている土地』であることを要するところ，『敷地の用に供されている土地』であるかどうかについては，……土地と専用住宅又は併用住宅の形状や利用状況等を踏まえ，社会通念に従い，その土地が専用住宅又は併用住宅を維持し又はその効用を果すために使用されている一画地の土地であるかどうかによって判断すべきものと解するのが相当である」との基準を示し，かつ「非居住部分を利用している者が利用している駐車場であるからといって『敷地の用に供されている土地』の該当性が直ちに否定されるものではないというべきである。」とし，介護付き有料老人ホームの共用施設として来訪者らに使用される駐車場，出入業者らに使用される駐車場，小規模多機能型居宅介護施設の送迎車用の駐車場につき，いずれも住宅用地の特例適用を認めた。

　同じく取消訴訟において，温泉旅館業等を営む原告が，温泉地区内に所在する非木造家屋につき，需給事情減点の適用の可否について争った事例（上告審：最一小判平30・5・24（平成30年(行ヒ)第80号）D1/DB28263185，抗告審：東京高判平29・11・8（平成29年(行コ)第22号）判自436号10頁，原審：宇都宮地判平28・12・21（平成27年(行ウ)第12号）判時2331号23頁）では，原審は，観光客の著しい減少等の事情を全体として考慮し，需給事情による減点補正を行う必要があると認めたが，控

〔99〕東京地判平成28年5月24日（平成27年(行ウ)第414号） *383*

訴審は，一般論として「本件建物の需要が減少し，本件建物の交換価値を低下させることが明らかな客観的な地域的状況があれば，需給事情による減点補正が認められる」との基準を示したものの，裁判所は，①温泉旅館の観光客の著しい減少，②土砂災害特別警戒区域内に所在すること，③上下水道の整備がない地域に所在すること，④公図未整備地域内に所在すること，⑤建築基準法適合性に対する疑いがあること，⑥国立公園内に所在すること，という各事情につき個別に検討を加え，需給事情による減点補正を適用させるべき事情を裏付ける的確な証拠はない，として需給事情の減点補正を認めなかった。なお控訴審は、①温泉旅館の観光客の著しい減少については，同地区で倒産後に経営移譲を受けて経営を継続している旅館等があることを指摘し，本件建物の交換価値の低下を否定するが，実際には経営移譲において，買い手としても，観光客の著しい減少など地域的事情をマイナス要素として必ず検討したはずであり，その結果買値を低く設定した可能性が十分あることを考えると，もう少し細やかな検討がされるべきだったようにも思われる。

【丸尾はるな】

*384* 第4章 その他

## 100 「レンタル収納スペース」事業と事業所税

東京高判平成26年1月9日（平成25年(行コ)第298号）
裁判所HP

### 争点
「レンタル収納スペース」事業が事業所税の課税客体となるか否か

## 判決の内容

### ■事案の概要
「レンタル収納スペース」事業を営むXが，都税事務所Yが行った事業所税
に係る各更正処分及び過少申告加算金賦課決定処分は違法であると主張して，
これらの取消しを求めた事案。原審はXの請求をいずれも棄却したため，Xが
これを不服として控訴した。

### ■判決要旨

#### 1 地方税法701条の32第1項「事業所等」の定義
「事業所等」とは，それが自己の所有に属するものであるか否かにかかわら
ず，事業の必要から設けられた人的及び物的設備であって，そこで継続して事
業が行われる場所をいい，上記の人的設備とは，当該事業に対し役務を提供し
事業活動に従事する自然人をいうと解する。

#### 2 地方税法701条の32第1項の「事業」の定義
同一の建物をめぐって上記の課税要件の定める「事業」が重畳的に存在する
観を呈する場合は，そのうち，事業を担う人や車両が参集し，事業の作用とし
て人や車両が参集する直接的な原因となる本体的な事業と認められるものに限
り，事業に係る事業所税の課税客体となり，当該事業を行う者だけが事業に係
る事業所税の納税義務者となると解する。

#### 3 本件該当性
Xのオフィスビル等の居室に造作を設置して細分化し，「レンタル収納スペ
ース」として顧客に使用させる事業は，顧客に対し，建物の居室の通常の使用
とは異なる利便性を提供する物的設備を有し，常駐の管理人は置かないものの，
管理会社が入退室の管理を行い，業者が1か月に3回程度の割合で定期的に居
室を巡回，清掃しており，これらの管理行為は，顧客に対して人的な役務の提
供を行っているものということができ，単なる物的設備ではなく，本件事業に

対し役務を提供し事業活動に従事する人的設備をも備えている事業ということができることから，事業所税の課税客体となる。

## 解　説

　事業所税とは，地方税法として「都市環境の整備及び改善に関する事業に要する費用に充てるため」に課される目的税である（地方税701条の30）。

　今日，不動産の利用方法が多様化し，単なる賃貸をするのではなく，スペースを利用した新たなビジネスモデルが生まれているところ，本事例で示された裁判所の判断は参考となる。

　本事例は「レンタル収納スペース」事業が，事業所税の課される「事業所等において法人又は個人の行う事業」に当たるかが争われ，裁判所が事業所税の課税客体になると判示したものである。

　裁判所は，一般的な不動産賃貸業（サブリースにおける転貸業を含む）は，賃借人に不動産を引き渡してその使用収益を委ねるものであり，当該不動産に事業所をおいて不動産賃貸業を営むわけではないとして「事業所等において法人又は個人の行う事業」に当たらないと述べている。この場合，不動産の賃貸人ではなく，不動産を賃借して，その物件で実際に事業を行う者が課税義務者となる。

　他方「レンタル収納スペース」として顧客に使用させるＸの事業は，顧客に対し，建物の居室に造作等を加えて，通常の使用とは異なる利便性を提供する物的設備を有していること，常駐の管理人は置かないものの，管理会社が入退室の管理を行い，業者が１か月に３回程度の割合で定期的に居室を巡回，清掃するなどの管理行為を行っていたことをもって，顧客に対して人的な役務の提供を行っていることから，「事業所等」に当たると評価した。

　さらに顧客が事業として「レンタル収納スペース」を利用している場合も想定できなくはないとして，同一の建物をめぐって「事業」が重畳的に存在する観を呈する場合について「事業を担う人や車両が参集し，事業の作用として人や車両が参集する直接的な原因となる本体的な事業と認められるものに限り，事業に係る事業所税の課税客体となり，当該事業を行う者だけが事業に係る事業所税の納税義務者となる」との要件を提示した第１審の判断を維持した。

　もっとも本事例については，裁判所は，使用契約約款上，レンタル収納スペース内外のスペース及び敷地内における物品類の収納・搬出以外の行為が禁止されており，自己の事業のためにレンタル収納スペースに商品等を保管する

事業者が，当該レンタル収納スペースに人的設備を置くことは困難であること，本事例で事業者が商品等を保管するために使用していると認めるに足りる証拠がないこと等から，顧客が「事業所等」と利用しているとは評価しなかった。

この点，いわゆるレンタルオフィス事業の場合は，造作を加えて物的設備もあり，出入りを管理し受付や清掃など管理行為があって人的設備もあることから，レンタルオフィス事業と顧客の事業が重畳的に存在することになるものと思われる。この場合には，上記裁判所の示した「事業の作用として人や車両が参集する直接的な原因となる本体的な事業」との基準からすれば，レンタルオフィス事業者の方に事業所税が課せられることになるのではないかと思われる。

ちなみに総務大臣通知「地方税法の施行に関する取扱いについて（道府県税関係）」（平22・4・1総税都第16号，最終改正平31・4・1総税都第28号）は，「事務所等とは，それが自己の所有に属するものであるか否かにかかわらず，事業の必要から設けられた人的及び物的設備であって，そこで継続して事業が行われる場所をいうものである」と述べており，裁判所の定義とほぼ一致する。

同通知では「事務所等において行われる事業は，当該個人又は法人の本来の事業の取引に関するものであることを必要とせず，本来の事業に直接，間接に関連して行われる附随的事業であっても社会通念上そこで事業が行われていると考えられるものについては，事務所等として取り扱って差し支えないものであるが，宿泊所，従業員詰所，番小屋，監視所等で番人，小使等のほかに別に事務員を配置せず，専ら従業員の宿泊，監視等の内部的，便宜的目的のみに供されるものは，事務所等の範囲に含まれない」「事務所等と認められるためには，その場所において行われる事業がある程度の継続性をもったものであることを要するから，たまたま2，3か月程度の一時的な事業の用に供する目的で設けられる現場事務所，仮小屋等は事務所等の範囲に入らない」とも述べていることから，本事例以外の場合において参考とされたい。

**【丸尾はるな】**

# 判 例 索 引

## 【大審院】

〔明治〕

大判明45・3・23民録18輯315頁·····299

〔大正〕

大判大3・12・15民録20輯1101頁·····16

大判大6・11・14民録23輯1965頁·····149

大判大7・10・3民録24輯1852頁·····16

大判大10・5・30民録27輯1013頁·····120

大判大10・9・26民録27輯1627頁·····241

〔昭和〕

大4民判昭9・3・7（昭和8年(オ)第1249号）民集13巻278頁·····116

大判昭12・6・29民集16巻1014頁·····49

## 【最高裁判所】

〔昭和〕

最二小判昭28・9・25民集7巻9号979頁·····149

最二小判昭29・11・26民集8巻11号2087頁·····17

最三小判昭31・5・15民集10巻5号496頁·····168

最三小判昭31・12・18民集10巻12号1559頁·····260, 268

最二小判昭32・3・8民集11巻3号513頁·····242

最三小判昭32・9・3民集11巻9号1467頁·····43

最三小判昭32・12・3民集11巻13号2018頁·····100, 273

最二小判昭33・4・18刑集12巻6号1090頁·····264

最二小判昭36・5・26民集15巻5号1440頁·····22, 23

最一小判昭36・12・21（昭和34年(オ)第596号）民集15巻12号3243頁·····116

最一小判昭38・2・21民集17巻1号219頁，判時331号23頁，判タ144号42頁·····112

最一小判昭38・6・13民集17巻5号744頁·····332

最一小判昭39・8・28民集18巻7号1354頁·····120

最一小判昭41・1・27民集20巻1号136頁·····149

最二小判昭42・6・2民集2巻6号1433頁·····33, 37

最三小判昭44・4・15裁判集民95号97頁·····43

最大判昭44・11・26民集23巻11号2150頁·····278

最一小判昭45・8・20裁判集民100号343頁·····210

最二小判昭46・4・23民集25巻3号388頁·····375

最一小判昭46・10・14裁判集民104号51頁·····350, 352

388　判例索引

最二小判昭48・2・2民集27巻1号80頁‥‥‥‥‥‥‥‥‥‥‥‥‥‥‥‥‥‥‥‥‥*51*

最二小判昭48・10・12裁判集民110号273頁‥‥‥‥‥‥‥‥‥‥‥‥‥‥‥‥‥‥*172*

最一小判昭50・2・20民集29巻2号99頁‥‥‥‥‥‥‥‥‥‥‥‥‥‥‥‥‥‥‥‥‥*64*

最三小判昭53・7・4民集32巻5号809頁，裁判集民124号217頁‥‥‥‥‥‥*210, 221*

最二小判昭53・12・22民集32巻9号1768頁‥‥‥‥‥‥‥‥‥‥‥‥‥‥‥‥‥‥‥*54*

最大判昭56・12・16民集35巻10号1369頁‥‥‥‥‥‥‥‥‥‥‥‥‥‥‥‥‥‥‥*117*

最二小判昭59・4・20民集38巻6号610頁‥‥‥‥‥‥‥‥‥‥‥‥‥‥‥‥‥‥‥‥*59*

最一小判昭62・10・8民集41巻7号1445頁‥‥‥‥‥‥‥‥‥‥‥‥‥‥‥‥*148, 150*

最一小判昭62・11・26民集41巻8号1585頁‥‥‥‥‥‥‥‥‥‥‥‥‥‥‥‥‥‥‥*85*

〔平成〕

最三小判平2・11・6裁判集民161号91頁‥‥‥‥‥‥‥‥‥‥‥‥‥‥‥‥‥‥‥*269*

最一小判平4・2・6判時1443号56頁‥‥‥‥‥‥‥‥‥‥‥‥‥‥‥‥‥‥‥‥‥‥*37*

最一小判平6・4・21裁判集民172号379頁‥‥‥‥‥‥‥‥‥‥‥‥‥‥‥‥‥‥‥*92*

最三小判平6・10・11判時1525号63頁‥‥‥‥‥‥‥‥‥‥‥‥‥‥‥‥‥‥‥‥‥*299*

最一小判平7・11・30民集49巻9号2972頁‥‥‥‥‥‥‥‥‥‥‥‥‥‥*356, 357, 358*

最二小判平8・10・14民集50巻9号2431頁‥‥‥‥‥‥‥‥‥‥‥‥‥‥‥‥*141, 142*

最三小判平8・10・29民集50巻9号2474頁‥‥‥‥‥‥‥‥‥‥‥‥‥‥‥‥‥‥‥*225*

最三小判平9・2・25（平成6年（オ）第456号）民集51巻2号398頁，判時1599号69頁，
　判タ936号175頁‥‥‥‥‥‥‥‥‥‥‥‥‥‥‥‥‥‥‥‥‥‥‥‥‥‥‥‥‥‥‥*111*

最一小判平9・11・13判時1633号81頁‥‥‥‥‥‥‥‥‥‥‥‥‥‥‥‥‥‥‥*81, 105*

最一小判平10・4・9（平成7年（オ）第1230号）裁判集民188号1頁〔片山組事件〕‥‥*320*

最一小判平10・4・30判タ980号101頁‥‥‥‥‥‥‥‥‥‥‥‥‥‥‥‥‥‥‥‥‥*288*

最一小判平11・3・25判時1674号61頁‥‥‥‥‥‥‥‥‥‥‥‥‥‥‥‥‥‥*120, 121*

最一小判平12・3・9労判778号8頁〔三菱重工業長崎造船所事件〕‥‥‥‥‥‥‥*312*

最一小判平14・2・28民集56巻2号361頁〔大星ビル管理事件〕‥‥‥‥‥‥‥‥*312*

最一小判平14・3・28民集56巻3号662頁‥‥‥‥‥‥‥‥‥‥‥‥‥*115, 116, 117*

最一小判平15・6・26（平成10年（行ヒ）第41号）民集57巻6号723頁‥‥‥‥‥*376*

最三小判平15・10・21裁判集民211号55頁‥‥‥‥‥‥‥‥‥‥‥‥‥‥‥‥‥‥‥*348*

最三小判平15・10・21民集57巻9号1213頁，判時1844号37頁‥‥‥*39, 129, 133, 362, 364*

最三小判平16・6・29裁判集民214号595頁‥‥‥‥‥‥‥‥‥‥‥‥‥‥‥‥‥‥‥*39*

最二小判平17・12・16裁判集民218号1239頁，判時1921号61頁‥‥‥*58, 72, 73, 360, 361*

最二小判平19・7・6（平成17年（受）第702号）民集61巻5号1769頁‥‥‥‥‥*199*

最二小判平20・2・29裁判集民227号383頁，裁時1455号1頁，判時2003号51頁，判タ
　1267号161頁，金判1299号31頁‥‥‥‥‥‥‥‥‥‥‥‥‥‥‥‥‥‥‥*41, 43, 130*

最二小判平21・1・19（平成19年（受）第102号）民集63巻1号97頁，判時2032号45頁，
　判タ1289号85頁‥‥‥‥‥‥‥‥‥‥‥‥‥‥‥‥‥‥‥‥‥‥‥‥‥‥‥‥‥‥*235*

最一小決平22・5・31刑集64巻4号447頁〔明石花火大会歩道橋事故事件〕‥‥‥‥*183*

最一小決平22・7・20刑集64巻5号793頁‥‥‥‥‥‥‥‥‥‥‥‥‥‥‥‥‥‥‥‥*332*

最一小判平23・3・24民集65巻2号903頁‥‥‥‥‥‥‥‥‥‥‥‥‥‥‥‥‥‥‥‥*57*

最三小判平23・7・12（平成22年（受）第676号）裁判集民237号215頁，判時2128号43

頁，判タ1356号87頁 ················································· *56, 360*
最二小判平23・7・15（平成22年(オ)第863号，同(受)第1066号）民集65巻5号2269
　頁，判時2135号38頁，判タ1361号89頁 ································ *59*
最一小判平23・7・21（平成21年(受)第1019号）裁判集民237号293頁 ··········· *199*
最三小決平24・2・8刑集66巻4号200頁〔トラック欠陥放置事件〕············· *183*
最一小判平24・9・13（平成22年(受)第1209号）民集66巻9号3263頁，裁時1563号5
　頁，裁判所HP·················································· *152, 155*
最三小判平25・4・9（平成24年(受)第2280号）裁判集民243号291頁，判時2187号26
　頁，判タ1390号142頁··········································· *336*
最二小判平25・7・12裁判集民244号1頁，判タ1394号130頁 ········· *193, 203, 214*
最一小決平26・7・22刑集68巻6号775頁〔明石砂浜陥没事件〕················· *184*
最一小判平26・9・25（平成25年(受)第1649号）民集68巻7号661頁，判時2238号14
　頁，判タ1407号69頁 ············································ *42*
最一小決平28・5・25（平成26年(あ)第1105号）刑集70巻5号117頁，判時2327号103
　頁，判タ1434号63頁〔松濤温泉シェスパ事件〕···················· *181, 182*
最一小決平28・6・16（平成27年(オ)第1186号，同(受)第1489号）D1/DB28263737
　·························································· *226*
最二小決平28・6・24（平成28年(オ)第712号，同(受)第909号）LLI/DBL07110105
　·························································· *290*
最三小決平29・12・19（平成29年(許)第10号）民集71巻10号2592頁，判時2387号129
　頁，判タ1452号35頁··········································· *143*
最三小決平30・4・10LEX/DB25560384 ······························ *376*
最一小判平30・5・24（平成30年(行ヒ)第80号）D1/DB28263185 ············ *382*

## 【高等裁判所】

〔昭和〕

東京高判昭29・9・30民集10巻12号1567頁 ························· *269*
東京高判昭41・6・17判タ196号159頁··························· *65*
東京高判昭50・7・24判タ333号195頁··························· *65*
大阪高判昭53・5・30高民集31巻2号421頁，判タ372号89頁········ *37, 337*
東京高判昭53・7・18判時900号69頁···························· *137*
東京高判昭54・9・26判タ403号100頁·························· *150*
東京高判昭55・8・27判タ426号107頁，判時977号70頁 ············ *137*
東京高判昭62・5・11東高民時報38巻4～6号22頁·················· *37*
大阪高判昭62・9・28判タ655号59頁〔千日デパートビル火災事件〕········· *306*

〔平成〕

大阪高判平7・12・20判時1567号104頁 ·························· *101*
大阪高判平9・12・4判タ992号129頁······················ *100, 101, 241*
名古屋高判平12・4・27判タ1071号256頁························ *85*
東京高判平12・12・27判タ1095号176頁 ························· *73*

*390* 判例索引

東京高判平16・2・26金判1204号40頁 ································································ *302*

名古屋高判平18・10・16民集63巻1号123頁 ····················································· *236*

東京高判平20・1・31（平成18年（ネ）第3947号）金判1287号28頁 ·················· *8, 245*

大阪高判平20・4・30（平成19年（ネ）第2138号）判タ1287号234頁 ·················· *346*

大阪高判平20・9・24（平成19年（ネ）第2775号）判時2078号38頁，判タ1290号284頁

······································································································· *50*

大阪高判平22・3・5（平成21年（ネ）第2519号） ········································· *193*

東京高判平23・3・16（平成22年（ネ）第6377号）金判1368号33頁 ········· *127, 133, 364*

東京高判平23・12・20（平成23年（ネ）第3174号）D1/DB28251095 ···················· *166*

東京高判平24・6・28（平成24年（ネ）第1041号）LEX/DB25502417 ················· *336*

東京高判平24・7・19（平成24年（ネ）第2022号）ウエストロー2012WLJPCA07196004

···································································································· *39, 43*

東京高判平24・12・13（平成24年（ネ）第4857号）判タ1392号353頁 ·············· *85, 86*

仙台高決平25・2・13（平成24年（ネ）第92号）労判1113号57頁〔ビソー工業事件〕···· *311*

東京高判平25・8・7判例集未登載 ······································································· *256*

札幌高判平25・8・22金法1981号82頁 ··································································· *85*

大阪高判平25・11・22（平成25年（ネ）第2227号）判時2234号40頁 ·················· *79, 105*

東京高判平26・1・9（平成25年（行コ）第298号）裁判所HP ····························· *384*

東京高判平26・1・29（平成25年（ネ）第3142号）判時2230号30頁 ····· *207, 210, 214, 219*

大阪高判平26・2・27（平成25年（ネ）第2334号）判タ1406号115頁 ···· *193, 207, 210, 214*

東京高判平26・3・25（平成25年（ネ）第7014号）D1/DB28221387 ·············· *204, 210*

名古屋高判平27・5・14（平成26年（ネ）第392号，同第601号）判時2268号45頁 ······· *226*

東京高判平27・5・27（平成26年（ネ）第2432号）判時2319号24頁 ················· *270, 277*

大阪高判平28・1・28（平成27年（ネ）第1575号）LLI/DBL07120055 ············· *290, 306*

札幌高判平28・9・20（平成28年（行コ）第8号，同第14号）判自416号24頁 ············ *376*

東京高判平28・10・13（平成28年（う）第536号）東高刑時報69号142頁，D1/DB28243903

〔コストコ事件〕··············································································· *178*

大阪高判平28・10・13（平成28年（ネ）第791号）金判1512号8頁 ······················ *356*

東京高判平29・1・25（平成28年（ネ）第4184号）LLI/DBL07220075 ················· *67*

東京高判平29・3・15判タ1453号115頁 ································································ *260*

札幌高判平29・6・29（平成29年（う）第60号）LLI/DBL07220270 ···················· *339*

東京高判平29・11・8（平成29年（行コ）第22号）判自436号10頁 ····················· *382*

東京高判平29・12・6ウエストロー2017WLJPCA12066009 ······························· *288*

東京高判平30・1・26D1/DB28260985 ······························································ *253*

東京高判平30・3・14D1/DB28262309 ······························································ *253*

東京高判平30・7・4D1/DB28263620 ································································· *260*

## 【地方裁判所】

〔昭和〕

松江地判昭26・4・27下民集2巻4号553頁 ······················································· *137*

東京地判昭36・5・10下民集12巻5号1065頁······172

福岡地小倉支判昭47・8・28判夕283号172頁······260

東京地判昭51・4・15判時839号91頁······296

大阪地判昭54・7・20判夕394号121頁······302

東京地判昭55・2・12判時965号85頁······172

東京地判昭56・8・28判時1032号77頁······81

東京地判昭58・3・17判夕500号185頁······137

宇都宮地判昭60・5・15判時1154号68頁，判夕557号106頁······306

東京地判昭61・7・29判夕634号160頁······24

東京地判昭62・5・20判時1244号36頁，判夕648号110頁······306

〔平成〕

名古屋地判平2・3・1判時1366号102頁······287

東京地判平2・3・26判夕742号116頁······101

東京地判平3・11・26判時1428号110頁······49

東京地判平4・10・28判夕831号159頁······370

東京地判平5・1・26判時1467号69頁······141

東京地判平6・3・16判夕877号218頁······64

東京地判平6・10・28判夕883号203頁······64

東京地判平7・7・12判時1577号97頁······64

東京地判平7・11・27判夕918号160頁······283

東京地判平7・12・26判夕928号166頁······248

東京地判平8・7・15判時1596号81頁······36

東京地判平8・8・22判夕933号155頁······93

東京地判平10・2・23判夕1013号174頁······141

札幌地判平11・11・15判時1707号150頁，判夕1063号147頁······255

札幌地判平11・11・17判時1707号150頁······225

東京地判平12・11・29ウエストロー2000WLJPCA11290005······55

東京地判平13・11・27判時1744号82頁······225

東京地判平13・11・29LEX/DB25549729······70

東京地判平14・8・26判夕1119号181頁······49

東京地判平18・5・15判時1938号90頁······142

東京地判平19・1・30ウエストロー2007WLJPCA01308015······77

横浜地判平19・3・30金判1273号44頁······363

東京地判平19・4・18（平成17年（ワ）第24262号）LLI/DBL06231800······25

広島地判平19・7・30（平成18年（ワ）第969号）判時1997号112頁······350, 363

東京地判平19・8・5LLI/DBL06233508······68

東京地判平19・12・20LLI/DBL06235718······37

東京地判平20・1・15（平成17年（ワ）第25872号）ウエストロー2008WLJPCA01158008

······228

東京地判平20・1・30ウエストロー2008WLJPCA01308017······65

東京地判平20・3・13（平成18年（ワ）第10495号）ウエストロー2008WLJPCA03138002
………………………………………………………………………………………… *22*

大阪地判平20・3・18（平成17年（ワ）第12617号）判時2015号73頁 ……………… *342*

東京地判平20・3・27（平成18年（ワ）第28758号）ウエストロー2008WLJPCA03278029
………………………………………………………………………………………… *19*

東京地判平20・4・23判タ1284号229頁 ……………………………………………… *96*

東京地判平20・6・20ウエストロー2008WLJPCA06208010 ………………………… *156*

東京地判平20・6・30（平成18年（ワ）第28480号）判時2020号86頁 ……………… *35, 37*

東京地判平20・7・2（平成15年（刑わ）第794号）判タ1292号103頁〔新宿歌舞伎町ビ
ル火災事件〕………………………………………………………………………………… *303*

東京地判平20・8・18（平成19年（ワ）第30521号，同第33940号）判タ1293号299頁
………………………………………………………………………………………… *83, 88*

大阪地判平20・8・28判タ1291号239頁 ……………………………………………… *345*

東京地判平20・10・20（平成19年（ワ）第12297号）判時2027号26頁 ……………… *307*

那覇地判平20・10・28（平成19年（行ウ）第18号）裁判所HP ……………………… *378*

東京地判平21・1・16金法1892号55頁………………………………………………… *85*

大阪地判平21・1・29判タ2037号74頁………………………………………………… *85*

大津地判平21・2・5判タ2071号76頁………………………………………………… *355*

東京地判平21・3・6（平成20年（ワ）第10418号）ウエストロー2009WLJPCA03068007
………………………………………………………………………………………… *368*

東京地判平21・3・19（平成20年（ワ）第23932号）判時2054号98頁 ……………… *158, 165*

東京地判平21・3・30（平成20年（ワ）第6742号）ウエストロー2009WLJPCA03308023
………………………………………………………………………………………… *118*

東京地判平21・4・7（平成19年（ワ）第21162号，平成20年（ワ）第7102号）判タ1311号
173頁〔ウォルト・ディズニー・ジャパン／プラネット・ハリウッド・ジャパン事
件〕………………………………………………………………………………………… *134*

札幌地判平21・4・22（平成19年（ワ）第1542号）判タ1317号194頁 ……………… *131*

東京地判平21・4・27ウエストロー2009WLJPCA04278002 ………………………… *37*

東京地判平21・6・1ウエストロー2009WLJPCA06018003 ………………………… *168*

東京地判平21・8・31（平成19年（ワ）第34980号）判タ1327号158頁 …………… *246*

大阪地判平21・9・28（平成20年（わ）第2167号）裁判所HP〔エキスポランド事件〕
………………………………………………………………………………………… *249*

東京地判平21・10・15（平成21年（レ）第391号）ウエストロー2009WLJPCA10158012
………………………………………………………………………………………… *104*

大阪地判平21・10・16（平成20年（ワ）第5038号）裁判所HP ……………………… *314*

東京地判平21・11・24ウエストロー2009WLJPCA11248011 ………………………… *172*

千葉地判平22・1・28判時2076号144頁 ……………………………………………… *230*

東京地判平22・3・1（平成21年（ワ）第2886号）ウエストロー2010WLJPCA03018011
………………………………………………………………………………………… *300*

東京地判平22・3・29RETIO2011年4月号（No.81）………………………………… *69*

東京地判平22・5・13RETIO2012年1月号（No. 84）································ 65

東京地判平22・5・20（平成20年（ワ）第36400号）ウエストロー2010WLJPCA05208011

······························································································· 139, 146, 149

東京地判平22・8・26ウエストロー2010WLJPCA08268012 ························· 61

東京地判平22・9・2判時2093号87頁 ············································· 70

東京地判平22・9・29ウエストロー2010WLJPCA09298023 ····················· 172

東京地判平22・12・6 LEX/DB25549732 ············································ 70

東京地判平22・12・21（平成22年（ワ）第10049号）ウエストロー2010WLJPCA12218016

······························································································· 104

東京地判平23・1・27LEX/DB25549736 ··········································· 69

東京地判平23・2・9判タ1360号240頁 ··········································· 208

東京地判平23・3・25（平成20年（ワ）第8696号，同第22925号，平成21年（ワ）第3317

号）ウエストロー2011WLJPCA03258028〔パルコ事件〕·················· 185, 192

東京地判平23・5・24ウエストロー2011WLJPCA05248010 ····················· 172

東京地判平23・6・3ウエストロー2011WLJPCA06038009 ······················ 77

東京地判平23・6・30（平成22年（ワ）第12066号）LLI/DBL06630330 ········ 71, 361

東京地判平23・7・22ウエストロー2011WLJPCA07228002 ······················ 74

東京地判平23・8・9（平成21年（ワ）第28806号）判時2123号57頁 ············· 223

東京地判平23・10・4交民集44巻5号1257頁································· 230

大阪地判平23・12・9判時2141号50頁 ············································· 31

東京地判平24・1・19（平成22年（ワ）第31947号）LEX/DB25491403················ 336

東京地判平24・2・7（平成22年（ワ）第18541号，同第28020号，平成23年（ワ）第7189

号）判タ1404号200頁·················································· 260, 266

東京地判平24・2・16ウエストロー2012WLJPCA02168014 ······················ 18

東京地判平24・3・16（平成23年（ワ）第1602号）LLI/DBL06730210 ··············· 48

東京地判平24・6・26（平成22年（ワ）第23038号）判時2171号62頁 ·············· 232

横浜地判平24・7・17（平成22年（ワ）第764号）ウエストロー2012WLJPCA07179002

······························································································· 207, 209

東京地判平24・7・25（平成23年（ワ）第6836号，同第21953号）LEX/DB25495898 ···· 239

東京地判平24・8・27LLI/DBL06730481 ············································ 100

東京地判平24・8・28（平成23年（ワ）第1523号）LLI/DBL06730488 ·············· 94

東京地判平24・8・29（平成22年（ワ）第24803号）判時2169号16頁 ·············· 294

東京地判平24・9・10LLI/DBL06730600 ············································ 37

東京地判平24・10・15（平成22年（ワ）第39501号，平成23年（ワ）第13861号）ウエスト

ロー2012WLJPCA10158012〔ほっかほっか亭事件〕··················353, 358

東京地判平24・10・31（平成20年（ワ）第24974号，平成21年（ワ）第15317号）判タ1409

号377頁 ···················································································· 360

東京地判平24・11・26（平成23年（ワ）第14622号，同第31267号）判時2182号99頁······ 375

東京地判平24・12・10ウエストロー2012WLJPCA12108003 ····················· 154

東京地判平24・12・26（平成23年（ワ）第23827号）D1/DB29023477，LEX/DB25499439

394　判例索引

························································································· *325*

東京地判平25・1・22D1/DB29025741〔ホテルニューオータニ事件〕················· *359*

東京地判平25・1・23（平成24年（ワ）第8364号）ウエストロー2013WLJPCA01238027

························································································· *152*

東京地判平25・1・31LEX/DB25510397 ························································· *248*

東京地判平25・2・28（平成23年（ワ）第30820号）ウエストロー2013WLJPCA02288004

····················································································· *280, 287*

東京地判平25・3・29（平成18年（ワ）第20474号，平成20年（ワ）第1829号）判時2194号

43頁〔ドン・キホーテ事件〕····························································· *189*

東京地判平25・4・17（平成23年（ワ）第40469号）D1/DB29027500 ················· *15, 47*

神戸地判平25・4・26LLI/DBL06850322 ························································· *292*

東京地判平25・5・1（平成24年（ワ）第3732号）ウエストロー2013WLJPCA05018001

························································································· *254*

大阪地判平25・5・30（平成21年（ワ）第4428号）D1/DB28213065 ····················· *29*

東京地判平25・6・14（平成23年（ワ）第1975号，同第6410号，同第9010号）D1/DB

29028577······················································································ *45*

東京地判平25・6・25（平成25年（ワ）第2984号）ウエストロー2013WLJPCA06258024

························································································· *93*

東京地判平25・7・16ウエストロー2013WLJPCA07168008 ·································· *74*

東京地判平25・7・19（平成23年（ワ）第31044号）LLI/DBL06830591 ·················· *90*

東京地判平25・7・19（平成23年（ワ）第36535号）D1/DB29026243，LEX/DB25513780

························································································· *329*

東京地判平25・7・22（平成24年（ワ）第31925号）LEX/DB25513887················· *374*

東京地判平25・7・31D1/DB29029247 ···························································· *49*

東京地判平25・8・19（平成23年（ワ）第15798号，平成24年（ワ）第6809号）LEX/DB

25514391···················································································· *215*

東京地判平25・8・19RETIO2014年10月号（No.95） ···································· *74*

東京地判平25・8・20（平成24年（ワ）第27197号）ウエストロー2013WLJPCA08208001

························································································· *170*

東京地判平25・8・30ウエストロー2013WLJPCA08308012 ······························· *75*

東京地判平25・9・27（平成24年（ワ）第1710号）ウエストロー2013WLJPCA09278016

························································································· *53*

東京地判平25・10・9（平成22年（ワ）第47532号，平成23年（ワ）第23332号）判時2232

号40頁····················································································· *362*

東京地判平25・10・25D1/DB29026502 ······················································· *202*

神戸地判平25・10・30D1/DB28222439 ······················································· *208*

東京地判平26・3・25LEX/DB25518702 ····················································· *271*

大阪地判平26・3・27（平成21年（ワ）第16790号）裁判所HP，D1/DB28221866 ····· *26, 31*

名古屋地判平26・3・27判時2268号50頁 ·················································· *226*

東京地判平26・4・17（平成25年（ワ）第16885号）LEX/DB25519062················· *228*

東京地判平26・4・25D1/DB29026957 ………………………………………………… *203*

東京地判平26・5・29（平成25年（ワ）第23319号）判時2236号113頁 ……………… *116, 122*

東京地判平26・6・13（平成24年（ワ）第25373号）ウエストロー2014WLJPCA06138010
……………………………………………………………………………… *141, 142, 147*

東京地判平26・6・16D1/DB29041607 ………………………………………………… *302*

東京地判平26・7・1 LLI/DBL06930504 ……………………………………………… *97*

東京地判平26・8・26（平成25年（ワ）第12050号）LEX/DB25520951 ……………… *63*

東京地判平26・9・16LEX/DB25521651 ……………………………………………… *245*

東京地判平26・9・17（平成24年（ワ）第21378号）金判1455号48頁 ……………… *107*

東京地判平26・10・8ウエストロー2014WLJPCA10088008 ………………………… *157*

札幌地判平26・10・9（平成24年（わ）第498号）LLI/DBL06950555 …………… *262, 289*

東京地判平26・11・11RETIO2016年10月号（No.103）…………………………… *34*

東京地判平27・1・19（平成25年（ワ）第17647号）ウエストロー2015WLJPCA01198003
……………………………………………………………… *203, 207, 210, 212*

東京地判平27・1・22（平成24年（ワ）第8820号，平成25年（ワ）第12810号）判時2257号
81頁 ………………………………………………………………… *275, 283, 287*

東京地判平27・1・28判時2253号50頁 ……………………………………………… *12*

東京地判平27・2・24（平成25年（ワ）第10691号）ウエストロー2015WLJPCA02248013
…………………………………………………………………………… *161, 162*

東京地判平27・3・4 D1/DB29025475 ……………………………………………… *7*

東京地判平27・3・6（平成26年（ワ）第1460号）D1/DB29025494 ……………… *200*

静岡地沼津支判平27・3・13（平成25年（ワ）第34号）労判1119号24頁 …………… *319*

神戸地判平27・3・27（平成21年（ワ）第1938号）LLI/DBL07050187 ……………… *290*

東京地判平27・6・23（平成26年（ワ）第11169号）判タ1424号300頁 …………… *372*

東京地判平27・9・10D1/DB29013563 ………………………………………………… *358*

東京地判平27・9・15（平成26年（ワ）第32593号）LEX/DB25531455 ……………… *32*

大阪地判平27・9・16判時2294号89頁 ……………………………………………… *238*

東京地判平27・9・29判タ1423号334頁 ……………………………………………… *253*

東京地判平27・10・15LEX/DB25531876 …………………………………………… *65, 66*

東京地判平27・11・20裁判所HP ……………………………………………………… *358*

東京地判平27・11・26LEX/DB25532715 …………………………………………… *69*

東京地判平27・11・26（平成25年（ワ）第26604号）RETIO2017年7月号（No.106），ウ
エストロー2015WLJPCA11268029 …………………………………………… *76*

東京地判平27・12・4 LLI/DBL07031302 …………………………………………… *338*

東京地判平28・1・19D1/DB29016412 ………………………………………………… *338*

東京地判平28・1・27（平成25年（ワ）第21884号）………………………………… *229*

東京地判平28・1・28（平成24年（ワ）第35956号）LLI/DBL07130111 …………… *98*

東京地判平28・2・22（平成27年（ワ）第25599号）判タ1429号243頁 …………… *114*

東京地判平28・3・10（平成26年（ワ）第7148号，平成27年（ワ）第8387号）LLI/DBL
07130671 ………………………………………………………………………… *24*

東京地判平28・4・8 LLI/DBL07131078 ························································ *58*

東京地判平28・4・14（平成26年（ワ）第14015号）判時2340号76頁 ·················· *4*

東京地判平28・5・12LLI/DBL07131306 ····················································· *97*

東京地判平28・5・24（平成27年（行ウ）第414号）判タ1434号201頁 ················ *380*

東京地判平28・8・8 LEX/DB25535666 ······················································ *67*

東京地判平28・8・19（平成27年（ワ）第27373号）D1/DB29019897 ············ *297, 302*

東京地判平28・8・26LLI/DBL07131824 ····················································· *97*

東京地判平28・10・25D1/DB29020956 ························································ *6*

東京地判平28・11・30（平成27年（行ウ）第421号）判時2342号33頁 ················ *382*

東京地判平28・12・12（平成26年（ワ）第13353号）LEX/DB25550255 ············· *243*

宇都宮地判平28・12・21（平成27年（行ウ）第12号）判時2331号23頁 ·············· *382*

東京地判平29・1・20（平成26年（ワ）第291号，同第29173号）D1/DB28250674

···································································································· *257, 269*

札幌地判平29・3・13（平成28年（わ）第211号）LLI/DBL02750174 ················· *339*

東京地判平29・3・16LLI/DBL07231322 ····················································· *49*

東京地判平29・3・31（平成26年（ワ）第15039号）判タ1441号134頁 ·············· *197*

千葉地判平29・5・17（平成27年（ワ）第1447号）労判1161号5頁〔イオンディライト

セキュリティ事件〕················································································· *312*

名古屋地判平29・5・30（平成27年（ワ）第1974号）金判1521号26頁〔ヨドバシカメラ

事件〕···································································································· *11*

東京地判平29・6・14（平成26年（ワ）第15245号）ウエストロー2017WLJPCA06146011

···································································································· *283, 284*

東京地判平29・11・22D1/DB29046197 ····················································· *161*

東京地判平30・1・30LLI/DBL07330172 ····················································· *61*

## 【簡易裁判所】

### 〔平成〕

東京簡判平15・4・8 裁判所 HP ······························································· *55*

東京簡判平21・5・22（平成20年（少コ）第3397号）LLI/DBL06460020 ·············· *102*

## 【編集代表】

**永 盛 雅 子**（ながもり　まさこ）

2015（平成27年）弁護士登録（第二東京弁護士会），栃木県栃木市 任期付公務員
日本組織内弁護士協会編集グループ事務次長補佐
株式会社リクルート，株式会社リクルートコスモスでマンション事業，株式会社ノエルで不
動産ファンド事業，株式会社ザイマックスで商業用不動産管理業等に従事し，2018年4月よ
り現職。

## 【編集委員】

**吉 田 可保里**（よしだ　かほり）

2011（平成23年）弁護士登録（第二東京弁護士会），T&Tパートナーズ法律事務所
日本弁護士連合会住宅紛争処理機関検討委員会幹事，国土交通省建設工事紛争審査会特別委員，
一般社団法人賃貸不動産経営管理士協議会試験委員，一級建築士
株式会社リクルートコスモスでマンション事業，2011年12月より現職

**松 村 武 志**（まつむら　たけし）

2014（平成26年）弁護士登録（東京弁護士会），虎ノ門法律経済事務所
東京弁護士会住宅紛争審査会運営委員，東京三弁護士会医療関係事件検討協議会委員，東京
弁護士会医療過誤法部会員（平成31年度事務局長），中央大学法科大学院実務講師，中央大学
法科大学院修了生部会共同部会長（平成29年度），木質構造研究会個人会員（東京大学大学院
農学生命科学研究科生物材料科学専攻木質材料科学研究室内）

**桧 座 祐 貴**（ひざ　ゆうき）

2016年（平成28年）弁護士登録（東京弁護士会），国内金融機関勤務
都内法律事務所を経て，2019年7月より現職。

---

## 貸ビル・店舗・商業施設等
### 判例ハンドブック

2019年9月26日　初版第1刷印刷
2019年10月10日　初版第1刷発行

| 廃検<br>止印 | ©編者 | 永 盛 雅 子 |
| --- | --- | --- |
| | 発行者 | 逸 見 慎 一 |

発行所　東京都文京区　株式　青林書院
　　　　本郷6丁目4の7　会社
振替口座　00110-9-16920／電話03(3815)5897〜8／郵便番号113-0033
http://www.seirin.co.jp

---

印刷・星野精版印刷㈱／落丁・乱丁本はお取替え致します。

Printed in Japan　　ISBN978-4-417-01775-2

**JCOPY**〈出版者著作権管理機構　委託出版物〉
本書の無断複製は著作権法上での例外を除き禁じられていま
す。複製される場合は，そのつど事前に，出版者著作権管理
機構（電話03-5244-5088，FAX 03-5244-5089，e-mail:info@
jcopy.or.jp）の許諾を得てください。